PONS

Reisewörterbuch
ENGLISCH

PONS GmbH, Stuttgart

PONS Reisewörterbuch
Englisch

Bearbeitet von: Gordon Walker

Bildquellen
Die Quellenangaben zu den einzelnen Abbildungen erfolgen von links oben nach rechts unten bzw. von oben nach unten.
1: Shutterstock, Philip Lange; Shutterstock, Vincius Tupinamba; Jupiter Images, photos.com. **9:** HB-Verlag, R. Kiedrowski (oben, unten); Shutterstock, Vincius Tupinamba. **15:** Fotosearch, Photo Disk; Stock disc; Fotosearch, Photo Disk.
19: GettyImages, Photodisc. **29:** HB-Verlag, Olaf Meinhardt; **38/39:** Wolpert Fotodesign, Stuttgart. **47:** HB-Verlag, Ostfildern; HB-Verlag, R. Kiedrowski; HB-Verlag, Jörg Modrow. **56:** Fordwerke AG. **59:** Cycleurope Industries S.A., Romilly sur Seine.
71: Avenue Images, image 100 (oben u. unten); iStockphoto, Uli Hamacher.
75: Bundesverband Selbsthilfe Körperbehinderter, Krautheim; Hotel Weisseespitze, Kaunertal; Wendt-Wolter (BSK). **81:** D. Jenkins, Stuttgart; HB-Verlag, Olaf Meinhardt. **91:** Corel-Photo Library. **101-107:** Wolpert Fotodesign, Stuttgart. **115:** GettyImages; HB-Verlag, R. Kiedrowski; Jupiter Images, photos.com. **123:** GettyImages, PhotoDisc (oben, Mitte); HB-Verlag, Ostfildern. **137:** HB-Verlag, Ostfildern.
143: HB-Verlag, R. Kiedrowski. **148:** Wolpert Fotodesign, Stuttgart. **167:** Creativ Collection Verlag. **179**: MEV; Stock disc; MEV.
Umschlag: Corbis GmbH, Patrick Ward; Shutterstock, Vincius Tupinamba; Shutterstock, Philip Lange; Shutterstock, Jose AS Reyes.

Warenzeichen, Marken und gewerbliche Schutzrechte
Wörter, die unseres Wissens eingetragene Warenzeichen oder Marken oder sonstige gewerbliche Schutzrechte darstellen, sind als solche - soweit bekannt - gekennzeichnet. Die jeweiligen Berechtigten sind und bleiben Eigentümer dieser Rechte.
Es ist jedoch zu beachten, dass weder das Vorhandensein noch das Fehlen derartiger Kennzeichnungen die Rechtslage hinsichtlich dieser gewerblichen Schutzrechte berührt.

1. Auflage 2009 (1,02 - 2009)

Onlinewörterbuch: www.pons.eu
Shop: www.pons.de
E-Mail: info@pons.de

Projektleitung: Christiane Mackenzie, Stuttgart
Redaktion: Barbara Pflüger, Stuttgart
Umschlaggestaltung: Schmidt & Dupont, Stuttgart
Logoentwurf: Erwin Poell, Heidelberg
Logoüberarbeitung: Sabine Redlin, Ludwigsburg
Layout und Satz: Fotosatz Kaufmann, Stuttgart
Druck: L.E.G.O. S.p.A., in Lavis (TN)
Printed in Italy

ISBN: 978-3-12-518615-6

Aussprache

ˈ	vor einer Silbe bedeutet, dass die nachfolgende Silbe betont ist. Bei einer Hauptbetonung steht das Zeichen oben vor der Silbe, bei einer Nebenbetonung unten; z. B. [ˈtelɪ vɪʒn].	
ː	bedeutet, dass der vorhergehende Vokal lang gesprochen wird.	
‿	zwischen zwei Wörtern bedeutet, dass man den letzten Buchstaben des ersten Wortes zum nächsten Wort hinüberzieht: this is [ðɪs‿ɪz].	
ɪ	wie L**i**ste	film [fɪlm]
e	wie B**ä**cker	well [wel]
ʌ	kurzes a, wie in St**a**dt	but [bʌt], London [ˈlʌndən]
ʊ	wie R**u**ck	look [lʊk]
uː	langes u wie P**u**ma	room [ruːm]
iː	langes i wie W**ie**n	bean [biːn]
ɑː	langes a, etwa wie in B**ah**n	plant [plɑːnt]
aɪ	wie M**ai**, d**ei**n	nice [naɪs]
æ	ganz offener ä-Laut, etwa zwischen B**ä**cker und b**a**cken	happy [ˈhæpɪ], ham [hæm]
eɪ	nicht wie kl**ei**n, sondern e-i, d. h. von [e] zu [ɪ] gleiten	station [ˈsteɪʃn], way [weɪ]
eə	ä-Laut wie in B**ä**r, dann zu [ə] gleiten	there [ðeə]
ə	kurzes, schwaches, nur angedeutetes e, etwa wie in bitt**e**, dank**e**	about [əˈbaʊt], welcome [ˈwelkəm]
ɜː	ähnlich wie das ö in M**ö**rder, Lippen nicht runden	German [ˈdʒɜːmən], bird [bɜːd]
ɪə	auf das [ɪ] gleich ein kurzes [ə] folgen lassen, ähnlich wie in h**ie**r	here [hɪə], near [nɪə]
ʊə	auf das [ʊ] gleich ein kurzes [ə] folgen lassen	poor [pʊə], sure [ʃʊə]
ɒ	kurzes offenes o, etwa wie in **o**ffen, K**o**pf	John [dʒɒn], not [nɒt]
ɔː	langes offenes o, etwa wie in H**o**rn	hall [hɔːl], all [ɔːl]
ɔɪ	offenes kurzes o, dann zu i gleiten, wie in h**eu**te	boy [bɔɪ], oil [ɔɪl]

əʊ	auf das [ə] sofort ein u folgen lassen: ə-ʊ	hello [həˈləʊ]
aʊ	wie in M**au**s	now [naʊ]
ŋ	wie in la**ng**, kra**nk**	England [ˈɪŋglənd]
r	Zunge an den Gaumen heben und leicht zurückbiegen	Robert [ˈrɒbət], from [frɒm]
s	wie in rei**ß**en, la**ss**en	salad [ˈsæləd], sir [sɜː]
z	wie in le**s**en, rei**s**en	is [ɪz], houses [ˈhaʊzɪz]
θ	[s] gesprochen mit der Zungenspitze zwischen den Zähnen	thank you [ˈθæŋkjʊ]
ð	[z] gesprochen mit der Zungenspitze zwischen den Zähnen	this [ðɪs], there [ðeə]
ʃ	wie in Ti**sch**	ship [ʃɪp], she [ʃiː]
tʃ	t mit nachfolgendem [ʃ]	cheese [tʃiːz]
ʒ	wie in Gara**g**e, Lo**g**e	television [ˈtelɪ vɪʒn]
dʒ	d und gleich anschließender [ʒ]-Laut, wie in In**ge**nieur	John [dʒɒn], German [ˈdʒɜːmən]
v	wie in **W**ein, **W**asser, **V**ioline	very [ˈverɪ]
w	nicht wie dt. w, sondern mit vorgestülpten Lippen ein kurzes u bilden, dannschnell zum nachfolgenden Laut übergehen	way [weɪ], water [ˈwɔːtə]

Beachten Sie: Ein **d** am Wortende darf nicht wie ein **t** ausgesprochen werden, sondern muss deutlich als **d** hörbar sein: **cold** [kəʊld]. Ebenso darf ein **g** am Wortende nicht wie ein **k** ausgesprochen werden, sondern muss deutlich als **g** hörbar sein: **egg** [eg]

Das Alphabet

A	a	[eɪ]	J	j	[dʒeɪ]	S	s	[es]
B	b	[biː]	K	k	[keɪ]	T	t	[tiː]
C	c	[siː]	L	l	[el]	U	u	[juː]
D	d	[diː]	M	m	[em]	V	v	[viː]
E	e	[iː]	N	n	[en]	W	w	[ˈdʌbljuː]
F	f	[ef]	O	o	[əʊ]	X	x	[eks]
G	g	[dʒiː]	P	p	[piː]	Y	y	[waɪ]
H	h	[eɪtʃ]	Q	q	[kjuː]	Z	z	[zed]
I	i	[aɪ]	R	r	[ɑː]			

Abkürzungen im Reisewörterbuch

adj	Adjektiv, Eigenschaftswort	adjective
adv	Adverb, Umstandswort	adverb
AE	amerikanisches Englisch	American English
Am	amerikanisch	American
BE	britisches Englisch	British English
Br	britisch	British
conj	Konjunktion, Bindewort	conjunction
el	Elektrotechnik, Elektrizität	electricity
f	Femininum, weiblich	feminine gender
fam	Umgangssprache, familiär	familiar, colloquial
fig	bildlich, übertragen	figurative
GB	Großbritannien	Great Britain
m	Maskulinum, männlich	masculine gender
n	Neutrum, sächlich	neuter gender
pl	Plural, Mehrzahl	plural
poss prn	Possessivpronomen, besitzanzeigendes Fürwort	possessive pronoun
prp	Präposition, Verhältniswort	preposition
rel	kirchlich, geistlich	religious
sing	Singular, Einzahl	singular
s.o.	jemand	someone
s.th.	etwas	something
tele	Telekommunikation, Nachrichtentechnik	telecommunications
USA	Vereinigte Staaten von Amerika	United States of America
v	Verb, Zeitwort	verb

Andere Länder, andere Sitten

Interkulturelle Tipps

Anrede

In den englischsprachigen Ländern ist es durchaus üblich, sich schon bei der ersten Begegnung beim Vornamen zu nennen. (Das gilt auch für Vorgesetzte und ihre Mitarbeiter.) Das bedeutet aber nicht, dass man deshalb vertrauter miteinander umgeht.
Hat jemand mehr als einen Titel, wird nur der wichtigere benutzt, z.B. **Prof. Sinclair**; es gibt also keine Titel wie 'Frau Prof. Dr. Schmidt'. Der Doktortitel **Doctor** wird gewöhnlich nur für Ärzte und Ärztinnen verwendet. Man stellt sich nur mit Vor- und Nachnamen vor, Titel werden *nicht* genannt.
Die Anrede **Ms** zeigt nicht, ob eine Frau verheiratet ist oder nicht. Viele Frauen bevorzugen daher diese Anrede anstelle von **Miss** oder **Mrs**, wenn sie ihren Familienstand nicht unbedingt bekannt geben wollen.

Händeschütteln

Es war früher nur in formellen Situationen üblich, sich mit einem kurzen festen Händedruck zu begrüßen. Heutzutage sieht man immer mehr Leute, die sich mit Handschlag oder einer kurzen Umarmung begrüßen.

Höflichkeit

Im täglichen Leben ist die Höflichkeit von größter Bedeutung. Wenn man jemanden unbeabsichtigt stört oder anstößt, sagt man **Sorry!**; wenn man die Aufmerksamkeit einer Person erregen will, sagt man **Excuse me, ...**
Es gilt übrigens als äußerst unhöflich, wenn man versucht, sich irgendwo vorzudrängen. Bevor man in öffentlichen Verkehrsmitteln, z.B. im Bus oder im Zug, das Fenster öffnet, sollte man fragen, ob es jemanden stören würde (**Do you mind if I open the window?**)
Bei einer Bitte sollte das **please** immer am Satz*ende* stehen, z.B Could you help me with ..., **please?** Denn wird ein **please** an den Satzanfang gestellt, wird die Bitte als Aufforderung verstanden.

Sich bedanken

In Großbritannien ist es unüblich, auf *„Danke schön"* zu antworten. Ist eine Erwiderung nötig, sagt man niemals **please**, sondern **Not at all**, **Don't mention it**, **It's a pleasure/My pleasure** oder **That's alright/ That's O.K.**

Begrüßung

Bis zur Mittagszeit verwendet man **Good morning**, danach sagt man bis etwa 18 Uhr **Good afternoon** und darauf folgt **Good evening**; **Good night** wird, wie im Deutschen, nur bevor man ins Bett geht oder sich spät am

Abend verabschiedet, verwendet. In Australien sagt man den ganzen Tag über **Good day** (oder **G'day**). Und informell kann man überall zu jeder Tageszeit **Hello** oder auch **Hi** sagen. Wenn man Bekannte trifft, fragt man wie es ihnen geht (= **How are you?**) oder informeller **How are you doing?/How's life?** Auf diese Frage antwortet man, dass es einem *gut* geht = **Fine, thanks/Very well, thanks**, und stellt die Gegenfrage **And (how are) you?/And yourself?/How about you?**

Telefonieren

In GB melden sich die meisten Leute privat mit ihrer schnell heruntergesagten Telefonnummer oder einfach mit **Hello?** Die Zahlen einer Telefonnummer werden einzeln gesprochen, z.B. 638459 = six, three, eight, four, five, nine. Bei der Verdoppelung einer Zahl sagt man in GB z.B. 55 = **double five**, in den USA **five, five**. Für die Null sagt man **oh** oder **zero**. In einem Notfall wählt man in GB **999** (in den USA **911**) für Polizei, Feuerwehr oder Krankenwagen.

Zahlen

Die Null heißt **zero**, in GB auch **nought**; die Eins wird handschriftlich als einfacher Strich, die Sieben wird ohne Querstrich geschrieben. In den USA lässt man nach **hundred** oft das **and** weg, z.B. **one hundred twenty**. Eine Milliarde heißt jetzt auch in GB sowie in den USA **one billion** = **1,000,000,000**. Im Englischen werden Tausender mit einem *Komma* gegliedert (im Deutschen mit einem *Punkt*). Dagegen werden Dezimalzahlen mit einem *Punkt* gegliedert, z.B. **2.4** (**two point four**) **metres/meters** (USA). Bei Währungsangaben folgt die Zahl *direkt nach* dem Währungszeichen, also *ohne* Freizeichen, z.B. **$32.50** (**thirty-two dollars and fifty cents**). Obwohl Großbritannien am 1. Oktober 1995 auf das metrische System umgestellt hat, benutzen die Briten nach wie vor **miles** (*'Meilen'*) und **pints** (etwa 0,57 l) - besonders wenn es sich um Bier handelt!

Datum und Uhrzeit

Wenn das Datum nur in Zahlen geschrieben wird, kommt in Nordamerika anders als sonstwo der Monat vor der Zahl, z.B. 10/3/04 (= 3. Oktober 2004).
Die 24-Stundeneinteilung wird meist nur bei Fahrplänen benutzt. Die Zeit von Mitternacht bis 12 Uhr mittags wird mit **a.m.**, die Zeit von 12 Uhr mittags bis Mitternacht mit **p.m**. bezeichnet, z.B. 10.30 = **10:30 a.m.**, 14.50 = **2:50 p.m**. Aber aufgepasst! **Half two** = **half past two** = 14.30. Im Englischen gibt es kein *fünf vor/nach halb zwei* oder das süddeutsche *viertel zwei* oder *drei viertel zwei*.

Feiertage

In Großbritannien heißen gesetzliche Feiertage **bank holidays**, da an diesen Tagen die Banken ursprünglich geschlossen blieben. In Großbritannien gibt es bei weitem weniger Feiertage als in Deutschland.

'Bonfire Night'

Am 5. November 1605 versuchte eine Gruppe desillusionierter Katholiken den König James I samt dem Parlament in die Luft zu sprengen. Einer der Verschwörer, **Guy Fawkes**, wurde dabei ertappt und verhaftet. Die Vereitelung dieser Verschwörung wird jedes Jahr um den 5. November mit **bonfires** (Freudenfeuer) und Feuerwerken gefeiert.

Weihnachten und Silvester

In Großbritannien ist die eigentliche Weihnachtsfeier am 1. Weihnachtsfeiertag. Der Nikolaus kommt nicht am 6. Dezember, sondern als **Father Christmas**, der traditionell durch den Kamin in der Nacht vom Heiligen Abend auf den 1. Weihnachtsfeiertag ins Haus kommt.
Silvester wird in Schottland mit besonderer Begeisterung gefeiert und dort **Hogmanay** genannt. Dazu gehört auch, anders als in England, ein Feuerwerk.

Pubs

Man kauft seine Getränke direkt an der Theke und bezahlt sofort. Unter Freunden ist es üblich eine Runde auszugeben. Es gibt keine Stammtische in den Kneipen und in manchen Pubs sind Kinder nicht erlaubt oder nur in so genannten **Family Rooms**. Es ist nicht erlaubt, Alkohol an Jugendliche unter 18 zu verkaufen; deshalb kann es vorkommen, dass in einem Pub nach einem Ausweis gefragt wird.

Mahlzeiten

Die Briten kennen keinen entsprechenden Ausdruck für *'Guten Appetit'*, *Mahlzeit* etc. Den Wunsch **Enjoy your meal** bekommt man normalerweise nur in einem Restaurant zu hören. Zu Hause sagt man allenfalls auf Französisch **Bon appétit**.
Britischer Tee ist stärker als in Deutschland und wird meistens mit Frischmilch getrunken.

„Fettnäpfchen" und Tabus

Platzanweisung

Im Restaurant ist es nicht üblich, sich einfach an einen Tisch zu setzen. Man wartet, bis der Chefkellner **(head waiter)** einem einen Tisch zuweist. Dies gilt natürlich nicht für Pubs und Bars.

Eins ums andere

Wenn Sie nicht unangenehm auffallen wollen, dann bezahlen Sie jedes Getränk, das Sie bestellen, einzeln. Das ist in Großbritannien so üblich, auch wenn Sie in einem Pub an der Theke Platz genommen haben.

Prost!

Zwar hebt man beim Trinken die Gläser und prostet sich mit einem **Cheers!** zu. Es ist jedoch nicht wie bei uns üblich, mit den Gläsern anzustoßen.

Durch die Blume

In den USA sollte man nicht direkt nach den Toiletten **(toilets)** fragen, sondern eher indirekt, d. h. man fragt nach dem „Aufenthaltsraum" **(rest room)** oder „Waschraum" **(wash room)**.

Unglückszahl

In den USA gilt die 13 als Unglückszahl. Deshalb wird z. B. auch in vielen Wolkenkratzern die Nummer 13 bei der Nummerierung der Etagen übersprungen. Sie werden also selten eine Verabredung im 13. Stock erleben.

Feine Unterschiede

In Großbritannien sollte man nicht vergessen, dass das Land eigentlich aus vier Ländern besteht (England, Schottland, Wales und Nordirland). Sie sollten daher nicht von „England" sprechen, wenn Sie „Großbritannien" meinen. Wenn man wissen will, woher jemand kommt, ist eine offene Frage ratsam **(Where are you from?)**. Beachten Sie bitte: Irland ist nicht Teil von Großbritannien, und die Iren sind daher keine Briten, so wie z. B. die Österreicher auch keine Deutschen sind.

Schlange stehen

Die Briten sind dafür bekannt, dass sie in vielen Situationen ordentlich und geduldig Schlange stehen (**stand in a queue** [stænd ɪn‿ə ˈkjuː]). Besucher sollten sich dieser Gewohnheit anpassen, denn es gilt als extrem unhöflich, sich vorzudrängeln.

Die freundliche englische Art

Mehr noch als im Deutschen wirkt es im Englischen schroff bis unhöflich, wenn man eine Frage nur mit „Ja" (**Yes** [jes]) oder „Nein" (**No** [nəʊ]) beantwortet. Man sollte zumindest das Verb aus der Frage wiederholen: **Are you on your own?** [ɑː jʊ‿on jɔːr‿ˈəʊn] („Sind Sie/Bist du allein?") – **Yes, I am.** [jes aɪ‿ˈæm] („Ja, ich bin"). So wie man im Deutschen eine Frage oder eine Bitte mit „Entschuldigen Sie bitte, ..." einleitet, sollte man auch im Englischen ein **Excuse me, please, ...** [ɪkˈskjuːz mɪ pliːs] voranstellen

Falscher Freund

Vorsicht mit der Übersetzung des deutschen Verbs „bekommen"! Es heißt eben *nicht* **become!** Denn mit **I become a cup of coffee** oder **I become a Wiener Schnitzel** kündigen Sie selbstbewusst an, dieses zu „werden". Korrekt ist **Can I get a cup of coffee, please?**

Vorsicht peinlich

Mit dem Wort **rubber** [ˈrʌbə] (Gummi) sollte man vorsichtig umgehen. Es ist genau so zweideutig wie das deutsche „Gummi". Je nach Kontext könnte Ihr Gesprächspartner auch „Kondom" verstehen.

Auch sollten Sie es tunlichst vermeiden, den Plural von **hair, hairs** zu verwenden. Lassen Sie sich vom Friseur lediglich das Haar und nicht die Haare schneiden. **Hairs** bedeutet nämlich „Schamhaare". Für die normalen Haare gibt es keinen Plural.

Reisevorbereitungen

WWW.MARCOPOLO.DE
Ihr Reise- und Freizeit-Portal im Internet!

- Aktuelle multimediale Informationen, Insider-Tipps und Angebote zu Zielen weltweit ... und für Ihre Stadt zu Hause!
- Interaktive Karten mit eingezeichneten Sehenswürdigkeiten, Hotels, Restaurants etc.
- Inspirierende Bilder, Videos, Reportagen
- Praktische Services wie Routenplaner, Währungsrechner etc.
- Bewertungen, Tipps und Beiträge von Reisenden in der lebhaften MARCO POLO Community

Reinklicken und Wegträumen!
www.marcopolo.de

Hotelbuchung per E-Mail

Sehr geehrte Damen und Herren,
am 24. und 25. Juni benötige ich für zwei Nächte ein Einzel-/Doppel-/Zweibettzimmer. Bitte teilen Sie mir mit, ob Sie ein Zimmer frei haben und was es pro Nacht (einschließlich Abendessen) kostet.
Mit freundlichen Grüßen

Dear Sir or Madam,
I would like to book a single/double/twin-bedded room for 2 nights on the 24 and 25 June. Please let me know if you have any vacancies and the total cost per night (plus dinner).
Yours faithfully,

Mietwagen per E-Mail

Sehr geehrte Damen und Herren,
für den Zeitraum vom 20.–25. Juli möchte ich ab Flughafen Manchester einen Kleinwagen/Mittelklassewagen/eine 7-sitzige Großraumlimousine mieten. Ich fliege von London Heathrow ab und ich möchte deshalb dort den Leihwagen abgeben. Bitte teilen Sie mir Ihre Tarife mit und welche Unterlagen ich benötige.
Mit freundlichen Grüßen

Dear Sir/Madam,
I would like to hire a small/mid-range/7-seater people carrier from July 20 - 25 from Manchester Airport. I depart from Heathrow Airport, London so wish to leave the car there. Please inform me of your rates and what documents I shall require.
Yours faithfully,

Allgemeine Fragen

Ich habe vor, meinen Urlaub in ... zu verbringen. Können Sie mir bitte Informationen über Unterkünfte in der Gegend geben?

I am planning to spend my holiday in … . Can you give me details of accommodation in the area? [aɪ æm ˈplænɪŋ tə spend maɪ ˈhɒlɪdeɪ ɪn … kən‿jʊ gɪv mɪ ˈdiːteɪlz ɒv əkɒməˈdeɪʃn ɪn ðɪ‿ˈeərɪə]

Welche Gegend empfiehlt sich für Ferien auf einem Boot?
Where is the best place to go on a boating holiday? [weə ɪz ðə best pleɪs tə gəʊ ɒn ə ˈbəʊtɪŋ ˌhɒlɪdeɪ]

An welche Art von Unterkunft haben Sie gedacht?
What sort of accommodation are you looking for?
[jwɒt sɔːt əv əkɒməˈdeɪʃn ɑː‿jʊ ˈlʊkɪŋ fɔː]

Hotel
a hotel [ə həʊˈtel]
Pension
guest house [ˈgesthaʊs]
Fremdenzimmer
bed-and-breakfast [ˈbedn ˈbrekfəst]
Ferienwohnung
self-catering accommodation [ˈselfˈkeɪtərɪŋ əkɒməˈdeɪʃn]

Fragen zur Unterkunft

Hotel – Pension – Privatzimmer

Ich suche ein Hotel, jedoch nicht zu teuer – etwas in der mittleren Preislage.
I'd like to stay in a hotel, but nothing too expensive – something in the mid-price range. [aɪd laɪk tə steɪ ɪn ə heʊˈtel bʌt ˈnʌθɪŋ tuː ɪkˈspensɪv ˈsʌmθɪŋ ɪn ðə mɪd praɪs reɪndʒ]

Ich suche ein Hotel mit Hallenbad/Golfplatz/Tennisplätzen.
I'd like to stay in a hotel with a swimming pool/a golf course/tennis courts. [aɪd laɪk tə steɪ ɪn ə heʊˈtel wɪð ə ˈswɪmɪŋ puːl/ə ˈgɒlf kɔːs/ˈtenɪs cɔːts]

Können Sie mir ein schönes Fremdenzimmer mit Frühstück empfehlen?
Can you recommend a good bed-and-breakfast?
[ˈkən jʊ ˌrekəˈmend ə gʊd ˈbedn ˈbrekfəst]

Für wie viele Leute soll es sein?
How many people does it sleep? [haʊ ˈmenɪ ˈpiːpl dʌz ɪt ˈsliːp]

Sind dort Hunde erlaubt?
Are dogs allowed? [ɑː dɒgz əˈlaʊd]

Ist es möglich, ein weiteres Bett in einem der Zimmer aufzustellen?
Is it possible to put an extra bed in one of the rooms?
[ɪz ɪt ˈpɒsɪbl tə pʊt ən ˈekstrə bed ɪn wʌn əv ðə ruːmz]

Wie viel kostet das pro Woche?
How much does that cost per week?
[haʊ mʌtʃ dəz ðæt kɒst pɜː wiːk]

Ferienhäuser/Ferienwohnungen

Ich suche eine Ferienwohnung oder einen Bungalow.
I'm looking for a self-catering flat or bungalow.
[aɪm ˈlʊkiŋ fər‿ə ˈselfkeɪtərɪŋ flæt ɔ: ˈbʌngələʊ]

Können Sie mir einen kinderfreundlichen Ferienbauernhof empfehlen?
Can you recommend a farmhouse, suitable for children?
[ˈkən jʊ ˌrekəˈmend ə ˈfɑ:mhaʊs ˈsju:təbl fə ˈtʃɪldrən]

Gibt es ...?
Is there ...? [ɪz ðeə]
ein Kinderbett
a baby's cot [ə ˈbeɪbɪz kɒt]
einen Hochstuhl
a high chair [ə ˈhaɪ tʃeə]
einen Fernseher
a TV [ə ti:vi:]
ein Telefon
a telephone [ə ˈtelɪfəʊn]
eine Waschmaschine
a washing machine [ə ˈwɒʃɪŋ məˈʃi:n]
eine Spülmaschine
a dishwasher [ə ˈdɪʃwɒʃə]
eine Mikrowelle
a microwave [ə ˈmaɪkrəʊweɪv]

Sind die Stromkosten im Preis eingeschlossen?
Is electricity included in the price?
[ɪz elekˈtrɪsɪtɪ ɪnˈklu:dɪd ɪn ðə praɪs]

Werden Bettwäsche und Handtücher gestellt?
Are bed linen and towels provided?
[ɑ: ˈbedˌlɪnɪn ənd ˈtaʊəlz prəˈvaɪdɪd]

Wie viel muss ich anzahlen und wann ist die Anzahlung fällig?
How much deposit do you require and how long in advance?
[haʊ mʌtʃ dɪˈpɒzɪt du jʊ rɪˈkwaɪə ənd haʊ lɒŋ ɪn ədˈvɑ:ns]

Wo und wann kann ich die Schlüssel abholen?
Where and when should I pick up the keys?
[weə ənd wen ʃʊd aɪ pɪk ʌp ðə ki:z]

Camping

Ich suche einen kleinen Campingplatz in ... Können Sie mir irgend etwas empfehlen?
I'm looking for a smallish campsite in ... Do you have anywhere you can recommend? [aɪm ˈlʊkɪŋ fər‿ə ˈsmɔ:lɪʃ ˈkæmpsaɪt ɪn ... du jʊ hæv ˈenɪweə jʊ kən ˌrekəˈmend]

Allgemeines

Der erste Schritt
Das folgende Kapitel enthält alle Begriffe, die Ihnen auf Ihrer Reise immer wieder begegnen. Insbesondere alles, um sich über das Wetter unterhalten zu können – eine wichtige Voraussetzung für Smalltalk in Großbritannien!

Das Wichtigste in Kürze

➢ **vordere Umschlaginnenseite**

Ja.
Yes. [jes]

Nein.
No. [nəʊ]

Bitte.
Please. [pli:z]

Danke!
Thank you. ['θæŋkjʊ]

Vielen Dank!
Many thanks! ['menɪ θæŋks]

Danke, gleichfalls!
Thank you, the same to you! ['θæŋkjʊ ðə seɪm tə jʊ]

Bitte!/Gern geschehen!
Don't mention it./You're welcome. [dəʊnt 'menʃn‿ɪt/jɔ: 'welkəm]

Nichts zu danken!
Not at all./Don't mention it. [not æt ɔ:l/dəʊnt 'menʃn‿ɪt]

Wie bitte?
Pardon? ['pɑ:dn]

Selbstverständlich!
Of course. [əv 'kɔ:s]

Einverstanden!
Agreed! [ə'gri:d]

Okay!
OK! [ˌəʊ'keɪ]

In Ordnung!
OK! [ˌəʊ'keɪ]

Entschuldigung!/Verzeihung!
Excuse me!/Sorry! [ɪk'skju:z ˌmi:/'sɒrɪ]

Einen Augenblick, bitte!
Just a minute, please. [ˌdʒʌst‿ə 'mɪnɪt ˌpli:z]

Das reicht jetzt!
That's enough! [ðæts‿ɪ'nʌf]

Hilfe!
Help! [help]

Wer?
Who? [hu:]

Was?
What? [wɒt]

Welcher?/Welche?/Welches?
Which? [wɪtʃ]

Wem?
Who ... to? [hu: tu:]

Wen?
Who? [hu:]

Wo?
Where? [weə]

Wo ist ...?/Wo sind ...?
Where's ...?/Where are ...? [weəz/ˈweərə]

Warum?
Why? [waɪ]

Wozu?
What ... for? [ˌwɒt ˈfɔ:]

Wie viel?
How much? [ˌhaʊ ˈmʌtʃ]

Wie lange?
How long? [ˌhaʊ ˈlɒŋ]

Wann?
When? [wen]

Um wie viel Uhr?
What time? [ˌwɒt ˈtaɪm]

Ich hätte gern...
I'd like ... [ˌaɪd ˈlaɪk]

Gibt es ...?
Is there ...?/Are there ...? [ˈɪz ðeə/ˈɑ:ðeə]

Zahlen - Maße - Gewichte

➢ **hintere Umschlaginnenseite und Wörterbuch**

Zeitangaben

Die Uhrzeit

Wie viel Uhr ist es bitte?
What time is it, please? [wɒt ˈtaɪm‿ɪz‿ɪt pliːz]

Es ist (genau/ungefähr) ...
It's (exactly/about) ... [ɪts (ɪgˈzæktlɪ/əˈbaʊt)]
3 Uhr.
three o'clock. [ˈθriː‿əˈklɒk]
5 nach 3.
five past three. [ˈfaɪv pɑːst ˈθriː]
3 Uhr 10.
ten past three. [ˈten pɑːst ˈθriː]
Viertel nach 3.
quarter past three. [ˈkwɔːtə pɑːst ˈθriː]
halb 4.
half past three. [ˈhɑːf pɑːst ˈθriː]
Viertel vor 4.
quarter to four. [ˈkwɔːtə tə ˈfɔː]
5 vor 4.
five to four. [ˈfaɪv tə ˈfɔː]
12 Uhr Mittag/Mitternacht.
noon/midnight. [nuːn/ˈmɪdnaɪt]

Um wie viel Uhr?/Wann?
What time? [ˌwɒt ˈtaɪm]**/When?** [wen]

Um 1 Uhr.
At one o'clock. [ət ˈwʌn‿əˈklɒk]

Um 2 Uhr.
At two o'clock. [ət ˈtuː‿əˈklɒk]

Gegen 4 Uhr.
At about four o'clock. [ət‿əˈbaʊt ˈfɔːr‿əˈklɒk]

In einer Stunde.
In an hour's time [ɪn‿ən‿ˈaʊəz ˈtaɪm]

In zwei Stunden.
In two hours' time. [ɪn ˈtuː ˈaʊəz ˈtaɪm]

Nicht vor 9 Uhr morgens.
Not before nine a.m. [ˈnɒt bɪˈfɔː ˈnaɪn‿ˈeɪˈem]

Nach 8 Uhr abends.
After eight p.m. [ˈɑːftər‿ˈeɪt ˈpiːˈem]

Zwischen 3 und 4.
Between three and four. [bɪˈtwiːn ˈθriː‿ənd ˈfɔː]

Wie lange?
How long? [ˈhaʊ ˈlɒŋ]

Zwei Stunden (lang).
For two hours. [fə ˈtuː ˈaʊəz]

Von 10 bis 11.
From ten to eleven. [frəm ˈten tʊ‿ɪˈlevn]

Bis 5 Uhr.
Till five o'clock. [tɪl ˈfaɪv‿əˈklɒk]

Seit wann?
Since when? [sɪns ˈwen]

Seit 8 Uhr morgens.
Since eight a.m. [sɪns‿ˈeɪt‿ˈeɪˈem]

Seit einer halben Stunde.
For half an hour. [fə ˈhɑːf‿ən‿ˈaʊə]

Seit acht Tagen.
For a week. [fər‿ə ˈwiːk]

ab und zu	from time to time [frəm ˈtaɪm tə ˈtaɪm]
Abenddämmerung	dusk [dʌsk], twilight [twaɪlaɪt]
abends	in the evening [ɪn ðiː‿ˈiːvnɪŋ]
am Sonntag	on Sunday [ɒn ˈsʌndeɪ]
am Vormittag	in the morning [ɪn ðə ˈmɔːnɪŋ]
am Wochenende	at the weekend [ət ðə ˌwiːkˈend]
bald	soon [suːn]
diese Woche	this week [ˌðɪs ˈwiːk]
früh	early [ˈɜːlɪ]
früher	*(eher)* earlier [ˈɜːlɪə]
gegen Mittag	about noon/lunchtime [əˈbaʊt ˈnuːn/ˈlʌntʃtaɪm]
gestern	yesterday [ˈjestədɪ]
heute	today [təˈdeɪ]
heute Morgen/heute Abend	this morning/this evening [ðɪs ˈmɔːnɪŋ/ðɪs‿ˈiːvnɪŋ]
in einer Woche	today week [təˈdeɪ ˈwiːk]
in 14 Tagen	in a fortnight's time [ɪn‿ə ˈfɔːtnaɪts ˈtaɪm]
innerhalb einer Woche	within a week [wɪˈðɪn‿ə ˈwiːk]
jeden Tag	every day [ˈevrɪ ˈdeɪ]
jetzt	now [naʊ]

kürzlich	recently ['ri:sntlɪ]
letzten Montag	last Monday ['lɑ:st 'mʌndɪ]
manchmal	sometimes ['sʌmtaɪmz]
mittags	at lunchtime [ət 'lʌnʃtaɪm]
morgen	tomorrow [tə'mɒrəʊ]
Morgendämmerung	dawn [dɔ:n]
morgen früh/morgen Abend	tomorrow morning/tomorrow evening [tə'mɒrəʊ 'mɔ:nɪŋ/ tə'mɒrəʊ‿i:vnɪŋ]
morgens	in the morning [ɪn ðə 'mɔ:nɪŋ]
nachmittags	in the afternoon [ɪn ðɪ‿ˌɑ:ftə'nu:n]
nächstes Jahr	next year ['nekst 'jɪə]
nachts	at night [ət 'naɪt]
Sonnenaufgang	sunrise [sʌnraɪz]
Sonnenuntergang	sunset [sʌnset]
spät	late [leɪt]
später	later ['leɪtə]
stündlich	every hour, hourly ['evrɪ‿'aʊə, 'aʊəlɪ]
täglich	every day, daily ['evrɪ 'deɪ, 'deɪlɪ]
tagsüber	during the day ['djʊərɪŋ ðə 'deɪ]
übermorgen	the day after tomorrow [ðə 'deɪ‿'ɑ:ftə tə'mɒrəʊ]
um diese Zeit	about this time [ə'baʊt ðɪs 'taɪm]
niemals	never ['nevə]
vor zehn Minuten	ten minutes ago ['ten 'mɪnɪts‿ə'gəʊ]
vorgestern	the day before yesterday [ðə 'deɪ bɪ'fɔ: 'jestədɪ]
vormittags	during the morning ['djʊərɪŋ ðə 'mɔ:nɪŋ]

Die Wochentage

Montag	Monday ['mʌndɪ]
Dienstag	Tuesday ['tju:zdɪ]
Mittwoch	Wednesday ['wenzdɪ]
Donnerstag	Thursday ['θɜ:zdɪ]
Freitag	Friday ['fraɪdɪ]
Samstag	Saturday ['sætədɪ]
Sonntag	Sunday ['sʌndɪ]

Die Monate

Januar	January ['dʒænjʊərɪ]
Februar	February ['februərɪ]

März	March [mɑːtʃ]
April	April ['eɪprl]
Mai	May [meɪ]
Juni	June [dʒuːn]
Juli	July [dʒuː'laɪ]
August	August ['ɔːgəst]
September	September [sep'tembə]
Oktober	October [ɒk'təʊbə]
November	November [nəʊ'vembə]
Dezember	December [dɪ'sembə]

Die Jahreszeiten

der Frühling	spring [sprɪŋ]
der Sommer	summer ['sʌmə]
der Herbst	autumn (*Am* fall) ['ɔːtəm (fɔːl)]
der Winter	winter ['wɪntə]

Die Feiertage

Neujahr	New Year's Day ['njuː ˌjɪəz 'deɪ]
Karfreitag	Good Friday ['gʊd 'fraɪdɪ]
Ostern	Easter ['iːstə]
Ostermontag	Easter Monday ['iːstə 'mʌndɪ]
Erster Montag im Mai	May Day Holiday *(GB)* ['meɪ ˌdeɪ 'hɒlɪdeɪ]
Letzter Montag im Mai	Spring Bank Holiday *(GB)* ['sprɪŋ ˌbæŋk 'hɒlɪdeɪ]
4. Juli *(Unabhängigkeitstag in den USA)*	Independence Day *(Am)* [ˌɪndɪ'pendəns ˌdeɪ]
Letzter Montag im August	August Bank Holiday *(GB)* ['ɔːgəst ˌbæŋk 'hɒlɪdeɪ]
Letzter Donnerstag im November *(Erntedankfest in den USA)*	Thanksgiving *(Am)* ['θæŋksˌgɪvɪŋ]
Heiliger Abend	Christmas Eve ['krɪsməs‿'iːv]
Weihnachten	Christmas ['krɪsməs]
1. Weihnachtsfeiertag	Christmas Day ['krɪsməs 'deɪ]
2. Weihnachtsfeiertag	Boxing Day ['bɒksɪŋ ˌdeɪ]
Silvesterabend	New Year's Eve ['njuː ˌjɪəz‿'iːv]

Das Datum

Den Wievielten haben wir heute?
What's the date (today)? ['wɒts ðə 'deɪt (tə'deɪ)]

Heute ist der 4. August.
It's the fourth of August. [ɪts ðə fɔ:θ əv 'ɔ:gəst]

Wetter

Was für ein herrliches/schreckliches Wetter!
What wonderful/terrible weather! ['wɒt wʌndəfʊl/'terəbl weðə]

Es ist sehr kalt/heiß/schwül.
It's very cold/hot/close. [ɪts verɪ 'kəʊld/'hɒt/'kləʊs]

Es ist neblig/windig.
It's foggy/windy. [ɪts 'fɒgɪ/'wɪndɪ]

Es bleibt schön/schlecht.
It's going to stay fine/bad. [ɪts 'gəʊɪŋ tə steɪ 'faɪn/'bæd]

Es wird wärmer/kälter.
It's going to get warmer/colder. [ɪts 'gəʊɪŋ tə get 'wɔ:mə/'kəldə]

Es wird regnen/schneien.
It's going to rain/snow. [ɪts' gəʊɪŋ tə reɪn/'snəʊ]

Es regnet in Strömen.
It's pouring (down). [ɪts 'pɔ:rɪŋ (daʊn)]

Es stürmt heftig.
It's blowing a gale. [ɪts 'bləʊɪŋ‿ə geɪl]

Die Straßen sind glatt.
The roads are icy. [ðə 'rəʊdz‿ər‿'aɪsɪ]

Die Sicht beträgt nur 20 m/weniger als 50 m.
Visibility is only 20 metres/less than 50 metres. [ˌvɪzɪ'bɪlətɪ‿ɪz‿'əʊnlɪ 'twentɪ 'mi:təz/les ðən 'fɪftɪ 'mi:təz]

bewölkt	cloudy ['klaʊdɪ]
Blitz	lightning ['laɪtnɪŋ]
Bö	gust of wind [ˌgʌst‿əv 'wɪnd]
Donner	thunder ['θʌndə]
Ebbe	low tide ['ləʊ 'taɪd]
Eis	ice [aɪs]
feucht	damp [dæmp]
Flaute	calm [kɑ:m]
Flut	high tide ['haɪ 'taɪd]
Frost	frost [frɒst]

Gewitter	thunderstorm [ˈθʌndəstɔ:m]
Hagel	hail(stones) [heɪl (stəʊnz)]
heiß	hot [hɒt]
Hitze	heat [hi:t]
Hitzewelle	heatwave [ˈhi:tweɪv]
kalt	cold [kəʊld]
Luft	air [eə]
nass	wet [wet]
Nebel	fog [fɒg]
Nieselregen	drizzle [ˈdrɪzl]
Regen	rain [reɪn]
Regenschauer	shower [ˈʃaʊə]
regnerisch	rainy [ˈreɪnɪ]
Schnee	snow [snəʊ]
Schneematsch	slush [slʌʃ]
Schneeregen	sleet [sli:t]
Schneesturm	blizzard [blɪzəd]
schwül	humid [ˈhju:mɪd]
Sonne	sun [sʌn]
Sonnenschein	sunshine [ˈsʌnʃaɪn]
sonnig	sunny [ˈsʌnɪ]
Sturm	storm [ˈstɔ:m], gale [geɪl]
Temperatur	temperature [ˈtemprɪtʃə]
warm	warm [wɔ:m]
wechselhaft	changeable [ˈtʃeɪnʒəbl]
Wettervorhersage	weather forecast [ˈweðə ˌfɔ:kɑ:st]
Wind	wind [wɪnd]
Windstärke	wind-force [ˈwɪndfɔ:s]
Wolke	cloud [klaʊd]
Wolkenbruch	cloudburst [klaʊdbɜ:st]

Farben

beige	beige [beɪʒ]
blau	blue [blu:]
braun	brown [braʊn]
einfarbig	plain [pleɪn]
farbig	coloured [ˈkʌləd]
gelb	yellow [ˈjeləʊ]
goldfarben	gold [gəʊld]
grau	grey [greɪ]
grün	green [gri:n]
lila	purple [ˈpɜ:pl]
orange	orange [ˈɒrɪnʒ]
rosa	pink [pɪŋk]

rot	red [red]
schwarz	black [blæk]
silberfarben	silver [ˈsɪlvə]
türkis	turquoise [ˈtɜːkwɔɪz]
violett	purple, violet [ˈpɜːpl, ˈvaɪəlɪt]
weiß	white [waɪt]
hellblau/hellgrün	light blue/light green [laɪt bluː/laɪt griːn]
dunkelblau/dunkelgrün	dark blue/dark green [dɑːk bluː/dɑːk griːn]

Zwischenmenschliches

Höflichkeit großgeschrieben
Auf Höflichkeit legen Briten großen Wert. Mit den folgenden Formulierungen können Sie sich in jeder Situation höflich ausdrücken. Aufgepasst: *Please* heißt zwar „bitte", aber nicht „bitte schön". Wenn Sie einem anderen etwas geben, sagt man *Here you are* oder *There you are.* Auch als Anwort auf *thank you* darf man nicht *please* für „bitte sehr" oder „gern geschehen" sagen, sondern *Don't mention it* oder *You're welcome.*

Begrüßung und Verabschiedung

Die Begrüßung

In Großbritannien begrüßt man sich üblicherweise nicht mit einem Händedruck. Man gibt sich nur die Hand beim ersten Kennenlernen, um zu gratulieren, oder nach einem Sportwettkampf ... Freunde und Bekannte grüßen sich meistens mit einem lockeren *hi* oder *hello.*

Guten Morgen/Tag!
Good morning/afternoon! [gʊd ˈmɔːnɪŋ/ˌɑːftəˈnuːn]

Guten Abend!
Good evening. [gʊd‿ˈiːvnɪŋ]

Hallo!/Grüß dich!
Hello!/Hi! [həˈləʊ/haɪ]

Wie ist Ihr Name?/Wie heißt du?
What's your name? [wɒts jɔː ˈneɪm]

Ich heiße ...
My name's ... [maɪ neɪmz]

Wie geht es Ihnen?/Wie geht's?
How are you? [haʊ‿ˈɑː jʊ/haʊ‿ə ˈjʊ]

Danke. Und Ihnen/dir?
Fine thanks. And you? [ˈfaɪn θæŋks. ənd ˈjʊ]

Sich vorstellen

Die Briten benutzen Vornamen zwar nicht ganz so schnell wie die Amerikaner, aber häufiger als Deutsche und andere Kontinentaleuropäer.

Darf ich bekannt machen? Das ist ...
May I introduce you? [ˈmeɪ‿aɪ‿ˌɪntrəˈdjuːs jʊ] This is ... [ˈðɪs‿ɪz]

Frau X.
Mrs X. ['mɪsɪz]
Herr X.
Mr X. ['mɪstə]
mein Mann.
My husband. [maɪ 'hʌzbənd]
meine Frau.
My wife. [maɪ 'waɪf]
mein Sohn.
My son. [maɪ 'sʌn]
meine Tochter.
My daughter. [maɪ 'dɔ:tə]
mein Freund/meine Freundin.
My boyfriend/girlfriend. [maɪ 'bɔɪfrend/'gɜ:lfrend]

Angenehm!
How do you do? [haʊ du jʊ du]

How do you do? ist keine Frage als solche. Man erwartet auch *How do you do?* als Antwort.

Nett, Sie kennen zu lernen.
Nice to meet you. [naɪs tə mi:t jʊ]

Darf ich Ihnen meine Visitenkarte geben?
May I give you my calling card/business card?
['meɪ‿aɪ gɪv jʊ maɪ kɔ:lɪŋ 'kɑ:d/bɪznɪs 'kɑ:d]

Das Verabschieden

Auf Wiedersehen!
Goodbye/Bye-bye! [ˌgʊd'baɪ/ˌbaɪ'baɪ]

Bis bald!
See you soon! ['si: jʊ 'su:n]

Bis später!
See you later! ['si: jʊ 'leɪtə]

Bis morgen!
See you tomorrow! ['si: jʊ tə'mɒrəʊ]

Mach's gut!
See you!/Take care!/All the best! ['si: jʊ/teɪk kɛə/ɔ:l ðə best]

Gute Nacht!
Good night! [ˌgʊd 'naɪt]

Tschüss!
Cheerio! [ˌtʃɪərɪ'əʊ]

Gute Reise!
Have a good journey. ['hæv‿ə gʊd 'dʒɜ:nɪ]

Höflichkeit

Bitte und Dank

Bitte.
Please. [pli:z]

Ja, bitte!
Yes, please. [ˌjes ˈpli:z]

Nein, danke!
No, thank you. [ˌnəʊ ˈθæŋkjʊ]

Gestatten Sie?
May I? [ˈmeɪ‿aɪ]

Entschuldigen Sie bitte die Störung.
Please forgive the interruption./I'm sorry to bother you.
[pli:z fəˈgɪv ðə ˌɪntərˈʌpʃn/aɪm ˈsɒrɪ tə ˈbɒðə jʊ]

Entschuldigen Sie bitte, dürfte ich Sie etwas fragen?
Excuse me, may I ask you something?
[ɪkˈskju:z ˌmi: ˈmeɪ‿aɪ ɑ:sk jʊ ˈsʌmθɪŋ]

Hätten Sie was dagegen, wenn ich ...?
Do you mind if I ...? [du jʊ maɪnd ɪf aɪ]

Können Sie mir bitte helfen?
Can you help me, please? [ˈkən jʊ ˈhelp mɪ pli:z]

Dürfte ich Sie um einen Gefallen bitten?
Can/Could I ask you a favour? [ˈkən/ˈkʊd aɪ ɑ:sk jʊ ə ˈfeɪvə]

Würden Sie bitte so freundlich sein und ...?
Would you mind just ...? [wʊd jʊ maɪnd dʒʌst ...]

Tausend Dank, Sie haben mir sehr geholfen.
Many thanks/Thanks a million, you've been a great help.
[ˈmenɪ θæŋks/θæŋks ə ˈmɪljən jʊv bi:n ə greɪt help]

Das war sehr lieb von Ihnen.
That was very kind/nice of you. [ðæt wəz ˈverɪ ˈkaɪnd/naɪs‿əv jʊ]

Können Sie mir bitte sagen, ...
Can you tell me ..., please? [ˈkən jʊ ˈtel mɪ ... pli:z]

Können Sie mir bitte ... empfehlen?
Can you recommend ...? [ˈkən jʊ ˌrekəˈmend ...]

Danke!
Thank you. [ˈθæŋkjʊ]

Danke, sehr gern!
Yes, thank you. [ˈjes ˈθæŋkjʊ]

Das ist nett, danke!
That's very kind of you, thank you. [ðæts ˈverɪ ˈkaɪnd‿əv jʊ ˈθæŋkjʊ]

Bitte sehr!/Gern geschehen!
Don't mention it./You're welcome. [dəʊnt ˈmenʃn‿ɪt/jɔ: ˈwelkəm]

Entschuldigung

Entschuldigung!
I'm sorry! [aɪm ˈsɒrɪ]

Das tut mir sehr leid!
I'm very sorry! [aɪm ˈverɪ ˈsɒrɪ]

Es war nicht so gemeint.
I didn't mean it. [aɪ ˈdɪdnt ˈmi:n‿ɪt]

Ich bitte um Verzeihung!
I beg your pardon! [aɪ beg jɔ: ˈpɑ:dn]

Keine Ursache!/Macht nichts!
That's all right!/It doesn't matter! [ðæts ɔ:l raɪt/ɪt ˈdʌznt mætə]

Das ist leider nicht möglich.
I'm afraid that's impossible. [aɪm‿əˈfreɪd ðæts‿ɪmˈpɒsəbl]

Wünsche

Herzlichen Glückwunsch!
Congratulations! [kənˌgrætjʊˈleɪʃnz]

Alles Gute zum Geburtstag!
Happy birthday! [ˈhæpɪ ˈbɜ:θdeɪ]

Alles Gute!
All the best! [ɔ:l ðə best]

Viel Erfolg!/Viel Glück!
Good luck! [ˈgʊd ˈlʌk]

Ich drücke Ihnen die Daumen.
I'll keep my fingers crossed for you. [aɪl ki:p maɪ ˈfɪngəz krɒst fə‿ˈjʊ]

Gesundheit! *(nach Niesen)*
Bless you! [ˈbles jʊ]

Gute Besserung!
Get well soon! [ˈget ˌwel ˈsu:n]

Zustimmung und Gesprächsfortführung

Gut.
Good. [ˈgʊd]

Richtig.
Right. [raɪt]

Einverstanden!/Abgemacht!
Agreed!/It's a deal! [əˈgriːd/ɪts‿ə diːl]

Geht in Ordnung!
That's all right! [ðæts ɔːl raɪt]

Okay!
Okay! [ˌəʊˈkeɪ]

Genau!
Precisely! [prɪˈsaɪslɪ] Exactly! [ɪgˈzæktlɪ]

Ach!
Oh! [əʊ]

Ach, so!
Oh, right! [əʊ ˈraɪt]

Wirklich?
Really? [ˈrɪəlɪ]

Interessant!
How interesting! [haʊ ˈɪntrɪstɪŋ]

Wie schön!
How nice! [haʊ naɪs]

Ich verstehe.
I see. [aɪ siː]

So ist es eben.
Well, that's just how it is. [wel ðæts dʒʌst haʊ ɪt ɪz]

Ganz Ihrer Meinung.
I agree entirely. [aɪ əgriː ɪntaɪəlɪ]

Das stimmt.
That's right. [ðæts raɪt]

Das finde ich (sehr) gut.
I think that's a (very) good idea. [aɪ θɪŋk ðæts‿ə (verɪ) gʊd aɪˈdɪə]

Mit Vergnügen!
With pleasure. [wɪð ˈpleʒə]

Ablehnung

Ich will nicht.
I don't want to. [aɪ ˈdəʊnt ˈwɒnt‿tʊ]

Dazu habe ich keine Lust.
I don't feel like it. [aɪ dəʊnt fiːl laɪk ɪt]

Damit bin ich nicht einverstanden.
I can't agree to that. [aɪ ˈkɑːnt əˈgriː tə ðæt]

Das kommt nicht in Frage!
That's out of the question. [ðæts ˈaʊt‿əv ðə ˈkwestʃn]

Auf gar keinen Fall!
Certainly not! [ˈsɜːtnlɪ ˈnɒt]/No way! [nəʊ weɪ]

Ohne mich!
Count me out! [kaʊnt miː aʊt]

Das gefällt mir gar nicht.
I don't like this at all. [aɪ ˈdəʊnt ˈlaɪk ðɪs æt ɔːl]

Vorlieben

Das gefällt mir (nicht).
I (don't) like it. [aɪ (ˈdəʊnt) ˈlaɪk‿ɪt]

Ich möchte lieber ...
I'd prefer ... [aɪd prɪˈfɜː]

Ich wäre nicht abgeneigt ...
I wouldn't mind ... [aɪ wʊdnt maɪnd]

Am liebsten wäre mir ...
I'd really like ... [aɪd ˈrɪəlɪ laɪk]

Darüber würde ich gerne mehr erfahren.
I'd like to find out more about that.
[aɪd laɪk tə faɪnd aʊt mɔː əbaʊt ðat]

Nichtwissen ausdrücken

Das weiß ich nicht.
I don't know that. [aɪ dəʊnt ˈnəʊ ðat]

Keine Ahnung.
No idea. [nəʊ aɪˈdɪə]

Unentschlossenheit

Das ist mir egal.
I don't care. [aɪ ˈdəʊnt kɛə]

Ich weiß noch nicht.
I don't know yet. [aɪ ˈdəʊnt ˈnəʊ jet]

Vielleicht.
Perhaps./Maybe. [pəˈhæps/ˈmeɪbiː]

Wahrscheinlich.
Probably. [ˈprɒbəblɪ]

Freude - Begeisterung

Großartig!
Great! [greɪt]

Prima!
Fine! [faɪn]

Toll!
Fantastic! [fænˈtæstɪk]

Super!
Super! [ˈsuːpə]

Wahnsinn!
Amazing! [əˈmeɪzɪŋ]

Zufriedenheit

Ich bin voll und ganz zufrieden.
I am completely satisfied. [aɪ æm kəmˈpliːtlɪ ˈsætɪsˌfaɪd]

Ich kann mich nicht beklagen.
I can't complain. [aɪ ˈkɑːnt kəmˈpleɪn]

Das hat hervorragend geklappt.
That worked out extremely well. [ðæt wɜːkt aʊt ɪkstriːmlɪ wel]

Langeweile

Wie langweilig!
How boring! [haʊ ˈbɔːrɪŋ]

So etwas von langweilig!
Talk about boring! [tɔːk əˈbaʊt ˈbɔːrɪŋ]

... ist total öde.
... is dead boring. [ɪz ded ˈbɔːrɪŋ]

Erleichterung

Ein Glück, dass ...!
It's lucky ...! [ɪts lʌkɪ ...]

Gott sei Dank!
Thank God! [θænk gɒd]

Endlich!
At last! [æt lɑːst]

Gelassenheit

Nur keine Panik/Aufregung!
Don't panic/get excited! [ˈdəʊnt ˈpænɪk/get ɪkˈsaɪtɪd]

Machen Sie sich keine Sorgen.
Don't you worry about a thing. [ˈdəʊnt jʊ ˈwʌrɪ əˈbaʊt ə θɪŋ]

Erstaunen – Überraschung

Ach so!
Well I never! [wel aɪ ˈnevə]

Wirklich?
Really? [rɪəlɪ]

Das ist ja nicht zu fassen!
That's incredible! [ðæts ɪnˈkredəbl]

Unglaublich!
Unbelievable! [ʌnbəˈliːvəbl]

Ärger

Das ist aber ärgerlich.
How annoying! [haʊ əˈnɔɪɪŋ]

... geht mir auf den Wecker.
... gets on my nerves. [gets ɒn maɪ nɜːvz]

So ein Mist!
What a nuisance! [wɒt‿ə ˈnjuːsns]

Eine Unverschämtheit ist das!
That's outrageous! [ðæts aʊtˈreɪdʒəs]

So eine Frechheit!
What a cheek! [wɒt ə tʃiːk]

Das darf doch wohl nicht wahr sein!
That can't be true! [ðæt ˈkɑːnt bɪ truː]

Jetzt reicht's!
I've had enough of this! [aɪv hæd ɪˈnʌf əv ðɪs]

Toi, toi, toi!

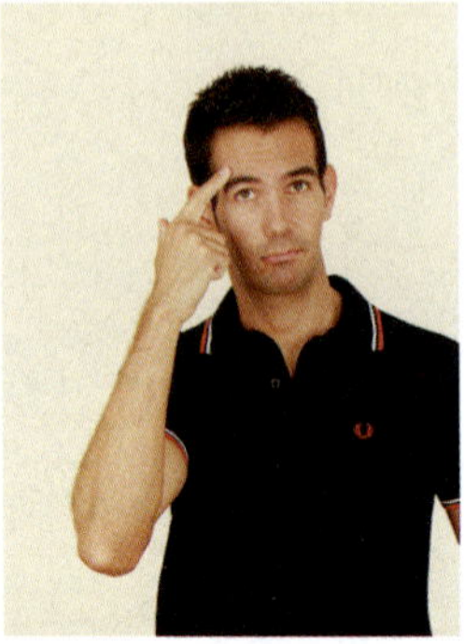

Ganz schön clever!

Peace!/Victory!

Perfekt!

Du kannst mich mal! *(Br)*

Kurze Pause!

Gut! Super!

Voll daneben!

So nicht!

Wir telefonieren

Du kannst mich mal!

Würg!

Die feinen Unterschiede
Im Großen und Ganzen entspricht die nonverbale Kommunikation im englischsprachigen Raum der mitteleuropäischen. Einige wenige Zeichen bedeuten etwas völlig anderes. Das im deutschsprachigen Raum geläufige „den Vogel zeigen" ist dort als Beleidigung weitgehend unbekannt: Mit einem Finger an die Stirn zu tippen bedeutet, besonders in Nordamerika, dass die gemeinte Person besonders clever ist. Es ist nur dann beleidigend, wenn man am Gesichtsausdruck oder der Situation ablesen kann, dass die Geste ironisch gemeint war. Für „Ich drück' dir die Daumen" kann man auf Englisch sagen *I'll keep my fingers crossed for you;* dabei wird der Mittelfinger über den Zeigefinger gelegt.

Zurechtweisung

Was fällt Ihnen ein!
What do you think you're doing! [wɒt djʊ θɪŋk jɔː ˈduːɪŋ]

Kommen Sie mir bloß nicht zu nahe!
Don't come anywhere near me! [dəʊnt kʌm ˈenɪweə ˈnɪə mɪ]

Das kommt gar nicht in Frage.
That's out of the question. [ðæts ˈaʊt əv ðə kwestʃn]

Bedauern – Enttäuschung

Oh je!
Oh dear! [əʊ dɪə]

Es tut mir leid.
I'm so sorry! [aɪm ˈsəʊ ˈsɒrɪ]

Es tut mir richtig leid für Sie.
I feel really sorry for you. [aɪ fiːl ˈrɪəlɪ ˈsɒrɪ fə‿ˈjʊ]

Schade!
What a pity! [ˌwɒt‿ə ˈpɪtɪ]

Komplimente

Wie schön!
How nice/lovely! [haʊ naɪs/lʌvlɪ]

Das ist wunderbar!
That's wonderful/great! [ðæts ˈwʌndəfʊl/greɪt]

Das ist sehr nett von Ihnen/dir!
That's very kind of you! [ðæts verɪ kaɪnd əv jʊ]

Ich finde Sie sehr sympathisch/nett.
I think you are very nice. [aɪ θɪŋk jʊə ˈverɪ naɪs]

Das Essen war ausgezeichnet!
That meal was really excellent! [ðæt miːl wəz ˈrɪəlɪ ˈeksələnt]

Wir haben selten so gut gegessen wie bei Ihnen.
We've seldom had such a good meal.
[wi:v ˈseldəm hæd sʌtʃ ə gʊd mi:l]

Es ist wirklich traumhaft hier!
It really is lovely here! [ɪt rɪəlɪ ɪzˈlʌvlɪ hɪə]

Sie sprechen sehr gut Deutsch.
You speak very good German. [jʊ spi:k verɪ gʊd ˈdʒɜ:mən]

Wir haben uns bei Ihnen sehr wohl gefühlt.
We felt very welcome here. [wɪ felt verɪ welkəm hɪə]

angenehm	pleasant [pleznt]
ausgezeichnet	excellent [ˈeksələnt]
beeindruckend	impressive [ɪmˈpresɪv]
freundlich	friendly [frendlɪ]
herrlich	glorious [ˈglɔ:rɪəs], splendid [ˈsplendɪd]
hinreißend	gorgeous [ˈgɔ:dʒəs]
hübsch	pretty [ˈprɪtɪ]
köstlich	delicious [dɪˈlɪʃəs]
lecker	tasty [ˈteɪstɪ]
liebenswürdig	kind [ˈkaɪnd]
schön	lovely [ˈlʌvlɪ]

Smalltalk

Angaben zur Person

Wie alt sind Sie/bist du?
How old are you? [haʊ‿ˈəʊld‿ə jʊ]

Ich bin 39.
I'm thirty-nine. [aɪm ˌθɜ:tɪˈnaɪn]

Was machen Sie/machst du beruflich?
What do you do for a living? [ˈwɒt djʊ du: fər‿ə ˈlɪvɪŋ]

Ich bin ...
I'm ... [aɪm‿ə]
arbeitslos.
unemployed [ˈʌnemplɔɪd]
Freiberufler.
a freelancer/self-employed [ˈfri:lɑ:nsə/ˈselfˈemplɔɪd]

Ich arbeite bei ...
I work for ... [aɪ wɜ:k fə(r)]

Ich bin Rentner/in.
I'm retired. [aɪm rɪˈtaɪəd]

Ich gehe noch zur Schule.
I'm still at school. [aɪm ˈstɪl‿ət ˈsku:l]

Ich bin Student/in.
I'm a student. [aɪm‿ə ˈstju:dənt]

Herkunft und Aufenthalt

Woher kommen Sie/kommst du?
Where are you from? [ˈweərə jʊ ˈfrɒm]

Ich komme aus Stuttgart.
I'm from Stuttgart. [aɪm frəm ʃtʊtgɑ:t]

Sind Sie/Bist du schon lange hier?
Have you been here long? [həv jʊ bɪn hɪə ˈlɒŋ]

Ich bin seit ... hier.
I've been here since ... [aɪv ˈbɪn hɪə sɪns]

Wie lange bleiben Sie/bleibst du?
How long are you staying? [ˈhaʊ ˈlɒŋ‿ə jʊ ˈsteɪɪŋ]

Sind Sie/Bist du zum ersten Mal hier?
Is this your first time here? [ɪz ðɪs jɔ: ˈfɜ:st ˈtaɪm hɪə]

Wie finden Sie es?
What do you think of it? [wɒt djʊ θɪŋk əv ɪt]

Familie

Haben Sie Kinder?
Do you have any children? [du jʊ ˈhæv ˈenɪ ˈtʃɪldrən]

Ja, aber sie sind schon erwachsen.
Yes, but they're all grown up. [jes bʌt ðeə ɔ:l grəʊn ˈʌp]

Wie alt sind Ihre Kinder?
How old are your children? [haʊ‿ˈəʊld‿ə jɔ: ˈtʃɪldrən]

Meine Tochter ist 8 (Jahre alt) und mein Sohn ist 5.
My daughter is eight (years old) and my son is five.
[maɪ ˈdɔ:tə ɪz eɪt (jɪəz əʊld) ənd maɪ sʌn ɪz faɪv]

Hobbys ➢ auch Aktiv- und Kreativurlaub

Haben Sie/Hast du ein Hobby?
Do you have a hobby? [du jʊ hæv ə ˈhɒbɪ]

Ich verbringe viel Zeit mit meinen Kindern.
I spend a lot of time with my children.
[aɪ spend‿ə lɒt‿əv ˈtaɪm wɪð maɪ ˈtʃɪldrən]

Ich spiele Klavier/Gitarre/Geige.
I play the piano/the guitar/the violin.
[aɪ pleɪ ðə ˈpjænəʊ/ðə gɪˈtɑ:/ðə vaɪəˈlɪn]

Ich male ein wenig.
I do a little painting. [aɪ du ‿ə lɪtl ˈpeɪntɪŋ]

Ich sammle Antiquitäten/Briefmarken.
I collect antiques/stamps. [aɪ kəˈlekt ænˈtiːks/stæmps]

... ist eine meiner Lieblingsbeschäftigungen.
... is one of my favourite pastimes. [ɪz wʌn əv maɪ feɪvərət pɑːstaɪmz]

Wofür interessieren Sie sich so?
What are you interested in? [ˈwɒtə jʊ ˈɪntrɪstɪd ɪn]

Ich interessiere mich für ...
I'm interested in ... [aɪm ˈɪntrɪstɪd ɪn]

Ich bin bei ... aktiv.
I'm active in ... [aɪm ˈæktɪv ɪn]

basteln	handicrafts [ˈhændɪˌkrɑːfts]
entspannen	relaxing [rɪˈlæksɪŋ]
fernsehen	watching television [ˈwɒtʃɪŋ telɪˈvɪʒn]
im Internet surfen	surfing/browsing the Internet [ˈsɜːfɪŋ/ˈbraʊzɪŋ ðə ˈɪntənet]
Karten/Schach/Computerspiele spielen	playing cards/chess/computer games [ˈpleɪɪŋ kɑːdz/tʃes/kəmˈpjuːtə geɪmz]
kochen	cooking [ˈkʊkɪŋ]
lesen	reading [ˈriːdɪŋ]
malen	painting [ˈpeɪntɪŋ]
Musik hören	listening to music [ˈlɪsnɪŋ təˈmjuːzɪk]
musizieren	making music [ˈmeɪkɪŋ ˈmjuːzɪk]
reisen	travelling [ˈtrævlɪŋ]
schreiben	writing [ˈraɪtɪŋ]
spielen	playing games [ˈpleɪɪŋ geɪmz]
Sprachen lernen	learning languages [ˈlɜːnɪŋ ˈlæŋgwɪdʒɪ]
töpfern	pottery [ˈpɒtərɪ]
zeichnen	drawing [ˈdrɔːɪŋ]

Fitness ➢ auch Aktivurlaub

Wie halten Sie sich fit?
How do you keep fit? [haʊ du jʊ ˈkiːp fɪt]

Ich jogge/schwimme/fahre Rad.
I go jogging/swimming/cycling. [aɪ gəʊ dʒɒgɪŋ/ˈswɪmɪŋ/ˈsaɪklɪŋ]

Ich spiele einmal die Woche Tennis/Volleyball.
I play tennis/volleyball once a week.
[aɪ pleɪ ˈtenɪs/ˈvɒlɪbɔːl wʌns‿ə ˈwiːk]

Ich gehe regelmäßig ins Fitnesscenter.
I go regularly to the gym/fitness centre.
[aɪ gəʊ ˈregjələlɪ tə ðə dʒɪm/ˈfɪtnɪs ˌsentə]

Welchen Sport treiben Sie?
What sport do you go in for? [ˈwɒt ˈspɔːt djʊ gəʊ‿ˈɪn fɔː]

Ich spiele ...
I play ... [aɪ pleɪ]

Ich bin ein Fan von ...
I'm a ... fan. [aɪm ə … fæn]

Ich gehe gern ...
I like to go to ... [aɪ ˈlaɪk tə gəʊ tʊ]

Kann ich mitspielen?
Can I play too? [kən‿ˈaɪ pleɪ ˈtuː]/Can I join in? [kən‿ˈaɪ dʒɔɪn ɪn]

Verabredung

Haben Sie/Hast du morgen Abend schon etwas vor?
Have you got any plans for tomorrow evening?
[həv jʊ gɒt‿ˌenɪ ˈplænz fə təˈmɒrəʊ ˈiːvnɪŋ]

Wollen wir zusammen hingehen?
Shall we go together? [ˈʃəl wɪ gəʊ təˈgeðə]

Wollen wir heute Abend etwas gemeinsam unternehmen?
Shall we do something together this evening?
[ˈʃəl wɪ duː ˈsʌmθɪŋ təˈgeðə ðɪs‿ˈiːvnɪŋ]

Darf ich Sie/dich zum Essen einladen?
Can I take you out for dinner? [kən‿aɪ teɪk jʊ aʊt fə ˈdɪnə]

Wann treffen wir uns?
When shall we meet? [ˈwen ʃəl wɪ ˈmiːt]

Treffen wir uns um 9 Uhr vor .../im ...
Let's meet at 9 o'clock in front of/in ...
[ˈlets ˈmiːt‿ət ˈnaɪnəˈklɒk ɪn ˈfrʌnt‿əv/in]

Ich hole Sie/dich ab.
I'll pick you up. [aɪl pɪk jʊ ˈʌp]

Kann ich Sie/dich wieder sehen?
Can I see you again? [kən‿aɪ siː‿jʊ‿əˈgen]

Vielen Dank für den netten Abend!
Thank you so much for a pleasant evening.
[ˈθæŋkjʊ ˈsəʊ ˈmʌtʃ fər‿ə ˈpleznt ˈiːvnɪŋ]

Flirt

Du hast wunderschöne Augen.
You have lovely eyes. [jʊ ˈhæv lʌvlɪ aɪz]

Mir gefällt, wie du lachst.
I like the way you laugh. [aɪ ˈlaɪk ðə weɪ jʊ lɑːf]

Du lächelst so schön.
You have a lovely smile. [jʊ ˈhæv ‿ə lʌvlɪ smaɪl]

Du gefällst mir.
I like you. [aɪ ˈlaɪk jʊ]

Ich mag deinen Humor.
I like your sense of humour. [aɪ ˈlaɪk jʊr sens‿əv hjuːmə]

Ich mag dich.
I like you a lot. [aɪ ˈlaɪk jʊ‿ə lɒt]

Ich finde dich ganz toll!
I think you're great. [aɪ θɪŋk jɔː greɪt]

Ich bin verrückt nach dir.
I'm crazy/mad about you. [aɪm ˈkreɪzɪ/mæd əˈbaʊt jʊ]

Ich liebe dich!
I love you. [aɪ lʌv jʊ]

Hast du einen festen Freund/eine feste Freundin?
Do you have a steady boyfriend/girlfriend?
[du jʊ ˈhæv‿ə stedɪ bɔɪfrend/ˈgɜːlfrend]

Bist du verheiratet?
Are you married? [ɑː‿jʊ ˈmærɪd]

Ich bin geschieden.
I'm divorced. [aɪm dɪvɔːst]

Wir leben getrennt.
We're separated. [wɪə sepəreɪtɪd]

Kommst du mit zu mir?
Do you want to come back to my place?
[djʊ wɒnt tə kʌm bɒk tə maɪ pleɪs]

Nein, das geht mir zu schnell.
No, that's too soon for me. [nəʊ ðæts tuː suːn fə mɪ]

Ich möchte mit dir schlafen.
I would like to sleep with you. [aɪ wʊd laɪk tə sliːp wɪð jʊ]

Aber nur mit Kondom!
But only with a condom! [bʌt ˈəʊnlɪ wɪð‿ə kɒndɒm]

Hast du welche?
Do you have any? [du jʊ ˈhæv ˈenɪ]

Wo kann ich welche kaufen?
Where can I buy some? [weə kən‿aɪ baɪ sʌm]

Wir können kuscheln.
Let's just have a cuddle. [lets dʒʌst hæv ə kʌdl]

Bitte geh jetzt!
Please go now! [pliːz gəʊ naʊ]

Lassen Sie mich bitte in Ruhe!
Please leave me alone! [ˈpliːz liːv miː‿əˈləʊn]

Hören Sie sofort damit auf!
Stop that right now! [stɒp ðæt raɪt naʊ]

Verständigungsschwierigkeiten

Wie bitte?
Pardon? [ˈpɑ:dn]

Ich verstehe Sie nicht.
I don't understand. [aɪ ˈdəʊnt‿ʌndəˈstænd]

Könnten Sie das bitte wiederholen?
Could you repeat that, please? [ˈkʊd jʊ rɪˈpi:t ðæt pli:z]

Bitte sprechen Sie etwas langsamer.
Would you speak a bit more slowly, please?
[ˈwʊd jʊ spi:k‿əˈbɪt mɔ: ˈsləʊlɪ pli:z]

Ja, ich verstehe.
Yes, I understand/see. [jes aɪ‿ˌʌndəˈstænd/si:]

Sprechen Sie/Sprichst du ...
Do you speak ... [djʊ spi:k]
  Deutsch?
  German? [ˈdʒɜ:mən]
  Englisch?
  English? [ˈɪŋglɪʃ]
  Französisch?
  French? [ˈfrenʃ]

Ich spreche nur wenig ...
I only speak a bit of ... [aɪ‿ˈəʊnlɪ spi:k‿əˈbɪt‿əv]

Kannst du/Können Sie das für mich übersetzen?
Can you translate that for me, please?
[ˈkən jʊ trænzˈleɪt ðæt fə mɪ pli:z]

Wie heißt das auf ...?
How do you say that in ...? [haʊ du jʊ seɪ ðæt in]

Könnten Sie es mir bitte aufschreiben?
Could you write it down for me, please?
[ˈkʊd jʊ raɪt‿ɪt ˈdaʊn fə mɪ pli:z]

Unterwegs

23
Trafalgar Square
Oxford Street
Paddington Stn
WESTBOURNE GROVE
Miss Saigon
GOLD ARROW
PALACE THEATRE
CUV 291C

SLOW

Achtung Linksverkehr!
Die Briten geben gerne und bereitwillig Auskunft. In London wird von einem Touristen geradezu erwartet, dass er nach dem Weg fragt. Die sprichwörtliche Höflichkeit der Briten ist auch im Autoverkehr spürbar. Es wird zwar gedrängelt und gehupt, aber weniger als in anderen Ländern. Die Bereitschaft, jemanden einfädeln zu lassen, ist deutlich ausgeprägter. Abgesehen von der Tatsache, dass in Großbritannien Linksverkehr herrscht, gelten beim Autofahren dieselben Regeln wie im übrigen Europa. Nichtsdestotrotz hat der Straßenverkehr in Großbritannien einige Besonderheiten vorzuweisen. Anstelle von Ampeln *(traffic lights)* gibt es häufig Kreisverkehr *(roundabouts)*; alle Autobahnen und viele andere Straßen sind an den Rändern und in der Mitte mit „Katzenaugen" *(cats' eyes)* bestückt, in Asphalt eingebettete Reflektoren, die besonders nachts für ein Mehr an Fahrsicherheit sorgen. Die Promillegrenze *(legal alcohol limit)* liegt bei 0,8. - Aufgepasst: Es werden regelmäßig Kontrollen durchgeführt. Auch Radarkontrollen *(radar speed checks)* sind gang und gäbe.

Fragen nach dem Weg

Ortsangaben

links	left [left]
rechts	right [raɪt]
geradeaus	straight on [ˌstreɪt‿ˈɒn]
vor	in front of [ɪn ˈfrʌnt‿əv]
hinter	behind [bɪˈhaɪnd]
auf der rechten/linken Seite	on the left-hand/right-hand side [ɒn ðə lefthænd/raɪt hænd saɪd]
neben	next to [ˈnekstʊ]
(schräg) gegenüber	(diagonally) opposite [(daɪˈægənəlɪ)ˈɒpəzɪt]
hier	here [hɪə]
Ecke	corner [kɔːnə]
dort	there [ðeə]
nah	near [nɪə]
in der Nähe (von)	in the vicinity (of) [ɪn ðə vɪˈsɪnɪtɪ (əv)]
weit	far [fɑː]
nach	after [ˈɑːftə]
Ampel	traffic lights [ˈtræfɪk ˌlaɪts]
zwischen	between [bɪˈtwiːn]
Straße	street, road [striːt, rəʊd]
Straßenecke	street corner [striːt kɔːnə]
Gasse	alley, lane [ˈælɪ, leɪn]
Kreuzung	crossroads, junction [ˈkrɒsrəʊdz, ˈdʒʌŋʃn]
Kurve	bend [bend]

Wegbeschreibung

Entschuldigen Sie bitte, wie komme ich nach ...?
Excuse me, how do I get to ..., please?
[ɪksˈkjuːz‿ˈmiː ˈhaʊ dʊ‿aɪ get tʊ … ˌpliːz]

Immer geradeaus bis ...
Straight on until you get to ... [ˈstreɪt‿ˈɒn‿ənˈtɪl jʊ get tʊ]

Dann bei der Ampel links/rechts abbiegen.
Then turn left/right at the traffic lights.
[ˈðen tɜːn ˈleft/ˈraɪt ət ðə ˈtræfɪk ˌlaɪts]

Folgen Sie den Schildern.
Follow the signs. [ˈfɒləʊ ðə ˈsaɪnz]

Wie weit ist das?
How far is it? [ˈhaʊ ˈfɑːr‿ɪz‿ɪt]

Es ist ganz in der Nähe.
It's very near here. [ɪts verɪ nɪə hɪə]

Bitte, ist das die Straße nach ...?
Excuse me, is this the road to ...? [ɪksˈkjuːz‿ˈmiː ɪz ˈðɪs ðə rəʊd tʊ]

Bitte, wo ist ...?
Excuse me, where's ..., please? [ɪksˈkjuːz ˈmiː ˈweəz … pliːz]

Tut mir leid, das weiß ich nicht.
I'm sorry, I don't know. [aɪm ˈsɒrɪ aɪ ˈdəʊnt ˈnəʊ]

Gehen Sie geradeaus.
Go straight on. [gəʊ ˈstreɪt‿ˈɒn]

Gehen Sie nach links/nach rechts.
Turn left/right. [tɜːn ˈleft/ˈraɪt]

Erste/Zweite Straße links/rechts.
The first/second street on the left/right.
[ðə ˈfɜːst/ˈseknd striːt ɒn ðə ˈleft/ˈraɪt]

Überqueren Sie ...
Cross ... [ˈkrɒs]
die Brücke.
the bridge. [ðə ˈbrɪdʒ]
den Platz.
the square. [ðə ˈskweə]
die Straße.
the street. [ðə ˈstriːt]

Bitte zeigen Sie mir auf der Karte ...
Please show me on the map ...[pliːz ʃəʊ mɪ‿ɒn ðə ˈmæp]

Es ist ganz am Ende/Anfang ...
It's right at the end/beginning ... [ɪts raɪt ət ðɪ‿ˈend/bɪˈgɪnɪŋ]

Sie nehmen am besten den Bus Nr. ...
The best thing would be to take the number ... bus.
[ðə best θɪŋ wʊd biː tə teɪk ðə ˈnʌmbə … bʌs]

An der Grenze

Passkontrolle

Ihren Pass, bitte!
Your passport, please. [jɔː ˈpɑːspɔːt pliːz]

Haben Sie ein Visum?
Have you got a visa? [həv jʊ gɒt‿ə ˈviːzə]

Kann ich das Visum hier bekommen?
Can I get a visa here? [kən‿aɪ get‿ə ˈviːzə ˈhɪə]

Zollkontrolle

Wegen Tollwutgefahr *(danger of rabies)* müssen Haustiere, die von Westeuropa nach Großbritannien eingeführt werden, einen Impfpass und ID-Chip haben. Haustiere aus anderen Ländern müssen sich einer sechsmonatigen Quarantäne *(quarantine)* unterziehen. Missachtungen der Tiereinreiseverordnungen werden streng bestraft.

Haben Sie etwas zu verzollen?
Have you got anything to declare? [həv jʊ gɒt‿ˈenɪθɪŋ tə dɪˈkleə]

Fahren Sie bitte rechts/links heran!
Pull over to the right/the left, please.
[ˈpʊl ˈəʊvə tə ðə ˈraɪt/ðə ˈleft pliːz]

Öffnen Sie bitte den Kofferraum/diesen Koffer!
Open the boot (*Am* trunk)/this case, please.
[ˈəʊpən ðə ˈbuːt (ˈtrʌnk)/ˈðɪs ˈkeɪs pliːz]

Muss ich das verzollen?
Do I have to pay duty on this? [ˈdʊ‿aɪ hæv‿tə peɪ ˈdjuːtɪ ɒn ðɪs]

Personalien

Familienname	surname [ˈsɜːneɪm]
Familienstand	marital status [ˈmærɪtl ˈsteɪtʌs]

ledig	single [ˈsɪŋgl]
verheiratet	married [ˈmærɪd]
verwitwet	*(Frau)* widow [ˈwɪdəʊ], *(Mann)* widower [ˈwɪdəʊə]
Geburtsdatum	date of birth [ˈdeɪt‿əv ˈbɜːθ]
Geburtsname	maiden name [ˈmeɪdn neɪm]
Geburtsort	place of birth [ˈpleɪs‿əv ˈbɜːθ]
Personalien	particulars [pəˈtɪkjʊləz]
Staatsangehörigkeit	nationality [ˌnæʃəˈnælɪtɪ]
Vorname	Christian name, first name [ˈkrɪstjən neɪm, ˈfɜːst neɪm]
Wohnort	place of residence [ˌpleɪs‿əv ˈrezɪdəns]

Grenze

Ausreise	on leaving the country [ɒn ˈliːvɪŋ ðə ˈkʌntrɪ]
Einreise	on entering the country [ɒn ˈentəɪŋ ðə ˈkʌntrɪ]
EU-Bürger	EU citizen [iː jʊː ˈsɪtɪzn]
Führerschein	driving licence [ˈdraɪvɪŋ ˈlaɪsns]
Grenze, Grenzübergang	border [ˈbɔːdə]
grüne Versicherungskarte	green card [ˈgriːn ˈkɑːd]
gültig	valid [ˈvælɪd]
internationaler Impfpass	international vaccination certificate [ˌɪntəˈnæʃənl væksɪˈneɪʃn səˈtɪfɪkɪt]
Nationalitätskennzeichen	international car index mark [ˌɪntəˈnæʃənl ˈkɑːr‿ˌɪndeks mɑːk]
Nummernschild	number plate [ˈnʌmbə pleɪt]
Passkontrolle	passport control [ˈpɑːspɔːt kənˈtrəʊl]
Personalausweis	identity card [aɪˈdentɪtɪ kɑːd]
Reisepass	passport [ˈpɑːspɔːt]
Visum	visa [ˈviːzə]
Zoll	*(Amt)* customs [ˈkʌstəmz]; *(Gebühr)* duty [ˈdjuːtɪ]
zollfrei	duty-free [ˈdjuːtɪ ˈfriː]
Zollgebühren	duties [ˈdjuːtɪz]
zollpflichtig	liable to duty [ˈlaɪəbl tə ˈdjuːtɪ]

Auto und Motorrad

Reisewege, Vorschriften ...

Abfahrt	(motorway) exit [(ˈməʊtəweɪ) ˈeksɪt]
Auffahrt	(motorway) slip road [(ˈməʊtəweɪ) ˈslɪp rəʊd]
Ausfahrt	exit [ˈegzɪt]

Autobahn	motorway [ˈməʊtəweɪ]
Autobahngebühren	motorway toll [ˈməʊtəweɪ təʊl]
Bußgeld	fine [faɪn]
Fahrspur	lane [leɪn]
Geschwindigkeitsbegrenzung	speed limit [spiːd ˈlɪmɪt]
Hauptstraße	main street [ˈmeɪn ˈstriːt]
Kreisverkehr	roundabout [raʊndəˈbaʊt]
Landstraße	country road, B road [ˈkʌntrɪ ˌrəʊd, ˈbiːrəʊd]
Promillegrenze	legal alcohol limit [ˈlɪːgl ˈælkəhɒl ˈlɪmɪt]
Radarkontrolle	radar speed check [ˈreɪdɑː ˈspiːd tʃek]
Raststätte	(motorway) services [(ˈməʊtəweɪ) ˈsɜːvɪsɪz]
Schnellstraße	dual carriageway [ˈdjʊəl kærɪdʒˈweɪ]
Stau	traffic jam, tailback, gridlock [ˈtræfɪk dʒæm, teɪlbæk, grɪdlɒk]
Straßenbenutzungsgebühr	road toll [rəʊd təʊl]
trampen	hitchhike [ˈhɪtʃhaɪk]
Wegweiser	sign [saɪn]

„M" steht für *motorway* und entspricht unserer Autobahn.
Die mit „A" und „B" gekennzeichneten Straßen entsprechen etwa unseren Bundesstraßen.
Auf Autobahnen beträgt die Höchstgeschwindigkeit 112 km/h.

Hinweise und Informationen

By-Pass	Umgehungsstraße
Car Park	Parkplatz
Caution	Achtung, Vorsicht
Change Lane	Fahrbahn wechseln
Children Crossing	Schulkinder überqueren
Closed to all Vehicles	Gesperrt für alle Fahrzeuge
Crossing – No Gates	Unbeschränkter Bahnübergang
Danger	Gefahr
Dangerous Bend	Gefährliche Kurve
Dangerous Junction	Gefährliche Einmündung
Dead End	Sackgasse
Diversion	Umleitung
Drive Slowly	Langsam fahren
Dual Carriageway	Schnellstraße
Exit	Ausfahrt
Get in Lane	Bitte einordnen
Give Way	Vorfahrt beachten
Hairpin Bend	Haarnadelkurve
Hospital	Krankenhaus
Junction	Einmündung
Keep Clear	Ausfahrt frei halten
Keep Right (Left)	Rechts (Links) fahren

Lay-By	Parkplatz
L = Learner	Anfänger
Low Bridge	Niedrige Brücke
Major Road Ahead	Achtung Hauptverkehrsstraße
No Entry	Keine Einfahrt
No Overtaking	Überholen verboten
No Parking	Parken verboten
No Stopping	Halteverbot
No U-Turn	Wenden verboten
No Waiting	Halteverbot
One-Way Street	Einbahnstraße
Parking	Parkplatz
Pedestrian Precinct	Fußgängerzone
Pedestrian Subway	Fußgängerunterführung
Reduce Speed	Langsamer fahren
Road Narrows	Fahrbahnverengung
Roadworks	Straßenarbeiten
Roundabout	Kreisverkehr
School	Schule
Single Lane Traffic	Einspuriger Verkehr
Slippery Road	Rutschgefahr
Slow Down	Langsamer fahren
Speed Limit	Geschwindigkeitsbegrenzung
Steep Hill	Starkes Gefälle
Traffic Jam	Verkehrsstau
Traffic Signals Ahead	Signalanlage (Vorwarnung)
Two-Way Traffic	Zweispuriger Verkehr (Gegenverkehr)
Waiting Limited	Begrenztes Parkverbot (Kurzparkzone)
Zebra Crossing	Zebrastreifen

An der Tankstelle

Wo ist bitte die nächste Tankstelle?
Where's the nearest garage/petrol station, please?
[ˈweəz ðə ˈnɪərɪst ˈgærɑːdʒ/ˈpetrəlsteɪʃn pliːz]

Ich möchte ... Liter
I'd like ... litres of ... [aɪd laɪk ... ˈliːtəz‿əv]
Normalbenzin.
regular, [ˈregjələ]
Super.
super, [ˈsuːpə]
Diesel.
diesel, [ˈdiːzl]
Gemisch.
two-stroke mix, [tuːstrəuk mɪks]
bleifrei/verbleit.
unleaded/leaded, please. [ˌʌnˈledɪd/ledɪd pliːz]

Super bitte, für 10 Pfund.
Super, please; for ten pounds. [ˈsuːpə pliːz fɔː ten paʊndz]

Voll tanken, bitte!
Fill her up, please. [ˈfɪl‿ər‿ˈʌp pliːz]

Würden Sie bitte den Ölstand prüfen?
Would you check the oil, please? [wʊd ˈjʊ tʃek ðɪ‿ˈɔɪl pliːz]

Ich hätte gern eine Straßenkarte dieser Gegend, bitte.
I'd like a road map of this area, please.
[aɪd laɪk‿ə ˈrəʊd mæp‿əv ðɪs‿ˈeərɪə pliːz]

Parken

Entschuldigen Sie bitte, gibt es hier in der Nähe eine Parkmöglichkeit?
Excuse me, is there a car park near here?
[ɪksˈkjuːz ˈmiː ɪz ðeər‿ə ˈkɑːpɑːk nɪə hɪə]

Kann ich den Wagen hier abstellen?
Can I park my car here? [ˈkən‿aɪ ˌpɑːk maɪ ˈkɑː hɪə]

Ist das Parkhaus die ganze Nacht geöffnet?
Is the car park open all night? [ɪz ðə ˈkɑːpɑːk‿ˈəʊpən‿ɔːl ˈnaɪt]

Eine Panne

Ich habe eine Panne.
My car's broken down. [maɪ ˈkɑːz ˈbrəʊkn ˈdaʊn]

Wo ist hier in der Nähe eine Werkstatt?
Is there a garage near here? [ˈɪz ðeər‿ə ˈgærɑːdʒ ˈnɪə ˈhɪə]

Würden Sie bitte den Pannendienst anrufen?
Would you call the breakdown service, please?
[wʊd ˈjʊ kɔːl ðə breɪkdaʊn ˌsɜːvɪs pliːz]

Könnten Sie mir mit Benzin aushelfen?
Could you lend me some petrol, please?
[ˈkʊd‿jʊ lend mɪ sʌm ˈpetrəl pliːz]

Könnten Sie mir beim Reifenwechsel helfen?
Could you help me change the tyre, please?
[ˈkʊd‿jʊ help mɪ tʃeɪnʒ ðə ˈtaɪə pliːz]

Könnten Sie mir Starthilfe geben?
Could you help me start my car with jump leads, please?
[ˈkʊd‿jʊ help mɪ stɑːt maɪ kɑː wɪð ˈdʒʌmp ˌliːdz pliːz]

Würden Sie mich bis zur nächsten Werkstatt mitnehmen?
Could you give me a lift to the nearest garage?
[ˈkʊd‿jʊ gɪv mɪ‿ə ˈlɪft tə ðə ˈnɪərɪst ˈgærɑːdʒ]

Abschleppdienst	breakdown service ['breɪkdaʊn 'sɜːvɪs]
abschleppen	tow (away) [təʊ (ə'weɪ)]
Abschleppseil	towrope ['təʊrəʊp]
Abschleppwagen	breakdown vehicle ['breɪkdaʊn ˌviːɪkl]
Benzinkanister	petrol can ['petrəl kæn]
Ersatzrad	spare wheel ['speə 'wiːl]
Notrufsäule	emergency telephone [ɪ'mɜːdʒənsɪ 'telɪfəʊn]
Panne	breakdown ['breɪkdaʊn]
Pannendienst	breakdown service ['breɪkdaʊn ˌsɜːvɪs]
Platten	flat tyre ['flæt 'taɪə]
Starthilfekabel	jump leads ['dʒʌmp ˌliːdz]
Verbandskasten	first-aid kit [fɜːst'eɪd kɪt]
Wagenheber	jack [dʒæk]
Warnblinkanlage	hazard warning lights ['hæzəd 'wɔːnɪŋ ˌlaɪtz]
Warndreieck	warning triangle ['wɔːnɪŋ 'traɪæŋgl]
Werkzeug	tools [tuːlz]

In der Werkstatt

Der Motor springt nicht an.
The car won't start. [ðə 'kɑː wəʊnt 'stɑːt]

Mit dem Motor stimmt was nicht.
There's something wrong with the engine.
[ðeəz 'sʌmθɪŋ 'rɒŋ wɪð ðɪ‿'enʒɪn]

... ist/sind defekt.
... is/are faulty. [... ɪz/ɑː 'fɔːltɪ]

Der Wagen verliert Öl.
I'm losing oil. [aɪm 'luːzɪŋ 'ɔɪl]

Können Sie mal nachsehen?
Could you have a look? ['kʊd‿jʊ 'hæv‿ə 'lʊk]

Wann ist der Wagen/das Motorrad fertig?
When will the car/the motorbike be ready?
['wen wɪl ðə kɑː/ðə 'məʊtəbaɪk bɪ 'redɪ]

Was wird es ungefähr kosten?
Roughly how much will it cost? [rʌflɪ 'haʊ 'mʌtʃ wɪl‿ɪt kost]

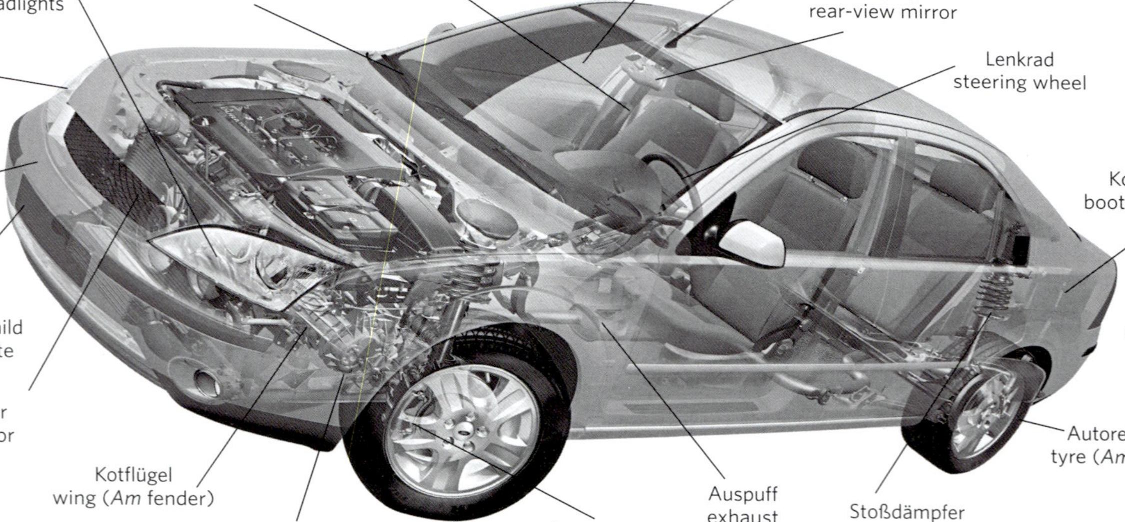
Scheinwerfer
headlights
Scheibenwischer
windscreen wiper
Sicherheitsgurt
seat belt
Windschutzscheibe
windscreen (*Am*
windshield)
Rückspiegel
rear-view mirror
Lenkrad
steering wheel
Blinker
indicator
Stoß-
stange
bumper
Kofferraum
boot (*Am* trunk)
Ersatzrad
spare wheel
Nummernschild
number plate
Kühler
radiator
Autoreifen
tyre (*Am* tire)
Kotflügel
wing (*Am* fender)
Auspuff
exhaust
Stoßdämpfer
shock absorber
Achse
axle
Bremse
brake

Abblendlicht	dipped headlights [dɪpt ˈhedlaɪts]
Alarmanlage	alarm system [əˈlɑːm ˈsɪstəm]
Anlasser	starter [ˈstɑːtə]
Auspuff	exhaust [ɪgˈzɔːst]
Automatik(getriebe)	automatic (transmission) [ˌɔːtəˈmætɪk (trænzˈmɪʃn)]
Benzinpumpe	petrol pump [ˈpetrəl pʌmp]
Blinklicht	indicator [ˈɪndɪkeɪtə]
Bremse	brake [breɪk]
Bremsflüssigkeit	brake fluid [ˈbreɪk ˌflʊɪd]
Bremslichter	brake lights [ˈbreɪkˌlaɪts]
Defekt	fault [fɔːlt]
Delle	dent [dent]
Erdgas-/Elektrotankstelle	natural gas/fuel station for electric cars [ˌnætʃərəl ˈgæs/fjʊəl steɪʃn fər ɪˈlektrɪk kɑːz]
Fernlicht	full beam [ˈfʊlˈbiːm]
Frostschutzmittel	anti-freeze [ˈæntɪfriːz]
Gang	gear [gɪə]
erster Gang	first/bottom gear [ˈfɜːst/ˈbɒtəm ˈgɪə]
Leerlauf	neutral [ˈnjuːtrəl]
Rückwärtsgang	reverse gear [rɪˈvɜːs ˈgɪə]
Gaspedal	accelerator [əkˈseləreɪtə]
Getriebe	gearbox (*Am* transmission) [ˈgɪəbɒks (trænzˈmɪʃn)]
Handbremse	handbrake [ˈhændbreɪk]
Hupe	horn [hɔːn]
Kofferraum	boot (*Am* trunk) [buːt (trʌŋk)]
Kratzer	scratch [ˈskrætʃ]
Kühler	radiator [ˈreɪdɪeɪtə]
Kühlwasser	cooling water [ˈkuːlɪŋ ˈwɔːtə]
Kupplung	clutch [klʌtʃ]
Kurzschluss	short-circuit [ˈʃɔːtˈsɜːkɪt]
Linkslenker	left-hand-drive car [lefthænd draɪv kɑː]
Lichtmaschine	dynamo [ˈdaɪnəməʊ]
Luftfilter	air filter [ˈeəˌfɪltə]
Motor	motor, engine [ˈməʊtə, ˈendʒɪn]
Motorhaube	bonnet (*Am* hood) [ˈbɒnɪt (hʊd)]
Nebelscheinwerfer	fog lamps [fɒg læmps]
Nebelschlussleuchte	rear fog lamp [ˈrɪə fɒg læmp]
Öl	oil [ɔɪl]
Ölwechsel	oil change [ˈɔɪl ˈtʃeɪnʒ]
Rad	wheel [wiːl]
Rechtslenker	right-hand-drive car [raɪt hænd draɪv kɑː]
Reifen	tyre (*Am* tire) [ˈtaɪə]
Rücklicht	rear light, tail light [ˈrɪə ˈlaɪt, ˈteɪl ˈlaɪt]

Rückspiegel	rearview mirror ['ri:əvju: 'mɪrə]
Scheibenwischer	windscreen wiper ['wɪndskri:n 'waɪpə]
Scheinwerfer	headlights ['hedlaɪts]
Schraube	screw [skru:]
Sicherheitsgurt	seat belt ['si:t belt]
Standlicht	sidelights ['saɪdlaɪts]
Stoßstange	bumper ['bʌmpə]
Tachometer	speedometer [spɪ'dɒmɪtə]
Tank	(petrol) tank [('petrəl) tæŋk]
Verbandskasten	first-aid kit [fɜ:st'eɪd kɪt]
Warndreieck	warning triangle ['wɔ:nɪŋ 'traɪæŋgl]
elektronische Wegfahrsperre	electronic immobiliser [ɪlek'trɒnɪk ɪ'məʊbɪlaɪzə]
Werkstatt	(Auto-) garage ['gærɑ:dʒ]
Windschutzscheibe	windscreen (*Am* windshield) ['wɪndskri:n, 'wɪndʃi:ld]
Winterreifen	winter tyres ['wɪntə 'taɪəz]
Zündkerze	spark plug ['spɑ:kplʌg]
Zündung	ignition [ɪg'nɪʃn]

Verkehrsunfall

Ein Unfall ist passiert!
There's been an accident. [ðeəz bi:n‿ən‿'æksɪdənt]

Rufen Sie bitte schnell ...
Quick. Please call ... [kwɪk 'pli:z 'kɔ:l]
einen Krankenwagen!
an ambulance. [ən‿'æmbjʊləns]
die Polizei!
the police. [ðə pə'li:s]
die Feuerwehr!
the fire brigade. [ðə 'faɪəbrɪˌgeɪd]

Haben Sie Verbandszeug?
Have you got a first-aid kit? [həv jʊ gɒt‿ə 'fɜ:st'eɪd kɪt]

Sie haben ...
You ... [jʊ]
die Vorfahrt nicht beachtet.
didn't observe the right of way. ['dɪdnt‿əb'zɜ:v ðə 'raɪt‿əv 'weɪ]
den Abstand nicht eingehalten.
didn't keep your distance. ['dɪdnt 'ki:p jɔ: dɪstəns]
nicht geblinkt.
didn't indicate. ['dɪdnt 'ɪndɪkeɪt]

Sie sind ...
You ... [jʊ]
zu schnell gefahren.
were driving too fast. [wə 'draɪvɪŋ 'tu: 'fɑ:st]

bei Rot über die Kreuzung.
went through a red light. [went θru:‿ə 'red 'laɪt]
ohne Licht gefahren.
were driving without your lights on.
[wə 'draɪvɪŋ wɪð'aʊt jɔ: laɪts ɒn]

Können Sie als Zeuge aussagen?
Can you testify as a witness? [kən‿jʊ 'testəfaɪ‿əz ə 'wɪtnɪs]

Geben Sie mir bitte Ihren Namen und Ihre Anschrift.
Please give me your name and address.
[pli:z gɪv mɪ jɔ: 'neɪm‿ənd‿ə'dres]

Bei welcher Versicherung sind Sie?
Which insurance company are you with?
[wɪtʃ ɪn'ʃʊərəns kʌmpənɪ ɑ: jʊ wɪð]

Vielen Dank für Ihre Hilfe!
Thank you very much for your help.
['θæŋk jʊ 'verɪ 'mʌtʃ fə jə 'help]

Auto-, Motorrad- und Fahrradvermietung

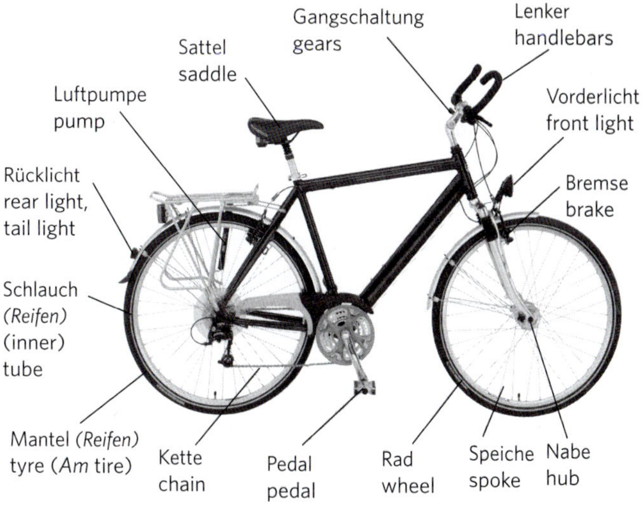

Ich möchte für zwei Tage/eine Woche ... mieten.
I'd like to hire ... for two days/for a week.
[aɪd 'laɪk tə 'haɪə fə 'tu: 'deɪz/fər‿ə 'wi:k]
einen Wagen
a car [ə 'kɑ:]

einen Geländewagen
a jeep [ə 'dʒi:p]
ein Motorrad
a motorbike [ə 'məʊtəbaɪk]
einen Motorroller
a scooter [ə 'sku:tə]
ein Fahrrad
a bike [ə 'baɪk]

Wie hoch ist die Tages-/Wochenpauschale?
How much does it cost per day/week?
['haʊ 'mʌtʃ dəz‿ɪt 'kɒst pə 'deɪ/'wi:k]

Ist das einschließlich unbegrenzter Kilometerzahl?
Does that include unlimited mileage?
[dʌz ðæt ɪnklu:d ʌnlɪmɪtɪd maɪlɪdʒ]

Wie viel verlangen Sie pro gefahrenen Kilometer?
What do you charge per mile? ['wɒt də jʊ 'tʃɑ:dʒ pə 'maɪl]

Ist das Fahrzeug vollkaskoversichert?
Does the vehicle have comprehensive insurance?
['dʌz ðə 'vi:ɪkl hæv ˌkɒmprɪ'hensɪv‿ɪn'ʃʊərəns]

Ist es möglich, das Fahrzeug in ... abzugeben?
Is it possible to leave the car in ...? [ɪz‿ɪt 'pɒsəbl tə ˌli:v ðə 'kɑ:r‿ɪn]

Ich möchte auch einen Schutzhelm leihen.
I'd like to rent a crash helmet. [aɪd 'laɪk tə rent ə 'kræʃ ˌhelmɪt]

Führerschein	driving licence ['draɪvɪŋ 'laɪsns]
grüne Versicherungskarte	green card ['gri:n 'kɑ:d]
hinterlegen	deposit [dɪ'pɒzɪt]
Kindersitz	child seat [tʃaɪld si:t]
Kaution	deposit [dɪ'pɒzɪt], leave [li:v]
Nierengurt	kidney belt ['kɪdnɪ belt]
Papiere	papers ['peɪpəz]
Schiebedach	sunroof ['sʌnru:f]
Sturzhelm	crash helmet ['kræʃ ˌhelmɪt]
Teilkasko	third-party, fire and theft insurance [θɜ:d'pɑ:tɪ, faɪə‿ənd θeft ɪn'ʃʊərəns]
Vollkasko	fully comprehensive insurance ['fʊlɪ 'kɒmprɪhensɪv‿ɪn'ʃʊərəns]
Wochenendpauschale	weekend rate [ˌwi:k'end reɪt]
Zündschlüssel	ignition key [ɪg'nɪʃn ki:]

Flugzeug

Einen Flug buchen

Könnten Sie mir bitte sagen, wann die nächste Maschine nach ... fliegt?
Could you tell me when the next flight to ... is, please?
[kʊd jʊ tel miː wen ðə ˈnekst ˈflaɪt tʊ ... ɪz pliːz]

Sind noch Plätze frei?
Are there still seats available? [ɑː ðeə stɪl ˈsiːts‿əˈveɪləbl]

Ich möchte einen einfachen Flug nach ... buchen.
I'd like to book a single flight to ... [aɪd laɪk tə bʊk‿ə ˈsɪŋgl flaɪt tʊ]

Ich möchte einen Hin- und Rückflug nach ... buchen.
I'd like to book a return flight to ... [aɪd laɪk tə bʊk‿ə rɪˈtɜːn flaɪt tʊ]

Was kostet bitte der Flug Touristenklasse/1. Klasse?
How much is an economy class/first class ticket?
[haʊ mʌtʃ ɪz ən ɪˈkɒnəmɪ klɑːs/ˈfɜːst klɑːs tɪkɪt]

Raucher oder Nichtraucher?
Smoking or non-smoking? [sməʊkɪŋ ɔː ˈnɒnsməʊkɪŋ]

Ich möchte bitte ...
I'd like ... [ˌaɪd ˈlaɪk]
einen Fensterplatz.
a window seat. [ə‿wɪndəʊ ˈsiːt]
einen Platz am Gang.
an aisle seat. [ən‿aɪl ˈsiːt]

Ich möchte diesen Flug stornieren.
I'd like to cancel my flight. [aɪd laɪk tə ˈkænsəl maɪ ˈflaɪt]

Ich möchte diesen Flug umbuchen.
I'd like to change the booking. [aɪd laɪk tə tʃeɪndʒ ðə ˈbʊkɪŋ]

Am Flughafen

Wo ist Terminal...?
Where is terminal ...? [weə ɪz ˈtɜːmɪnl]

Wo ist bitte der Schalter der ...-Fluggesellschaft?
Where's the ... counter, please? [ˈweəz ðə … ˈkaʊntə pliːz]

Gibt es für den Flug einen Vorabend-/Telefon-/Internet-Checkin?
Is it possible to check in for the flight the evening before/by telephone/ on the Internet?
[ɪz ɪt ˈpɒsɪbl təˌ tʃek‿ˈɪn fər ðə ˈflaɪt ðə‿ˈiːvnɪŋ bɪˈfɔː/baɪ ˈtelɪfəʊn/ɒn ðə ˈɪntənet]

Könnte ich bitte Ihren Flugschein sehen?
Could I see your ticket, please? [kʊd‿aɪ siː‿jɔː ˈtɪkɪt pliːz]

Kann ich das als Handgepäck mitnehmen?
Can I take this as hand luggage? [kən‿aɪ ˈteɪk ˈðɪs‿əz ˈhænd ˈlʌgɪdʒ]

Darf ich das in die Maschine mitnehmen?
Can I take this onto the plane? [kən‿aɪ ˈteɪk ˈðɪs ɒntə ðə pleɪn]

Wann landet die Maschine aus …?
When does the flight from … land? [ˈwen dʌz ðə ˈflaɪt frɒm … ˈlænd]

An Bord

Könnten Sie mir bitte ein Glas Wasser bringen?
Could you bring me a glass of water, please?
[ˈkʊd‿jʊ brɪŋ mɪ ə ˈglɑːs‿əv ˈwɔːtə pliːz]

Könnte ich bitte noch ein Kissen/eine Decke haben?
Could I have another cushion/blanket, please?
[kʊd‿aɪ hæv əˈnʌðə kʊʃən/ˈblæŋkɪt pliːz]

Würde es Ihnen etwas ausmachen, mit mir den Platz zu tauschen?
Would you mind changing seats with me?
[wʊd jʊ maɪnd ˈtʃeɪnʒɪŋ siːts wɪð mɪ]

Ankunft ➢ auch Fundbüro

Mein Gepäck ist verloren gegangen.
My luggage is missing. [maɪ ˈlʌgɪdʒ ɪz ˈmɪsɪŋ]

Mein Koffer ist beschädigt worden.
My suitcase has been damaged. [maɪ ˈsjuːtkeɪs həz bɪn ˈdæmɪdʒd]

Wo fährt der Bus in Richtung … ab?
Where does the bus to … leave from?
[ˈweə dʌz ðə bʌs tʊ … liːv frɒm]

➢ auch Eisenbahn

Abflug	take-off [ˈteɪk-ɒf]
Ankunft	arrival [əˈraɪvl]
Ankunftszeit	time of arrival [taɪm‿əv‿əˈraɪvl]
Anschluss	connection [kəˈnekʃn]
Auslandsflug	international flight [ˌɪntəˈnæʃənl flaɪt]
Bordkarte	boarding card [ˈbɔːdɪŋ kɑːd]
einchecken	check in [ˌtʃek‿ˈɪn]
Flug	flight [flaɪt]
Fluggesellschaft	airline [ˈeəlaɪn]
Flughafen	airport [ˈeəpɔːt]
Flughafenbus	airport bus [ˈeəpɔːt ˈbʌs]

Flughafengebühr	airport tax ['eəpɔːt 'tæks]
Flugsteig	gate [geɪt]
Gepäck	luggage (*Am* baggage) ['lʌgɪdʒ, 'bægɪdʒ]
Gepäckabfertigung	luggage/baggage check-in ['lʌgɪdʒ/'bægɪdʒ 'tʃekɪn]
Gepäckausgabe	luggage/baggage reclaim ['lʌgɪdʒ/'bægɪdʒ ˌriː'kleɪm]
Gepäckwagen	luggage van ['lʌgɪdʒ væn]
Inlandsflug	domestic flight [də'mestɪk flaɪt]
Landung	landing ['lændɪŋ]
Notausgang	emergency exit [ɪ'mɜːdʒənsɪ 'eksɪt]
Notlandung	emergency landing [ɪ'mɜːdʒənsɪ 'lændɪŋ]
Notrutsche	emergency chute [ɪ'mɜːdʒənsɪ ʃuːt]
Passagier	passenger ['pæsɪndʒə]
Pilot/in	pilot ['paɪlət]
planmäßiger Abflug	scheduled time of departure ['ʃedjuːld 'taɪm‿əv dɪ'pɑːtʃə]
Schwimmweste	life jacket ['laɪfˌdʒækɪt]
Sicherheitsgebühr	security charge [sɪ'kjʊərətɪ 'tʃɑːdʒ]
Sicherheitskontrolle	security control [sɪ'kjʊərətɪ kən'trəʊl]
Steward/ess	steward/stewardess [stjʊəd/ˌstjʊə'des]
stornieren	cancel ['kænsl]
Terminal	terminal ['tɜːmɪnl]
Übergepäck	excess baggage ['ekses 'bægɪdʒ]
umbuchen	change the booking [tʃeɪndʒ ðə 'bʊkɪŋ]
Verspätung	delay [dɪ'leɪ]
zollfreier Laden	duty-free shop ['djuːtɪ'friː ʃɒp]
Zwischenlandung	stopover ['stɒpˌəʊvə]

Eisenbahn

Fahrkarten kaufen

Eine einfache Fahrt 2. Klasse/1. Klasse nach ..., bitte.
A second-class/first-class single to ..., please.
[ə 'seknd klɑːs/'fɜːst klɑːs 'sɪŋgl tʊ … pliːz]

Zweimal ... hin und zurück, bitte.
Two returns to ..., please. ['tuː rɪ'tɜːnz tʊ … pliːz]

Gibt es eine Ermäßigung für Kinder/Studenten/Senioren?
Is there a reduction for children/students/senior citizens?
['ɪz ðeər‿ə rɪ'dʌkʃn fə 'tʃɪldrən/'stjuːdnts/'siːnɪə sɪtɪznz]

Bitte eine Platzkarte für den Zug um ... Uhr nach ...
I'd like to reserve a seat on the ... o'clock train to ...
[aɪd ˈlaɪk tə‿rɪˈzɜːv‿ə ˈsiːt ɒn ðə … əˈklɒk treɪn tʊ]

Ich möchte bitte einen Liegewagen-/Schlafwagenplatz.
I'd like to book a couchette/a sleeper, please.
[aɪd ˈlaɪk tə bʊk‿ə kuːˈʃet/ə ˈsliːpər pliːz]

Gibt es einen Autoreisezug nach ...?
Is there a motorail service to ...? [ɪz deər‿ə ˈməʊtəreɪl ˈsɜːvɪs tʊ]

Habe ich in ... Anschluss nach ...?
Is there a connection to ... at ...? [ɪz ðeər‿ə kəˈnekʃn tʊ … ət]

(Wo) Muss ich umsteigen?
(Where) Do I have to change? [(ˈweə) dʊ‿aɪ hæv‿tə ˈtʃeɪndʒ]

Im Bahnhofsgebäude

Ich möchte diesen Koffer als Reisegepäck aufgeben.
I'd like to register this case. [aɪd ˈlaɪk tʊ ˈredʒɪstə ðɪs ˈkeɪs]

Wo kann ich mein Fahrrad aufgeben?
Where can I register my bike? [ˈweə kən‿aɪ ˈredʒɪstə maɪ ˈbaɪk]

Entschuldigen Sie bitte, von welchem Gleis fährt der Zug nach ... ab?
Excuse me, which platform does the ... train leave from?
[ɪksˈkjuːz ˈmiː wɪtʃ ˈplætfɔːm dʌz ðə … treɪn ˈliːv frɒm]

Der IC ... aus ... hat voraussichtlich 10 Minuten Verspätung.
The intercity from ... is running 10 minutes late.
[ðə ɪntəsɪtɪ frɒm … ɪz rʌnɪŋ ten mɪnɪts leɪt]

Im Zug

Ist dieser Platz noch frei?
Is this seat free? [ɪz ˈðɪs ˈsiːt ˈfriː]

Darf ich bitte das Fenster aufmachen/schließen?
May I open/close the window? [ˈmeɪ‿aɪ ˈəʊpən/kləʊz ðə ˈwɪndəʊ]

➢ **auch Flugzeug**

Abfahrt	departure [dɪˈpɑːtʃə]
Abteil	compartment [kəmˈpɑːtmənt]
Ankunft	arrival [əˈraɪvl]
Aufenthalt	stop [stɒp]
aussteigen	get out [ˈget ˈaʊt]
Autoreisezug	motorail service [ˈməʊtəreɪl ˈsɜːvɪs]
BahnCard	railcard [ˈreɪlkɑːd]
Bahnhof	station [ˈsteɪʃn]

Begleitperson	accompanying person [əˈkʌmpəniɪŋ ˈpɜːsn]
Bistrowagen	bistro car [ˈbɪstrəʊ kaː]
EC (EuroCity)	Eurocity train [ˈjʊərəʊˌsɪtɪ treɪn]
einsteigen	get on [ˈget‿ˈɒn]
Ermäßigung	reduction [rɪˈdʌkʃn]
Fahrkarte	ticket [ˈtɪkɪt]
Fahrkartenkontrolle	ticket inspection [ˈtɪkɪt‿ɪnˈspekʃən]
Fahrkartenschalter	ticket office [ˈtɪkɪt‿ˌɒfɪs]
Fahrplan	timetable [ˈtaɪmˌteɪbl]
Fahrpreis	fare [feə]
Fensterplatz	window seat [ˈwɪndəʊ siːt]
Gang	corridor [ˈkɒrɪdɔː]
Gepäck	luggage (*Am* baggage) [ˈlʌgɪdʒ, ˈbægɪdʒ]
Gepäckaufbewahrung	left-luggage office [ˈleft ˈlʌgɪdʒ ˌɒfɪs]
Gepäckschalter	luggage counter [ˈlʌgɪdʒ kaʊntə]
Gleis	platform [ˈplætfɔːm]
Großraumwagen	open-plan carriage [ˈəʊpnˈplæn ˈkærɪdʒ]
Hauptbahnhof	main station [ˈmeɪn ˈsteɪʃn]
IC (Intercity)	Intercity train [ɪntəsɪtɪ treɪn]
ICE (InterCity)	Intercity express [ɪntəsɪtɪ ɪkspres]
Interrail	interrail [ɪntəˈreɪl]
Kinderfahrkarte	half [hɑːf]
Minibar	mini-bar [ˈmɪnɪbɑː]
Nichtraucherabteil	no-smoking compartment [ˈnəʊˈsməʊkɪŋ kəmˈpɑːtmənt]
Platzreservierung	seat reservation [ˈsiːt ˌrezəˈveɪʃn]
Raucherabteil	smoking compartment [ˈsməʊkɪŋ kəmˈpɑːtmənt]
Reservierung	reservation [ˌrezəˈveɪʃn]
Rollstuhlfahrer/in	wheelchair user [wiːlˈtʃeə juːzə]
Rückfahrkarte	return ticket [rɪˈtɜːn ˈtɪkɪt]
Schaffner/in	ticket collector, conductor [ˈtɪkɪtkəˈlektə, kənˈdʌktə]
Schließfach	left-luggage locker [ˈleft ˈlʌgɪdʒ ˌlɒkə]
Schwerbehinderte/r	severely handicapped person [sɪvɪəlɪ hændɪkæpt pɜːsn]
Speisewagen	restaurant car [ˈrestərɔ̃ːŋ ˌkɑː]
Wagennummer	coach number [ˈkəʊtʃ ˈnʌmbə]
Wartesaal	waiting room [ˈweɪtɪŋrʊm]
Zug	train [treɪn]
Zugbegleiter/in	guard *(GB)*, conductor (USA) [gɑːd, kəndʌktə]
Zugbegleitpersonal	train staff *(GB)*, crew (USA) [treɪn stɑːf, kruː]

Zugchef/in	chief guard/conductor [tʃi:f gɑ:d/kəndʌktə]
Zuschlag	supplement [ˈsʌplɪmənt]

Hinweise und Informationen

Arrivals	Ankunft
bridge	Übergang
couchette car	Liegewagen
emergency brake	Notbremse
engaged	Besetzt
Exit	Ausgang
Gentlemen (*Am* Men)	Herren
Information	Auskunft
Ladies (*Am* Women)	Damen
No smoking	Nichtraucher
Not drinking water	kein Trinkwasser
platform	Bahnsteig/Gleis
Refreshments	Erfrischungen
restaurant car	Speisewagen
sleeping car	Schlafwagen
Smoking	Raucher
station management	Bahnhofsvorstand
station manager	Stationsvorsteher
Timetable	Fahrplan
To the platforms	Zu den Bahnsteigen
Toilets	Toiletten
underground passage	Unterführung
vacant	Frei
Waiting Room	Wartesaal
Washroom	Waschraum

Schiff

Auskunft

Könnten Sie mir bitte sagen, wann das nächste Schiff/die nächste Fähre nach ... abfährt?
Could you tell me when the next ship/the next ferry for ... leaves, please?
[kʊd jʊ tel mi: ˈwen ðə ˈnekst ˈʃɪp/ðə ˈnekst ˈferɪ fɔ: ... ˈli:vz pli:z]

Wie lange dauert die Überfahrt?
How long does the crossing take? [ˈhaʊ ˈlɒŋ dʌz ðə ˈkrɒsɪŋ ˈteɪk]

Wann legen wir in ... an?
When do we land at ...? [ˈwen du‿wɪ lænd‿ət]

Wie lange haben wir in ... Aufenthalt?
How long are we stopping at ...? [ˈhaʊ ˈlɒŋ ɑ:‿wɪ ˈstɒpɪŋ‿ət]

Ich möchte bitte ...
I'd like ..., please [aɪd laɪk ... pli:z]
eine Schiffskarte nach ...
a ticket to ... [ə ˈtɪkɪt tʊ]
1. Klasse
first class [ˈfɜ:st klɑ:s]
Touristenklasse
tourist class [ˈtʊərɪst klɑ:s]
eine Einzelkabine
a single cabin [ə ˈsɪŋgl ˈkæbɪn]
eine Zweibettkabine
a double cabin [ə ˈdʌbl ˈkæbɪn]

Ich möchte eine Karte für die Rundfahrt um ... Uhr.
I'd like a ticket for the round trip at ... o'clock.
[aɪd laɪk ə ˈtɪkɪt fə ðə ˈraʊnd ˈtrɪp‿ət ... əˈklɒk]

An Bord

Ich suche Kabine Nr. ...
I'm looking for cabin number ... [aɪm ˈlʊkiŋ fər ˈkæbɪn ˈnʌmbə]
Wo ist bitte der Speisesaal/der Aufenthaltsraum?
Where's the restaurant/lounge, please?
[ˈweəz ðə ˈrestərɔ̃:ŋ/ˈlaʊndʒ pli:z]

Ich fühle mich nicht wohl.
I don't feel well. [aɪ ˈdəʊnt fi:l ˈwel]

Könnten Sie bitte den Schiffsarzt rufen?
Could you call the ship's doctor, please?
[ˈkʊd jʊ ˈkɔ:l ðə ʃɪps ˈdɒktə pli:z]

Könnten Sie mir bitte ein Mittel gegen Seekrankheit geben?
Could you give me something for seasickness, please?
[ˈkʊd jʊ gɪv‿mɪ ˈsʌmθɪŋ fə ˈsi:sɪknɪs pli:z]

anlegen in	land at, dock at [ˈlænd‿ət, ˈdɒk‿ət]
Buchung	booking [ˈbʊkɪŋ]
Dampfer	steamer, steamship [ˈsti:mə, ˈsti:mʃɪp]
Deck	deck [dek]
Fähre	ferry [ˈferɪ]
Autofähre	car ferry [ˈkɑ: ˌferɪ]
Fahrkarte	ticket [ˈtɪkɪt]
Festland	mainland, dry land [ˈmeɪnlænd, ˈdraɪ ˈlænd]
Hafen	port [pɔ:t]
Kabine	cabin [ˈkæbɪn]
Kai	quay [ki:]

Kapitän	captain ['kæptɪn]
Kreuzfahrt	cruise [kru:z]
Küste	coast [kəʊst]
Landausflug	excursion [ɪks'kɜ:ʃn]
Luftkissenboot	hovercraft ['hɒvəkrɑ:ft]
Rettungsboot	lifeboat ['laɪfbəʊt]
Rettungsring	lifebelt ['laɪfbelt]
Rundfahrt	round trip ['raʊnd 'trɪp]
Schwimmweste	life jacket ['laɪf,dʒækɪt]
Seegang	rough seas ['rʌf 'si:z]
seekrank sein	be seasick [bi:'si:sɪk]
Tragflügelboot	jetfoil, hydrofoil ['dʒetfɔɪl, 'haɪdrəfɔɪl]

Nahverkehrsmittel

Bitte, wo ist die nächste ...
Excuse me, where's the nearest ... [ɪks'kju:z 'mi: 'weəz ðə 'nɪərɪst]
Bushaltestelle?
bus stop? ['bʌs 'stɒp]
Straßenbahnhaltestelle?
tram stop? ['træm 'stɒp]
U-Bahnstation?
underground station? ['ʌndəgraʊnd 'steɪʃn]

Welche Linie fährt nach ...?
Which line goes to ... ? ['wɪtʃ laɪn gəʊz‿tə]

Wann fährt die erste/letzte U-Bahn nach ...?
When's the first/last (underground/tube) train to ...?
['wenz ðə 'fɜ:st/'lɑ:st ('ʌndəgraʊnd/tju:b) 'treɪn tʊ]

Entschuldigen Sie, ist das der Bus nach ...?
Excuse me, does this bus go to ...? [ɪk'skju:z ,mi: dʌz 'ðɪs 'bʌs gəʊ tʊ]

Wie viele Haltestellen sind es?
How many stops is it? ['haʊ 'menɪ 'stɒps‿ɪz‿ɪt]

Entschuldigen Sie, wo muss ich aussteigen/umsteigen?
Excuse me, where do I have to get out/change?
[ɪk'skju:z ,mi: 'weə dʊ‿aɪ hæv‿tə get 'aʊt/'tʃeɪnʒ]

Könnten Sie mir bitte Bescheid geben, wann ich aussteigen muss?
Could you let me know me when I have to get off?
[kʊd jʊ let mi: nəʊ wen aɪ hæv tə get ɒf]

Bitte, einen Fahrschein nach ...
To ..., please. [tʊ ... pli:z]

Der Fahrkartenautomat ist kaputt/defekt.
The ticket machine is bust/broken.
[ðə 'tɪkɪt mə'ʃi:n ɪz bʌst/'brəʊkən]

Der Automat nimmt keine Geldscheine an.
The machine doesn't accept notes. [ðə mə'ʃi:n dʌznt ək'sept nəʊts]

Abfahrt	departure [dɪ'pɑ:tʃə]
Bus	bus [bʌs]
Busbahnhof	bus station ['bʌs‿steɪʃn]
einsteigen	get on ['get‿'ɒn]
Endstation	terminus ['tɜ:mɪnəs]
Fahrkartenautomat	ticket machine ['tɪkɪt mə'ʃi:n]
Fahrplan	timetable ['taɪmˌteɪbl]
Fahrpreis	fare [feə]
Fahrschein	ticket ['tɪkɪt]
Haltestelle	stop [stɒp]
Kontrolleur	inspector [ɪn'spektə]
Nahverkehrszug	local train ['ləʊkl 'treɪn]
Obus	trolley bus ['trɒlɪ bʌs]
Richtung	direction [dɪ'rekʃn]
S-Bahn	suburban train [sə'bɜ:bən treɪn]
Schaffner	conductor [kən'dʌktə]
Stadtbus	city bus [sɪtɪ bʌs]
Straßenbahn	tram [træm]
Tageskarte	one-day travelcard ['wʌndeɪ 'trævlkɑ:d]
U-Bahn	underground ['ʌndəgraʊnd]
Überlandbus	coach [kəʊtʃ]
Wochenkarte	weekly season ticket ['wi:klɪ 'si:zn ˌtɪkɪt]
Zahnradbahn	rack-railway [ræk 'reɪlweɪ]

Taxi

Hallo! Bitte ein Taxi an die Adresse ... für jetzt gleich/für (morgen) ... Uhr.
Hello. Could you please send a taxi/cab to the following address ... as soon as possible/tomorrow at ... o'clock? [hə'ləʊ 'kʊd‿jʊ pli:z send ə 'tæksɪ/'kæb tʊ ðə 'fɒləʊiŋ ə'dres … əz su:n əz 'pɒsɪbl/tə'mɒrəʊ ət … ə'klɒk]

Entschuldigen Sie bitte, wo ist der nächste Taxistand?
Excuse me, where's the nearest taxi rank?
[ɪks'kju:z 'mi: 'weəz ðə 'nɪərɪst 'tæksɪræŋk]

Zum Bahnhof, bitte!
To the station, please. [tʊ ðə 'steɪʃn pli:z]

Zum ... Hotel, bitte!
To the ... Hotel, please. [tʊ ðə … həʊ'tel pli:z]

In die ...-Straße, bitte!
(To) ... Street, please. [(tʊ) … stri:t pli:z]

Nach ..., bitte!
To ..., please. [tʊ … pli:z]

Könnten Sie bitte hier halten?
Could you stop here, please? [ˈkʊd‿jʊ ˈstɒp ˈhɪə pli:z]

Wie viel kostet es nach ...?
How much will it cost to ...? [ˈhaʊ ˈmʌtʃ wɪl‿ɪt ˈkɒst tə]

Das ist zu viel.
That's too much. [ðæts ˈtu: mʌtʃ]

Könnten Sie mir bitte eine Quittung ausstellen?
Could you write me a receipt? [ˈkʊd‿jʊ raɪt mɪ ə rɪˈsi:t]

Das ist für Sie.
That's for you. [ˈðæts fə‿ˈju:]

anhalten	stop [stɒp]
anschnallen	fasten one's seat belt [fɑ:sn wʌnz ˈsi:t belt]
Hausnummer	house number [ˈhaʊs ˌnʌmbə]
Kilometerpreis	price per kilometre/mile [praɪs pə ˈkɪləˌmi:tə/maɪl]
Pauschalpreis	flat rate [ˈflæt ˈreɪt]
Quittung	receipt [rɪˈsi:t]
Sicherheitsgurt	seat belt [ˈsi:t belt]
Taxifahrer/in	taxi driver [ˈtæksɪ ˌdraɪvə]
Taxistand	taxi rank [ˈtæksɪ ræŋk]
Trinkgeld	tip [tɪp]

Reisen mit Kindern

Kinder, Kinder ...
Reisen mit Kindern ist in Großbritannien weitgehend unproblematisch. Überall gibt es Spielplätze *(playgrounds)*; Wickelräume *(baby's changing rooms)* und Wickeltische *(changing tables)* findet man in allen Autobahnraststätten und in den meisten großen Kaufhäusern. Viele Hotels bieten eine Kinderbetreuung *(babysitting service)* an; Restaurants verfügen in der Regel über Hochstühle *(high chairs)*. Kinderermäßigungen *(child reductions)* auf Eintrittsgebühren und Fahrpreise sind üblich.

Nützliche Fragen

Könnten Sie mir bitte sagen, ob es hier einen Kinderspielplatz gibt?
Could you tell me if there is a children's playground here?
[kʊd jʊ tel mi: ɪf ðeər‿ɪz ə ˈtʃɪldrənz ˈpleɪgraʊnd hɪə]

Gibt es hier eine Kinderbetreuung?
Is there a babysitting service here? [ˈɪz ðeər‿əˈbeɪbɪˌsɪtɪŋ ˈsɜ:vɪs hɪə]

Ab welchem Alter?
From what age onward? [frɒm wɒt eɪdʒ ɒnwəd]

Kennen Sie jemanden, der bei uns babysitten könnte?
Do you know anyone who could babysit for us?
[du jʊ nəʊ ˈenɪwʌn hu: ˈkʊd ˈbeɪbɪˌsɪt fə‿əs]

Haben Sie ein Babyfon?
Do you have a baby intercom? [du jʊ ˈhæv‿ə beɪbɪ ˈɪntəkɒm]

Gibt es eine Ermäßigung für Kinder?
Is there a reduction for children? [ˈɪz ðeər‿ə rɪˈdʌkʃn fə ˈtʃɪldrən]

Unterwegs

Wir reisen mit einem Kleinkind. Können wir Plätze ganz vorn bekommen?
We're travelling with a young child. Can we get seats right at the front?
[wɪə ˈtrævlɪŋ wɪð‿ə jʌŋ tʃaɪld. kən wɪ get ˈsi:ts raɪt ət ðə ˈfrʌnt]

Haben Sie einen Kindersicherheitsgurt?
Do you have a child seat belt? [du jʊ ˈhæv ‿ə tʃaɪld ˈsi:t belt]

Haben Sie vielleicht Stifte und Papier/ein Malbuch für unser Kind?
Do you possibly have crayons and paper/a colouring book for our child?
[du jʊ pɒsəblɪ ˈhæv kreɪənz‿ənd peɪpə/ə kʌlərɪŋ bʊk fə‿aʊə tʃaɪld]

Verleihen Sie Kinderautositze?
Do you rent out child seats for the car?
[dʊ‿jʊ rent ˈaʊt tʃaɪld si:ts fə‿ðə ˈkɑ:]

Im Restaurant

Könnten Sie bitte noch einen Kinderstuhl bringen?
Could you bring us a high chair, please?
[ˈkʊd‿jʊ brɪŋ‿əs‿ə ˈhaɪ tʃeə pli:z]

Gibt es auch Kinderportionen?
Do you have special children's meals?
[du jʊ ˈhæv speʃəl tʃɪldrənz ˈmi:lz]

Könnten wir bitte einen zusätzlichen Teller bekommen?
Could we have an extra plate, please? [ˈkʊd‿wɪ hæv ən‿ ekstrə pleɪt pli:z]

Könnten Sie mir bitte das Fläschchen warm machen?
Could you warm up the baby's bottle, please?
[ˈkʊd‿jʊ wɔ:m ʌp ðəˈbeɪbɪz bɒtl pli:z]

Könnten Sie mir bitte sagen, wo ich hier stillen kann?
Could you tell me where I can breast-feed my baby?
[kʊd jʊ tel mi: weə aɪ kən brestfɪ:d maɪ ˈbeɪbɪ]

Babyfon	baby intercom [beɪbɪ ˈɪntəkɒm]
Babysitter	babysitter [ˈbeɪbɪˌsɪtə]
Fläschchenwärmer	bottle warmer [bɒtl wɔ:mə]
Junge	boy [bɔɪ]
Kinderbecken	children's pool [tʃɪldrənz pu:l]
Kinderbetreuung	babysitting service [ˈbeɪbɪˌsɪtɪŋ ˈsɜ:vɪs]
Kinderbett	cot [kɒt]
Kinderermäßigung	child reduction [tʃaɪld rɪˈdʌkʃn]
Kinderkleidung	children's clothing [tʃɪldrənz kləʊðɪŋ]
Kindernahrung	baby food [ˈbeɪbɪ fu:d]
Kindersitz	child seat [tʃaɪld si:t]
Kindersitzkissen *(fürs Auto)*	child seat cushion [tʃaɪld si:t ˈkʊʃən]
Kinderspielplatz	children's playground [ˈtʃɪldrənz ˈpleɪgraʊnd]
Kinderwagen	pram [præm]
Mädchen	girl [gɜ:l]
Malbuch	colouring book [ˈkʌlərɪŋ bʊk]
Mückenschutz	insect repellant [ˈɪnsekt rɪˈpelənt]
Planschbecken	paddling pool [ˈpædlɪŋ ˈpu:l]
Sandkasten	sand pit [sændpɪt]
Sauger	teat [ti:t]
Saugflasche	feeding bottle [ˈfi:dɪŋ ˌbɒtl]
Schildmütze	bonnet [ˈbɒnɪt]
Schnuller	dummy [ˈdʌmɪ], pacifier [ˈpæsɪˌfaɪə]
Schwimmflügel	water wing [ˈwɔ:təwɪŋ]
Schwimmkurs	swimming lessons [ˈswɪmɪŋ lesnz]
Schwimmring	rubber ring [ˈrʌbə rɪŋ]
Sonnenblocker	sun blocker [sʌn blɒkə]
Sonnenschutz	sunshade [sʌnʃeɪd]
Sonnenschutzcreme	sun cream [ˈsʌn kri:m]

Sonnenschutzfaktor	protection factor [prə'tekʃn fæktə]
spielen	to play [pleɪ]
Spielplatz	playground ['pleɪgraʊnd]
Spielsachen	toys [tɔɪz]
Trinkflasche	baby's bottle ['beɪbɪz bɒtl]
Vergnügungspark	amusement park [ə'mju:zmnt pɑ:k]
Wickeltisch	baby's changing table ['beɪbɪz tʃeɪnʒɪŋ teɪbl]
Windeln	nappies (*Am* diapers) ['næpɪz ('daɪəpəz)]

Gesundheit

Könnten Sie mir bitte sagen, ob es hier einen Kinderarzt gibt?
Could you tell me if there is a pediatrician here?
[kʊd jʊ tel mi: ɪf ðeər‿ɪz ə pi:dɪə'trɪʃn hɪə]

Mein Kind hat ...
My child has ... [maɪ tʃaɪld həz]

Mein Kind ist allergisch gegen ...
My child is allergic to ... [maɪ tʃaɪld ɪz ə'lɜ:dʒɪk tʊ]

Es hat erbrochen.
He/She has been sick. [hɪ:/ʃɪ: hæz bɪn sɪk]

Es hat Durchfall.
He/She has [got] diarrhoea. [hɪ:/ʃɪ: hæz gɒt daɪə'rɪə]

Mein Kind ist gestochen worden.
My child has been stung. [maɪ tʃaɪld həz bɪn stʌŋ]

Allergie	allergy ['ælədʒɪ]
Ausschlag	rash [ræʃ]
Blähungen	wind [wɪnd]
Erkältung	cold [kəʊld]
Elektrolytlösung	electrolyte solution [ɪ'lektrəʊlaɪt sə'lu:ʃn]
Fieber	temperature ['temprɪtʃə]
Heilnahrung	medicinal food [me'dɪsɪnl fu:d]
Impfpass	vaccination card [ˌvæksɪ'neɪʃn ˌkɑ:d]
Insektenstich	insect bite ['ɪnsekt baɪt]
Kinderkrankenhaus	pediatric clinic [pi:dɪə'trɪk klɪnɪk]
Kinderkrankheit	children's illness ['tʃɪldrənz 'ɪlnɪs]
Masern	measles ['mi:zlz]
Mittelohrentzündung	inflammation of the middle ear [ˌɪnflə'meɪʃn‿əv ðə 'mɪdl‿'ɪə]
Mumps	mumps [mʌmps]
Pilz	fungal infection ['fʌŋgl ɪn'fekʃn]
Röteln	German measles ['dʒɜ:mən 'mi:zlz]
Scharlach	scarlet fever ['skɑ:lɪt 'fi:və]
Schnupfen	cold [kəʊld]
Windpocken	chickenpox ['tʃɪkɪnpɒks]

Unterwegs mit Handicap

Behinderungen beim Namen nennen
Wie bezeichnet man die verschiedenen Behinderungen? In den 80er und 90er Jahren schwappte ein Trend von den USA nach Großbritannien rüber: die „politische Korrektheit" (political correctness - PC). Dieser Trend führte dazu, dass Begriffe wie „blind" (blind), „taub" (deaf) oder „gehbehindert" (disabled) durch grauenhafte Wortschöpfungen wie visually impaired, aurally challenged oder non walker ersetzt wurden. Mittlerweile haben die verschiedenen Behindertenverbände diese Wortschöpfungen durchweg abgelehnt. Der Trend im 21. Jahrhunderts ist: Die Behinderungen auf nicht herablassende Art und Weise beim Namen zu nennen. Die hier angebotenen Begriffe werden von Menschen mit Handicaps selbst verwendet. Alle Einrichtungen, die in einer modernen Gesellschaft für Behinderte erwartet werden, sind in Großbritannien vorhanden: Behindertenparkplätze (parking spaces for the disabled), Rollstuhlwege (wheelchair paths), Auffahrtrampen (ramps for wheelchair users), Behindertentoiletten (toilets for the disabled) und sogar Nachrichtensendungen im Fernsehen, die auch in der Zeichensprache (sign language) gesendet werden. Die Behindertenverbände in Großbritannien sind nach Art der Behinderung aufgeteilt, z. B. National Association for the Blind.
Fachkundige Auskünfte zum barrierefreien Reisen bietet auch der deutsche *Bundesverband Selbsthilfe Körperbehinderter e.V.* an.
(E-Mail: **Reiseservice@bsk-ev.org**; Internet: **www.bsk-ev.org**).

Ich bin ...
I'm ... [aɪm]
körperbehindert.
disabled. [dɪsˈeɪbld]
sehbehindert.
partially sighted. [ˈpɑːʃəlɪ saɪtɪd]

Ich leide unter ...
I suffer from ... [aɪ sʌfə frɒm]

Ich habe ...
I have ... [aɪ ˈhæv]
eine Gehbehinderung.
a physical handicap. [ə fɪzɪkəl hændɪkæp]
Multiple Sklerose.
multiple sclerosis. [ˈmʌltɪpl sklɪˈrəʊsɪs]

Unterwegs

Kann ich einen eigenen faltbaren Rollstuhl im Flugzeug mitnehmen?
Can I take my folding wheelchair on the plane?
[kən‿aɪ ˈteɪk maɪ fəʊldiŋ wiːlˈtʃeə ɒn ðə pleɪn]

Wird ein Rollstuhl am Abflug-/Zielflughafen bereitgestellt?
Will a wheelchair be provided at the airport of departure/arrival?
[wɪl ‿ə wi:lˈtʃeə bi: prəˈvaɪdɪd ˈət ðə ˈeəpɔ:t əv dɪˈpɑ:tʃə/əˈraɪvl]

Ich möchte einen Sitz am Gang.
I'd like an aisle seat. [aɪd laɪk‿ən aɪl ˈsi:t]

Gibt es eine Behindertentoilette?
Is there a toilet for the disabled? [ˈɪz ðeər‿ə ˈtɔɪlɪt fə ðə dɪsˈeɪbld]

Gibt es einen Behindertenwaschraum?
Is there a washroom for the disabled?
[ˈɪz ðeər‿ə ˈwɒʃrʊm fə ðə dɪsˈeɪbld]

Könnte mir jemand beim Umsteigen behilflich sein?
Could someone help me change flights/trains?
[ˈkʊd ˈsʌmwʌn ˈhelp mi: tʃeɪnʒ ˈflaɪts/treɪnz]

Ist der Einstieg in die Wagen ebenerdig?
Is the entrance to the carriages at ground level?
[ɪz ðə entrəns tə ðə ˈkærɪdʒz ət graʊnd levl]

Gibt es Niederflurbusse?
Are there any low-floor buses? [ˈɑ: ðeər‿enɪ ˈləʊ‿flɔ: bʌsɪz]

Sind die Bahnsteige über Rampen für Rollstuhlfahrer zugänglich?
Are there ramps to allow access for wheelchair users to the platforms?
[ˈɑ: ðeər ræmps tə‿əˈlaʊ ækses fə wi:lˈtʃeə ju:zəz tə‿ ðə ˈplætfɔ:mz]

Gibt es für Körperbehinderte Leihwagen mit Handgas?
Are there rental cars with hand controls for the disabled?
[ˈɑ: ðeər rentl kɑ:z wɪð hænd kənˈtrəʊlz fə ðə dɪsˈeɪbld]

Vermieten Sie rollstuhlgerechte Wohnmobile?
Do you rent camper vans suitable for wheelchair users?
[dʊ‿jʊ rent ˈkæmpə vænz ˈsu:təbl fə wi:lˈtʃeə ju:zəz]

Kann man hier Handbikes leihen?
Is it possible to rent handbikes here?
[ɪz‿ɪt ˈpɒsəbl tə rent ˈhændbaɪks hɪə]

Unterkunft

Können Sie mir bitte Informationen senden, welche Hotels in ... für Rollstuhlfahrer geeignet sind?
Could you please send me information about which hotels in ... are suitable for wheelchair users? [ˈkʊd‿jʊ pli:z send mi: ɪnfəmeɪʃən əˈbaʊt wɪtʃ həʊˈtelz ɪn ... ə su:təbl fə wi:lˈtʃeə ju:zəz]

Könnten Sie mir bitte sagen, welche Hotels und Campingplätze behindertengerechte Einrichtungen haben?
Could you please tell me which hotels and camping-sites have special facilities for the disabled? ['kʊd‿jʊ pli:z tel mi: wɪtʃ həʊ'telz‿ənd 'kæmpɪŋsaɪts hæv speʃəl fə'sɪlɪtɪz fə ðə dɪs'eɪbld]

Museen, Sehenswürdigkeiten, Theater ...

Ist die Ausstellung für Gehbehinderte über Aufzüge erreichbar?
Can the disabled reach the exhibition by means of lifts?
['kən ðə dɪs'eɪbld ri:tʃ ðə eksɪbɪʃn baɪ mi:nz‿əv lɪfts]

Gibt es spezielle Führungen/Stadtführungen für Behinderte?
Are there guided tours/tours of the city specially designed for the disabled? ['ɑ: ðeər 'gaɪdɪd 'tʊəz/tʊəz əv ðə sɪtɪ speʃəlɪ dɪ'zaɪnd fə ðə dɪs'eɪbld]

Können Induktionsschleifen für Hörbehinderte eingeschaltet werden?
Can the text display for the hard of hearing be switched on? ['kən ðə tekst dɪ'spleɪ fə ðə hɑ:d əv 'hɪərɪŋ bi: swɪtʃt ɒn]

Gibt es Museumsführungen/Theateraufführungen für Taubstumme/Blinde?
Are there museum tours/theatre performances for deaf-mutes/the blind?
['ɑ: ðeər mjʊ'zɪəm tʊəz/'θɪətə pə'fɔ:mənsɪz fə def mju:tz/ðə blaɪnd]

ambulante Pflegestation	nursing ward, out patients [nɜ:sɪŋ wɔ:d, 'aʊt 'peɪʃənts]
amputiert	amputated ['æmpjʊteɪtɪd]
Auffahrtrampe	ramp (for wheelchair users) [ræmp (fə wi:l'tʃeə ju:zəz)]
barrierefrei	barrier-free ['bærɪə fri:]
befahrbar	passable ['pɑsəbl]
Begleitperson	accompanying person [əkʌmpənɪɪŋ pɜ:sn]
Begleitung	accompanying person [əkʌmpənɪɪŋ pɜ:sn]
Behindertenausweis	disabled person's card [dɪs'eɪbld pɜ:snz kɑ:d]
behindertengerecht	suitable for the disabled [su:təbl fə ðə dɪs'eɪbld]
Behindertenparkplatz	parking space for the disabled ['pɑ:kɪŋ speɪs fə ðə dɪs'eɪbld]
Behindertentoilette	toilet for the disabled [tɔɪlɪt fə ðə dɪs'eɪbld]
Betreuungsdienst	care service [kɛə sɜ:vɪs]
blind	blind [blaɪnd]
Blinde/r	blind person [blaɪnd pɜ:sn]

Blindenhund	guide dog [gaɪddɒg]
Braille	braille [breɪl]
Breite	width [wɪdθ]
Duschsitz	shower seat [ʃaʊə siːt]
ebenerdig	at ground level [ət graʊnd levl]
Einstiegshilfe	entry assistance [ˈentrɪ əˈsɪstəns]
Epilepsie	epilepsy [ˈepɪlepsɪ]
Fahrdienst	transport service [ˈtrænspɔːt sɜːvɪs]
Flurbreite	hall width [hɔːl wɪdθ]
gehbehindert	disabled [dɪsˈeɪbld]
Gehbehinderte/r	disabled person [dɪsˈeɪbld pɜːsn]
Gehhilfe	aid to walking [eɪd tʊ wˈɔːkiŋ]
gehörlos	deaf [def]
Gehörlose/r	deaf person [def pɜːsn]
geistig behindert	mentally handicapped [ˈmentəlɪ hændɪkæpt]
Haltegriff	handle [ˈhændl]
Handbike	hand-operated bike [hændˈɒpəreɪtɪd baɪk]
Handgas *(Auto)*	hand throttle [hænd θrɒtl]
Handlauf	handrail [hændreɪl]
Hebebühne	hydraulic ramp [haɪˈdrɒlɪk ræmp]
Höhe	height [haɪt]
hörgeschädigt	hard of hearing [hɑːd‿əv ˈhɪərɪŋ]
Hörgeschädigte/r	person who is hard of hearing [pɜːsn huː ɪz hɑːd əv ˈhɪərɪŋ]
Hublift	lifting ramp [lɪftɪŋ ræmp]
Induktionsschleife	induction loop text display [ɪndʌkʃn luːp tekst dɪˈspleɪ]
Kopfhörer	headphones [hedfəʊnz]
Körperbehinderung	physical handicap, disability [fɪzɪkəl hændɪkæp, ˌdɪsəˈbɪlɪtɪ]
Krücke	crutch [krʌtʃ]
Lenkrad-Drehknopf *(Auto)*	rotary steering wheel button [ˈrəʊtərɪ ˈstɪərɪŋ wiːl ˈbʌtn]
Mobilitätsbehinderte	paraplegic [ˌpærəˈpliːdʒɪk]
pflegebedürftig	in need of care [ɪn niːd‿əv kɛə]
querschnittsgelähmt	paraplegic [ˌpærəˈpliːdʒɪk]
Rampe	ramp [ræmp]
Rollstuhl	wheelchair [wiːlˈtʃeə]
batteriebetriebener Rollstuhl	battery-driven wheelchair [ˈbætrɪ ˈdrɪvn wiːlˈtʃeə]
Elektrorollstuhl	electric wheelchair [ɪˈlektrɪk wiːlˈtʃeə]
Faltrollstuhl	folding wheelchair [fəʊldiŋ wiːlˈtʃeə]
Rollstuhl mit Hebelantrieb	lever-driven wheelchair [ˈliːvə drɪvn wiːlˈtʃeə]
Rollstuhlfahrer/in	wheelchair user [wiːlˈtʃeə juːzə]

rollstuhlgängiger Wagen (*Zug*)	carriage with wheelchair access [ˈkærɪdʒ wɪð wiːlˈtʃeə ækses (treɪn)]
rollstuhlgerecht	suitable for wheelchairs [suːtəbl fə wiːlˈtʃeəz]
Rollstuhlkabine (*Schiff*)	wheelchair cabin [wiːlˈtʃeə ˈkæbɪn]
Rollstuhllifter (*Auto*)	wheelchair lift [wiːlˈtʃeə lɪft]
Rollstuhlwandern	wheelchair hiking [wiːlˈtʃeə ˈhaɪkɪŋ]
Rollstuhlwanderweg	wheelchair hiking path [wiːlˈtʃeə ˈhaɪkɪŋ pɑːθ]
Sanitäreinrichtungen	sanitary facilities [ˈsænɪtərɪ fəˈsɪlɪtɪz]
Schreibtelefon	keyboard telephone [kiːbɔːd telɪfəʊn]
sehbehindert	partially sighted [ˈpɑːʃəlɪ saɪtɪd]
Sehbehinderte/r	partially sighted person [ˈpɑːʃəlɪ saɪtɪd pɜːsn]
sozialer Hilfsdienst	social services [ˈsəʊʃəl sˈsɜːvɪsɪz]
Sozialstation	social services centre [ˈsəʊʃəl sˈsɜːvɪsɪz ˈsentə]
Steigung	upward incline [ˈʌpwəd ɪnˈklaɪn]
Stufe	step [step]
stufenloser Zugang	stepless access [steplɪs ækses]
stumm	mute [mjuːt]
Taststock	cane [keɪn]
taub	deaf [def]
taubstumm, Taubstumme/r	deaf-mute [def mjuːt]
Treppenstufe	step, stair [step, ˈsteə]
automatische Tür	automatic door [ˌɔːtəˈmætɪk dɔː]
Türbreite	door width [dɔː wɪdθ]
automatischer Türöffner	automatic door opener [ˌɔːtəˈmætɪk dɔː ˌəʊpnə]
Türschwelle	doorstep [dɔːstep]
unterfahrbar	good clearance [ˈgʊd ˈklɪərəns]
Zeichensprache	sign language [saɪn ˈlæŋgwɪdʒ]
Zugänglichkeit	accessibility [ækˌsesɪˈbɪlɪtɪ]

Unterkunft

Wie man sich bettet ...

Das Spektrum an Hotels und Gasthäusern *(guest houses)* erstreckt sich von luxuriösen 5-Sterne-Hotels bis zu bescheidenen Pensionen *(bed & breakfast houses)*, die Preise und Leistungen variieren entsprechend. Wer Urlaub für Selbstversorger *(self-catering)* machen will, kann Apartments und Ferienhäuser *(holiday homes)* mieten. Vollständig ausgestattete Campingplätze *(camping sites)* gibt es in der Nähe fast jeder größeren Stadt, meistens gut beschildert und leicht zu finden. Ein großes Netz an Jugendherbergen *(youth hostels)*, besonders in Wander- und Klettergebieten, stellt eine preisgünstige Unterkunftsmöglichkeit dar.

Auskunft

Können Sie mir bitte ... empfehlen?
Can you recommend ..., please? [kən‿jʊ ˌrekəˈmend … pliːz]
ein gutes Hotel
a good hotel [ə gʊd həʊˈtel]
ein einfaches Hotel
a cheap hotel [ə tʃiːp həʊˈtel]
eine Pension
a guest house [ə ˈgesthaʊs]
ein Privatzimmer
a bed-and-breakfast place [ə ˈbedn ˈbrekfəst pleɪs]

Ist es zentral/ruhig/in Strandnähe gelegen?
Is it central/quiet/near the beach? [ɪz‿ɪt ˈsentrəl/ˈkwaɪət/nɪə ðə ˈbiːtʃ]

Gibt es hier ...?
Is there ... here? [ˈɪz ðeər‿… hɪə]
einen Campingplatz
a camping site [ə ˈkæmpɪŋ saɪt]
eine Jugendherberge
a youth hostel [ə ˈjuːθ ˈhɒstl]

Hotel - Pension - Privatzimmer

An der Rezeption

Ich habe ein Zimmer reserviert. Mein Name ist ...
I've reserved a room. My name's ...
[aɪv rɪˈzɜːvd‿ə ˈruːm. maɪ ˈneɪmz …]

Wir haben reserviert.
We have a reservation. [wɪ hæv ə ˌrezəˈveɪʃn]

Haben Sie noch ein Zimmer frei?
Have you got any vacancies? [həv jʊ gɒt‿enɪ‿ˈveɪkənsɪz]
... für eine Nacht
... for one night [fə ˈwʌn ˈnaɪt]

... für zwei Tage
... for two days [fə ˈtuː ˈdeɪz]
... für eine Woche
... for a week [fər‿ə ˈwiːk]

Haben Sie Familienzimmer?
Do you have family rooms? [du jʊ hæv fæməlɪ ruːmz]

Nein, wir sind leider belegt.
No, I'm afraid we're fully booked. [nəʊ aɪm‿əˈfreɪd wɪə ˈfʊlɪ bʊkt]

Ja, was für ein Zimmer wünschen Sie?
Yes, (sir/madam,) what sort of room would you like?
[ˈjes (sɜː/ˈmædəm) ˈwɒt sɔːt‿əv ˈruːm wʊd jʊ ˈlaɪk]

Ich hätte gern ...
I'd like ... [aɪd laɪk]
ein Einzelzimmer
a single room [ə ˈsɪŋgl ruːm]
ein Doppelzimmer
a double room [ə ˈdʌbl ruːm]
ein ruhiges Zimmer
a quiet room [ə ˈkwaɪət ruːm]
mit Dusche
with a shower [wɪð ə ˈʃaʊə]
mit Bad
with a bath [wɪð ə ˈbɑːθ]
mit Blick aufs Meer
with a view of the sea [wɪð ə ˈvjuː‿əv ðə ˈsiː]

Kann ich das Zimmer ansehen?
Can I see the room? [kən‿aɪ ˈsiː ðə ˈruːm]

Können Sie noch ein drittes Bett/ein Kinderbett dazustellen?
Can you put a third bed/a cot/children's bed in the room?
[kən‿jʊ pʊt‿ə θɜːd bed/ə ˈtʃɪldrənz bed ɪn ðə ruːm]

Was kostet das Zimmer mit ..., bitte?
How much is the room with ... [ˈhaʊ ˈmʌtʃ ɪz ðə ruːm wɪð]
Frühstück
breakfast? [ˈbrekfəst]
Halbpension
breakfast and evening meal? [ˈbrekfəst‿ən‿ˈiːvnɪŋ ˈmiːl]
Vollpension
full board? [ˈfʊl ˈbɔːd]

Könnten Sie bitte mein Gepäck auf das Zimmer bringen lassen?
Could you have my luggage brought up to my room, please?
[ˈkʊd‿jʊ ˈhæv maɪ ˈlʌgɪdʒ brɔːt ʌp tə maɪ ruːm pliːz]

Wo kann ich den Wagen abstellen?
Where can I park the car? [ˈweə kən‿aɪ pɑːk ðə ˈkɑː]

In unserer Garage.
In our garage. [ɪn‿aʊə ˈgærɑ:dʒ]
Auf unserem Parkplatz.
In our car park. [ɪn‿aʊə ˈkɑ:pɑ:k]

Fragen und Bitten ➤ auch Frühstück

Ab wann gibt es Frühstück?
When is breakfast served? [wen ɪz ˈbrekfəst sɜ:vd]

Wann sind die Essenszeiten?
When are the meals served? [wen‿ˈɑ: ðə mi:lz sɜ:vd]

Wo ist der Speisesaal?
Where's the restaurant? [ˈweəz ðə ˈrestərɔ̃:ŋ]

Wo ist der Frühstücksraum?
Where's the breakfast room? [ˈweəz ðəˈbrekfəst ru:m]

Könnten Sie mich bitte morgen früh um 7 Uhr wecken?
Could you wake me at 7 o'clock tomorrow morning, please?
[ˈkʊd‿jʊ ˈweɪk mɪ‿ət sevn ɒˈklɒk təˈmɒrəʊ ˈmɔ:nɪŋ pli:z]

Bitte, meinen Schlüssel.
My key, please. [maɪ ˈki: pli:z]

Würden Sie mir bitte ... bringen?
Would you bring me ..., please? [ˈwʊd‿jʊ brɪŋ mɪ ... pli:z]
ein Badetuch
a bath towel [ə ˈbɑ:θˌtaʊəl]
noch eine Decke
another blanket [əˈnʌðə ˈblænkɪt]

Wie funktioniert ...?
How does ... work? [haʊ dəz … wɜ:k]

Ist Post für mich da?
Is there any post for me?
[ɪz ðeər‿enɪ pəʊst fə mi:]

Wo kann ich ...
Where can I ... [ˈweə kən‿aɪ ...]
hier etwas trinken?
get something to drink? [get ˈsʌmθɪŋ tə drɪnk]
ein Auto mieten?
hire a car? [ˈhaɪər‿ə kɑ:]
hier telefonieren?
telephone from (here)? [ˈtelɪfəʊn frəm (hɪə)]

Kann ich meine Wertsachen bei Ihnen in den Safe geben?
Can I leave my valuables in your safe?
[kən‿aɪ li:v maɪ ˈvælju:əblz ɪn jɔ: seɪf]

Kann ich mein Gepäck hier lassen?
Can I leave my luggage here? [kən‿aɪ li:v maɪ ˈlʌgɪdʒ hɪə]

Beanstandungen

Das Zimmer ist heute nicht geputzt worden.
The room hasn't been cleaned today.
[ðə ruːm ˈhæznt bɪn ˈkliːnd təˈdeɪ]

Die Klimaanlage funktioniert nicht.
The air-conditioning doesn't work. [ðə ˈeəkənˌdɪʃnɪŋ ˈdʌznt ˈwɜːk]

Der Wasserhahn tropft.
The tap drips. [ðə ˈtæp drɪps]

Es kommt kein (warmes) Wasser.
There's no (hot) water. [ðeəz ˈnəʊ (hɒt) ˈwɔːtə]

Die Toilette/Das Waschbecken ist verstopft.
The toilet/washbasin is blocked up. [ðə ˈtɔɪlɪt/ˈwɒʃˌbeɪsn ɪz ˈblɒkt ˈʌp]

Ich hätte gern ein anderes Zimmer.
I'd like to have a different room. [aɪd ˈlaɪk tə hæv ə dɪfrənt ruːm]

Abreise

Ich reise heute Abend/morgen um ... Uhr ab.
I'm leaving this evening/tomorrow at ... o'clock.
[aɪm ˈliːvɪŋ ðɪs‿ˈiːvnɪŋ/təˈmɒrəʊ‿ət … əˈklɒk]

Könnten Sie bitte die Rechnung fertig machen?
Would you prepare my bill, please? [wʊd‿jʊ prəpeə maɪ ˈbɪl pliːz]

Nehmen Sie Euros/Kreditkarten?
Do you accept euros/credit cards?
[dʊ‿jʊ əkˈsept jʊərəʊz/ˈkredɪtkɑːdz]

Könnten Sie mir bitte ein Taxi rufen?
Would you call a taxi for me, please?
[wʊd‿jʊ kɔːl‿ə ˈtæksɪ fə miː pliːz]

Vielen Dank für alles! Auf Wiedersehen!
Thank you very much for everything. Goodbye!
[ˈθæŋk jʊ ˈverɪ ˈmʌtʃ fər‿ˈevrɪθɪŋ. ˌgʊd ˈbaɪ]

Abendessen	dinner [ˈdɪnə]
Abfalleimer	bin [bɪn]
Anmeldung	registration [ˌredʒɪsˈtreɪʃn]
Aschenbecher	ashtray [ˈæʃtreɪ]
Aufenthaltsraum	lounge [laʊnʒ]
Aufzug	lift [lɪft]
Badetuch	bath towel [bɑːθ ˈtaʊəl]
Badewanne	bath [bɑːθ]
Badezimmer	bathroom [ˈbɑːθrʊm]
Balkon	balcony [ˈbælkənɪ]

Becher	mug [mʌg]
Bett	bed [bed]
Bettdecke	blanket [ˈblæŋkɪt]
Bettwäsche	bed linen [ˈbedˌlɪnɪn]
Bidet	bidet [ˈbiːdeɪ]
Brausekopf	showerhead [ˈʃaʊəhed]
Briefpapier	writing paper [ˈraɪtɪŋˌpeɪpə]
Dusche	shower [ˈʃaʊə]
Duschvorhang	shower curtain [ˈʃaʊə ˈkɜːtn]
Empfangshalle	reception [rɪˈsepʃn]
Etage	floor, storey [flɔː, ˈstɔːrɪ]
Fenster	window [ˈwɪndəʊ]
Fernseher	television, TV [ˈtelɪˌvɪʒn, ˌtiːˈviː]
Fernsehraum	television lounge [ˈtelɪˌvɪʒn laʊnʒ]
Frühstück	breakfast [ˈbrekfəst]
Frühstücksbüfett	buffet breakfast [ˈbʊfeɪ ˈbrekfəst]
Frühstücksraum	breakfast room [ˈbrekfəstrʊm]
Garage	garage [ˈgærɑːdʒ]
Gedeck *(für das Frühstück)*	cover *(for breakfast)* [ˈkʌvə (fə ˈbrekfəst)]
Glas	glass [glɑːs]
Glühbirne	light bulb [laɪt bʌlb]
Halbpension	half board [ˈhɑːf ˈbɔːd]
Handbrause	handheld shower [ˈhændheld ˈʃaʊə]
Handtuch	towel [ˈtaʊəl]
Hauptsaison	high season [ˈhaɪ ˌsiːzn]
Heizung	heating [ˈhiːtɪŋ]
Kleiderbügel	coat hanger [ˈkəʊt ˌhæŋə]
Klimaanlage	air-conditioning [ˈeəkənˌdɪʃnɪŋ]
Kopfkissen	pillow [ˈpɪləʊ]
Lampe	lamp [læmp]
Licht	light [ˈlaɪt]
Lichtschalter	light switch [ˈlaɪtswɪtʃ]
Matratze	mattress [ˈmætrɪs]
Minibar	mini-bar [ˈmɪnɪbɑː]
Mittagessen	lunch [lʌntʃ]
Motel	motel [məʊˈtel]
Nachsaison	low season [ˈləʊ ˌsiːzn]
Nachttisch	bedside table [ˈbedsaɪd ˈteɪbl]
Nachttischlampe	reading lamp [ˈriːdɪŋlæmp]
Notizblock	notepad [ˈnəʊtpæd]
Parkplatz	car park [ˈkɑːpɑːk]
Pension *(Halb~/Voll~)*	half/full board [ˈhɑːf/ˈfʊl ˈbɔːd]
Portier	porter [ˈpɔːtə]
Preisliste	price list [ˈpraɪslɪst]
Radio	radio [ˈreɪdɪəʊ]
reinigen	clean [kliːn]
reparieren	repair [rɪˈpeə]

Reservierung	reservation [ˌrezə'veɪʃn]
Restaurant	restaurant ['restərɔ̃:ŋ]
Rezeption	reception [rɪ'sepʃn]
Safe	safe [seɪf]
Schlüssel	key [ki:]
Schrank	cupboard ['kʌbəd]
Schuhputzzeug	shoe cleaning kit ['ʃu:kli:nɪŋ kɪt]
Sessel	armchair ['ɑ:mtʃeə]
Speisesaal	dining room ['daɪnɪŋrʊm]
Spiegel	mirror ['mɪrə]
Steckdose	(wall)socket [('wɔ:l)'sɒkɪt]
Stecker	plug [plʌg]
Stuhl	chair [tʃeə]
Swimmingpool	swimming pool ['swɪmɪŋpu:l]
Terrasse	terrace ['terəs]
Tisch	table ['teɪbl]
Toilette	lavatory, toilet ['lævətrɪ, 'tɔɪlɪt]
Toilettenpapier	toilet paper ['tɔɪlɪtˌpeɪpə]
Transferbus	transfer bus ['trænsfɜ: bʌs]
Türcode	door code [dɔ: kəʊd]
Übernachtung	overnight stay [əʊvənaɪt steɪ]
Ventilator	fan [fæn]
Verlängerungswoche	an extra week [ən‿ekstrə wi:k]
Vollpension	full board ['fʊl 'bɔ:d]
Vorsaison	low season ['ləʊ ˌsi:zn]
Waschbecken	washbasin ['wɒʃˌbeɪsn]
Wäschewechsel	change of bed linen [tʃeɪnʒ‿əv 'bedˌlɪnɪn]
Wasser	water ['wɔ:tə]
kaltes Wasser	cold water ['kəʊld 'wɔ:tə]
warmes Wasser	hot water ['hɒt 'wɔ:tə]
Wasserglas	tumbler, glass ['tʌmblə, glɑ:s]
Wasserhahn	tap (*Am* faucet) [tæp, 'fɔ:sɪt]
Wolldecke	blanket ['blæŋkɪt]
Zimmer	room [ru:m]
Zimmermädchen	(chamber)maid [('tʃeɪmbə)meɪd]
Zimmerservice	room service [ru:m 'sɜ:vɪs]
Zimmertelefon	in-room telephone ['ɪnru:m 'telɪˌfəʊn]
Zwischenstecker	adapter [ə'dæptə]

Ferienhäuser und Ferienwohnungen

Ist der Strom-/Wasserverbrauch im Mietpreis enthalten?
Is electricity/water included in the price?
[ɪz‿ɪlek'trɪsɪtɪ/'wɔ:tə ɪn'klu:dɪd‿ɪn ðə 'praɪs]

Sind Haustiere erlaubt?
Are pets allowed? [ɑ: 'pets‿ə'laʊd]

Wo befinden sich die Mülltonnen?
Where are the dustbins? ['weərə ðə 'dʌsbɪnz]

Müssen wir die Endreinigung selbst übernehmen?
Do we have to clean the place before we leave?
[du‿wɪ hæv‿tə 'kli:n ðə pleɪs bɪ'fɔ: wɪ 'li:v]

➢ **auch Hotel – Pension – Privatzimmer**

Allgemeines

Anreisetag	day of arrival [deɪ‿əv‿ə'raɪvl]
Apartment	flat (*Am* apartment) [flæt, ə'pɑ:tmənt]
Bauernhof	farm [fɑ:m]
Bungalow	bungalow ['bʌŋgələʊ]
Ferienanlage	holiday camp ['hɒlədɪ kæmp]
Ferienhaus	holiday home ['hɒlədɪ ˌhəʊm]
Hausbesitzer/in	landlord/landlady ['lænlɔ:d, 'lænˌleɪdɪ]
Haustiere	pets [pets]
Kochnische	kitchenette [ˌkɪtʃɪ'net]
Küche	kitchen ['kɪtʃɪn]
Miete	rent [rent]
Müll	rubbish (*Am* garbage) ['rʌbɪʃ, 'gɑ:bɪdʒ]
Mülltrennung	separation of rubbish [sepəreɪʃn əv 'rʌbɪʃ']
Nebenkosten	additional costs, extras [ə'dɪʃənl 'kɒsts, 'ekstrəz]
Schlafzimmer	bedroom ['bedrʊm]
Schlüsselübergabe	handover of the key ['hændəʊvər‿əv ðə ki:]
Selbstversorgung	self-catering [self 'keɪtərɪŋ]
Strom	electricity [ˌɪlek'trɪsətɪ]
Strompauschale	flat rate for electricity ['flæt 'reɪt fə ˌɪlek'trɪsɪtɪ]
Stromspannung	voltage ['vəʊltɪdʒ]
Studio	studio ['stju:dɪəʊ]
vermieten	let, rent [let, rent]
Wasserverbrauch	water consumption ['wɔ:tə kən'sʌmpʃən]
Wohnzimmer	living room ['lɪvɪŋrʊm]
Zentralheizung	central heating ['sentrəl 'hi:tɪŋ]

Ausstattung

Backofen	oven ['ʌvən]
Besen	broom [bru:m]
Bräter	roasting tray ['rəʊstɪŋ treɪ]
Bügeleisen	iron ['aɪən]
Eierbecher	egg cup ['eg kʌp]
Eimer	bucket ['bʌkɪt]
Etagenbett	bunk bed ['bʌŋk ˌbed]

Gasherd	gas cooker ['gæs,kʊkə]
Geschirr	crockery ['krɒkərɪ]
Geschirrtuch	tea towel ['ti: ,taʊəl]
Geschirrspülmaschine	dishwasher ['dɪʃ,wɒʃə]
Glas/Gläser	glass/glasses ['glɑ:s/'glɑ:sɪz]
Herd	cooker, stove ['kʊkə, stəʊv]
Kaffeefilter	coffee filter ['kɒfɪ ,fɪltə]
Kaffeelöffel	coffee spoon ['kɒfɪ spu:n]
Kaffeemaschine	coffee machine ['kɒfɪ mə'ʃi:n]
Kehrschaufel	dustpan ['dʌs'pæn]
Küchensieb	sieve ['sɪv]
Kühlschrank	refrigerator, fridge [rɪ'frɪdʒəreɪtə, frɪdʒ]
Mikrowelle	microwave ['maɪkrəʊweɪv]
Mixer	blender [,blendə]
Pfanne	pan [pæn]
Putzmittel	cleaning agent [kli:nɪŋ eɪdʒənt]
Reibe	grater ['grɪtə]
Rührlöffel	stir spoon [,stɜ spu:n]
Schlafcouch	studio couch ['stju:dɪəʊ kaʊtʃ]
Schneebesen	whisk ['wɪsk]
Schneidebrett	chopping board [tʃɒpɪŋ 'bɔ:d]
Schöpfkelle	ladle *(GB)*/dipper *(Am)* [leɪdl/dɪpə]
Schüssel/n	key/keys [ki:/ki:z]
Staubsauger	vacuum cleaner ['vækjʊm kli:nə]
Tasse/Tassen	cup/cups [kʌp/kʌpz]
Toaster	toaster ['təʊstə]
Topf	pot [pɒt]
Trockner	drier [draɪə]
Waschmaschine	washing machine ['wɒʃɪŋ mə'ʃi:n]
Wasserkocher	kettle [ketl]
Wischmopp	mop [mɒp]

Camping

Könnten Sie mir bitte sagen, ob es in der Nähe einen Campingplatz gibt?
Could you tell me if there is a camping site nearby?
[kʊd jʊ tel mi: ɪf ðeər‿'ɪz ə 'kæmpɪŋsaɪt 'nɪə'baɪ]

Haben Sie noch Platz für einen Wohnwagen/ein Zelt?
Have you got room for another caravan/tent?
[həv‿jʊ gɒt ru:m fər‿ə'nʌðə 'kærəvæn/'tent]

Wie hoch ist die Gebühr pro Tag und Person?
How much does it cost per day and person?
['haʊ 'mʌtʃ dʌz‿ɪt 'kɒst pə 'deɪ‿ən 'pɜ:sn]

Wie hoch ist die Gebühr für ...
What's the charge for ... ['wɒts ðə 'tʃɑ:dʒ fə]
das Auto?
the car? [ðə 'kɑ:]

den Wohnwagen?
the caravan/trailer? [ðə ˈkærəvæn/ˈtreɪlə]
das Wohnmobil?
the camper van/motor home/RV?
[ðə ˈkæmpə væn/ˈməʊtə ˈhəʊm/ɑː viː]
das Zelt?
the tent? [ðə ˈtent]

Vermieten Sie stationäre Wohnwagen?
Do you rent stationary caravans? [dʊ‿jʊ rent ˈsteɪʃənərɪ ˈkərəvænz]

Wir bleiben ... Tage/Wochen.
We'll be staying for ... days/weeks. [wiːl bɪ ˈsteɪɪŋ fə … ˈdeɪz/ˈwiːks]

Wo sind ...
Where are ... [ˈweər‿ə]
die Toiletten?
the toilets? [ðə ˈtɔɪlɪts]
die Waschräume?
the washrooms? [ðə ˈwɒʃrʊmz]
die Duschen?
the showers? [ðə ˈʃaʊəz]

Camping	camping [ˈkæmpɪŋ]
Jugendherberge	youth hostel [juːθ ˈhɒstəl]
Campingführer	camping guide [ˈkæmpɪŋ gaɪd]
Campingplatz	camping site [ˈkæmpɪŋsaɪt]
Gasflasche	gas canister [ˈgæs ˈkænɪstə]
Gaskartusche	gas cartridge [ˈgæs ˈkɑːtrɪdʒ]
Gaskocher	gas cooker [ˈgæsˌkʊkə]
Geschirrspülbecken	sink [sɪŋk]
Kocher	cooker [ˈkʊkə]
Petroleumlampe	paraffin lamp [ˈpærəfɪn læmp]
Propangas	calor gas [ˈkælə gæs]
Schlafsack	sleeping bag [ˈsliːpɪŋ bæg]
Steckdose	(wall)socket [(ˈwɔːl)ˈsɒkɪt]
Stecker	plug [plʌg]
Strom	electricity [ˌɪlekˈtrɪsətɪ]
Stromanschluss	electric point [ɪˈlektrɪk ˈpɔɪnt]
Trinkwasser	drinking water [ˈdrɪŋkɪŋˌwɔːtə]
Waschraum	washroom [ˈwɒʃrʊm]
Wasser	water [ˈwɔːtə]
Wasserkanister	water canister [ˈwɔːtə ˈkænɪstə]
Wohnmobil	camper [ˈkæmpə]
Wohnwagen	caravan [ˈkærəvæn]
Zelt	tent [tent]
zelten	camp [kæmp]

Gastronomie

Bunt gemischte Speisekarten
Die Restaurantpreise weisen meist auf die zu erwartende Qualität hin. *Fish and chips* bekommt man sehr günstig, aber auch zu gehobenen Preisen - mit entsprechend breiter Skala bezüglich Essensqualität und Ambiente der Gaststätte. Nur wenige Restaurants servieren eine rein „britische Küche" *(British cuisine/cooking)*. Die meisten Restaurants, die nicht ausländische Spezialitäten (indisch, chinesisch, italienisch, mexikanisch usw.) anbieten, haben bunt gemischte Speisekarten *(menus)* mit Gerichten, die Elemente aus der ganzen Welt beinhalten. In Großbritannien gibt es eine große Anzahl asiatischer Restaurants, was zu viel Konkurrenz und entsprechend günstigen Preisen bei bester Qualität geführt hat.
Bitte beachten Sie, dass die Briten inzwischen an das besonders scharfe asiatische Essen gewöhnt sind! Der ausländische Besucher ist gut beraten, genau auf Hinweise in den Speisenkarten bezüglich der Schärfe des Essens zu achten!

Essen gehen

Wo gibt es hier ...
Is there ... here? [ˈɪz ðɛər‿... ˈhɪə]

ein gutes Restaurant?
a good restaurant [‿ə ˈgʊd ˈrestərɔ̃ːŋ]

ein nicht zu teures Restaurant?
an inexpensive restaurant [ən‿ˌɪnɪkˈspensɪv ˈrestərɔ̃ːŋ]

einen Schnellimbiss?
a fast food restaurant [ə ˈfɑːstˌfuːd ˈrestərɔ̃ːŋ]

Im Restaurant

Reservieren Sie uns bitte für heute Abend einen Tisch für 4 Personen.
Would you reserve us a table for four for this evening, please? [ˈwʊd‿jʊ rɪˈzɜːv‿əs‿ə ˈteɪbl fə ˈfɔː fə ðɪs‿ˈiːvnɪŋ pliːz]

Ist dieser Tisch/Platz noch frei?
Is this table/seat free? [ɪz ðɪs ˈteɪbl/ˈsiːt ˈfriː]

Einen Tisch für 2/3 Personen, bitte.
A table for two/three, please. [ə ˈteɪbl fə ˈtuː/ˈθriː pliːz]

Einen Tisch für ... Personen in der Nichtraucherzone, bitte.
A table for ... in the no-smoking area, please.
[ə ˈteɪbl fə ... ɪn ðə ˈnəʊˈsməʊkɪŋ ˈeərɪə pliːz]

Wo sind bitte die Toiletten?
Where are the toilets, please? [ˈweərə ðə ˈtɔɪlɪts pliːz]

Darf ich rauchen?
Do you mind if I smoke? [djʊ ˈmaɪnd͜ɪf͜aɪ ˈsməʊk]

Bestellung

Herr Ober/Bedienung, ich hätte gern ..., bitte.
Waiter/Waitress, could I have ..., please
[ˈweɪtə/ˈweɪtrɪs, ˈkʊd͜aɪ hæv ... pliːz]
die Speisekarte
the menu, [ðə ˈmenjuː]
die Getränkekarte
the drinks list, [ðə drɪnks lɪst]
die Weinkarte
the wine list. [ðə ˈwaɪn lɪst]

Was können Sie mir empfehlen?
What can you recommend? [ˈwot kən͜jʊ ˌrekəˈmend]

Gibt es auch Kinderportionen?
Do you do half portions for children?
[dʊ͜jʊ duː ˈhɑːf ˈpɔːʃnz fə ˈtʃɪldrən]

Haben Sie schon gewählt?
Are you ready to order? [ɑː͜jʊ ˈredɪ tʊ͜ˈɔːdə]

Ich nehme ...
I'll have ... [aɪl hæv]

Als Vorspeise/Hauptgericht/Nachtisch nehme ich ...
I'll have ... as a starter/for the main course/for dessert.
[aɪl hæv … əz ͜ə stɑːtə/fə ðə ˈmeɪn ˈkɔːs/fə dɪˈzɜːt]

Ich möchte keine Vorspeise, danke.
I don't want a starter, thank you. [aɪ ˈdəʊnt ˈwont͜ə ˈstɑːtə ˈθæŋkjʊ]

Könnte ich statt ... ... haben?
Could I have ... instead of ...? [kʊd͜aɪ hæv ˈ… ɪnˈsted͜əv]

Ich vertrage kein/e ...
I'm allergic to ... [aɪm͜aˈlɜːdʒɪk tʊ]

Könnten Sie das Gericht ohne ... zubereiten?
Could you make this dish without ...?
[ˈkʊd͜jʊ meɪk ðɪs ˌdɪʃ wɪðˈaʊt]

Wie möchten Sie Ihr Steak haben?
How would you like your steak? [ˈhaʊ wʊd͜jʊ ˈlaɪk jɔː ˈsteɪk]
gut durch
well-done [ˈwelˈdʌn]
halb durch
medium [ˈmiːdjəm]
englisch
rare [reə]

„Englisch" ist nicht gleich englisch
Wenn man in Großbritannien ein blutiges Steak essen will, wäre es falsch, „englisch" zu bestellen. Die Skala reicht von „gut durch" *(well done)*, „medium" *(medium)*, „halb-blutig" *(medium rare)* bis „blutig" *(rare)*. Es ist die absolute Ausnahme, dass ein Brite sein Steak blutig haben will, d. h. die deutsche Bezeichnung „englisch" ist alles andere als englisch!

Was möchten Sie trinken?
What would you like to drink? [ˈwɒt wʊd‿jʊ ˈlaɪk tə ˈdrɪŋk]

Bitte ein Glas ...
A glass of ..., please. [ə ˈglɑːs‿əv … pliːz]

Bitte eine Flasche/eine halbe Flasche ...
A bottle of/Half a bottle of ..., please.
[ə ˈbɒtl‿əv/ˈhɑːf‿ə ˈbɒtl‿əv … pliːz]

Guten Appetit!
Enjoy your meal! [ɪnˈdʒɔɪ jɔː miːl]

Es gibt keine Entsprechung für die Formulierung „Guten Appetit". Vor dem Essen kann man *Enjoy your meal* sagen, aber üblicherweise sagt man gar nichts.

Zum Wohl!
Cheers! [tʃɪəz]

Haben Sie noch einen Wunsch?
Would you like anything else? [wʊd‿jʊ ˈlaɪk‿ˈenɪθɪŋ‿ˈels]

Bitte bringen Sie uns ...
Bring us ..., please. [ˈbrɪŋ‿əs … pliːz]

Könnten wir noch etwas Brot/Wasser/Wein bekommen?
Could we have some more bread/water/wine, please?
[kʊd wɪ hæv ˈsʌm‿ˈmɔː ˈbred/ˈwɔːtə/ˈwaɪn pliːz]

Beanstandungen

Hier fehlt ein/e ...
We need another ... [wɪ niːd əˈnʌðə]

Haben Sie mein/e ... vergessen?
Have you forgotten my ...? [həv‿jʊ fəˈgɒtn maɪ]

Das habe ich nicht bestellt.
I didn't order that. [aɪ ˈdɪdnt ˈɔːdə ˈðæt]

Die Suppe ist kalt/versalzen.
The soup's cold/too salty. [ðə suːps ˈkəʊld/tuː sɔːltɪ]

Das Fleisch ist zäh/zu fett.
The meat's tough/too fatty. [ðə mi:ts ˈtʌf/tu: ˈfætɪ]

Der Fisch ist nicht frisch.
The fish isn't fresh. [ðə ˈfɪʃ ɪznt ˈfreʃ]

Es tut mir leid, aber der Wein schmeckt nach Kork.
I'm afraid the wine is corked. [aɪm‿əˈfreɪd ðə waɪn ɪz kɔ:kt]

Nehmen Sie es bitte zurück.
Take it back, please. [teɪk‿ɪt ˈbæk pli:z]

Holen Sie bitte den Chef.
Fetch the manager, please. [ˈfetʃ ðə ˈmænɪdʒə pli:z]

Die Rechnung

Die Rechnung/Bezahlen, bitte.
Could I have the bill, please? [ˈkʊd‿aɪ hæv ðə ˈbɪl pli:z]

Bitte alles zusammen.
All together, please. [ˈɔ:l təˈgeðə pli:z]

Getrennte Rechnungen, bitte.
Separate bills, please. [ˈseprɪt ˈbɪlz pli:z]

Ist die Bedienung inklusive?
Is service included? [ɪz ˈsɜ:vɪs ˌɪnˈklu:dɪd]

Die Rechnung scheint mir nicht zu stimmen.
There seems to be a mistake on the bill.
[ðeə ˈsi:mz tə bi:‿ə mɪˈsteɪk‿ɒn ðə ˈbɪl]

Das habe ich nicht gehabt. Ich hatte ...
I didn't have that. I had ... [aɪ ˈdɪdnt ˈhæv ˈðæt. aɪ ˈhæd]

Hat es geschmeckt?
Did you enjoy your meal? [dɪd‿jʊ‿ɪnˈdʒɔɪ jɔ: ˈmi:l]

Das Essen war ausgezeichnet.
The food was excellent. [ðə ˈfu:d wəz‿ˈeksələnt]

Das ist für Sie.
That's for you. [ˈðæts fə‿ˈju:]

Es stimmt so.
Keep the change. [ˈki:p ðə ˈtʃeɪnʒ]

Cheers!
Wer Großbritannien schon lange nicht mehr besucht hat, wird von den Veränderungen in der Pubszene angenehm überrascht sein. Wo angebracht, wurden Traditionen beibehalten. Die meisten Pubs haben sich aber auf den kontinentaleuropäischen Lebensstil eingestellt. Früher war es kaum möglich, in einem normalen Pub Wein, Tee, Kaffee oder eine Mahlzeit zu bekommen. Inzwischen hat sich das Angebot an Getränken, Essen und Unterhaltung stark erweitert.So müssen Sie nicht mehr auf heimische Spezialitäten wie Weißbier *(wheat beer)*, Schorle *(spritzer)* oder Korn *(schnapps)* verzichten. Sehr viele deutsche Biersorten sind vom Fass *(on draught)* erhältlich, noch mehr aus der Flasche, wobei sie etwas teurer (ca. 15%) als britische Biere sind.
In Großbritannien werden Spirituosen häufig - besonders von Frauen - mit *mixers* getrunken, z. B. *vodka and orange, gin and tonic, whisky and soda, brandy and ginger ale*. Besonders unter jungen Leuten sind fertige Mixgetränke *(alcopops)* sehr beliebt. Nur selten werden Schnäpse aus kleinen Gläsern pur getrunken. Üblicherweise holt man sich in einem britischen Pub die Getränke selbst und bezahlt sofort, und zwar eine ganze Runde für alle am Tisch Anwesenden. Seit ein paar Jahren gibt es Tischbedienung in größeren *lounge bars,* wobei immer noch sofort bezahlt wird. Tischbedienung ist sonst nur in Restaurants üblich.

Pubs

Was möchten Sie?
What would you like? [ˈwɒt wʊd‿jʊ ˈlaɪk]

Ein großes Dunkles, bitte.
A pint of mild, please. [ə paɪnt‿əv maɪld pli:z]

Ein kleines Helles, bitte.
A half-pint of lager, please. [ə paɪnt‿əv ˈlɑ:gə pli:z]

Haben Sie deutsche/holländische/belgische Biere?
Do you have any German/Dutch/Belgian beers?
[du jʊ ˈhæv ˈenɪ ˈdʒɜ:mən/dʌtʃ/beldʒən bɪəz]

Ein Bier, bitte.
A beer, please. [ə bɪə pli:z]

Möchten Sie noch etwas trinken?
Would you like another drink? [wʊd‿jʊ ˈlaɪk əˈnʌðə drɪŋk]

Das Gleiche noch einmal.
Same again, please. [seɪm‿əˈgen pli:z]

Diese Runde übernehme ich.
I'll pay for this round. [aɪl peɪ fə ðɪs raʊnd]

Diese Runde geht auf mich.
This round is on me. [ðɪs raʊnd iz ɒn mɪː]

Zum Wohl!/Prost!
Cheers! [tʃɪəz]

Zwei Tüten Kartoffelchips, bitte.
Two bags of crisps, please. [tuː bægz‿əv krɪspz pliːz]

Welche Geschmacksrichtung?
What flavour? [ˈwɒt ˈfleɪvə]

Also, meine Herrschaften, wir schließen gleich!
Time, Ladies and Gentlemen, please!
[taɪm ˈleɪdɪz‿ənd dʒentlmen pliːz]

Dürfen wir um Ihre letzten Bestellungen bitten?
Last orders, please! [ˈlɑːst ˈɔːdəz pliːz]

draught beer, keg beer, beer on tap [drɑːft bɪə, keg bɪə, bɪə ɒn tæp]	Bier vom Fass
shandy [ʃændɪ]	Radler, Alsterwasser (Bier-Limonade-Gemisch)
snakebite [ˈsneikbaɪt]	Bier-Apfelmost-Gemisch
real ale [riəlˈeɪl]	reines Altbier (fast ohne Kohlensäure)
stout, porter *(Ireland)* [staʊt, ˈpɔːtə]	schwarzes, etwas dickflüssiges Starkbier, z.B. Guinness, Beamish, Murphy's (eine irische Spezialität)
Black Velvet [ˈblæk ˈvelvɪt]	Black Velvet (Guinness + Champagner oder Sekt)
bottled beer [bɒtld bɪə]	Flaschenbiere
alcopops [ˈælkəʊpɒps]	neuartige alkoholische Mischgetränke aus der Flasche, bestehend aus Spirituosen (Gin, Vodka) und Fruchtsäften
(potato) crisps [(pəˈteɪtəʊ) krɪspz]	Kartoffelchips
salt'n'vinegar [sɔːlt‿ən‿ˈvɪnɪgə]	Salz und Essig
cheese'n'onion [tʃiːz‿ən‿ˈʌnjən]	Käse und Zwiebeln
smoky bacon [sməʊkɪ ˈbeɪkn]	Räucherspeck
ready salted [redɪ sɔːltɪd]	gesalzen
flavour [ˈfleɪvə]	Geschmack(srichtung)
peanuts [ˈpiːnʌtz]	Erdnüsse
salted [sɔːltɪd]	gesalzen

dry roasted [draɪ ˈrəʊstɪd]	geröstet und gewürzt
toasted sandwich, toastie ['təʊstɪd 'sænwɪdʒ 'təʊstɪ]	Toast
sandwich ['sænwɪdʒ]	belegtes Brot
ploughman's (lunch) [plaʊmənz (lʌntʃ)]	Teller mit Brot, verschiedenen Käsesorten und Mixed Pickles *(zur Mittagszeit)*
snacks [snæks]	Imbisse

➢ **auch Lebensmittel**

Abendessen	dinner ['dɪnə]
alkoholfrei	non-alcoholic ['nɒnælkə'hɒlɪk]
Aschenbecher	ashtray ['æʃtreɪ]
Besteck	cutlery ['kʌtlərɪ]
Bestellung	order ['ɔ:də]
Diabetiker	diabetic [ˌdaɪə'betɪk]
Dressing	dressing ['dresɪŋ]
Essig	vinegar ['vɪnɪgə]
Fass, vom	draught [drɑ:ft]
Feinschmeckerlokal	gourmet restaurant ['gʊəmeɪ 'restərɔ̃:ŋ]
fettarm	low-fat [ləʊ 'fæt]
Fleck	stain ['steɪn]
Frühstück	breakfast ['brekfəst]
Gabel	fork [fɔ:k]
Gang	course [kɔ:s]
Gedeck	cover [kʌvər]
Gericht	dish [dɪʃ]
Getränk	drink [drɪŋk]
Gewürz	seasoning, spice ['si:znɪŋ, spaɪs]
Glas	glass [glɑ:s]
Wasserglas	tumbler, glass ['tʌmblə, glɑ:s]
Weinglas	wineglass ['waɪnglɑ:s]
Gräte	fishbone ['fɪʃbəʊn]
hart (gekocht)	hard-boiled ['hɑ:dˌbɔɪld]
Hauptspeise	main course ['meɪn 'kɔ:s]
hausgemacht	home-made [ˌhəʊm'meɪd]
heiß	hot [hɒt]
hungrig sein	be hungry [bi:'hʌŋgrɪ]
kalorienarm	low-calorie [ləʊ 'kælərɪ]
Karaffe	carafe [kə'ræf]
Kellner/in	waiter/waitress ['weɪtə/'weɪtrɪs]
Ketschup	ketchup ['ketʃʌp]
Kinderteller	children's portion ['tʃɪldrənz 'pɔ:ʃn]
Knochen	bone [bəʊn]
Koch	cook [kʊk]
Korkenzieher	corkscrew ['kɔ:kskru:]
lieblich *(Wein)*	sweet [swi:t]

Löffel	spoon [spu:n]
Teelöffel	teaspoon [ˈti:spu:n]
Mayonnaise	mayonnaise [ˌmeɪəˈneɪz]
Menü	set menu [ˈset ˈmenju:]
Messer	knife [naɪf]
Mittagessen	lunch [lʌntʃ]
Nachtisch	dessert [dɪˈzɜ:t]
Ober (*Anrede*)	waiter [ˈweɪtə]
Öl	oil [ɔɪl]
Pfannengericht	fry-up [ˈfraɪʌp]
Pfeffer	pepper [ˈpepə]
Pfeffermühle	peppermill [ˈpepəmɪl]
Pfefferstreuer	pepper-pot [ˈpepəpɒt]
Portion	portion [ˈpɔ:ʃn]
Rost	grill [grɪl]
Salatbüfett	salad bar [ˈsæləd bɑ:]
Salz	salt [sɔ:lt]
Salzstreuer	salt cellar [ˈsɔ:ltˌselə]
Scheibe	slice [slaɪs]
Schonkost	diet [ˈdaɪət]
Schüssel	dish [dɪʃ]
Senf	mustard [ˈmʌstəd]
Serviette	napkin [ˈnæpkɪn]
Soße	sauce [sɔ:s]; *(Braten~)* gravy [ˈgreɪvɪ]
Speisekarte	menu [ˈmenju:]
Spezialität	speciality [ˌspeʃɪˈælɪtɪ]
Strohhalm	straw [strɔ:]
Suppe	soup [su:p]
Suppenteller	soup plate [su:p pleɪt]
Süßstoff	sweetener [ˈswi:tnə]
Tagesgericht	dish of the day [ˈdɪʃ‿əv ðə ˈdeɪ]
Tagesmenü	menu of the day [ˈmenju:‿əv ðə ˈdeɪ]
Tasse	cup [kʌp]
Untertasse	saucer [ˈsɔ:sə]
Teller	plate [pleɪt]
Tischtuch	tablecloth [ˈteɪblklɒθ]
Trinkgeld	tip [tɪp]
trocken (*Wein*)	dry [draɪ]
vegetarisch	vegetarian [ˌvedʒɪˈteərɪən]
Vegetarier(in)	vegetarian [ˌvedʒɪˈteərɪən]
Vorspeise	starter [ˈstɑ:tə]
Wasser	water [ˈwɔ:tə]
würzen	season [ˈsi:zn]
Zahnstocher	toothpick [ˈtu:θpɪk]
Zucker	sugar [ˈʃʊgə]

durchgebraten	well-done ['wel'dʌn]
gebacken	baked [beɪkt]
gebraten	roasted ['rəʊstɪd]
am Spieß	spit-roasted ['spɪtˌrəʊstɪd]
vom Grill	grilled [grɪld]
in der Pfanne	fried [fraɪd]
gedämpft	steamed [sti:md]
gedünstet	steamed [sti:md]
gefüllt	stuffed [stʌft]
gekocht	boiled [bɔɪld]
geräuchert	smoked [sməʊkt]
geröstet *(Brot)*	toasted ['təʊstɪd]
geschmort	braised [breɪzd]
überbacken	au gratin [ˌəʊ'grætæŋ]
gar	done [dʌn]
mager	lean [li:n]
roh	raw [rɔ:]
saftig	juicy ['dʒu:sɪ]
sauer	sour ['saʊə]
scharf	hot [hɒt]
süß	sweet [swi:t]
weich *(gekocht)*	soft-boiled ['sɒftˌbɔɪld]
zäh	tough [tʌf]
zart	tender ['tendə]

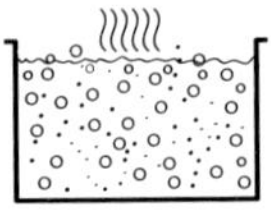

gekocht
boiled

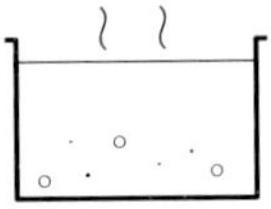

gegart
cooked

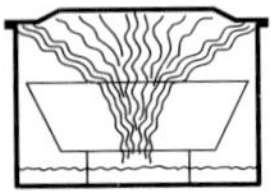

gedämpft
steamed

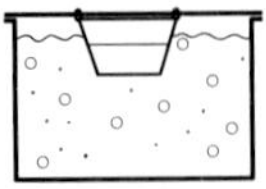

im Wasserbad
in a bain-marie

gebraten
fried

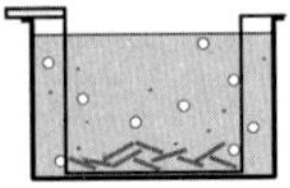

frittiert
deep-fried

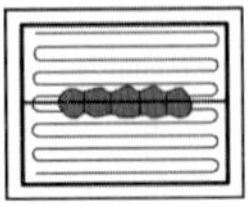

gegrillt
grilled

Ich hätte gern ...
I'd like ...

Ingwer ginger [ˈdʒɪndʒə]

Knoblauch
garlic [ˈgɑ:lɪk]

Zwiebel
onion [ˈʌnjən]

Dill dill [dɪl]

Lorbeer
bay leaf [ˈbeɪˌli:f]

Rosmarin
rosemary
[ˈrəʊzmərɪ]

Majoran/Oregano
marjoram/oregano
[ˈmɑ:dʒəræm/
ɒrɪˈgɑ:nəʊ]

Koriander
coriander
[kɒrɪˈændə]

Petersilie (kraus)
(curly) parsley
[ˈpɑ:slɪ]

Basilikum
basil [ˈbæzl]

Muskatnuss nutmeg [ˈnʌtmeg]

Chili
chilli [ˈtʃɪlɪ]

Peperoni
pepperoni
[pepəˈrəʊnɪ]

Schnittlauch
chives [tʃaɪvz]

Salbei
sage [seɪdʒ]

Kerbel
chervil [ˈtʃɜːvɪl]

Thymian
thyme [taɪm]

Bohnenkraut
savory [ˈseɪvərɪ]

Liebstöckl
lovage [ˈlʌvɪdʒ]

Ich hätte gern ...
I'd like ...

Ich hätte gern ...
I'd like ...

ORANGINA

Menu — Speisekarte

Breakfast — Frühstück

black coffee [ˈblæk ˈkɒfɪ]	schwarzer Kaffee
white coffee [ˈwaɪt ˈkɒfɪ]	Kaffee mit Milch
decaffeinated coffee [dɪˈkæfɪˌneɪtɪd ˈkɒfɪ]	koffeinfreier Kaffee
tea with milk/lemon [tiː wɪð ˈmɪlk/ˈlemən]	Tee mit Milch/Zitrone
herbal tea [ˈhɜːbəl tiː]	Kräutertee
hot chocolate [ˈhɒt ˈtʃɒklɪt]	Schokolade
fruit juice [ˈfruːt dʒuːs]	Fruchtsaft
soft-boiled egg [ˈsɒftˌbɔɪld‿ˈeg]	weiches Ei
scrambled eggs [ˈskræmbld‿ˈegz]	Rühreier
bacon and eggs [ˈbeɪkn‿ən‿ˈegz]	Spiegeleier mit Speck
bread/rolls/toast [bred/rəʊlz/təʊst]	Brot/Brötchen/Toast
croissant [ˈkrwɑːsɒŋ]	Hörnchen
butter [ˈbʌtə]	Butter
cheese [tʃiːz]	Käse
sausage [sɒsɪdʒ]	Wurst
ham [hæm]	Schinken
honey [ˈhʌnɪ]	Honig
jam [ˌdʒæm]	Marmelade
marmalade [ˈmɑːməleɪd]	Marmelade aus Zitrusfrüchten
cereal [ˈsɪərɪəl]	Cornflakes usw.
muesli [ˈmjuːzlɪ]	Müsli
yoghurt [ˈjɒgət]	Jogurt
fruit [fruːt]	Obst
grapefruit juice [ˈgreɪpfruːt dʒuːs]	Grapefruitsaft
orange juice [ˈɒrɪndʒ dʒuːs]	Orangensaft
tomato juice [təˈmɑːtəʊ dʒuːs]	Tomatensaft

Hors d'œuvres — Vorspeisen

melon [ˈmelən]	Melone
grapefruit cocktail [ˈgreɪpfruːt ˈkɒkteɪl]	Grapefruitcocktail
liver sausage [ˈlɪvə ˈsɒsɪdʒ]	Leberwurst
ham [hæm]	Schinken
clams [klæmz]	Venusmuscheln
cockles [ˈkɒklz]	Herzmuscheln
mussels [ˈmʌslz]	Muscheln
crab [kræb]	Krebs

lobster [ˈlɒbstə]	Hummer
oysters [ˈɔɪstəz]	Austern
sardines [sɑːˈdiːnz]	Sardinen
shrimp/prawn cocktail [ˈʃrɪmp/ˈprɔːn ˈkɒkteɪl]	Garnelencocktail
smoked salmon [ˈsməʊkt ˈsæmn]	Räucherlachs

Soups	**Suppen**
clear soup/consommé [klɪə suːp/kənˈsɒmeɪ]	Fleischbrühe
cream of asparagus soup [kriːm‿əv əsˈpærəgəs suːp]	Spargelcremesuppe
cream of chicken soup [kriːm‿əv ˈtʃɪkɪn suːp]	Hühnercremesuppe
cream of mushroom soup [kriːm‿əv ˈmʌʃrʊm suːp]	Champignoncremesuppe
cream of tomato soup [kriːm‿əv təˈmɑːtəʊ suːp]	Tomatencremesuppe
oxtail soup [ˈɒksteɪl suːp]	Ochsenschwanzsuppe
pea soup [ˈpiː ˈsuːp]	Erbsensuppe
Scotch broth [ˈskɒtʃ ˈbrɒθ]	dicke Gemüsesuppe mit Fleisch
mulligatawny soup [ˌmʌlɪgəˈtɔːnɪ ˈsuːp]	Currysuppe
lentil soup [ˈlentɪl ˈsuːp]	Linsensuppe
vegetable soup [ˈvedʒtəbl suːp]	Gemüsesuppe

Egg dishes	**Eierspeisen**
bacon and eggs [ˈbeɪkən‿ən‿ˈegz]	Spiegeleier mit Speck
fried eggs [ˈfraɪd ˈegz]	Spiegeleier
ham and eggs [ˈhæm‿ən‿ˈegz]	Spiegeleier mit Schinken
hard-boiled/soft-boiled eggs [ˈhɑːdbɔɪld/ˈsɒftbɔɪld egz]	harte/weiche Eier
(cheese/mushroom/tomato) omelette [(tʃiːz/ˈmʌʃrʊm/təˈmɑːtəʊ)ˈɔmlɪt]	(Käse-/Champignon-/Tomaten-)Omelett
poached eggs [ˈpəʊtʃt ˈegz]	verlorene Eier
scrambled eggs [ˈskræmbld ˈegz]	Rühreier

Fish	**Fisch**
boiled [bɔɪld]	gekocht
fried [fraɪd]	gebraten
smoked [sməʊkt]	geräuchert

cod [kɒd]	Kabeljau
crab [kræb]	Krebs
eel [iːl]	Aal
haddock [ˈhædək]	Schellfisch
halibut [ˈhælɪbət]	Heilbutt
herring [ˈherɪŋ]	Hering
kipper [ˈkɪpə]	Räucherhering, Bückling
mackerel [ˈmækrəl]	Makrele
mussels [ˈmʌslz]	(Mies)Muscheln
oysters [ˈɔɪstəz]	Austern
plaice [pleɪs]	Scholle
prawns [prɔːnz]	Garnelen
salmon [ˈsæmən]	Lachs
shrimps [ʃrɪmps]	Krabben
sole [səʊl]	Seezunge
squid [skwɪd]	Tintenfisch
swordfish [sɔːdfɪʃ]	Schwertfisch
trout [traʊt]	Forelle
tuna [ˈtuːnə]	Thunfisch
turbot [ˈtɜːbət]	Steinbutt

Poultry	Geflügel
chicken [ˈtʃɪkɪn]	Hähnchen
duck(ling) [ˈdʌk(lɪŋ)]	(junge) Ente
goose [guːs]	Gans
partridge [ˈpɑːtrɪdʒ]	Rebhuhn
pheasant [ˈfeznt]	Fasan
turkey [ˈtɜːkɪ]	Truthahn

Meat	Fleisch
beef [biːf]	Rindfleisch
chop/cutlet [tʃɒp/ˈkʌtlɪt]	Kotelett
fillet (steak) [ˈfɪlɪt (steɪk)]	Filet(steak)
gammon [ˈgæmən]	Schinkensteak
ham [hæm]	Schinken
hamburger [ˈhæmbɜːgə]	Hamburger
Irish stew [ˈaɪərɪʃ ˈstjuː]	Eintopf mit Fleisch und Kartoffeln
kidneys [ˈkɪdnɪz]	Nieren
lamb (with mint sauce) [læm (wɪð ˈmɪnt ˈsɔːs)]	Lamm (mit einer sauren Minzsoße)
liver (and onions) [ˈlɪvə(r‿ən‿ˈʌnjənz)]	Leber mit Zwiebeln
minced beef [ˈmɪnst ˈbiːf]	Hackfleisch vom Rind
pork [pɔːk]	Schweinefleisch

pork pie [pɔːk ˈpaɪ]	Pastete gefüllt mit Schweinefleisch in Aspik *(kalt)*
rabbit [ˈræbɪt]	Kaninchen
rissoles [ˈrɪsəʊlz]	kleine, panierte Frikadellen
roast beef & Yorkshire pudding [ˈrəʊst ˈbiːf‿ən ˈjɔːkʃə ˈpʊdɪŋ]	Roastbeef mit einer Portion gebackenem Eierteig
rump steak [ˈrʌmp steɪk]	Rumpsteak
sausages [ˈsɒsɪdʒɪz]	Würstchen
shepherd's pie [ˈʃepədz ˈpaɪ]	Auflauf aus Hackfleisch, Zwiebeln und Kartoffelbrei
sirloin steak [ˈsɜːlɔɪn steɪk]	Lendenstück vom Rind
steak & kidney pie [ˈsteɪk‿ən ˈkɪdnɪ ˈpaɪ]	Pastete gefüllt mit Rindfleisch und Nieren
T-bone steak [ˈtiːbəʊn steɪk]	Rindersteak mit T-förmigem Knochen
toad-in-the-hole [ˈtəʊd‿ɪn ðə ˈhəʊl]	Würstchen in gebackenem Eierteig
tongue [tʌŋ]	Zunge
veal [viːl]	Kalbfleisch
veal, ham & egg pie [ˈviːl ˈhæm‿ən ˈeg ˈpaɪ]	Pastete gefüllt mit Kalbfleisch, Schinken und Ei
venison [ˈvenɪzn]	Reh oder Hirsch
gravy [ˈgreɪvɪ]	Bratensoße

Vegetables	**Gemüse**
asparagus [əsˈpærəgəs]	Spargel
baked beans [ˈbeɪkt ˈbiːnz]	gebackene Bohnen in Tomatensoße
butter beans [ˈbʌtə biːnz]	weiße Bohnen
French beans [frentʃ biːnz]	grüne Bohnen
runner beans [ˈrʌnə biːnz]	Stangenbohnen
beetroot [ˈbiːtruːt]	Rote Bete (rote Rüben)
Brussels sprouts [ˌbrʌslˈsprаʊts]	Rosenkohl
cabbage [ˈkæbɪdʒ]	Kohl
carrots [ˈkærəts]	Karotten
cauliflower [ˈkɒlɪflaʊə]	Blumenkohl
celery [ˈselərɪ]	Stangensellerie
chicory [ˈtʃɪkərɪ]	Chicorée
chips/French fries [tʃɪps/ˈfrenʃ ˈfraɪz]	Pommes frites
corn-on-the-cob [ˈkɔːn‿ɔn ðə ˈkɔb]	Maiskolben
cress [kres]	Kresse
cucumber [ˈkjuːkʌmbə]	Gurke
leek [liːk]	Lauch
lettuce [ˈletɪs]	Kopfsalat

mushrooms [ˈmʌʃrʊmz]	Champignons, (Speise-)Pilze
onions [ˈʌnjənz]	Zwiebeln
peas [piːz]	Erbsen
peppers [ˈpepəz]	Paprikaschoten
baked potatoes [beɪkt pəˈteɪtəʊz]	Ofenkartoffeln
boiled potatoes [bɔɪld pəˈteɪtəʊz]	Salzkartoffeln
fried potatoes [fraɪd pəˈteɪtəʊz]	Bratkartoffeln
mashed potatoes [mæʃt pəˈteɪtəʊz]	Kartoffelpüree
salad [ˈsæləd]	Salat
sauté potatoes [ˈsəʊteɪ pəˈteɪtəʊz]	Schwenkkartoffeln
spinach [ˈspɪnɪdʒ]	Spinat
sweetcorn [swiːtˈkɔːn]	Mais
swede [swiːd]	weiße Rüben
tomatoes [təˈmɑːtəʊz]	Tomaten
turnips [ˈtɜːnɪps]	Rüben

Cheese (& biscuits) — Käse (mit Kräckern)

Caerphilly [kɑːˈfɪlɪ]	trockener, weißer Käse
Cheddar [ˈtʃedə]	kräftiger Käse
Cheshire [ˈtʃeʃə]	Chesterkäse *(mild)*
cottage cheese [ˈkɔtɪdʒ ˈtʃiːz]	Hüttenkäse
cream cheese [ˈkriːm ˈtʃiːz]	Frischkäse
Danish blue [ˈdeɪnɪʃ ˈbluː]	Blauschimmelkäse
Edam [ˈiːdæm]	Edamer
Gorgonzola [ˌgɔːgənˈzəʊlə]	Schimmelkäse
Stilton [ˈstɪltn]	scharfer Schimmelkäse

Dessert — Nachtisch

apple tart/pie [ˈæpl ˈtɑːt/ˈpaɪ]	Apfelkuchen/gedeckter Apfelkuchen
cream [kriːm]	Sahne
custard [ˈkʌstəd]	Vanillesoße
fruit cake [ˈfruːt keɪk]	Kuchen mit Trockenfrüchten
fruit salad [fruːt ˈsæləd]	Obstsalat
gooseberries [ˈgʊzbərɪz]	Stachelbeeren
ice-cream [ˈaɪsˈkriːm]	Eis
jam tart [ˌdʒæm ˈtɑːt]	Törtchen mit Marmelade
pancakes [ˈpænkeɪks]	Pfannkuchen
pastries [ˈpeɪstrɪz]	Gebäck
peaches [ˈpiːtʃɪz]	Pfirsiche
pears [peəz]	Birnen
pineapple [ˈpaɪnˌæpl]	Ananas
rhubarb [ˈruːbɑːb]	Rhabarber
rice pudding [ˈraɪs ˈpʊdɪŋ]	Reisbrei

stewed fruit ['stju:d 'fru:t]	Kompott
strawberries ['strɔ:bərɪz]	Erdbeeren
raspberries ['rɑ:zbərɪz]	Himbeeren
trifle ['traɪfl]	Biskuit getränkt mit Sherry, darüber Früchte, Vanillesoße und Schlagsahne

Drinks — Getränke

Alcoholic drinks — Alkoholische Getränke

wine [waɪn]	Wein
red [red]	Rotwein
white [waɪt]	Weißwein
dry [draɪ]	trocken
sweet [swi:t]	lieblich
light [laɪt]	leicht
table wine ['teɪbl waɪn]	Tafelwein
vermouth ['vɜ:məθ]	Wermut
Burgundy ['bɜ:gəndɪ]	Burgunder
claret ['klærət]	roter Bordeaux
champagne [ʃæm'peɪn]	Champagner
sparkling wine ['spɑ:klɪŋ waɪn]	Sekt
beer [bɪə]	Bier
bitter ['bɪtə]	halbdunkles Bier
mild [maɪld]	dunkles Bier
light/pale ale ['laɪt/'peɪl 'eɪl]	helles Flaschenbier
stout [staʊt]	Starkbier
lager ['lɑ:gə]	helles Bier
draught beer [drɑ:ft bɪə]	Bier vom Fass
cider ['saɪdə]	Apfelwein
cognac/brandy ['kɒnjæk/'brændɪ]	Kognak
gin [dʒɪn]	Gin
liqueur [lɪ'kjʊə]	Likör
rum [rʌm]	Rum
vodka ['vɒdkə]	Wodka
whisky ['wɪskɪ]	Whisky
malt whisky ['mɔ:lt 'wɪskɪ]	Malt Whisky

Soft drinks — Alkoholfreie Getränke

coca cola® ("coke®")/pepsi (cola)® ['kəʊkə'kəʊlə (kəʊk)/'pepsɪ('kəʊlə)]	Cola
lemonade [ˌlemə'neɪd]	Limonade
mineral water ['mɪnrəl ˌwɔ:tə]	Mineralwasser
tonic water ['tɒnɪk ˌwɔ:tə]	Tonic
fruit juice ['fru:t dʒu:s]	Fruchtsaft

grapefruit juice [ˈgreɪpˌfruːt dʒuːs]	Grapefruitsaft
orange juice [ˈɒrɪndʒ dʒuːs]	Orangensaft
tomato juice [təˈmɑːtəʊ dʒuːs]	Tomatensaft

Hot drinks — Warme Getränke

tea (with milk/lemon) [tiː (wɪð ˈmɪlk/ˈlemən)]	Tee (mit Milch/Zitrone)
coffee (with cream/milk) [ˈkɒfɪ (wɪð ˈkriːm/ˈmɪlk)]	Kaffee (mit Sahne/Milch)
decaffeinated coffee [dɪˈkæfɪnˌeɪtɪd ˈkɒfɪ]	koffeinfreier Kaffee
hot chocolate [ˈhɒt ˈtʃɒklɪt]	heiße Schokolade

Café/Ice-cream parlour — Café/Eisdiele

milk shake [ˈmɪlk ˈʃeɪk]	Milchmixgetränk
cream [kriːm]	Sahne
ice(-cream) [ˈaɪs (ˈkriːm)]	Eis
banana split [bəˈnɑːnə ˈsplɪt]	Eis mit Banane
chocolate ice [ˈtʃɒklɪt ˈaɪs]	Schokoladeneis
knickerbocker glory [ˈnɪkəˌbɒkə ˈglɔːrɪ]	Spezialeisbecher
peach melba [ˈpiːtʃ ˈmelbə]	Eisbecher mit Pfirsich
strawberry ice [ˈstrɔːbərɪ ˈaɪs]	Erdbeereis
sundae [ˈsʌndeɪ]	Eisbecher *(allgemein)*
iced coffee [ˈaɪst ˈkɔfɪ]	Eiskaffee
apple tart [ˈæpl ˈtɑːt]	Apfelkuchen
bun [bʌn]	Rosinenbrötchen
cherry cake [ˈtʃerɪ keɪk]	Rührkuchen mit Glacé-Kirschen
doughnut [ˈdəʊnʌt]	Krapfen, Berliner
fruit cake [ˈfruːt keɪk]	Kuchen mit Trockenfrüchten
scone *(with butter)* [skɒn (wɪð ˈbʌtə)]	Teegebäck *(mit Butter)*
Swiss roll [ˈswɪs ˈrəʊl]	mit Marmelade gefüllte Biskuitrolle

Besichtigungen und Ausflüge

Ausflüge der besonderen Art
In Großbritannien finden Besucher mehr als genug Sehenswürdigkeiten. Überall im Lande können alte Schlösser *(castles)*, königliche Paläste *(palaces)* oder wunderschöne Landhäuser *(stately homes)* besichtigt werden, meistens mit entsprechend schön angelegten Gärten, die sich für Spaziergänge eignen. Geschichtsträchtige Architektur gibt es fast überall, ob Klöster *(abbeys)*, Kathedralen *(cathedrals)* oder Ruinen aus dem Mittelalter *(ruins)*, der römischen Besatzungszeit oder sogar noch aus der Zeit der Druiden. In fast jeder größeren Stadt gibt es Museen *(museums)* und Kunstgalerien *(art galleries)*. Neben allgemeinen Museen gibt es auch Transportmuseen *(museum of transport)*, Wissenschaftsmuseen *(science museum)* oder Naturkundemuseen *(natural history museum)*. Meist ist der Eintritt frei oder sehr preisgünstig. Auch Bibliotheken, wie zum Beispiel die *British Library* in London, sind sehenswert – nicht zuletzt wegen ihrer Architektur.
In Großbritannien können Sie ungewöhnliche Ausflüge machen: In Schottland zum Beispiel eine Tour durch verschiedene Whiskybrennereien *(whisky trail)*. Noch ausgefallener ist die *Jack-the-Ripper-Tour* durch Londons East-End, die den Spuren des berühmten Frauenmörders folgt.

Im Fremdenverkehrsamt

Ich hätte gern einen Stadtplan von ...
I'd like a map of ..., please. [aɪd ˈlaɪk ə ˈmæp əv ðə ˈtaʊn pliːz]

Haben Sie einen Veranstaltungskalender für diese Woche?
Have you got a diary of events for this week?
[həv jʊ gɒt‿ə ˈdaɪərɪ‿əv ɪˈvents fə ˈðɪs ˈwiːk]

Gibt es Stadtrundfahrten?
Are there sightseeing tours of the town (city)?
[ˈɑː‿ðeə ˈsaɪtˌsiːɪŋ tʊəz‿əv ðə ˈtaʊn (ˈsɪtɪ)]

Sehenswürdigkeiten – Museen

Öffnungszeiten, Führungen, Eintrittskarten

Könnten Sie mir bitte sagen, welche Sehenswürdigkeiten es hier gibt?
Could you tell me what places of interest there are here, please?
[kʊd jʊ tel miː ˈwɒt ˈpleɪsɪz əv ˈɪntrɪst ðeə ɑː hɪə pliːz]

Sie müssen unbedingt ... besichtigen/besuchen.
You really must see/visit ... [jʊ rɪəlɪ mʌst siː/ˈvɪzɪt]

Wann ist das Museum geöffnet?
When's the museum open? [ˈwenz ðə mjʊˈzɪəm ˈəʊpn]

Wann beginnt die Führung?
When does the tour start? [ˈwen dʌz ðə ˈtʊə ˈstɑːt]

Gibt es auch eine Führung auf Deutsch?
Is there a tour in German, too? [ɪz ðeər‿ə tʊər‿ɪn ˈdʒɜːmən ˈtuː]

Darf man hier fotografieren?
Are we allowed to take photographs here?
[ə wiː‿əˈlaʊd tə teɪk ˈfəʊtəgrɑːfs hɪə]

Zwei Eintrittskarten, bitte!
Two tickets, please. [tuː ˈtɪkɪts pliːz]

Zwei Erwachsene und ein Kind.
Two adults and one child. [tuː ˈædʌlts ənd wʌn tʃaɪld]

Gibt es Ermäßigungen für ...
Are there reductions for ... [ˈɑː ðeər rɪˈdʌkʃnz fə]
... Kinder?
... children? [tʃɪldrən]
... Studenten?
... students? [ˈstjuːdnts]
... Senioren?
... senior citizens? [ˈsiːnɪə sɪtɪznz]
... Gruppen?
... groups? [gruːps]

Gibt es einen Katalog zur Ausstellung?
Is there an exhibition catalogue? [ˈɪz ðeər‿ən ˈeksɪbɪʃn ˈkætəlɒg]

Was? Wann? Wo?

Ist das ...?
Is this (that) ...? [ɪz ˈðɪs (ˈðæt)]

Wann wurde dieses Gebäude erbaut/restauriert?
When was this building built/refurbished?
[ˈwen wəz ˈðɪs ˈbɪldɪŋ ˈbɪlt/ˌriːfɜːbɪʃt]

Von wem ist dieses Bild?
Which artist painted this picture?
[ˈhuːz ðɪ‿ˈɑːtɪst ˈpeɪntɪd ðɪs ˈpɪktʃə]]

Haben Sie das Bild ... als Poster/Postkarte/Dia?
Have you got a poster/postcard/slide of ...?
[həv jʊ gɒt‿əˈpəʊstə/ˈpəʊskɑːd/ˈslaɪd əv ...]

Allgemeines

Besichtigung	tour [tʊə]
Denkmalschutz	protection of historical monuments [prəˈtekʃn‿əv hɪsˈtɒrɪkəl ˈmɒnjʊmənts]
Fremdenführer/in	guide [gaɪd]
Führung	guided tour [ˈgaɪdɪd ˈtʊə]

Funde	finds [faɪndz]
Fußgängerzone	pedestrian precinct [pɪˈdestriən ˈpriːsɪŋkt]
Gasse	lane, alley [leɪn, ˈælɪ]
Geburtsstadt	home town [həʊm ˈtaʊn]
Geschichte	history [ˈhɪstrɪ]
Haus	house [haʊs]
Kaiser/in	emperor [ˈemprə]/empress [ˈemprɪs]
König/in	king [kɪŋ]/queen [kwiːn]
Kunst	art [ɑːt]
Markt	market [ˈmɑːkɪt]
Museum	museum [mjuːˈzɪəm]
Park	park [pɑːk]
rekonstruieren	reconstruct [ˌriːkənˈstrʌkt]
Religion	religion [rɪˈlɪdʒn]
restaurieren	restore [rɪˈstɔː]
Sehenswürdigkeiten	sights [saɪts]
Stadtrundfahrt	sightseeing tour of the city [ˈsaɪtˌsiːɪŋˈtʊər‿əv ðə ˈsɪtɪ]
Stadtteil	district [ˈdɪstrɪkt]
Stadtzentrum	city centre [ˈsɪtɪ ˈsentə]
Straße	street [striːt]
Überreste	remains [rɪˈmeɪnz]
Vorort	suburb [ˈsʌbɜːb]
Wachablösung	changing of the guard [ˈtʃeɪnʒɪŋ‿əv ðə ˈgɑːd]
Wahrzeichen	landmark [ˈlændmɑːk]

Architektur

Abtei	abbey [ˈæbɪ]
Altar	altar [ˈɔːltə]
Altstadt	old town [ˈəʊld ˈtaʊn]
Amphitheater	amphitheatre [ˈæmfɪˌθɪətə]
Archäologie	archaeology [ˌɑːkɪˈɒlədʒɪ]
Architektur	architecture [ˈɑːkɪtektʃə]
Arkaden	arcades [ɑːˈkeɪdz]
Ausgrabungen	excavations [ˌekskəˈveɪʃnz]
Bauwerk	building [ˈbɪldɪŋ]
Bogen	arch [ɑːtʃ]
Brücke	bridge [brɪdʒ]
Brunnen	fountain [ˈfaʊntɪn]
Burg	castle [ˈkɑːsl]
Dach	roof [ruːf]
Decke	ceiling [ˈsiːlɪŋ]
Denkmal	monument [ˈmɒnjʊmənt]
Dom	cathedral [kəˈθiːdrl]

Fassade	front [frʌnt]
Fenster	window ['wɪndəʊ]
Festung	fortress ['fɔ:trɪs]
Flügel	wing [wɪŋ]
Friedhof	cemetery ['semɪtrɪ]
Gebäude	building ['bɪldɪŋ]
Gedenkstätte	memorial [mɪ'mɔ:rɪəl]
Gewölbe	vault(s) [vɔ:lt(s)]
Giebel	gable ['geɪbl]
Grab	grave [greɪv]
Grabmal	tomb [tu:m]
Innenhof	inner courtyard ['ɪnə 'kɔ:tjɑ:d]
Inschrift	inscription [ɪn'skrɪpʃn]
Kanzel	pulpit ['pʊlpɪt]
Kapelle	chapel ['tʃæpl]
Katakomben	catacombs ['kætəku:mz]
Kathedrale	cathedral [kə'θi:drl]
Kirche	church [tʃɜ:tʃ]
Kirchturm	steeple ['sti:pl]
Kloster	*(Mönchs-)* monastery ['mɒnəstrɪ]; *(Nonnen-)* convent ['kɒnvənt]
Kreuzgang	cloister ['klɔɪstə]
Krypta	crypt [krɪpt]
Kuppel	dome [dəʊm]
Markthalle	covered market ['kʌvəd 'mɑ:kɪt]
Mauer	wall [wɔ:l]
Mausoleum	mausoleum [ˌmɔ:sə'lɪəm]
Menhir	standing stone, menhir ['stændɪŋ 'stəʊn, 'menˌhɪə]
Obelisk	obelisk ['ɒbɪlɪsk]
Oper	opera ['ɒprə]
Palast	palace ['pælɪs]
Platz	square [skweə]
Portal	portal ['pɔ:tl]
Rathaus	town hall (*Am* city hall) ['taʊn 'hɔ:l, 'sɪtɪ 'hɔ:l]
Ruine	ruin ['ru:ɪn]
Sarkophag	sarcophagus [sɑ:'kɒfəgəs]
Säule	column, pillar ['kɒləm, 'pɪlə]
Schatzkammer	treasure chamber ['treʒə ˌtʃeɪmbə]
Schloss	castle ['kɑ:sl]
Springbrunnen	fountain ['faʊntɪn]
Stadtmauern	town walls ['taʊn 'wɔ:lz]
Tempel	temple ['templ]
Theater	theatre ['θɪətə]
Tor	gate [geɪt]
Turm	tower ['taʊə]

Wallfahrtskirche	pilgrimage church [ˈpɪlgrɪmɪdʒ tʃɜːtʃ]
wieder aufbauen	rebuild [ˌriːˈbɪld]

Bildende Künste

Akt	nude [njuːd]
Aquarell	watercolour [ˈwɔːtəˌkʌlə]
Ausstellung	exhibition [ˌeksɪˈbɪʃn]
Bild	picture [ˈpɪktʃə]
Bildhauer/in	sculptor [ˈskʌlptə]
Bronze	bronze [brɒnz]
Fotografie	photography [fəˈtɒgrəfɪ]
Galerie	gallery [ˈgælərɪ]
Gemälde	painting [ˈpeɪntɪŋ]
Glasmalerei	glass painting [ˈglɑːs ˌpeɪntɪŋ]
Goldschmiedekunst	gold work [ˈgəʊld wɜːk]
Grafik	graphic arts [ˈgræfɪk ˈɑːts]
Holzschnitt	woodcut [ˈwʊdkʌt]
Kreuz	cross [krɒs]
Kruzifix	crucifix [ˈkruːsɪfɪks]
Kunstgewerbe	arts and crafts [ˈɑːts‿ən ˈkrɑːfts]
Maler/in	painter [ˈpeɪntə]
Malerei	painting [ˈpeɪntɪŋ]
Mosaik	mosaic [məʊˈzeɪɪk]
Plakat	poster [ˈpəʊstə]
Plastik	sculpture [ˈskʌlptʃə]
Porträt	portrait [ˈpɔːtrɪt]
Porzellan	china, porcelain [ˈtʃaɪnə, pɔːslɪn]
Radierung	etching [ˈetʃɪŋ]
Schnitzerei	wood carving [ˈwʊdˌkɑːvɪŋ]
Skulptur	sculpture [ˈskʌlptʃə]
Statue	statue [ˈstætʃuː]
Stillleben	still life [ˈstɪl ˈlaɪf]
Terrakotta	terracotta [ˌterəˈkɒtə]
Töpferei	pottery [ˈpɒtərɪ]
Vase	vase [vɑːz]
Zeichnung	drawing [ˈdrɔːɪŋ]

Stilrichtungen und Epochen

antik	ancient [ˈeɪnʃnt]
Barock/barock	Baroque [bəˈrɒk]
Blütezeit	heyday, prime [ˈheɪdeɪ, praɪm]
Bronzezeit	bronze age [ˈbrɒnz‿eɪdʒ]
Christentum	Christianity [ˌkrɪstɪˈænɪtɪ]
Dynastie	dynasty [ˈdɪnəstɪ]
Epoche	epoch [ˈiːpɒk]

Expressionismus	expressionism [ɪk'spreʃənɪzəm]
Gotik	Gothic ['gɒθɪk]
griechisch	Greek [gri:k]
heidnisch	heathen, pagan ['hi:ðn, 'peɪgən]
Impressionismus	impressionism [ɪm'preʃənɪzm]
Jahrhundert	century ['sentʃʊrɪ]
Jugendstil	Art Nouveau ['ɑ: nu:'vəʊ]
keltisch	Celtic ['keltɪk]
Klassizismus	classicism ['klæsɪsɪzm]
Kubismus	cubism ['kju:bɪzəm]
Manierismus	mannerism ['mænərɪzəm]
Mittelalter	Middle Ages ['mɪdl‿'eɪdʒɪz]
modern	modern ['mɒdn]
normannisch	Norman ['nɔ:mən]
Renaissance	Renaissance [rə'neɪsns]
Rokoko	rococo [rəʊ'kəʊkəʊ]
Romanik	Romanesque period [ˌrəʊmə'nesk 'pɪərɪəd]
Romantik	(Age of) Romanticism [('eɪdʒ‿əv) rə'mæntɪsɪzm]
Steinzeit	Stone Age ['stəʊn ˌeɪdʒ]
Stil	style [staɪl]
Surrealismus	surrealism [sə'rɪəlɪzəm]
vorgeschichtlich	prehistoric [ˌpri:ɪ'stɒrɪk]
Wikinger	Viking ['vaɪkɪŋ]
Zisterzienser/in	Cistercian monk/nun [sɪ'stɜ:ʃjən 'mʌŋk/'nʌn]

Ausflüge

Wo fahren wir los?
Where do we leave from? ['weə dʊ wɪ li:v frɒm]

Wann treffen wir uns?
When do we meet? ['wen dʊ‿wɪ mi:t]

Kommen wir am/an ... vorbei?
Will we pass ...? [wɪl wɪ pɑ:s ...]

Besichtigen wir auch ...?
Are we going to see ..., too? ['ɑ:‿wɪ ˌgəʊɪŋ‿tə si: ... 'tu:]

Wann fahren wir zurück?
When are we going back? ['wen‿ə wɪ 'gəʊɪŋ 'bæk]

Ausflug	trip [trɪp]
Aussicht	view [vju:]
Aussichtspunkt	vantage point ['væntɪdʒ pɔɪnt]
Berg	mountain ['maʊntɪn]

Bergdorf	mountain village [ˈmaʊntɪn ˈvɪlɪdʒ]
Botanischer Garten	botanical gardens [bəˈtænɪkəl ˈgɑːdnz]
Fischerhafen	fishing port [ˈfɪʃɪŋ pɔːt]
Fischerort	fishing village [ˈfɪʃɪŋ ˈvɪlɪdʒ]
Fluss	river [ˈrɪvə]
Freilichtmuseum	open-air museum [ˈəʊpn͵eə mjuːˈzɪəm]
Freizeitpark	amusement park [əˈmjuːzmnt pɑːk]
Gebirge	mountains [ˈmaʊntɪnz]
Gipfel	summit [ˈsʌmɪt]
Grotte	grotto [ˈgrɒtəʊ]
Heide	heath [hiːθ]
Hinterland	hinterland [ˈhɪntəlænd]
Höhle	cave [keɪv]
Insel	island [ˈaɪlnəd]
Inselrundfahrt	tour around the island [tʊə əˈraʊnd ðə ˈaɪlnəd]
Klippe	cliff [klɪf]
Landschaft	scenery [ˈsiːnərɪ]
Lava	lava [ˈlɑːvə]
Leuchtturm	lighthouse [ˈlaɪthaʊs]
Markt	market [ˈmɑːkɪt]
Museumsdorf	museum village [mjuːˈzɪəm ˈvɪlɪdʒ]
Nationalpark	national park [ˈnæʃnl ˈpɑːk]
Naturschutzgebiet	nature reserve [ˈneɪtʃə rɪˈzɜːv]
Quelle	spring [sprɪŋ]
Pass	pass [pɑːs]
Rundfahrt	tour [tʊə]
Schlucht	gorge, ravine [gɔːdʒ, rəˈviːn]
See	lake [leɪk], *(in Schottland)* loch [lɒk]
Seebad	seaside resort [ˈsiːsaɪd rɪˈzɔːt]
Sternwarte	observatory [əbˈzɜːvətrɪ]
Sumpf	marsh [mɑːʃ]
Tagesausflug	day trip [ˈdeɪ trɪp]
Tal	valley [ˈvælɪ]
Tropfsteinhöhle	dripstone cave [drɪpstəʊn keɪv]
Umgebung	surroundings [səˈraʊndɪŋz]
Vogelschutzgebiet	bird reserve [bɜːd rɪˈzɜːv]
Vulkan	volcano [vɒlˈkeɪnəʊ]
Wald	forest [ˈfɒrɪst]
Waldbrand	forest fire [ˈfɒrɪst ˈfaɪə]
Wallfahrtsort	place of pilgrimage [pleɪs‿əv ˈpɪlgrɪmɪdʒ]
Wasserfall	waterfall [ˈwɔːtəfɔːl]
Wildpark	wildlife park [ˈwaɪldlaɪf pɑːk]
Zoo	zoo [zuː]

Bade-, Aktiv- und Kreativurlaub

Sport
Badeurlaube haben eine lange Tradition in Großbritannien. Leider sind viele bekannte Badeorte *(bathing resorts)*, wie zum Beispiel *Brighton* oder *Blackpool*, in der Saison überfüllt und sehr vom Kommerz geprägt. Dennoch lohnt sich ein Besuch, unter anderem wegen der schönen viktorianischen Piers, die weit ins Meer hinausragen.
Die Möglichkeiten für Aktiv- oder Kreativurlaub sind nahezu unbegrenzt. Bergwandern ist besonders in den schottischen *Highlands*, im *Lake District* Nordenglands oder im walisischen *Snowdonia* zu empfehlen. Wassersport kann man an der gesamten Küste Großbritanniens entlang und auf vielen Binnenseen betreiben. Golf und Tennis sind sehr beliebt und es gibt viele öffentliche Anlagen. Ein *Rugby-* oder *Cricketmatch* kann auch interessant sein, wenn man sich zuvor mit den Spielregeln befasst hat. Fußball dominiert auch in Großbritannien, so dass fast jedes Spiel der höheren Klassen ausverkauft ist.

Badeurlaub

Entschuldigen Sie bitte, gibt es hier ein ...
Excuse me, is there a(n) ... here? [ɪksˈkjuːz ˈmiː ɪz ðeər‿ə(n) … hɪə]
Schwimmbad?
swimming pool [swɪmɪŋ puːl]
Freibad?
outdoor pool [ˈaʊtdɔː puːl]
Hallenbad?
indoor pool [ˈɪndɔː puːl]

Eine Eintrittskarte, bitte!
One ticket, please. [ə ˈtɪkɪt pliːz]

Können Sie mir bitte sagen, wo die ... sind?
Can you tell me where the ... are, please?
[kən‿jʊ tel miː ˈweə ðə ... ɑː pliːz]
Duschen
showers [ˈʃaʊəz]
Umkleidekabinen
changing rooms [ˈtʃeɪndʒɪŋrʊmz]

Swimmers only!	Nur für Schwimmer!
No swimming!	Baden verboten!
No diving!	Hineinspringen verboten!

Ist der Strand ...
Is the beach ... [ɪz ðə biːtʃ]
sandig?
sandy? [ˈsændɪ]
steinig?
pebbled/stony? [ˈpebld/ˈstəʊnɪ]

Gibt es hier Seeigel/Quallen/Algen?
Are there sea urchins/jellyfish/algae here?
[ɑː ðeə ˈsiːɜːtʃɪnz/ˈdʒelɪfɪʃ/ˈældʒiː hɪə]

Ist die Strömung stark?
Is there a strong current? [ɪz ðeər‿ə ˈstrɒŋ ˈkʌrənt]

Können Sie mir sagen, ob es für Kinder gefährlich ist?
Can you tell me if it is dangerous for children?
[kən‿jʊ tel miː ɪf ɪt ɪz ˈdeɪndʒrəs fə ˈtʃɪldrən]

Wann ist Ebbe/Flut?
When's low tide/high tide? [wenz ˈləʊ ˌtaɪd/ˈhaɪ ˌtaɪd]

Ich möchte ... mieten.
I'd like to rent ... [aɪd laɪk tə rent]
einen Liegestuhl
a deck chair. [ə dek tʃeə]
einen Sonnenschirm
a parasol. [ə ˈpærəsɒl]
ein Boot
a boat. [ə ˈbəʊt]
ein Paar Wasserski
a pair of water skis. [ə ˈpeər‿əv ˈwɔːtəskiːz]

Was kostet das pro Stunde/Tag?
How much is it per hour/day? [ˈhaʊ ˈmʌtʃ‿ɪz‿ɪt pər‿ˈaʊə/ˈdeɪ]

Bademeister/in	*(im Schwimmbad)* attendant [əˈtendənt]; *(am Strand)* lifeguard [ˈlaɪfgɑːd]
Beach-Volleyball	beach volleyball [biːtʃ ˈvɒlɪbɔːl]
FKK-Strand	nudist beach [ˈnjuːdɪst biːtʃ]
Kinderbecken	children's pool [tʃɪldrənz puːl]
Liegewiese	sunbathing area [sʌnˈbeɪðɪŋˈeərɪə]
Luftmatratze	airbed [ˈeəbed]
Nichtschwimmer	non-swimmer [ˈnɒnˌswɪmə]
schwimmen	swimming [ˈswɪmɪŋ]
Schwimmer/in	swimmer [ˈswɪmə]
Schwimmflossen	flippers [ˈflɪpəz]
Schwimmflügel	water wing [ˈwɔːtəwɪŋ]
Tretboot	pedal boat [ˈpedlbəʊt]
Wasserski	water skiing [ˈwɔːtəˌskiːɪŋ]
Wasserski fahren	go water skiing [gəʊ ˈwɔːtəˌskiːɪŋ]
Wasserskooter	jet ski [ˈdʒet skiː]
Windschirm	windbreak [ˈwɪndbreɪk]

Aktivurlaub und Sport

Welche Sportmöglichkeiten gibt es hier?
What sports facilities are there here? [wot ˈspɔːts fəˈsɪlɪtɪz‿ə ðeə hɪə]

Gibt es hier ...
Is there ... here? [ɪz ðɛər‿... hɪə]
einen Golfplatz?
a golf course [‿ə ˈgɒlf kɔːs]
einen Tennisplatz?
a tennis court [‿ə ˈtenɪs kɔːt]
eine Sporthalle?
a sports hall [spɔːts hɔːl]

Wo kann man hier ...
Where can I go ... here? [ˈweə kən‿aɪ gəʊ ... hɪə]
angeln?
fishing [ˈfɪʃɪŋ]
wandern?
hiking [haɪkɪŋ]
jagen?
hunting [hʌntɪŋ]

Wo kann ich ... ausleihen?
Where can I hire ...? [ˈweə kən‿aɪ ˈhaɪə]

Bieten Sie Navigationskurse an?
Do you offer courses in navigation?
[du jʊ ˈɒfə ˌkɔːsɪz ɪn ˌnævɪgeɪʃən]

Ich möchte einen ...kurs für Anfänger/Fortgeschrittene machen.
I'd like to attend a ... course for beginners/an advanced ... course.
[aɪd laɪk tʊ‿əˈtend‿ə ˈ... ˌkɔːs fə bɪˈgɪnəz/ən ədˈvɑːnst ... ˌkɔːs]

Wassersport

Bootserfahrung	sailing experience [ˈseɪlɪŋ ɪkˈspɪərɪəns]
Canyoning	canyoning [ˈkænjənɪŋ]
Hausboot	houseboat [ˈhaʊsbəʊt]
Jacht	yacht [jɒt]
Kanu	canoe [kəˈnuː]
Motorboot	motorboat [ˈməʊtəbəʊt]
Paddelboot	canoe [kəˈnuː]
Rafting	rafting [rɑːftɪŋ]
Regatta	regatta [rɪˈgætə]
Rückholservice	pick-up service [ˈpɪkʌp ˈsɜːvɪs]
Ruder	rudder [ˈrʌdə]
Ruderboot	rowing boat [ˈrəʊɪŋbəʊt]
rudern	row [ˈrəʊ]
Schlauchboot	rubber dinghy [ˈrʌbə ˈdɪŋgɪ]

Segelboot	sailing boat ['seɪlɪŋbəʊt]
segeln	sail ['seɪl]
Segeltörn	sailing cruise ['seɪlɪŋ kruːz]
Surfbrett	surfboard ['sɜːfbɔːd]
surfen	surf ['sɜːf]
Wasser wandern *(Hausboot)*	tour on a houseboat/barge ['tʊə ɒn ə 'haʊsbəʊt/bɑːdʒ]
windsurfen	windsurf ['wɪnd 'sɜːf]
Windverhältnisse	wind conditions ['wɪnd kən,dɪʃnz]

Tauchen

Gerätetauchen	scuba diving ['skuːbə 'daɪvɪŋ]
Harpune	harpoon [hɑː'puːn]
Neoprenanzug	wetsuit [wetsjuːt]
Sauerstoffgerät	breathing apparatus [briːðɪŋ ,æpə'reɪtəs]
Schnorchel	snorkel ['snɔːkl]
schnorcheln	go snorkelling [gəʊ 'snɔːklɪŋ]
tauchen	dive [daɪv]
Taucherausrüstung	diving equipment ['daɪvɪŋ ɪ'kwɪpmənt]
Taucherbrille	diving goggles ['daɪvɪŋ ,gɒglz]

Angeln

Angel	fishing rod ['fɪʃɪŋrɒd]
angeln	go fishing [gəʊ 'fɪʃɪŋ]
Angelschein	fishing licence/permit ['fɪʃɪŋ 'laɪsns/pə'mɪt]
Hafenmeisterei	harbourmaster's office ['hɑːbə 'mɑːstəz ,ɒfɪs]
Hochseeangeln	deep-sea fishing ['diːpsiː 'fɪʃɪŋ]
Köder	bait [beɪt]
Schonzeiten	off season [ɒf 'siːzn]

Ballspiele

Ball	ball [bɔːl]
Basketball	basketball ['bɑːskɪtbɔːl]
Fußball *(Spiel und Ball)*	football ['fʊtbɔːl]
Fußballplatz	football ground ['fʊtbɔːl graʊnd]
Fußballspiel	football match ['fʊtbɔːl mætʃ]

Halbzeit	half-time [ˈhɑːf ˈtaɪm]
Handball	handball [ˈhændbɔːl]
Mannschaft	team [tiːm]
Netz	net [net]
Rugby	rugby [ˈrʌgbɪ]
Tor	goal [gəʊl]
Torwart	goalkeeper [ˈgəʊlˌkiːpə]
Volleyball	volleyball [ˈvɒlɪbɔːl]

Tennis und Badminton

aufschlagen	serve [sɜːv]
Badminton	badminton [ˈbædmɪntən]
Doppel	doubles [ˈdʌblz]
Einzel	singles [ˈsɪŋglz]
Federball	*(Objekt)* shuttlecock [ˈʃʌtlkɒk]; *(Spiel)* badminton [ˈbædmɪntən]
Flutlicht(anlage)	floodlight(s) [flʌdlaɪtz]
Schläger	racket [ˈrækɪt]
Squash	squash [skwɒʃ]
Tennis	tennis [ˈtenɪs]
Tennisschläger	tennis racket [ˈtenɪsˌrækɪt]
Tischtennis	table tennis [ˈteɪbl ˈtenɪs]

Fitness- und Krafttraining

Aerobic	aerobics [eəˈrəʊbɪks]
Bodybuilding	bodybuilding [ˈbɒdɪbɪldɪŋ]
Fitnesscenter	fitness centre [ˈfɪtnɪs ˌsentə]
Gymnastik	gymnastics [dʒɪmˈnæstɪks]
Jazzgymnastik	jazz aerobics [dʒæz eəˈrəʊbɪks]
joggen	go jogging, jog [gəʊ ˈdʒɒgɪŋ, dʒɒg]
Jogging	jogging [ˈdʒɒgɪŋ]
Kampfsport	martial arts [ˈmɑːʃəl ɑːtz]
Konditionstraining	fitness training [ˈfɪtnɪs ˌtreɪnɪŋ]
Krafttraining	weight training [weɪt ˌtreɪnɪŋ]
Stretching	stretching [stretʃɪŋ]
Wirbelsäulengymnastik	spinal column physiotherapy [ˈspaɪnl ˈkɒləm ˌfɪzɪəˈθerəpɪ]

Radfahren

Fahrrad	bicycle, bike ['baɪsɪkl, baɪk]
Fahrradhelm	crash helmet ['kræʃ ˌhelmɪt]
Fahrradweg	cycle path ['saɪkl pɑ:θ]
Flickzeug	(puncture) repair kit [('pʌŋktʃə) rɪ'peə kɪt]
Luftpumpe	pump [pʌmp]
Mountainbike	mountain bike ['maʊntɪn baɪk]
Rad fahren	cycle ['saɪkl]
Radsport	cycling ['saɪklɪŋ]
Radtour	cycle tour ['saɪkl ˌtʊə]
Rennrad	racing bike ['reɪsɪŋ baɪk]
Roller	scooter ['sku:tə]
Schlauch *(Reifen)*	(inner) tube [('ɪnə)tju:b]
Tourenrad	touring bike ['tʊərɪŋ baɪk]
Trekkingrad	trekking bike ['trekɪŋ baɪk]

Wandern und Bergsteigen

Ich möchte eine Bergtour machen.
I'd like to go for a hike in the mountains.
[aɪd laɪk tə gəʊ fər‿ə 'haɪk‿ɪn ðə 'maʊntɪnz]

Können Sie mir eine interessante Route auf der Karte zeigen?
Can you show me an interesting route on the map?
[kən‿jʊ ʃəʊ mi:‿ən‿'ɪntrɪstɪŋ 'ru:t‿ɒn ðə 'mæp]

Bergsteigen	rock climbing ['rɒkˌklaɪmɪŋ], mountaineering [ˌmaʊntɪ'nɪərɪŋ]
Fernwanderweg	long-distance hiking path [ˌlɒŋ 'dɪstəns 'haɪkɪŋ pɑ:θ]
Freeclimbing	freeclimbing [fri:‿klaɪmɪŋ]
Orientierungslauf	orienteering [ˌɔ:rɪən'tɪərɪŋ]
Route	route [ru:t]
Schutzhütte	shelter, refuge ['ʃeltə, refju:dʒ]
Sicherungsseil	securing rope [sɪ'kjʊərɪŋ rəʊp]
Tagestour	day excursion [deɪ ɪks'kɜ:ʃn]
Trekking	trekking ['trekɪŋ]
Wanderkarte	hiking map ['haɪkɪŋ mæp]
Wandern; wandern	hiking ['haɪkɪŋ]; hike ['haɪk]
Wanderweg	path [pɑ:θ]

Reiten

Ausritt	ride [raɪd]
Pferd	horse [hɔ:s]
Polo	polo ['pəʊləʊ]
reiten	ride, go riding [raɪd, gəʊ 'raɪdɪŋ]
Reiterferien	riding holiday ['raɪdɪŋ hɒlɪdeɪ]
Reitschule	riding school ['raɪdɪŋ 'sku:l]
Sattel	saddle ['sædl]
Zaum	bridle ['braɪdl]

Golf

18-Loch-Platz	18-hole course [ˌeɪ'ti:n'həʊl kɔ:s]
Abschlag	tee-off ['ti:‿ɒf]
Clubhaus	clubhouse [klʌb'haʊs]
Clubmitglied	club member [klʌb 'membə]
Golf	golf [gɒlf]
Golfclub	golf club (establishment) ['gɒlfklʌb]
Golfplatz	golf course ['gɒlfkɔ:s]
Küstengolfplatz	links course [lɪŋks kɔ:s]
Golfschläger	golf club(s) (implement) ['gɒlfklʌb(z)]
Greenfee	green fee [gri:n fɪ:]
öffentliche Golfanlage	municipal golf course [mju:'nɪsɪpəl 'gɒlfkɔ:s]
Parcours	a round of golf [ə raʊnd əv gɒlf]
Tagesbesucher	day guest [deɪ gest]
Tee	tee ['ti:]
Übungsplatz	driving range ['draɪvɪŋ reɪndʒ]
Vorgabe	handicap [hændɪkæp]
eine Runde Golf spielen	play a round of golf [pleɪ ə raʊnd əv gɒlf]

Drachen-, Gleitschirm- und Segelfliegen

Drachenfliegen	hang-gliding ['hæŋˌglaɪdɪŋ]
Fallschirmspringen	parachuting ['pærəˌʃu:tɪŋ]
Gleitschirm	paraglider ['pærəˌglaɪdə]
Lenkdrachen	kite [kaɪt]
Paragliding	paragliding ['pærəˌglaɪdɪŋ]
Schleppschirm *(am Strand)*	parasailing ['pærə'seɪlɪŋ]
Segelfliegen	gliding ['glaɪdɪŋ]
Startplatz	take-off area/runway ['teɪkɒf eərɪə/rʌnweɪ]
Thermik	thermals ['θɜ:məlz]

Winterurlaub

Eine Tageskarte, bitte!
A day ticket, please. [ə ˈdeɪ tɪkɪt pliːz]

Wie viele Punkte kostet dieser Skilift?
How many points does this ski lift cost?
[ˈhaʊ ˈmenɪ ˈpɔɪnts dʌz ˈðɪs ˈskiː lɪft kɒst]

Um wie viel Uhr ist die letzte Bergfahrt/Talfahrt?
What time is the last trip up the mountain/down to the valley?
[wɒt ˈtaɪm‿ɪz ðə ˈlɑːst trɪp ʌp ðə maʊntɪn/daʊn tə ðə ˈvælɪ]

Babylift	baby lift [beɪbɪ lɪft]
Bergstation	top station, summit station [tɒp steɪʃn, ˈsʌmɪt steɪʃn]
Buckelpiste	mogul slope [ˈməʊgəl sləʊp]
Langlauf	cross-country skiing [ˈkrɒsˌkʌntrɪ ˈskiːɪŋ]
Loipe	cross-country ski course [ˈkrɒsˌkʌntrɪ ˈskiː ˌkɔːs]
Mittelstation	middle station [ˈmɪdl steɪʃn]
Pulverschnee	powder snow [ˈpaʊdə snəʊ]
Schlepplift	ski tow [ˈskiː təʊ], drag lift [ˈdræg lɪft]
Schlitten	toboggan [təˈbɒgən]
Schlitten fahren	go tobogganing [gəʊ təˈbɒgənɪŋ]
Seilbahn	cable railway [ˈkeɪbl ˈreɪlweɪ], funicular [fjuːˈnɪkjʊlə]
Sessellift	chairlift [ˈtʃeəlɪft]
Ski	ski [ˈskiː]
Ski alpin	downhill skiing [daʊnhɪl ˈskiːɪŋ]
Ski laufen	skiing [ˈskiːɪŋ]
Skibindung	ski binding [ˈskiː baɪndɪŋ]
Skibrille	ski goggles [ˈski ˌgɒglz]
Skikurs	skiing course [ˈskiːɪŋ ˌkɔːs]
Skilehrer/in	ski instructor [ˈski ɪnˈstrktə]
Skipiste	ski slope [ˈski sləʊp]
Skistöcke	ski poles [ˈskiː ˌpəʊlz]
Snowboard	snowboard [snəʊbɔːd]
Snowrafting	snowrafting [snəʊrɑːftɪŋ]
Tagespass	day pass [deɪ pɑːs]
Talstation	station at the bottom of the ski lift [steɪʃn ət ðə ˈbɒtəm‿əv ðə ˈskiː lɪft]
Wochenpass	week pass [wiːk pɑːs]
Curling	curling [ˈkɜːlɪŋ]
Eisbahn	ice rink [ˈaɪsrɪŋk]
Eishockey	ice hockey [ˈaɪsˌhɒkɪ]
Eislauf	ice skating [ˈaɪsˌskeɪtɪŋ]

Schlittschuhe	ice skates ['aɪsˌskeɪts]
Schlittschuh laufen	go ice skating [gəʊ 'aɪs ˌskeɪtɪŋ]

Sonstige Sportarten

Basejumping	base jumping [beɪs dʒʌmpɪŋ]
Boulespiel	boules ['bu:l]
Bowling	tenpin bowling ['tenpɪn 'bəʊlɪŋ]
Bungeejumping	bungee jumping [bʌndʒɪ dʒʌmpɪŋ]
Inliner	rollerblades ['rəʊləbleɪdz]
Inlineskating	inline skating [ɪnlaɪn ˌskeɪtɪŋ]
Inline skaten	go inline skating [gəʊ ɪnlaɪn ˌskeɪtɪŋ]
Kegeln	skittles, ninepins ['skɪtlz, 'naɪnpɪnz]
Leichtathletik	athletics [æθ'letɪks]
Minigolf	crazy golf ['kreɪzɪgɒlf]
Motorsport	motor-racing ['məʊtəˌreɪsɪŋ]
Rollschuhe	roller skates ['rəʊləˌskeɪts]
Rollschuh fahren	rollerskate ['rəʊləˌskeɪt]
Skateboard	skateboard [ˌskeɪtbɔ:d]

Sportveranstaltungen besuchen

Könnten Sie mir bitte sagen, welche Sportveranstaltungen es hier gibt?
Could you tell me what sporting events there are here, please? [kʊd jʊ tel mi: wɒt 'spɔ:tɪŋ‿ɪ'vents ðeə ɑ: hɪə pli:z]

Ich möchte mir das Fußballspiel ansehen.
I'd like to see the football match. [ˌaɪd 'laɪk tə 'si: ðə 'fʊtbɔ:l mætʃ]

Wann/Wo findet es statt?
When/Where is it? ['wen/'weər‿'ɪz‿ɪt]

Was kostet der Eintritt?
How much does it cost to get in? ['haʊ 'mʌtʃ dʌz‿ɪt 'kɒst tə get 'ɪn]

Wie steht's?
What's the score? ['wɒts ðə skɔ:]

2 zu 1.
Two-one. [tu: wʌn]

eins-eins.
One all. [wʌn ɔ:l]

Foul!
Foul! [faʊl]

Schöner Schuss!
Good shot! [ˈgʊd ʃɒt]

Tor!
Goal! [gəʊl]

Abpfiff	final whistle [faɪnl ˈwɪsl]
abseits	offside [ɒfsaɪd]
Angriff	attack [əˈtæk]
Angreifer	forward [ˈfɔːwəd]
Anhänger *(Fans)*	supporters [səˈpɔːtəz]
Anstoß	kickoff [kɪkɒf]
Anzeigetafel	scoreboard [skɔːbɔːd]
Eckstoß, Ecke	corner [kɔːnə]
ein Tor schiessen	score a goal [skɔː ə gəʊl]
Eintrittskarte	ticket [ˈtɪkɪt]
Einwurf	throw-in [θrəʊɪn]
Elfmeter	penalty [ˈpenəltɪ]
Fallrückzieher	overhead kick, bicycle kick [əʊvəhed kɪk, baɪsɪkl kɪk]
Flanke	cross, centre [ˈkrɒs, sentə]
Freistoß	free kick [friː‿kɪk]
gewinnen	win [wɪn]
Handspiel	hand ball [ˈhænd bɔːl]
Kasse	ticket office [ˈtɪkɪtˌɒfɪs]
(den Ball) köpfen	head (the ball) [hed (ðə bɔːl)]
Kopfball	header [hedə]
Linienrichter/in	*(Fußball)* assistant referee [əˈsɪstənt ˌrefəˈriː] *(Rugby)* touch-judge [tʌtʃ dʒʌdʒ] *(Tennis)* line-judge [laɪn dʒʌdʒ]
Meisterschaft	championships [ˈtʃæmpjənʃɪps]
Niederlage	defeat [dɪˈfiːt]
Nachspielzeit	time added for stoppages [taɪm ɑdɪd fə ˈstɒpɪdʒɪz]
Parade, parieren	save [seɪv]
Pass	pass [pɑːs]
Spieler/in	player [pleɪə]
Pokalspiel	cup tie [kʌp taɪ]
Pokalendspiel	cup final [kʌp faɪnl]
Torpfosten	(goal)post [(gəʊl)pəʊst]
Torschuss	shot at goal [ʃɒt ət gəʊl]
Programm	programme [ˈprəʊgræm]
Querlatte	crossbar [krɒs bɑː]
Radrennen	cycle racing [ˈsaɪklˌreɪsɪŋ]
Rennen	race [reɪs]
Schiedsrichter/in	referee [ˌrefəˈriː]; *(Hockey, Tennis, Cricket)* umpire [ˈʌmpaɪə]

Schwalbe	dive [daɪv]
Sieg	win, victory [wɪn, ˈvɪktərɪ]
Spiel	match, game [mætʃ, geɪm]
Sportler/in	sportsman/sportswoman [ˈspɔ:tsmən/ˈspɔ:tsˌwʊmən]
Sportplatz	sports ground [ˈspɔ:tsgraʊnd]
Stadion	stadium [ˈsteɪdɪəm]
Strafraum	penalty box [ˈpenəltɪ bɒks]
Stürmer	striker [ˈstraɪkə]
unentschieden	draw [drɔ:]
Verlängerung	extra time [ekstrə taɪm]
verlieren	lose [lu:z]
Verteidigung	defence [dɪˈfens]
Verteidiger	defender [dɪˈfendə]
vom Platz stellen	send off [send ɒf]
Verwarnung	caution [kɔ:ʃən]
Wiederholspiel	replay [ri:pleɪ]
Wettkampf	contest, match [ˈkɒntest, mætʃ]
Zuschauer	spectators [spekˈteɪtəz]

Wellness

Wie viele Anwendungen bekomme ich noch?
How many more treatments do I get?
[haʊ ˈmenɪ mɔ: tri:tˈməntz du aɪ get]

Ich möchte noch einige zusätzliche ...
I'd like a number of additional ... [aɪd ˈlaɪk ə ˈnʌmbə ɒv əˈdɪʃənl]

Könnte ich einen anderen Termin bekommen?
Could I have another appointment? [kʊd‿aɪ hæv əˈnʌðə ˈæpɔɪntmənt]

Machen Sie auch eine ...
Are you also having a ...? [ɑ:‿jʊ ɔ:lsəʊ hævɪŋ ə]

Ich leide unter ...
I suffer from ... [aɪ sʌfə frɒm]

Anwendungen	treatments [ˈtri:tməntz]
Aqua-Jogging	aqua jogging [ˈækwə dʒɒgɪŋ]
Akupunktur	acupuncture [ˈækjʊˈpʌŋktʃə]
Aromabad	aroma bath [ˈærəʊmæ ˈbɑ:θ]
Ayurveda	Ayurveda [aɪjɔ:veɪdæ]
Behandlung	treatment [ˈtri:tmənt]
entschlacken, entgiften	purify, detoxify [pjʊrəfaɪ, ˌdi:tɒksəfaɪ]
Fango	fango [fæŋgəʊ]

Fuß(reflexzonen)massage	reflexology (foot) massage [ˌri:fl'eks'ɒlədʒɪ ('fʊt)'mæsɑ:ʒ]
Ganzkörpermassage	full body massage ['fʊl‿'bɒdɪ 'mæsɑ:ʒ]
Gesichtsbehandlung	face treatment [feɪs tri:t'mənt]
Heilbad	therapeutic bath ['θerəpjʊtɪk 'bɑ:θ]
Heilfasten	fasting cure ['fɑ:stɪŋ kjʊə]
Heu-Bad	hay bath [heɪ 'bɑ:θ]
Kneipp-Anwendung	kneipism [knaɪpɪzəm]
Kurtaxe	visitor's tax ['vɪzɪtəz 'tæks]
Lymphdrainage	lymphatic drainage ['lɪmfɑ:tɪk dreɪnɪdʒ]
Massage	massage ['mæsɑ:ʒ]
Meditation	meditation [medɪ'teɪʃn]
Therapie	therapy ['θerəpɪ]
Thermalbad	thermal baths [θɜ:məl 'bɑ:θz]
Wellenbad	wave pool [weɪv pu:l]
Yoga	yoga ['jəʊgə]

Kreativurlaub

Ich interessiere mich für ...
I'm interested in ... [aɪm 'ɪntrɪstɪd ɪn]
einen Töpferkurs.
a pottery course. [ə 'pɒtərɪ ˌkɔ:s]
einen ...-Sprachkurs
a(n) ... language course [‿ə(n) ... læŋgwɪdʒ ˌkɔ:s]
- für Anfänger.
for beginners. [fə bɪ'gɪnəz]
- für Fortgeschrittene.
for advanced learners. [fə əd'vɑ:nst 'lɜ:nəz]

Sind Vorkenntnisse erforderlich?
Is prior knowledge required? [ɪz 'praɪə 'nɒlɪdʒ rɪ'kwaɪəd]

Bis wann muss man sich anmelden?
By when do I have to enrol? [baɪ wen dʊ‿aɪ 'hæv tə ɪn'rəʊl]

Sind die Materialkosten inklusive?
Are the costs of materials included?
['ɑ: ðə 'kɒsts‿əv mə'tɪərɪəlz ɪn'klu:dɪd]

Was ist mitzubringen?
What should I bring along? [wɒt ʃʊd aɪ brɪŋ ə'lɒŋ]

Aktzeichnen	drawing nudes [drɔ:ɪŋ 'nju:dz]
Aquarellmalen	watercolour painting ['wɔ:təˌkʌlə 'peɪntɪŋ]
Bauchtanz	belly dance ['belɪdɑ:ns]

Fotografieren	photography [fə'tɒgrəfɪ]
Goldschmieden	working with gold [wɜ:kɪŋ wɪð gəʊld]
Holzwerkstatt	carpentry workshop ['kɑ:pɪntrɪ wɜ:kʃɒp]
Kochen	cooking ['kʊkɪŋ]
Kurs	course [kɔ:s]
Malen	painting ['peɪntɪŋ]
Meditation	meditation [medɪ'teɪʃn]
Ölmalerei	oil painting ['ɔɪl 'peɪntɪŋ]
Schauspielworkshop	drama workshop ['drɑ:mə wɜ:kʃɒp]
Seidenmalerei	silk painting ['sɪlk 'peɪntɪŋ]
Tanztheater	dance theatre ['dɑ:ns θɪətə]
Theatergruppe	theatre group [θɪətə gru:p]
Trommeln	drumming ['drʌmɪŋ]
Workshop	workshop [wɜ:kʃɒp]
Yoga	yoga ['jəʊgə]

Unterhaltung

Mächtig viel Theater

An Unterhaltung wird es Ihnen in Großbritannien und Irland nicht fehlen! London ist die Theaterstadt schlechthin. Hier findet man alles, was Theater ausmacht, von Shakespeare bis zum Schwank *(farce)*. Die meisten großen Musicals werden in London uraufgeführt, überwiegend im West-End. Für neue Musical-Produktionen ist es ratsam, Karten an den Vorverkaufsstellen *(box office)* weit im Voraus zu buchen. London ist auch eine Hauptstadt der Musik - viele moderne Musikrichtungen haben hier ihren Ursprung. Es gibt zahlreiche Konzerthallen *(concert halls)* und Arenen *(arenas)* für größere Musikveranstaltungen sowie unzählige kleinere Veranstaltungsorte *(venues)* für Jazz, Rock, Country, Folk usw. Sie finden mühelos Live-Musik für jeden Geschmack. Bedenken Sie jedoch, dass sich die Musikszene nicht auf London beschränkt. Städte wie Liverpool, Manchester, Edinburgh, Glasgow oder Dublin haben ihre eigenen, sehr lebendigen und interessanten Musikszenen.

Theater - Konzert - Kino

Könnten Sie mir bitte sagen, welches Stück heute Abend im Theater gespielt wird?
Could you tell me what's on at the theatre tonight, please?
[kʊd jʊ tel miː wɒts ˈɒn‿ət ðə θɪətə təˈnaɪt pliːz]

Was läuft morgen Abend im Kino?
What's on at the pictures (*Am* movies) tomorrow night?
[wɒts ˈɒn‿ət ðə ˈpɪktʃəz (ˈmuːvɪz) təˈmɒrəʊ ˈnaɪt]

Werden im Dom Konzerte veranstaltet?
Are there concerts in the cathedral? [ˈɑː ðeə ˈkɒnsəts‿ɪn ðə kəˈθiːdrl]

Können Sie mir ein gutes Theaterstück empfehlen?
Can you recommend a good play? [ˈkən jʊ rekəˈmend ə gʊd ˈpleɪ]

Wann beginnt die Vorstellung?
When does the performance start? [ˈwen dʌz ðə pəˈfɔːməns ˈstɑːt]

Wo bekommt man Karten?
Where can I get tickets? [ˈweə kən‿aɪ get ˈtɪkɪts]

Bitte zwei Karten für heute Abend.
Two tickets for this evening, please. [ˈtuː ˈtɪkɪts fə ðɪs‿ˈiːvnɪŋ pliːz]

Bitte zwei Plätze zu ...
Two seats at ..., please. [ˈtuː ˈsiːts‿ət … pliːz]

Kann ich bitte ein Programm haben?
Can I have a programme, please? [kən‿aɪ hæv‿ə ˈprəʊgræm pliːz]

Bühne	stage [steɪdʒ]
Eintrittskarte	ticket ['tɪkɪt]
Festival	festival ['festɪvl]
Garderobe	cloakroom ['kləʊkrʊm]
Kasse	box office ['bɒksˌɒfɪs]
Pause	interval ['ɪntəvl]
Programm(heft)	programme ['prəʊgræm]
Vorhang	curtain [kɜ:tn]
Vorstellung	performance [pə'fɔ:məns]
Vorverkauf	advance booking [əd'vɑ:ns 'bʊkɪŋ]

Theater

Akt	act ['ækt]
Aufführung	performance [pə'fɔ:məns]
Ballett	ballet ['bæleɪ]
Drama	drama ['drɑ:mə]
Freilufttheater	open-air theatre ['əʊpnˌea θɪ'etə]
Inszenierung	production [prə'dʌkʃn]
Kabarett	cabaret ['kæbəreɪ]
Kleinkunstbühne	cabaret ['kæbəreɪ]
Komödie	comedy ['kɒmɪdɪ]
Loge	box [bɒks]
Musical	musical ['mju:zɪkl]
Oper	opera ['ɒprə]
Operette	operetta [ˌɒpə'retə]
Parkett	stalls [stɔ:lz]
Premiere	premiere ['premɪeə]
1./2. Rang	1st/2nd row [fɜ:st/'sekənd rəʊ]
Schauspiel	play [pleɪ]
Schauspieler/in	actor/actress ['æktə/'æktrɪs]
Spielplan	programme ['prəʊgræm]
Tänzer/in	dancer ['dɑ:nsə]
Theaterstück	play [pleɪ]
Tragödie	tragedy ['trædʒɪdɪ]
Varietee	music hall, variety theatre ['mju:zɪkhɔ:l, və'raɪətɪ θɪ'etə]
Zugabe	encore ['ɒŋkɔ:]
Volksstück	dialect folk play ['daɪəlekt fəʊk pleɪ]

Konzert

Blues	blues [blu:z]
Chor	choir ['kwaɪə]
Dirigent/in	conductor [kən'dʌktə]
Folk	folk [fəʊk]
Jazz	jazz [dʒæz]

Klassik	classical ['klæsɪkəl]
Komponist/in	composer [kəm'pəʊzə]
Konzert	concert ['kɒnsət]
Kammerkonzert	chamber music concert ['tʃeɪmbə ˌmju:zɪk 'kɒnsət]
Kirchenkonzert	church concert [tʃɜ:tʃ 'kɒnsət]
Sinfoniekonzert	symphony concert ['sɪmfənɪ 'kɒnsət]
Orchester	orchestra ['ɔ:kɪstrə]
Pop	pop [pɒp]
Rap	rap [ræp]
Reggae	reggae ['regeɪ]
Rock	rock ['rɒk]
Sänger/in	singer ['sɪŋə]
Solist/in	soloist ['səʊləʊɪst]
Soul	soul [səʊl]
Techno	techno ['teknəʊ]
Volksmusik	traditional music [trə'dɪʃənl 'mju:zɪk]

Kino

Besetzung	cast [kɑ:st]
Drehbuch	screenplay, script [skri:n pleɪ, skrɪpt]
Film	film (*Am* movie) ['fɪlm ('mu:vɪ)]
Actionfilm	action film ['ækʃən 'fɪlm]
Dokumentarfilm	documentary [ˌdɒkjʊ'mentərɪ]
Drama	drama ['drɑ:mə]
Klassiker	classic film ['klæsɪk 'fɪlm]
Komödie	comedy ['kɒmɪdɪ]
Kurzfilm	short film ['ʃɔ:t 'fɪlm]
Schwarzweißfilm	black-and-white film ['fɪlm]
Sciencefictionfilm	science fiction film ['saɪəns'fɪkʃən 'fɪlm]
Thriller	thriller ['θrɪlə]
Western	western ['westən]
Zeichentrickfilm	cartoon [kɑ:'tu:n]
Filmschauspieler/in	film actor/actress ['fɪlm 'æktə/æktrɪs]
Hauptrolle	leading role ['li:dɪŋ 'rəʊl]
Nebenrolle	supporting role [sə'pɔ:tɪŋ 'rəʊl]
Kino	cinema ['sɪnəmə]
Freilichtkino	drive-in cinema ['draɪvˌɪn 'sɪnəmə]
Programmkino	arts cinema ['ɑ:ts 'sɪnəmə]
Leinwand	screen [skri:n]
Originalfassung	original version [ə'rɪdʒənl 'vɜ:ʃən]
Regie	directed by [dɪ'rekzɪd baɪ]
Spezialeffekte	special effects [speʃəl ɪ'fekts]
synchronisiert	dubbed [dʌbd]
Untertitel	subtitles ['sʌbtaɪtlz]

Nachtleben

Was kann man hier abends unternehmen?
What is there to do here in the evenings?
[ˈwɒt ˈɪz ðeər tə du hɪə ɪn ði:‿ˈi:vnɪŋz]

Gibt es hier eine gemütliche Kneipe?
Is there a nice pub here? [ˈɪz ðeər‿ə naɪs ˈpʌb hɪə]

Wo kann man hier tanzen gehen?
Where can we go dancing? [ˈweə kən wɪ gəʊ ˈdɑ:nsɪŋ]

Wollen wir (noch einmal) tanzen?
Shall we (have another) dance? [ʃəl‿wɪ (hæv‿əˈnʌðə) ˈdɑ:ns]

Abendgarderobe	evening wear [ˈi:vnɪŋ weə]
ausgehen	go out [ˌgəʊ ˈaʊt]
Band	band [bænd]
Bar	bar [bɑ:]
Disko	discotheque [ˈdɪskətek]
Folklore	folklore [fəʊklɔ:]
Folkloreabend	folklore evening [fəʊklɔ: ˈi:vnɪŋ]
Glücksspiel	gambling [ˈgæmblɪŋ]
Kneipe	pub [pʌb]
Livemusik	live music [ˈlaɪv ˈmju:zɪk]
Nachtklub	nightclub [ˈnaɪtklʌb]
Party	party [ˈpɑ:tɪ]
Show	show [ʃəʊ]
Spielkasino	casino [kəˈsi:nəʊ]
tanzen	dance [dɑ:ns]
Tanzkapelle	dance band [ˈdɑ:ns ˌbænd]

Feste und Veranstaltungen

Könnten Sie mir bitte sagen, wann das ...-Festival stattfindet?
Could you tell me when the ... festival takes place, please?
[kʊd jʊ tel mi: ˈwen ðə ...ˈfestɪvl teɪks pleɪs pli:z]

vom ... bis ...
from ... to ... [frəm ... tʊ]
jedes Jahr im August
every year in August [ˈevrɪ ˈjɪə ɪn ˈɔ:gəst]
alle 2 Jahre
every 2 years [ˈevrɪ tu: ˈjɪəz]

Kann jeder teilnehmen?
Can anyone take part? [kən ˈenɪwʌn teɪk ˈpɑ:t]

Ball	ball [bɔːl]
Dorffest	village fête [ˈvɪlɪdʒ feɪt]
Feuerwerk	fireworks [ˈfaɪəwɜːks]
(*Veranstaltung*)	fireworks display [faɪəwɜːks dɪˈspleɪ]
Gartenfest	garden party [ˈgɑːdn ˈpɑːtɪ]
Gartenschau	flower show [flaʊə ʃəʊ]
Grillfest	barbecue [ˈbɑːbɪkjuː]
Highlandspiele	Highland Games [haɪlænd geɪmz]
Jahrmarkt	funfair [ˈfʌnfeə]
Kirmes	(small town) fair [(smɔːl taʊn) feə]
Prozession	procession [prəˈseʃən]
Tanzfest	dance [dɑːns]
traditionelles schottisches/ irisches Tanzfest	ceilidh [keɪlɪ]
Zirkus	circus [ˈsɜːkəs]

Einkaufen

Shopping rund um die Uhr
In Großbritannien gibt es kein Ladenschlussgesetz. Viele kleine Läden, die häufig von Briten indischer oder pakistanischer Herkunft betrieben werden, sind rund um die Uhr geöffnet. Beim Einkaufen können alle gängigen Zahlungsmittel benutzt werden, wobei eine „*CashCard*“, bei der man eine Chipkarte mit Geld bei der Bank aufladen kann, sich in Großbritannien nicht durchgesetzt hat. Bevorzugt wird das System mit sofortiger Abbuchung . Internationale Kreditkarten werden akzeptiert, auch per Telefon oder Internet, zum Beispiel bei der Bestellung von Konzert- oder Theaterkarten.

Fragen

Ich suche ...

Werden Sie schon bedient?
Are you being served? [ˈɑː‿jʊ ˈbiːɪŋ ˈsɜːvd]

Danke, ich sehe mich nur um.
Thank you, I'm just looking (a)round.
[ˈθæŋkjʊ aɪm dʒʌst ˈlʊkɪŋ (ə)ˈraʊnd]

Ich hätte gern ...
I'd like ... [aɪd ˈlaɪk]

Haben Sie ...?
Have you got ...? [ˈhəv‿jʊ gɒt]

Darf es sonst noch etwas sein?
Can I get you anything else? [kən‿aɪ get‿jʊ‿ˈenɪθɪŋ‿ˈels]

Handeln und kaufen

Wie viel kostet es?
How much is it? [ˈhaʊ ˈmʌtʃ ɪz‿ɪt]

Das ist aber teuer!
That's really expensive! [ðæts rɪəlɪ ɪkˈspensɪv]

Geben Sie einen Rabatt?
Do you grant a discount? [du jʊ grɑːnt ə ˈdɪskaʊnt]

Gut, ich nehme es.
Good. I'll take it. [ˈgʊd aɪl ˈteɪk‿ɪt]

Nehmen Sie ...
Do you take ... [dʊ‿jʊ teɪk]
  Euro?
  euros? [jʊərəʊz]
  Kreditkarten?
  credit cards? [ˈkredɪtkɑːdz]

Geschäfte

Entschuldigen Sie bitte, wo finde ich …?
Excuse me, where can I find …? [ɪkˈskju:z ˌmi: ˈweə kən‿aɪ ˈfaɪnd]

Öffnungszeiten – opening hours [ˈəʊpnɪŋ ˈaʊəz]

Open	offen
Closed	geschlossen
Closed for holidays	Betriebsferien

Antiquitätengeschäft	antique shop [ænˈti:k ʃɒp]
Apotheke	chemist's [ˈkemɪsts]
Bäckerei	baker's [ˈbeɪkəz]
Bioladen	organic food shop [ɔ:ˈgænɪk ˈfu:d ʃɒp]
Blumengeschäft	florist's [flɒrɪsts]
Boutique	boutique [bu:ˈti:k]
Buchhandlung	bookshop [ˈbʊkʃɒp]
Computerfachgeschäft	computer shop [kəmˈpju:tə ʃɒp]
Obst- und Gemüsehändler	greengrocer(,s) [gri:nˈgrəʊsə(z)]
Drogerie	chemist's [ˈkemɪsts]
Eisenwarengeschäft	ironmonger's [ˈaɪənˌmʌŋgəz]
Elektrohandlung	electrical shop [ɪˈlektrɪkəl ʃɒp]
Feinkostgeschäft	delicatessen [ˌdelɪkəˈtesn]
Fischgeschäft	fishmonger's [ˈfɪʃˌmʌŋgəz]
Flohmarkt	flea market [ˈfli:ˌmɑ:kɪt]
Fotoartikel	photographic materials [ˌfəʊtəˈgræfɪk məˈtɪərɪəlz]
Friseur	hairdresser('s) [ˈheəˌdresə(z)], (*Herren*) barber('s) [ˈbɑ:bə(z)]
Handygeschäft	mobile communications centre [ˈməʊbaɪl kɒmju:ˈnɪkeɪʃnz ˌsentə]
Juwelier	jeweller('s) [ˈdʒu:ələ(z)]
Kaufhaus	department store [dɪˈpɑ:tmənt stɔ:]
Konditorei	cake shop [ˈkeɪk ʃɒp]
Kunsthändler	art dealer [ˈɑ:t ˈdi:lə]
Lebensmittelgeschäft	grocer's [ˈgrəʊsəz]
Lederwarengeschäft	leather shop [ˈleðə ʃɒp]
Markt	market [ˈmɑ:kɪt]
Metzgerei	butcher's [ˈbʊtʃəz]
Obst- und Gemüsehändler	greengrocer('s) [gri:nˈgrəʊsə(z)]
Optiker	optician('s) [ɒpˈtɪʃən(z)]
Parfümerie	perfumery [pəˈfju:mərɪ]
Plattenladen	music shop [ˈmju:zɪk ʃɒp]
Reformhaus	health food shop [ˈhelθˌfu:d ʃɒp]
Reinigung, chemische	dry cleaner's [ˈdraɪˈkli:nəz]
Reisebüro	travel agency [ˈtrævl ˈeɪdʒənsɪ]

Schneider/in	*(für Herren)* tailor ['teɪlə]; *(für Damen)* dressmaker ['dresˌmeɪkə]
Schreibwarengeschäft	stationer's ['steɪʃnəz]
Schuhgeschäft	shoe shop ['ʃu: ʃɒp]
Schuhmacher	shoemaker('s) ['ʃu:ˌmeɪkə(z)]
Souvenirladen	souvenir shop ['su:vənɪə ʃɒp]
Spielwarengeschäft	toy shop ['tɔɪ ʃɒp]
Spirituosengeschäft	off-licence ['ɒfˌlaɪsns]
Sportartikel	sports equipment ['spɔ:ts ɪ'kwɪpmənt]
Supermarkt	supermarket ['su:pəˌmɑ:kɪt]
Süßwarengeschäft	sweetshop ['swi:tʃɒp]
Tabakladen	tobacconist's [tə'bækənɪsts]
Trödler	second-hand dealer('s) ['sekndhænd 'di:lə(z)]
Uhrmacher	watchmaker('s) ['wɒtʃˌmeɪkə(z)]
Wäscherei	laundry ['lɔ:ndrɪ]
Waschsalon	launderette [ˌlɔ:ndə'ret]
Weinhandlung	wine merchant's ['waɪn ˌmɜ:tʃənts]
Zeitungshändler	newsagent('s) ['nju:zˌeɪdʒənt(s)]

Bücher, Zeitschriften und Schreibwaren

Ich hätte gern ...
I'd like ... [aɪd laɪk]

eine deutsche Zeitung.
a German newspaper. [ə 'dʒɜ:mən 'nju:zpeɪpə]

eine Zeitschrift.
a magazine. [ə ˌmægə'zi:n]

einen Reiseführer.
a travel guide. [ə trævl gaɪd]

eine Wanderkarte dieser Gegend.
a hiking map for this area. [ə 'haɪkɪŋ mæp fər ðɪs‿'eərɪə]

Bücher, Zeitschriften und Zeitungen

Belletristik	fiction ['fɪkʃən]
Comicheft	comic ['kɒmik]
Frauenzeitschrift	women's magazine ['wɪmɪnz ˌmægə'zi:n]
Illustrierte	magazine [ˌmægə'zi:n]
Kochbuch	cookbook [kʊk bʊk]
Kriminalroman	detective novel [dɪ'tektɪv 'nɒvl]
Landkarte	map [mæp]
Reiseführer	travel guide [trævl gaɪd]
Roman	novel ['nɒvl]

Sachbuch	non-fiction [nɒn'fɪkʃən]
Stadtplan	town map ['taʊn 'mæp]
Straßenkarte	road map ['rəʊd mæp]
Tageszeitung	daily paper ['deɪlɪ 'peɪpə]
Taschenbuch	paperback ['peɪpəbæk]
Wörterbuch	dictionary ['dɪkʃənrɪ]
Zeitschrift	magazine [ˌmægə'zi:n]
Zeitung	newspaper ['nju:zpeɪpə]

Schreibwaren

Ansichtskarte	picture postcard ['pɪktʃə 'pəʊstkɑ:d]
Bleistift	pencil ['pensl]
Bleistiftspitzer	pencil sharpener ['pensl 'ʃɑ:pnə]
Block	writing pad ['raɪtɪŋ pæd]
Briefpapier	writing paper ['raɪtɪŋˌpeɪpə]
Briefumschlag	envelope ['envələʊp]
Farbstift	coloured pencil ['kʌləd 'pensl]
Kugelschreiber	ballpoint pen ['bɔ:lpɔɪnt 'pen]
Kuli	biro ['baɪrəʊ]
Malbuch	colouring book ['kʌlərɪŋ bʊk]
Malstifte	crayons [kreɪənz]
Notizblock	notepad ['nəʊtpæd]
Papier	paper ['peɪpə]
Reißzwecken	drawing pins ['drə:ɪŋ pɪnz]
Tesafilm®	sellotape® ['seləʊteɪp]
Tinte	ink [ɪŋk]
Tintenpatronen	ink cartridges [ɪŋk 'kɑ:trɪdʒɪz]]

CDs und Kassetten

Haben Sie CDs/Kassetten von ...?
Do you have any CDs/cassettes by ...?
[du jʊ 'hæv 'enɪ 'si:'di:z/kə'sets baɪ ...]

Ich hätte gern eine CD mit typisch irischer/schottischer Musik.
I'd like a CD of typical Irish/Scottish music.
[ˌaɪd 'laɪk‿ə 'si:'di: əv 'tɪpɪkəl 'aɪrɪʃ/'skɔtɪʃ 'mju:zɪk]

Kann ich hier bitte einmal reinhöhren?
Can I have a listen to this, please? [kən‿aɪ hæv‿ə lɪsn tə ðɪs pli:z]

CD (Compactdisc)	CD ['si:'di:]
CD-Spieler	CD player ['si:'di: pleɪə]
tragbarer CD-Spieler	portable CD player ['pɔ:təbəl 'si:'di: 'pleɪə]
DVD	DVD [di:vi:di:]

Ich hätte gern …
I'd like …

Kassette	cassette [kə'set]
Kopfhörer	headphones ['hedfəʊnz]
Lautsprecher	speaker ['spi:kə]
Walkman®	personal stereo ['pɜ:snəl 'sterɪəʊ]

Drogerieartikel

Bürste	brush [brʌʃ]
Creme	cream [kri:m]
Damenbinden	sanitary towels ['sænɪtrɪ 'taʊəlz]
Deo(dorant)	deodorant [di:'əʊdərnt]
Duschgel	shower gel ['ʃaʊə dʒel]
Faden	thread [θrəd]
Feuchtigkeitscreme	moisturizing cream ['mɔɪstjəˌraɪzɪŋ kri:m]
Haarfestiger	setting lotion ['setɪŋ ˌləʊʃn]
Haargel	hair gel ['heə dʒel]
Haargummi	hairband ['heəbænd]
Haarklammern	hairpins ['heəpɪnz]
Kamm	comb [kəʊm]
Knopf	button ['bʌtn]
Lichtschutzfaktor	protection factor [prə'tekʃn ˌfæktə]
Lippenpomade	lip balm ['lɪp bɑ:m]
Lippenstift	lipstick ['lɪpstɪk]
Nachtcreme	night cream ['naɪt kri:m]
Nadel	needle [ni:dl]
Nagellack	nail varnish ['neɪlˌvɑ:nɪʃ]
Nagellackentferner	nail varnish remover ['neɪlˌvɑ:nɪʃ rɪ'mu:və]
Nagelschere	nail scissors ['neɪlˌsɪzəz]
Ohropax	ear protection ['ɪə prə'tekʃn]
Papiertaschentücher	paper handkerchiefs ['peɪpə 'hæŋkətʃɪfs]
Parfüm	perfume ['pɜ:fju:m]
Pflaster	plaster ['plɑ:stə]
Pinzette	tweezers ['twi:zəz]
Präservativ	condom ['kɒndəm]
Puder	powder ['paʊdə]
Rasierapparat	shaver ['ʃeɪvə]
Wegwerfrasierer	disposable razor [dɪ'spəʊzəbl 'reɪzə]
Rasierklinge	razor blade ['reɪzə·bleɪd]
Rasierpinsel	shaving brush ['ʃeɪvɪŋ brʌʃ]
Rasierschaum	shaving foam ['ʃeɪvɪŋ fəʊm]
Rasierwasser	after-shave lotion ['ɑ:ftəʃeɪv ˌləʊʃn]

Shampoo	shampoo [ʃæm'pu:]
Seife	soap [səʊp]
Slipeinlagen	panty liners ['pæntɪ laɪnəz]
Sonnencreme	sun cream ['sʌnˌkri:m]
Sonnenmilch	suntan lotion ['sʌntæn ˌləʊʃn]
Sonnenöl	suntan oil ['sʌntæn‿ɔɪl]
Spiegel	mirror ['mɪrə]
Spülbürste	washing-up brush ['wɒʃɪŋ‿ʌp brʌʃ]
Spülmittel	detergent [dɪ'tɜ:dʒnt]
Spültuch	dishcloth ['dɪʃklɒθ]
Tampons	tampons ['tæmpɒnz]
mini/normal/super/ super plus	mini/regular/super/super plus ['mɪnɪ/'regjələ/'su:pə/'su:pə plʌs]
Teebaumöl	tea-tree oil ['ti:tri: ɔɪl]
Toilettenpapier	toilet paper ['tɔɪlɪtˌpeɪpə]
Waschlappen	flannel ['flænl]
Waschmittel	detergent [dɪ'tɜ:dʒnt]
Watte	cotton wool [ˌkɒtn'wʊl]
Wattestäbchen	cotton swabs ['kɒtn 'swɒbs]
Wimperntusche	mascara [mæ'skɑ:rə]
Zahncreme	toothpaste ['tu:θpeɪst]
Zahnbürste	toothbrush ['tu:θbrʌʃ]
Zahnseide	dental floss ['dentəl flɒs]
Zahnpasta	toothpaste ['tu:θpeɪst]
Zahnstocher	toothpick ['tu:θpɪk]

Elektroartikel/Computer

➢ **auch „Fotoartikel", „CDs und Kassetten"**

Adapter	adapter [ə'dæptə]
Akku	rechargeable battery [ri:'tʃɑ:dʒəbl 'bætrɪ]
Batterie	battery ['bætrɪ]
CD/DVD	CD/DVD [si:'di:/di:vi:di:]
Drucker	printer [prɪntə]
Föhn	hair dryer ['heəˌdraɪə]
Glühbirne	bulb [bʌlb]
Kabel	cable ['keɪbl]
Ladegerät	battery charger ['bætrɪ 'tʃɑ:dʒə]
Ladekabel (Handy)	battery charger lead (mobile phone) ['bætrɪ 'tʃɑ:dʒə li:d ('məʊbaɪl 'fəʊn)]
Laptop	laptop [ləptɒp]
Memorystick	memory stick ['memrɪ stɪk]
MP3Player/iPod	MP3 player/iPod ['em pi: θri: pleɪə/aɪ' pɒd]
Notebook	notebook [nəʊtbʊk]

Organizer	organizer [ˈɔːgənaɪzə]
Pager	pager [ˈpeɪdʒə]
Radio	radio [ˈreɪdɪəʊ]
Rohling	blank [ˈblæŋk]
Scanner	scanner [skænə]
Sicherung	fuse [fjuːz]
Speicherkarte	memory card [ˈmemrɪˈ ˈkɑːd]
Stecker	plug [plʌg]
Taschenlampe	torch [tɔːtʃ]
Taschenrechner	pocket calculator [ˈpɒkɪt ˈkælkjʊˌleɪtə]
Verlängerungsschnur	extension lead [ɪksˈtenʃən liːd]
Wecker	alarm clock [əˈlɑːm ˈklɒk]

Fotoartikel

➣ **auch Filmen und Fotografieren**

Ich hätte gern ...
I'd like ... [aɪd laɪk]

einen Film für diesen Fotoapparat.
a film for this camera. [ə ˈfɪlm fə ðɪs ˈkæmrə]

einen Farbfilm (für Dias).
a colour film (for slides). [ə ˈkʌlə fɪlm (fə ˈslaɪdz)]

... funktioniert nicht.
The ... doesn't work. [ðə ... dʌznt wɜːk]

Das ist kaputt. Können Sie es bitte reparieren?
It's broken. Can you mend it? [ɪts ˈbrəʊkn. kən‿jʊ ˈmend‿ɪt]

Auslöser	shutter [ˈʃʌtə]
Belichtungsmesser	light meter [ˈlaɪt ˌmiːtə]
Blitzgerät	flash [flæʃ]
Camcorder	camcorder [kæmˌkɔːdə]
Dia	slide [ˈslaɪd]
Digitalkamera	digital camera [ˈdɪdʒɪtəl ˌkæmrə]
Filmempfindlichkeit	film speed [ˈfɪlm ˌspiːd]
Linse	lens [lenz]
Objektiv	objective [əbˈdʒektɪv]
Schwarzweiß-Film	black-and-white film [ˈblæk‿ən ˈwaɪt ˈfɪlm]
Selbstauslöser	self-timer [self ˈtaɪmə]
Sofortbildkamera	Polaroid® camera [ˈpəʊlərɔɪdˌkæmrə]
Stativ	tripod [ˈtraɪpɒd]
Sucher	viewfinder [ˈvjuːˌfaɪndə]
Teleobjektiv	telephoto lens [ˈtelɪˌfəʊtəʊ lenz]

Unterwasserkamera	underwater camera ['ʌndə'wɔ:tə 'kæmrə]
Videofilm	video film ['vɪdɪəʊfɪlm]
Videokamera................	video camera ['vɪdɪəʊˌkæmrə]
Videokassette...............	video cassette [ˌvɪdɪəʊkə'set]
Videorekorder...............	video recorder ['vɪdɪəʊrɪˌkɔ:də]

Frisör

Waschen und föhnen, bitte.
Shampoo and blow dry, please. [ʃæm'pu: ən 'bləʊ 'draɪ pli:z]

Schneiden mit/ohne Waschen, bitte.
Wash and cut/Dry cut, please. ['wɒʃ‿ən 'kʌt/'draɪ 'kʌt pli:z]

Ich möchte ...
I'd like ... [aɪd laɪk]

Nur die Spitzen.
Just trim the ends. [dʒʌst trɪm ðɪ‿'endz]

Nicht zu kurz/Ganz kurz/Etwas kürzer, bitte.
Not too short/Very short/A bit shorter, please.
['nɒt 'tu: 'ʃɔ:t/'verɪ 'ʃɔ:t/ə 'bɪt 'ʃɔ:tə pli:z]

Rasieren, bitte.
I'd like a shave, please. [aɪd laɪk‿ə 'ʃeɪv pli:z]

Stutzen Sie mir bitte den Bart.
Would you trim my beard, please? [wʊd‿jʊ 'trɪm‿maɪ 'bɪəd pli:z]

Vielen Dank. So ist es gut.
Thank you. That's fine. ['θæŋkjʊ. ðæts 'faɪn]

Augenbrauen zupfen.........	pluck (your) eyebrows [p'lʌk (jɔ:) aɪbraʊz]
Bart	beard [bɪəd]
blond........................	blond(e) [blɒnd]
färben	dye [daɪ]
föhnen.......................	blow dry ['bləʊ 'draɪ]
frisieren	do someone's hair [du: 'sʌmwʌnz 'heə]
Frisur........................	hairstyle ['heəstaɪl]
Haar	hair [heə]
kämmen.....................	comb [kəʊm]
legen	set [set]
Locken.......................	curls [kɜ:lz]
Pony.........................	fringe [frɪnʒ]
Scheitel.....................	parting ['pɑ:tɪŋ]
Schnurrbart	moustache [məs'tɑ:ʃ]
Schuppen....................	dandruff ['dændrʌf]

Shampoo	shampoo [ʃæmˈpuː]
Spitzen schneiden	cut the ends [kʌt ðə endz]
Strähnchen	highlights [ˈhaɪlaɪts]
Stufen	layers [leɪəz]
tönen	tint [tɪnt]

Haushaltswaren

Abfallbeutel	bin liner [ˈbɪnˌlaɪnə]
Alufolie	tin foil [ˈtɪnfɔɪl]
Bindfaden	string [strɪŋ]
Brennspiritus	methylated spirits [ˈmeθɪleɪtɪd ˈspɪrɪts]
Dosenöffner	tin opener [ˈtɪnˌəʊpnə]
Draht	wire [ˈwaɪə]
Flaschenöffner	bottle opener [ˈbɒtlˌəʊpnə]
Frischhaltefolie	clingfilm [ˈklɪŋfɪlm]
Gabel	fork [fɔːk]
Glas	glass [glɑːs]
Grill	grill [grɪl]
Grillanzünder	firelighters [ˈfaɪaˌlaɪtaz]
Grillkohle	charcoal [ˈtʃɑːkəʊl]
Kerzen	candles [ˈkændlz]
Korkenzieher	corkscrew [ˈkɔːkskruː]
Kühlelement	ice pack [ˈaɪspæk]
Kühltasche	cold bag [ˈkəʊld bæg]
Löffel	spoon [spuːn]
Messer	knife [naɪf]
Papierservietten	paper napkins/serviettes [ˈpeɪpə ˈnæpkɪnz/ˌsɜːvɪˈets]
Petroleum	paraffin [ˈpærəfɪn]
Plastikbecher	plastic cup [ˈplæstɪk kʌp]
Plastikbeutel	plastic bag [ˈplæstɪk ˈbæg]
Schere	scissors [ˈsɪzəz]
Taschenmesser	pocket knife [ˈpɒkɪt naɪf]
Thermosflasche	thermos flask [ˈθɜːməs flɑːsk]
Wäscheklammern	clothes pegs [ˈkləʊðz lpegz]
Wäscheleine	clothes line [ˈkləʊðz laɪn]

Was darf es sein?
What can I get you? [ˈwɒt kən‿aɪ ˈget‿jʊ]

Geben Sie mir bitte ...
I'd like ..., please. [aɪd laɪk pliːz]
ein Pfund ...
a pound of ... [ə ˈpaʊnd‿əv]
10 Scheiben ...
ten slices of ... [ˈten ˈslaɪsɪz‿əv]
ein Stück von ...
a piece of ... [ə ˈpiːs‿əv]
eine Packung ...
a packet of ... [ə ˈpækɪt‿əv]
ein Glas ...
a jar of ... [ə ˈdʒɑːr‿əv]
eine Dose ...
a tin of ... [ə ˈtɪn‿əv]
eine Flasche ...
a bottle of ... [ə ˈbɒtl‿əv]
eine Einkaufstüte.
a bag. [ə ˈbæg]

Bitte schneiden Sie es in Scheiben.
Please cut it in slices. [pliːz kʌt ɪt ɪn slaɪsɪz]

Darf es auch etwas mehr sein?
Will you take a little bit more? [wɪl‿jʊ teɪk ‿ə lɪtlˈbɪt mɔː]

Dürfte ich vielleicht etwas hiervon probieren?
Could I try some of this, please? [ˌkʊd‿aɪ ˈtraɪ sʌm‿əv ˈðɪs pliːz]

Danke, das ist alles.
No, thank you. That's all. [ˈnəʊ ˈθæŋkjʊ. ðæts‿ˈɔːl]

abgelaufen	past the sell-by date [pɑːst ðə ˈselˈbaɪˈdeɪt]
frisch	fresh [freʃ]
Haltbarkeit	sell-by date/best before [ˈselˈbaɪˈdeɪt/best bɪˈfɔː]

Obst — Fruit

Obst	Fruit
Trockenfrüchte	dried fruit [draɪd fruːt]
Ananas	pineapple [ˈpaɪnˌæpl]
Äpfel	apples [ˈæplz]
Apfelsinen	oranges [ˈɒrɪndʒɪz]
Aprikosen	apricots [ˈeɪprɪkɒts]
Bananen	bananas [bəˈnɑːnəz]

Birnen	pears [peəz]
Brombeeren	blackberries [ˈblækbərɪz]
Datteln	dates [deɪts]
Erdbeeren	strawberries [ˈstrɔ:bərɪz]
Erdnüsse	peanuts [ˈpi:nʌtz]
Feigen	figs [fɪgz]
Grapefruits	grapefruits [ˈgreɪpfru:ts]
Heidelbeeren	bilberries [ˈbɪlbərɪz]
Himbeeren	raspberries [ˈrɑ:zbərɪz]
Johannisbeeren, rote ~	redcurrants [redˈkʌrənts]
schwarze ~	blackcurrants [ˈblækˈkʌrənts]
Kirschen	cherries [ˈtʃerɪz]
Kiwi	kiwi fruit [ˈki:wi: ˈfru:t]
Kokosnuss	coconut [ˈkəʊkənʌt]
Limone	lime [laɪm]
Mandarinen	mandarins, tangerines [ˈmændərɪnz, ˌtænʒəˈri:nz]
Mango	mango [mɜ:ngəʊ]
Maulbeeren	mulberries [ˈmʌlbrɪz]
Melone	melon [ˈmelən]
Obst	fruit [fru:t]
Orangen	oranges [ˈɒrɪndʒ]
Pfirsiche	peaches [ˈpi:tʃɪz]
Pflaumen	plums [plʌmz]
Preiselbeeren	cranberries [krænbərɪz]
Rosinen	raisins [ˈreɪzənz]
Stachelbeeren	gooseberries [ˈgʊzbərɪz]
Trauben	grapes [greɪps]
Zitronen	lemons [ˈlemənz]

Gemüse	**Vegetables**
Artischocken	artichokes [ˈɑ:tɪtʃəʊks]
Auberginen	aubergines [ˈəʊbəʒi:nz]
Avocados	avocado(e)s [ˌævəˈkɑ:dəʊz]
Blumenkohl	cauliflower [ˈkɒlɪˌflaʊə]
Bohnen	beans [bi:nz]
grüne Bohnen	green beans [ˈgri:n ˈbi:nz]
weiße Bohnen	haricot beans [ˈhærɪkəʊ ˈbi:nz]
Kidneybohnen	kidney beans [ˈkɪdnɪˈbi:nz]
Chicoree	chicory [ˈtʃɪkərɪ]
Erbsen	peas [pi:z]
Fenchel	fennel [ˈfenl]
Gemüse	vegetables [ˈvedʒtəblz]
Gurke	cucumber [ˈkju:kʌmbə]
Karotten	carrots [ˈkærəts]
Kartoffeln	potatoes [pəˈteɪtəʊz]

Kichererbsen	chickpeas ['tʃɪkpi:z]
Knoblauch	garlic ['gɑ:lɪk]
Kohl	cabbage ['kæbɪdʒ]
Kürbis	pumpkin ['pʌmpkɪn]
Lauch	leek(s) [li:k(s)]
Linsen	lentils ['lentɪlz]
Mais	sweetcorn ['swi:tkɔ:n]
Meerrettich	horseradish [hɔ:s'rædɪʃ]
Oliven	olives ['ɒlɪvz]
Paprikaschoten	peppers ['pepəz]
Petersilie	parsley ['pɑ:slɪ]
Radieschen	radishes ['rædɪʃɪz]
Rote Bete	beetroot [bi:tru:t]
Salat	salad ['sæləd]
Kopfsalat	lettuce ['letɪs]
Sellerie	celeriac [sə'lerɪæk]
Spargel	asparagus [ə'spærəgəs]
Spinat	spinach ['spɪnɪdʒ]
Tomaten	tomatoes [tə'mɑ:təʊz]
Zwiebeln	onions ['ʌnjənz]
Zucchini	zucchini *(Am)*/courgette *(GB)* [su'ki:nɪ/kɔ:ʃet]

Backwaren, Süßwaren …	**Bakery products, confectionery …**
Bonbons	sweets (*Am* candy) [swi:ts ('kændɪ)]
Brot	bread [bred]
Vollkornbrot	wholemeal bread [həʊlmi:l bred]
Schwarzbrot	brown rye bread [braʊn raɪ bred]
Weißbrot	white bread ['waɪt ˌbred]
Brötchen	roll [rəʊl]
belegtes Brötchen	filled roll ['fɪld rəʊl]
Eis(krem)	ice-cream [ˌaɪs'kri:m]
Gebäck	cakes and pastries [keɪks‿ən 'peɪstrɪz]
Haferflocken	porridge oats ['pɒrɪdʒ 'əʊts]
Kekse	biscuits ['bɪskɪts]
Kuchen	cake [keɪk]
Marmelade	jam [dʒæm]; *(Orangen~)* marmalade ['mɑ:məleɪd]
Müsli	muesli ['mju:zlɪ]
Pralinen	chocolates ['tʃɒkləts]
Schokolade	chocolate ['tʃɒklət]
Schokoriegel	chocolate bar ['tʃɒklət bɑ:]
Süßigkeiten	sweets (*Am* candy) [swi:ts ('kændɪ)]
Toast	toast [təʊst]

Eier und Milchprodukte	Dairy products
Butter	butter ['bʌtə]
Buttermilch	buttermilk ['bʌtəmɪlk]
Eier	eggs [egz]
Joghurt	yoghurt ['jɒgət]
Käse	cheese [tʃiːz]
Milch	milk [mɪlk]
fettarme Milch	low-fat milk ['ləʊ'fæt 'mɪlk]
Quark	curd cheese [kɜːd tʃiːz]
Sahne	cream [kriːm]
saure Sahne	sour cream ['saʊə kriːm]
Schlagsahne	whipping cream [wɪpɪŋ kriːm]

Fleisch und Wurstwaren	Meat and meat products
Aufschnitt	cold meat ['kəʊld 'miːt]
Fleisch	meat [miːt]
Gulasch	goulash ['guːlæʃ]
Hackbraten	meat loaf ['miːt ləʊf]
Hackfleisch	mince [mɪns]
Hähnchen	chicken ['tʃɪkɪn]
Hammelfleisch	mutton ['mʌtn]
Kalbfleisch	veal [viːl]
Kaninchen	rabbit ['ræbɪt]
Kotelett (vom Schwein)	(pork) chop ['(pɔːk) tʃɒp]
Lammfleisch	lamb [læm]
Leberpastete	liver pâté ['lɪvəˌpæteɪ]
Leberwurst	liver sausage ['lɪvəˌsɒsɪdʒ]
Rindfleisch	beef [biːf]
Salami	salami [sə'lɑːmɪ]
Schinken	ham [hæm]
gekochter Schinken	cooked ham ['kʊkt 'hæm]
roher Schinken	smoked ham ['sməʊkt 'hæm]
Schweinefleisch	pork [pɔːk]
Wurst	sausage ['sɒsɪdʒ]
Würstchen	sausages ['sɒsɪdʒɪz]

Fisch und Meeresfrüchte	Fish and seafood
Aal	eel [iːl]
Austern	oysters ['ɔɪstəz]
Barsch	perch [pɜːtʃ]
Bückling	kipper ['kɪpə]
Fisch	fish [fɪʃ]
Forelle	trout [traʊt]
Garnelen	prawns [prɔːnz]

Goldbrasse	bream [bri:m]
Heilbutt	halibut ['hælɪbət]
Hering	herring ['herɪŋ]
Kabeljau	cod [kɒd]
Krabben	shrimps [ʃrɪmps]
Krebs	crab [kræb]
Lachs	salmon ['sæmən]
Makrele	mackerel ['mækrl]
(Mies)Muscheln	mussels ['mʌslz]
Räucherhering	kipper ['kɪpə]
Schellfisch	haddock ['hædək]
Scholle	plaice [pleɪs]
Schwertfisch	swordfish [sɔ:dfɪʃ]
Seezunge	sole [səʊl]
Steinbutt	turbot ['tɜ:bət]
Thunfisch	tuna ['tu:nə]
Tintenfisch	squid [skwɪd]

Kräuter und Gewürze	**Herbs and spices**
Anis	aniseed ['ænɪsi:d]
Basilikum	basil ['bæzl]
Bohnenkraut	savory ['seɪvərɪ]
Borretsch	borage ['bɒrɪdʒ]
Chili	chilli ['tʃɪlɪ]
Dill	dill [dɪl]
Estragon	tarragon ['tærəgɒn]
Fenchel	fennel [fenl]
Ingwer	ginger ['dʒɪndʒə]
Gelbwurz	turmeric ['tɜ:mərɪk]
Kerbel	chervil ['tʃɜ:vɪl]
Knoblauch	garlic ['gɑ:lɪk]
Kardamon	cardamon [kɑ:dəməm]
Koriander	coriander [kɒrɪ'ændə]
Kräuter	herbs [hɜ:bz]
Kreuzkümmel	cumin ['kju:mɪn]
Kümmel	caraway seed(s) ['kærəweɪ si:d(z)]
Liebstöckel	lovage ['lʌvɪdʒ]
Lorbeer	bay-leaves ['beɪli:vz]
Majoran	marjoram ['mɑ:dʒəræm]
Minze	mint [mɪnt]
Muskatnuss	nutmeg ['nʌtmeg]
Nelken	cloves [kləʊvz]
Oregano	oregano [ɒrɪ'gɑ:nəʊ]
Paprika	paprika ['pæprɪkə]
Peperoni	pepperoni [pepə'rəʊnɪ]
Petersilie	parsley ['pɑ:slɪ]

Pfeffer	pepper ['pepə]
Piment	allspice ['ɔ:lspaɪs]
Rosmarin	rosemary ['rəʊzmərɪ]
Safran	saffron ['sæfrn]
Salbei	sage [seɪdʒ]
Schnittlauch	chives [tʃaɪvz]
Senfkörner	mustard seeds ['mʌstəd si:dz]
Sternanis	star anise [stɑ: ani:s]
Thymian	thyme [taɪm]
Vanille	vanilla [və'nɪlə]
Zimt	cinnamon ['sɪnəmən]
Zwiebel	onion ['ʌnjən]

Dies und das	**This and that**
Butter	butter ['bʌtə]
Essig	vinegar ['vɪnɪgə]
Gemüsebrühwürfel	vegetable stock cube ['vedʒtəbl stɒk kju:b]
Honig	honey ['hʌnɪ]
Linsen	lentils ['lentlz]
Mandeln	almonds ['ɑ:məndz]
Margarine	margarine [ˌmɑ:dʒə'ri:n]
Mayonnaise	mayonnaise [ˌmeɪə'neɪz]
Mehl	flour ['flaʊə]
Nudeln	pasta ['pæstə]
Nüsse	nuts [nʌts]
Öl	oil [ɔɪl]
Olivenöl	olive oil ['ɒlɪv‿'ɔɪl]
Reis	rice [reɪs]
Salz	salt [sɔ:lt]
Senf	mustard ['mʌstəd]
Spaghetti	spaghetti [spə'getɪ]
Zucker	sugar ['ʃʊgə]

Getränke	**Drinks**
Apfelsaft	apple juice ['æpl dʒu:s]
Bier	beer [bɪə]
alkoholfreies Bier	non-alcoholic beer ['nɒnælkəhɒlɪk 'bɪə]
Champagner	champagne [ˌʃæm'peɪn]
Glühwein	mulled wine [mʌld waɪn]
Kaffee	coffee ['kɒfɪ]
koffeinfreier Kaffee	decaffeinated coffee [di:'kæfɪneɪtɪd 'kɒfɪ]
Kakao	cocoa ['kəʊkəʊ]

Limonade	lemonade [ˌleməˈneɪd]
Mineralwasser	mineral water [ˈmɪnrəl ˌwɔːtə]
mit/ohne Kohlensäure	sparkling/still [ˈspɑːklɪŋ/stɪl]
Orangensaft	orange juice [ˈɒrɪnʒ dʒuːs]
Sekt	sparkling wine [ˈspɑːklɪŋ waɪn]
Tee	tea [tiː]
Früchtetee	fruit tea [fruːt tiː]
Grüner Tee	green tea [griːn tiː]
Hagebuttentee	rose-hip tea [ˈrəʊzhɪp tiː]
Kamillentee	camomile tea [ˈkæməˌmaɪl tiː]
Kräutertee	herbal tea [hɜːbl tiː]
Pfefferminztee	peppermint tea [ˈpepəmɪnt tiː]
Rooibostee	rooibos tea [ˈrɔɪbɒs tiː]
Schwarztee	black tea [blæk tiː]
Teebeutel	tea bag [ˈtiːbæg]
Wein	wine [waɪn]
Rosé	rosé wine [ˈrəʊzeɪ waɪn]
Rotwein	red wine [red waɪn]
Weißwein	white wine [waɪt waɪn]

Mode

➣ **auch Farben**

Kleidung

Können Sie mir bitte ... zeigen?
Can you show me ..., please? [kən‿jʊ ˈʃəʊ mɪ ... pliːz]

Kann ich es anprobieren?
Can I try it on? [kən‿aɪ ˈtraɪ‿ɪt‿ˈɒn]

Welche (Konfektions-)Größe haben Sie?
What size do you take? [wɒt ˈsaɪz dʊ‿jʊ teɪk]

Das ist mir zu ...
It's too ...[ɪts tuː]
eng/weit.
tight/big. [ˈtaɪt/bɪg]
kurz/lang.
short/long. [ˈʃɔːt/ˈlɒŋ]
klein/groß.
small/big. [ˈsmɔːl/ˈbɪg]

Das passt gut. Ich nehme es.
It's a good fit. I'll take it. [ɪts‿ə ˈgʊd ˈfɪt. aɪl ˈteɪk‿ɪt]

Das ist nicht ganz, was ich möchte.
It's not quite what I wanted. [ɪts ˈnɒt ˈkwaɪt wɒt‿aɪ ˈwɒntɪd]

Anorak	anorak [ˈænəræk]
Anzug	suit [sjuːt]
Ärmel	sleeve [sliːv]
Badeanzug	swimming costume [ˈswɪmɪŋ ˈkɒstjuːm]
Badehose	bathing trunks [ˈbeɪðɪŋ trʌŋks]
Bademantel	bathrobe [ˈbɑːθrəʊb]
Bademütze	bathing-cap [ˈbeɪðɪŋkæp]
Baumwolle	cotton [ˈkɒtn]
Bikini	bikini [bɪˈkiːnɪ]
Blazer	blazer [ˈbleɪzə]
Bluse	blouse [blaʊz]
Büstenhalter	bra [brɑː]
Fliege	bow-tie [ˌbəʊˈtaɪ]
Halstuch	scarf [skɑːf]
Handschuhe	gloves [glʌvz]
Hemd	shirt [ʃɜːt]
Hose	trousers (*Am* pants) [ˈtraʊzəz, pænts]
Hut	hat [hæt]
Sonnenhut	sunhat [ˈsʌnhæt]
Jacke	jacket [ˈdʒækɪt]
Jeans	jeans [dʒiːnz]
Jogginganzug	tracksuit [ˈtræksjuːt]
Jogginghose	tracksuit bottoms [ˈtræksjuːt ˈbɒtəmz]
Kleid	dress [dres]
Kostüm	suit [sjuːt]
Kragen	collar [ˈkɒlə]
Krawatte	tie [taɪ]
Leggins	leggings [ˈlegɪŋz]
Leinen	linen [ˈlɪnɪn]
Mantel	coat [kəʊt]
Mütze	cap [kæp]
Pullover	jumper, sweater [ˈdʒʌmpə, ˈswetə]
Regenmantel	raincoat [ˈreɪnkəʊt]
Reißverschluss	zip [zɪp]
Rock	skirt [skɜːt]
Rollkragen	polo-neck [ˈpəʊləʊnek]
Schal	scarf [skɑːf]
Schirm	umbrella [ʌmˈbrelə]
Seide	silk [sɪlk]
Shorts	shorts [ʃɔːts]
Skihose	ski trousers (*Am* pants)
Slip	*(Herren)* briefs [briːfs]; *(Damen)* panties [ˈpæntɪz]
Socken	socks [sɒks]

Strickjacke	cardigan [ˈkɑːdɪgən]
Strümpfe	stockings [ˈstɒkɪŋz]
Strumpfhose	tights [taɪts]
Tasche *(in Hose/Jacke)*	pocket [ˈpɒkɪt]
Unterhemd	vest [vest], undershirt *(Am)* [ˈʌndəˌʃɜːt]
Unterhose	*(Damen)* panties; [pæntɪz]; *(Herren)* pants [pænts]
Unterwäsche	underwear [ˈʌndəweə]
Weste	waistcoat [ˈweɪskəʊt], vest *(Am)* [vest]
Wolle	wool [wʊl]

Reinigung

Ich möchte diese Sachen reinigen/waschen lassen.
I'd like to have these things cleaned/washed.
[aɪd laɪk tə hæv ðiːz θɪŋz ˈkliːnd/ˈwɒʃt]

Wann sind sie fertig?
When will they be ready? [ˈwen wɪl ðeɪ bɪ ˈredɪ]

bügeln	iron [ˈaɪən]
chemisch reinigen	dry-clean [ˈdraɪˈkliːn]
Wäsche	dirty washing [ˈdɜːtɪ ˈwɒʃɪŋ]

Konfektionsgrößen in GB und den USA:

Damenkleider, Kostüme, Mäntel usw.

Amerik.	30	32	34	36	38	40	42
Britisch	32	34	36	38	40	42	44
Dtsch.	38	40	42	44	46	48	50

Herrenanzüge, Mäntel usw.

Britisch	36	38	40	42	44	46
Deutsch	46	48	50	52	54	56

Herrenhemden (Kragenweite)

Britisch	13	13 1/2	14	14 1/2	15	15 1/2	15 3/4	16	16 1/2	17	17 1/2
Dtsch.	34	35	36	37	38	39	40	41	42	43	44

Schuhe

Britisch	2 1/2	3 1/2	4	5	6	6	7	8	9	9 1/2
Dtsch.	35	36	37	38	39	40	41	42	43	44

Optiker

Würden Sie mir bitte diese Brille reparieren?
Could you repair these glasses for me, please?
[kʊd jʊ rɪˈpeə ðiːz ˈglɑːsɪz fə mɪ pliːz]

Ich bin kurzsichtig/weitsichtig.
I'm short-sighted/long-sighted. [aɪm ˌʃɔːtˈsaɪtɪd/ˌlɒŋˈsaɪtɪd]

Wie ist Ihre Sehschärfe?
What's your (visual) acuity? [ˈwɒts‿jɔːr (ˈvɪʒʊəl) əˈkjuːətɪ]

rechts ..., links ...
... in the right eye, ... in the left eye.
[... ɪn ðə ˈraɪt‿aɪ, ... ɪn ðə ˈleft‿aɪ]

Wann kann ich die Brille abholen?
When can I pick up the glasses? [ˈwen kən‿aɪ ˈpɪkˌʌp ðə ˈglɑːsɪz]

Ich hätte gern ...
I'd like ... [aɪd laɪk]
eine Aufbewahrungslösung
some storage solution [sm ˈstɔːrɪdʒ səˈluːʃn]
eine Reinigungslösung
some cleansing solution [sm ˈklenzɪŋ səˈluːʃn]
für harte/weiche Kontaktlinsen.
for hard/soft contact lenses. [fə ˈhɑːd/ˈsɒft ˈkɒntækt ˌlenzɪz]
eine Sonnenbrille.
a pair of sunglasses. [ə peər‿əv ˈsʌnˌglɑːsɪz]
ein Fernglas.
a pair of binoculars. [ə peər‿əv bɪˈnɒkjʊləz]

Schuhe und Lederwaren

Ich hätte gern ein Paar ...schuhe.
I'd like a pair of ... shoes. [aɪd laɪk‿ə peər‿əv ... ˈʃuːz]

Ich habe Schuhgröße ...
I take (shoe) size ... [aɪ ˈteɪk (ˈʃuː) ˈsaɪz]

Sie sind zu eng.
They're too tight. [ðeə ˈtuː taɪt]

Sie sind zu groß.
They're too big. [ðeə ˈtuː bɪg]

Absatz	heel [hiːl]
Badeschuhe	bathing shoes [ˈbeɪðɪŋ ˈʃuːz]
Flipflops	flip-flops [flɪp flɒpz]
Gummistiefel	rubber boots, wellingtons [ˈrʌbə ˈbuːts, ˈwelɪŋtənz]
Gürtel	belt [belt]
Gürteltasche	bumbag *(GB)*, fanny pack/waist pack *(Am)* [ˈbʌmbæg, ˈfænɪˌpæk/ˈweɪstpæk]

Handtasche	handbag ['hændbæg]
Koffer	suitcase ['sju:tkeɪs]
Lederhose	leather trousers ['leðə 'trauzəz]
Lederjacke	leather jacket ['leðə 'dʒækɪt]
Ledermantel	leather coat ['leðə 'kəʊt]
Reisetasche	travelling bag, holdall [trævlɪŋ bæg, 'həʊldɔ:l]
Rucksack	rucksack ['rʌksæk]
Sandalen	sandals ['sændlz]
Schnürsenkel	laces [leɪsɪs]
Schuh	shoe ['ʃu:]
Schuhbürste	shoebrush ['ʃu:brʌʃ]
Schuhcreme	shoecream ['ʃu:kri:m]
Schulterriemen	shoulder strap ['ʃəʊldə,stræp]
Skistiefel	ski boots [ski: bu:ts]
Sohle	sole [səʊl]
Stiefel	boots [bu:ts]
Strandschuhe	beach shoes [bi:tʃ 'ʃu:z]
Tasche	bag [bæg]
Trolley(koffer/-tasche)	trolley case ['trɒlɪ keɪs]
Turnschuhe	trainers ['treɪnəz]
Umhängetasche	shoulder bag ['ʃəʊldə,bæg]
Wander-/Trekkingschuh	hiking boots ['haɪkɪŋ 'bu:ts']

Souvenirs

Ich hätte gern ...
I'd like ... [aɪd laɪk]
ein hübsches Andenken.
a nice souvenir. [‿ə naɪs 'su:vənɪə]
etwas Typisches aus dieser Gegend.
something typical of this area. ['sʌmθɪŋ 'tɪpɪkəl‿əv ðɪs‿'eərɪə]

Wie viel wollen Sie ausgeben?
How much do you want to spend? ['haʊ 'mʌtʃ djʊ wɒnt‿tə 'spend]

Ich möchte etwas nicht zu Teures.
I'd like something that's not too expensive.
[aɪd laɪk 'sʌmθɪŋ ðəts 'nɒt 'tu: ɪk'spensɪv]

Das ist aber hübsch.
That's lovely. [ðæts 'lʌvlɪ]

Danke schön, ich habe nichts gefunden, was mir gefällt.
Thanks, but I didn't find anything I liked.
['θæŋks bʌt aɪ 'dɪdnt 'faɪnd 'enɪθɪŋ aɪ 'laɪkt]

echt	genuine ['dʒenjʊɪn]
Folkloreladen	folk arts shop [fəʊk 'ɑːts ʃɒp][
handgewebt	hand-woven [hænd'wəʊvən]
handgemacht	hand-made [hænd'meɪd]
Keramik	ceramics [sɪ'ræmɪks]
Mitbringsel	souvenir ['suːvənɪə]
regionale Produkte/ Spezialitäten	local products/specialities ['ləʊkl 'prɒdʌkts/ˌspeʃɪ'ælɪtɪz]
Schmuck	jewellery ['dʒuːəlrɪ]
Schnitzerei	wood-carving ['wʊdˌkɑːvɪŋ]
Töpferwaren	pottery ['pɒtərɪ]

Tabakwaren

Ein Päckchen/Eine Stange ..., bitte.
A packet/carton of ..., please. [ə 'pækɪt/'kɑːtn‿əv … pliːz]
mit/ohne Filter
filter-tipped/plain ['fɪltəˌtɪpt/'pleɪn]

Zehn Zigarren/Zigarillos, bitte.
Ten cigars/cigarillos, please. ['ten sɪ'gɑːz/sɪgə'rɪləʊz pliːz]

Ein Päckchen/Eine Dose Zigaretten-/Pfeifentabak, bitte.
A packet/tin of cigarette/pipe tobacco, please.
[ə 'pækɪt/'tɪn‿əv ˌsɪgə'ret/'paɪp tə'bækəʊ pliːz]

Aschenbecher	ashtray ['æʃtreɪ]
Feuerzeug	lighter ['laɪtə]
Pfeife	pipe [paɪp]
Streichhölzer	matches ['mætʃɪz]
Zigarette	cigarette [ˌsɪgə'ret]
Zigarillo	cigarillo [ˌsɪgə'rɪləʊ]
Zigarre	cigar [sɪ'gɑː]

Uhren und Schmuck

Anhänger	pendant ['pendənt]
Armband	bracelet ['breɪslɪt]
Armbanduhr	wristwatch ['rɪstwɒtʃ]
für Damen/für Herren	ladies'/men's ['leɪdɪz/menz]
Brosche	brooch [brəʊtʃ]
Diamant	diamond ['daɪəmənd]
Gold	gold [gəʊld]
Goldschmied	goldsmith [gəʊldsmɪθ]
Kette	necklace ['neklɪs]

Krawattennadel	tiepin [ˈtaɪˌpɪn]
Kristall	crystal [ˈkrɪstl]
Modeschmuck	fashion jewellery [ˈfæʃən ˈdʒuːəlrɪ]
Ohrringe	earrings [ˈɪərɪŋz]
Ohrstecker	stud earrings [stʌd ˈɪərɪŋz]
Platin	platinum [ˈplætɪnəm]
Perle	pearl [pɜːl]
Reisewecker	travel alarm [ˈtrævl əˈlɑːm]
Ring	ring [rɪŋ]
Rubin	ruby [ˈruːbɪ]
Schmuck	jewellery [ˈdʒuːəlrɪ]
Silber	silver [ˈsɪlvə]
wasserdichte Uhr	waterproof watch [ˈwɔːtəpruːf wɒtʃ]

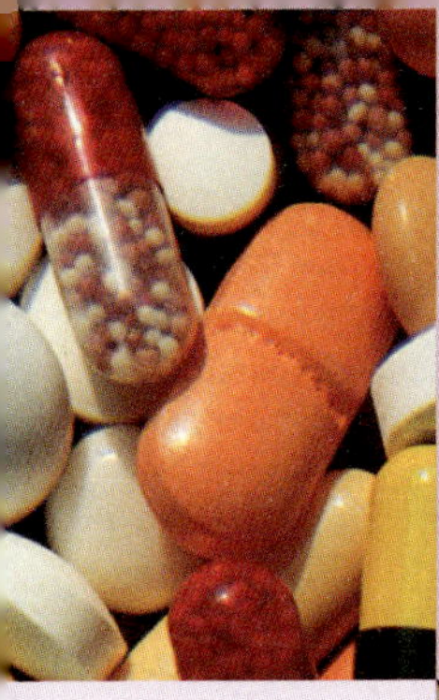

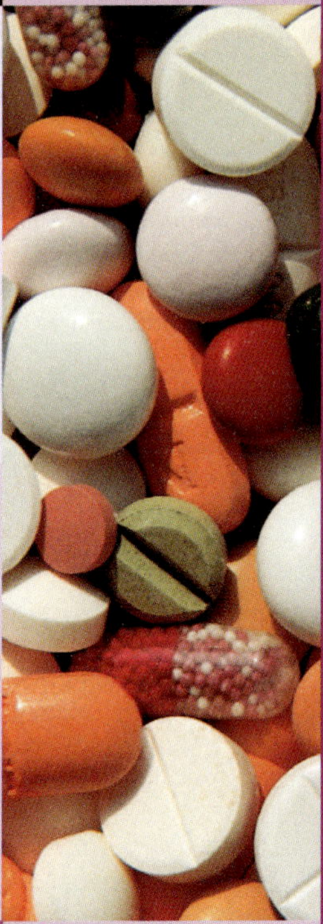

Gesundheit

Unbeschwertes Reisen
Das Gesundheitssystem in Großbritannien hat zwar in den letzten Jahren eine Schlankheitskur durchmachen müssen, dennoch bleibt es flächendeckend und ist in einzelnen Bereichen weltführend. Sollten Sie einen Arzt oder ein Krankenhaus besuchen müssen, genügt ein einfacher Auslandskrankenschein (medical insurance certificate), um die benötigten Leistungen ohne Vorkasse in Anspruch nehmen zu können. Sie werden dann wie ein Privatpatient behandelt, d.h. kürzere Wartezeiten, Einzelzimmer und vieles andere mehr.
Viele Medikamente, die in Deutschland apothekenpflichtig sind, wie z.B. Aspirin, Paracetamol, Hustensäfte usw., sind in Großbritannien frei erhältlich.

In der Apotheke

Könnten Sie mir bitte sagen, wo die nächste Apotheke (mit Nachtdienst) ist?
Could you tell me where the nearest chemist's (with all-night service) is, please? [kʊd jʊ tel miː ˈweə ðə ˈnɪərɪst ˈkemɪsts (wɪð ˈɔːlˈnaɪt ˈsɜːvɪs) ɪz pliːz]

Können Sie mir bitte etwas gegen ... geben?
Can you give me something for ..., please?
[kən jʊ gɪv mɪ ˈsʌmθɪŋ fə ... pliːz]

➢ **auch Arztbesuch**

Abführmittel	laxative [ˈlæksətɪv]
Antibabypillen	contraceptive pills [ˌkɒntrəˈseptɪv pɪlz]
Antibiotika	antibiotics [ˌæntɪbaɪˈɒtɪks]
Aspirin	aspirin [ˈæsprɪn]
Augentropfen	eye-drops [ˈaɪdrɒps]
Beruhigungsmittel	sedative, tranquillizer [ˈsedətɪv, ˈtrænkwɪlaɪzə]
Brandsalbe	ointment for burns [ˈɔɪntmənt fə ˈbɜːnz]
Desinfektionsmittel	disinfectant [ˌdɪsɪnˈfektənt]
Elastikbinde	elastic bandage [ɪˈlæstɪk ˈbændɪdʒ]
Fieberthermometer	thermometer [θəˈmɒmɪtə]
Halstabletten	throat lozenges [ˈθrəʊt ˈlɒzɪnʒɪz]
Hustensaft	cough mixture [ˈkɒf ˈmɪkstʃə]
Mittel gegen Insektenstiche	insect repellent [ˈɪnsekt rɪˈpelənt]
Insulin	insulin [ˈɪnsjʊlɪn]
Jod(tinktur)	(tincture of) iodine [(ˈtɪŋktʃər‿əv) ˈaɪədiːn]
Kamillentinktur	tincture of camomile [ˈtɪŋktʃər‿əv ˈkæməmaɪl]
Kondom	condom [ˈkɒndəm]

Kopfschmerztabletten	headache tablets ['hedeɪk 'tæblɪts]
Kreislaufmittel	cardiac stimulant ['kɑːdɪæk 'stɪmjʊlənt]
Läuse	lice [laɪs]
Medikament	medicine ['medsn]
Mittel	remedy ['remɪdɪ]
Mullbinde	gauze bandage ['gɔːz 'bændɪdʒ]
Ohrentropfen	ear-drops ['ɪədrɒps]
Pflaster	plaster ['plɑːstə]
Puder	powder ['paʊdə]
Rezept	prescription [prɪs'krɪpʃn]
Salbe	ointment ['ɔɪntmənt]
Schlaftabletten	sleeping pills ['sliːpɪŋ pɪlz]
Schmerztabletten	pain-killing tablets ['peɪnˌkɪlɪŋ 'tæblɪts]
Sonnenbrandlotion	sunburn lotion ['sʌnˌbɜːn ləʊʃn]
Tablette	tablet ['tæblɪt]
Tropfen	drops [drɒps]
Vitamintabletten	vitamin pills ['vɪtəmɪn pɪlz]
Watte	cotton-wool [ˌkɒtn'wʊl]
Zäpfchen	suppository [sə'pɒzɪtərɪ]

Arztbesuch

➢ **auch Reisen mit Kindern**

Können Sie mir einen guten ... empfehlen?
Can you recommend a good ...? [kən jʊ ˌrekə'mend‿ə gʊd]

Arzt
doctor ['dɒktə]
Augenarzt
eye specialist ['aɪ 'speʃəlɪst]
Frauenarzt
gynaecologist [ˌgaɪnɪ'kɒlədʒɪst]
Hals-Nasen-Ohren-Arzt
ear, nose and throat specialist ['ɪə 'nəʊz‿ən 'θrəʊt 'speʃəlɪst]
Hautarzt
dermatologist [ˌdɜːmə'tɒlədʒɪst]
Kinderarzt
pediatrician [ˌpiːdɪə'trɪʃn]
praktischen Arzt
GP (general practitioner) ['dʒiː'piː ('dʒenrl præk'tɪʃnə)]
Urologen
urologist [ˌjʊə'rɒlədʒɪst]
Zahnarzt
dentist ['dentɪst]

Wo ist seine/ihre Praxis?
Where's his/her surgery? ['weəz hɪz/hɜː 'sɜːdʒrɪ]

Application leaflet	**Beipackzettel**
Composition	Zusammensetzung
Areas of application	Anwendungsgebiete
Contraindications	Gegenanzeigen
Side-effects	Nebenwirkungen
Interactions	Wechselwirkungen
Dosage:	**Dosierungsanleitung:**
Take once/several times per day	1 x/mehrmals täglich ... einnehmen
1 tablet....................	1 Tablette
20 drops..................	20 Tropfen
measuring cup............	1 Messbecher
external, outward	äußerlich
before meals	vor dem Essen
after meals	nach dem Essen
on an empty stomach	auf nüchternen Magen
Swallow whole with a drink of water	unzerkaut mit etwas Flüssigkeit einnehmen
Dissolve in a small amount of water	in etwas Wasser auflösen
Let it melt in your mouth	im Mund zergehen lassen
Apply thinly to the skin and rub in	dünn auf die Haut auftragen und einreiben
infants	Säuglinge
toddlers	Kleinkinder
schoolchildren	Schulkinder
young adults	Jugendliche
adults	Erwachsene
Keep away from children!	Für Kinder unzugänglich aufbewahren!

Beschwerden

Was für Beschwerden haben Sie?
What's the trouble? [ˈwɒts ðə ˈtrʌbl]

Ich habe Fieber.
I've got a temperature. [aɪv gɒt‿ə ˈtemprɪtʃə]

Mir ist oft schlecht/übel.
I often feel sick. [aɪ ˈɒfn fiːl ˈsɪk]

Mir ist oft schwindelig.
I often feel faint/dizzy. [aɪ ˈɒfn fiːl ˈfeɪnt/dɪzɪ]

Ich bin ohnmächtig geworden.
I fainted. [aɪ ˈfeɪntɪd]

Ich bin stark erkältet.
I've got a bad cold. [aɪv gɒt‿ə ˈbæd ˈkəʊld]

Ich habe ...
I've got ... [aɪv gɒt]
Kopfschmerzen.
a headache. [ə ˈhedeɪk]
Halsschmerzen.
a sore throat. [ə ˈsɔː ˈθrəʊt]
Husten.
a cough. [ə kɒf]

Ich bin gestochen worden.
I've been stung. [aɪv bɪn ˈstʌŋ]

Ich bin gebissen worden.
I've been bitten. [aɪv bɪn ˈbɪtn]

Ich habe mir den Magen verdorben.
I've got an upset stomach. [aɪv gɒt‿ən ˈʌpset ˈstʌmək]

Ich habe Durchfall.
I've got diarrhoea. [aɪv gɒt daɪəˈrɪə]

Ich habe Verstopfung.
I'm constipated. [aɪm ˈkɒnstɪpeɪtɪd]

Ich vertrage das Essen nicht.
The food doesn't agree with me. [ðə ˈfuːd ˈdʌznt əˈgriː wɪð mɪ]

Ich habe mich verletzt.
I've hurt myself. [aɪv ˈhɜːt maɪˌself]

Ich bin gestürzt.
I fell down. [aɪ ˈfel ˈdaʊn]

Können Sie mir bitte etwas gegen ... geben/verschreiben?
Can you give me/prescribe something for ...?
[kən jʊ gɪv mɪ/prɪˈskraɪb ˈsʌmθɪŋ fə]

Normalerweise nehme ich ...
I usually take ... [aɪ ˈjuːʒʊəlɪ teɪk]

Ich habe einen hohen/niedrigen Blutdruck.
I've got high/low blood pressure. [aɪv gɒt ˈhaɪ/ˈləʊ ˈblʌd ˌpreʃə]

Ich bin Diabetiker/in.
I'm a diabetic. [aɪm‿ə daɪəˈbetɪk]

Ich bin schwanger.
I'm pregnant. [aɪm ˈpregnənt]

Ich hatte vor kurzem ...
I had ... recently [aɪ hæd ˈ ˈriːsntlɪ]

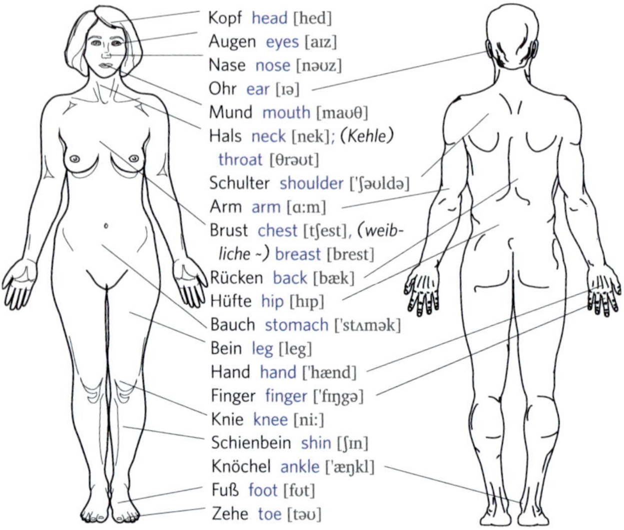

Untersuchung

Was kann ich für Sie tun?
What can I do for you? ['wɒt kən‿aɪ du: fə‿'jʊ]

Wo tut es weh?
Where does it hurt? ['weə dʌz‿ɪt 'hɜ:t]

Ich habe hier Schmerzen.
I've got a pain here. [aɪv gɒt‿ə 'peɪn 'hɪə]

Bitte, machen Sie sich frei.
Get undressed, please. [get ˌʌn'drest pli:z]

Bitte tief einatmen. Atem anhalten.
Take a deep breath. Hold your breath, please.
[teɪk‿ə 'di:p 'breθ. 'həʊld jɔ: 'breθ pli:z]

Sie müssen geröntgt werden.
You'll have to be x-rayed. [jʊl 'hæv tə bi: 'eksreɪd]

Ich brauche eine Blut-/Urinprobe.
I need to do a blood/urine test. [aɪ 'ni:d tə du:‿ə 'blʌd/'jʊərɪn test]

Sie müssen operiert werden.
You'll have to have an operation. [jʊl 'hæv tə hæv‿ən‿ɒpə'reɪʃn]

Sie brauchen ein paar Tage Bettruhe.
You need a few days in bed. [jʊ ni:d‿ə 'fju: 'deɪz‿ɪn 'bed]

Es ist nichts Ernstes.
It's nothing serious. [ɪts ˈnʌθɪŋ ˈsɪərɪəs]

Haben Sie einen Impfpass?
Have you got a vaccination card? [həv jʊ gɒt‿ə ˌvæksɪnˈeɪʃn kɑːd]

Ich bin gegen ... geimpft.
I've been vaccinated against ... [aɪv bɪn ˈvæksɪneɪtɪd əˈgenst]

Im Krankenhaus

Wie lange muss ich hier bleiben?
How long will I have to stay here? [ˈhaʊ ˈlɒŋ wɪl aɪ hæv tə ˈsteɪ hɪə]

Ich kann nicht einschlafen.
I can't sleep. [aɪ ˈkɑːnt ˈsliːp]

Geben Sie mir bitte ...
Could you give me ..., please. [ˈkʊd jʊ gɪv mɪ ... pliːz]
ein Glas Wasser.
a glass of water [ə glɑːs əv ˈwɔːtə]
eine Schmerztablette.
a pain-killing tablet [ə ˈpeɪnˌkɪlɪŋ ˈtæblɪt]
eine Schlaftablette.
a sleeping pill [ə ˈsliːpɪŋ pɪl]
eine Wärmflasche.
a hot-water bottle [ə hɒtwɔːtə bɒtl]

Wann darf ich aufstehen?
When can I get up? [ˈwen kən‿aɪ ˈget‿ˈʌp]

Krankheiten und Beschwerden

Abszess	abscess [ˈæbsɪs]
Aids	AIDS [eɪdz]
Allergie	allergy [ˈælədʒɪ]
allergisch sein gegen ...	be allergic to [bɪ‿əˈlɜːdʒɪk tʊ]
Anfall	attack [əˈtæk]
Angina	angina [ænˈdʒaɪnə]
ansteckend	contagious [kənˈteɪdʒəs]
Asthma	asthma [ˈæsmə]
Atembeschwerden	difficulty in breathing [ˈdɪfɪkəltɪ‿ɪn ˈbriːðɪŋ]
Ausschlag	rash [ræʃ]
Bänderriss	torn ligament [ˈtɔːn ˈlɪgəmənt]
Bindehautentzündung	conjunctivitis [kənˌdʒʌŋtəvɪtɪs]
Blähungen	wind [wɪnd]
Blinddarmentzündung	appendicitis [əˌpendɪˈsaɪtɪs]
Blutung	bleeding [ˈbliːdɪŋ]

Bluthochdruck	high blood pressure [haɪ ˈblʌdˌpreʃə]
Blutvergiftung	blood-poisoning [ˈblʌdˌpɔɪznɪŋ]
Borreliose	borreliosis [bɒrelɪəʊsɪs]
Brechreiz	nausea [ˈnɔːsjə]
brennen	sting [stɪŋ]
Bronchitis	bronchitis [brɒŋˈkaɪtɪs]
Cholera	cholera [ˈkɒlərə]
Diabetes	diabetes [ˌdaɪəˈbiːtiːz]
Diphtherie	diphtheria [dɪpˈθɪərɪə]
Durchblutungsstörung	circulatory disorder [ˌsɜːkjʊˈleɪtrɪ dɪsˈɔːdə]
Durchfall	diarrhoea [ˌdaɪəˈrɪə]
Entzündung	inflammation [ˌɪnfləˈmeɪʃn]
Erkältung	cold [kəʊld]
Fehlgeburt	miscarriage [ˌmɪsˈkærɪdʒ]
Fieber	temperature [ˈtemprɪtʃə]
gebrochen	broken [ˈbrəʊkn]
Gehirnerschütterung	concussion [kənˈkʌʃn]
Gehirnschlag	stroke [strəʊk]
Gelbfieber	yellow fever [ˈjeləʊ ˈfiːvə]
Gelbsucht	jaundice [ˈdʒɔːndɪs]
Geschlechtskrankheit	venereal disease [vɪˈnɪərɪəl dɪˈziːz]
geschwollen	swollen [ˈswəʊlən]
Geschwulst	tumour [ˈtjuːmə]
Geschwür	ulcer [ˈʌlsə]
giftig	poisonous [pɔɪznəs]
Gleichgewichtsstörungen	impaired balance [ɪmˈpeəd ˈbæləns]
Grippe haben	have (the) flu [hæv (ðə) fluː]
Halsschmerzen	sore throat [ˈsɔː ˈθrəʊt]
Hämorriden	haemorrhoids [ˈhemərɔɪdz]
heiser	hoarse [hɔːs]
Herpes	herpes [həpːiz]
Herzanfall	heart attack [ˈhɑːt‿əˈtæk]
Herzbeschwerden	heart trouble [ˈhɑːt ˌtrʌbl]
Herzfehler	heart defect [ˈhɑːt dɪˈfekt]
Herzinfarkt	heart attack [ˈhɑːt‿əˈtæk]
Herzrasen	tachycardia [tækɪˈkɑːdɪə]
Heuschnupfen	hay fever [ˈheɪ ˌfiːvə]
Hexenschuss	lumbago [lʌmˈbeɪgəʊ]
Hirnhautentzündung	meningitis [menəndʒ aɪˌtɪs]
HIV-positiv	HIV positive [eɪtʃ aɪ viː ˈpɒzɪtɪv]
Insektenbiss	insect bite [ˈɪnsekt baɪt]
Infektion	infection [ɪnˈfekʃn]
Ischias	sciatica [saɪˈætɪkə]
jucken	itch [ɪtʃ]
Keuchhusten	whooping-cough [ˈhuːpɪŋkɒf]
Kinderlähmung	polio [ˈpəʊlɪəʊ]

Knochenbruch	fracture [ˈfræktʃə]
Kolik	colic [ˈkɒlɪk]
Kopfschmerzen	headache [ˈhedeɪk]
Krampf	cramp [kræmp]
Krankheit	illness [ˈɪlnɪs]
Krebs	cancer [ˈkænsə]
Kreislaufstörungen	dizziness [ˈdɪzɪnɪs]
Lähmung	paralysis [pəˈrælɪsɪs]
Lebensmittelvergiftung	food poisoning [ˈfu:dˌpɔɪznɪŋ]
Leistenbruch	hernia [ˈhɜ:njə]
Lungenentzündung	pneumonia [nju:ˈməʊnjə]
Magenschmerzen	stomach-ache [ˈstʌməkˌeɪk]
Malaria	malaria [məˈlɛərɪə]
Mandelentzündung	tonsilitis [ˌtɒnsɪˈlaɪtɪs]
Migräne	migraine [ˈmi:greɪn]
Mittelohrentzündung	inflammation of the middle ear [ˌɪnfləˈmeɪʃn‿əv ðə ˈmɪdl‿ˈɪə]
Nasenbluten	nose bleed [ˈnəʊz bli:d]
Nierenentzündung	kidney infection [ˈkɪdnɪ ɪnˈfekʃn]
Nierenstein	kidney stone [ˈkɪdnɪstəʊn]
niesen	sneeze [sni:z]
Ohnmacht	faint [ˈfeɪnt]
Pilzinfektion	fungal infection [ˈfʌŋgl ɪnˈfekʃn]
Pocken	smallpox [ˈsmɔ:lpɒks]
Prellung, prellen	bruise [bru:z]
Qualle	jellyfish [ˈdʒelɪfɪʃ]
quetschen	crush [krʌʃ]
Rheuma	rheumatism [ˈru:mətɪzm]
Rückenschmerzen	backache [ˈbækeɪk]
Salmonellen	salmonella [ˈsælmnelə]
Schlaflosigkeit	insomnia [ɪnˈsɒmnɪə]
Schlaganfall	stroke [strəʊk]
Schmerzen	pain [peɪn]
Schnittwunde	cut [kʌt]
Schnupfen	cold [kəʊld]
Schüttelfrost	fit of shivering [ˈfɪt‿əv ˈʃɪvrɪŋ], chill [tʃɪl]
Schwellung	swelling [ˈswelɪŋ]
Schwindel	dizziness [ˈdɪzɪnɪs]
Sehstörungen	impaired vision [ɪmˈpeəd vɪʒn]
Seitenstechen	stitch [ˈstɪtʃ]
Sodbrennen	heartburn [ˈhɑ:tbɜ:n]
Sonnenbrand	sunburn [ˈsʌnˌbɜ:n]
Sonnenstich	sunstroke [ˈsʌnstrəʊk]
Stirnhöhlenentzündung	sinusitis [ˌsaɪnəˈsaɪtɪs]
Tetanus	tetanus [ˈtetənəs]
Typhus	typhoid [ˈtaɪfɔɪd]
Übelkeit	nausea [ˈnɔ:sjə]

Verbrennung	burn [bɜːn]
Verdauungsstörung	indigestion [ˌɪndɪˈdʒestʃn]
Vergiftung	poisoning [ˈpɔɪznɪŋ]
verletzen	injure [ˈɪndʒə]
Verletzung	injury [ˈɪndʒərɪ]
verstaucht	sprained [spreɪnd]
Verstopfung	constipation [ˌkɒnstɪˈpeɪʃn]
wehtun	hurt [hɜːt]
Wunde	wound [wuːnd]
Zecke	tick [tɪk]
Zerrung	pulled muscle [ˈpʊld ˈmʌsl]
Zyste	cyst [sɪst]

Körper – Arzt – Krankenhaus

atmen	breathe [briːð]
Attest	certificate [səˈtɪfɪkət]
Bein	leg [leg]
Bescheinigung	certificate [səˈtɪfɪkət]
Besuchszeit	visiting hours [ˈvɪzɪtɪŋ ˌaʊəz]
bewusstlos	unconscious [ʌnˈkɒnʃəs]
Blase	bladder [ˈblædə]
Blinddarm	appendix [əˈpendɪks]
Blut	blood [blʌd]
Blutdruck (hoher/niedriger)	(high/low) blood pressure [(ˈhaɪ/ˈləʊ) ˈblʌd ˌpreʃə]
bluten	bleed [bliːd]
Blutgruppe	blood group [ˈblʌd gruːp]
Bronchien	bronchial tubes [ˈbrɒŋkjəl ˈtjuːbz]
Bypass	bypass (operation) [ˈbaɪpɑːs‿(ˌɒpəˈreɪʃn)]
Chirurg/in	surgeon [ˈsɜːdʒn]
Darminfektion	intestinal infection [ɪnˈtestɪnəl ɪnˈfekʃn]
Dickdarm	colon [ˈkəʊlɒn]
Dünndarm	small intestine [smɔːl ɪnˈtestɪn]
desinfizieren	disinfect [ˌdɪsɪnˈfekt]
Diagnose	diagnosis [ˌdaɪəgˈnəʊsɪs]
Diät	diet [ˈdaɪət]
Eiter	pus [pʌs]
erbrechen, sich	vomit [ˈvɒmɪt]
Facharzt/ärztin	specialist [ˈspeʃəlɪst]
Fuß	foot [fʊt], (pl) feet [fiːt]
Gallenblase	gall-bladder [ˈgɔːlˌblædə]
Gehirn	brain [breɪn]
Gehör	hearing [ˈhɪərɪŋ]
Gelenk	joint [dʒɔɪnt]
Geschlechtsorgane	sexual organs [ˈseksjʊəl‿ˈɔːgənz]
Haut	skin [skɪn]

Herz	heart [hɑ:t]
Herzschrittmacher	pacemaker [ˈpeɪsˌmeɪkə]
Herzspezialist/in	heart specialist [ˈhɑ:t ˌspeʃəlɪst]
Husten	cough [kɒf]
Impfpass	vaccination card [ˌvæksɪˈneɪʃn ˌkɑ:d]
Impfung	vaccination [ˌvæksɪˈneɪʃn]
Infusion	infusion [ɪnˈfju:zn]
Knochen	bone [bəʊn]
krank	ill [ɪl]
Krankenhaus	hospital [ˈhɒspɪtl]
Krankenkasse	medical insurance [ˈmedɪkl‿ɪnˈʃʊərns]
Krankenschwester	nurse [nɜ:s]
Leber	liver [ˈlɪvə]
Lippe	lip [lɪp]
Lunge	lungs [lʌŋz]
Magen	stomach [ˈstʌmək]
Mandeln	tonsils [ˈtɒnslz]
Menstruation	menstruation [ˌmenstrʊˈeɪʃn]
Muskel	muscle [ˈmʌsl]
nähen	stitch up [ˈstɪtʃ‿ˈʌp]
Narbe	scar [skɑ:]
Narkose	anaesthetic [ˌænɪsˈθetɪk]
Nerv	nerve [nɜ:v]
Niere	kidney [ˈkɪdnɪ]
Operation	operation [ˌɒpəˈreɪʃn]
Prothese	artifical limb [ˌɑ:tɪˈfɪʃl ˈlɪm]
Puls	pulse [pʌls]
Rippe	rib [rɪb]
röntgen	X-ray [ˌeksˈreɪ]
Röntgenaufnahme	X-ray [ˌeksˈreɪ]
Rückgrat	spine [spaɪn]
Schiene	splint [splɪnt]
Schlüsselbein	collarbone [ˈkɒləbəʊn]
Schwangerschaft	pregnancy [ˈpregnənsɪ]
Speiseröhre	gullet [ˈgʌlɪt]
Sprechstunde	surgery (hours) [ˈsɜ:dʒərɪ (ˌaʊəz)]
Spritze	injection [ɪnˈdʒekʃn]
Station	ward [wɔ:d]
Stuhlgang	bowel movement [ˈbaʊəl ˌmu:vmənt]
Trommelfell	eardrum [ˈɪədrʌm]
Ultraschalluntersuchung	scan [skæn]
Unterleib	abdomen [ˈæbdəmən]
Untersuchung	examination [ɪgˌzæmɪˈneɪʃn]
Urin	urine [ˈjʊərɪn]
Verband	dressing, bandage [ˈdresɪŋ, ˈbændɪdʒ]
verbinden	dress [dres]
Verdauung	digestion [dɪˈdʒestʃn]

verschreiben	prescribe [prɪsˈkraɪb]
Versichertenkarte	medical insurance card [ˈmedɪkl‿ɪnˈʃʊərns ˈkɑ:d]
Virus	virus [ˈvaɪərəs]
Wartezimmer	waiting room [ˈweɪtɪŋrʊm]
Wirbelsäule	spine [spaɪn]
Zunge	tongue [tʌŋ]
Zwölffingerdarm	duodenum [ˌdju:əˈdi:nəm]

Beim Zahnarzt

Ich habe (starke) Zahnschmerzen.
I've got (terrible) toothache. [aɪv gɒt (ˈterəbl) ˈtu:θeɪk]

Dieser Zahn (oben/unten/vorn/hinten) tut weh.
This tooth (at the top/bottom/front/back) hurts.
[ˈðɪs ˌtu:θ (ət ðə ˈtɒp/ˈbɒtəm/ˈfrʌnt/ˈbæk) ˈhɜ:ts]

Ich habe eine Füllung verloren.
I've lost a filling. [aɪv lɒst‿ə ˈfɪlɪŋ]

Mir ist ein Zahn abgebrochen.
I've broken a tooth. [aɪv ˈbrəʊkən‿ə ˈtu:θ]

Ich behandle ihn nur provisorisch.
I'll only do a temporary job. [aɪl‿ˈəʊnlɪ dʊ‿ə ˈtemprərɪ dʒɒb]

Geben Sie mir bitte eine Spritze.
I'd like an injection, please. [aɪd laɪk‿ən‿ɪnˈdʒekʃn pli:z]

Geben Sie mir bitte keine Spritze.
I don't want an injection. [aɪ ˈdəʊnt wɒnt‿ən‿ɪnˈdʒekʃn]

Backenzahn	molar [məʊlə]
Brücke	bridge [brɪdʒ]
Kiefer	jaw [dʒɔ:]
Krone	crown [kraʊn]
Loch	cavity [ˈkævɪtɪ]
Plombe	filling [ˈfɪlɪŋ]
Schneidezahn	incisor [ɪnˈsaɪzə]
Weisheitszahn	wisdom tooth [ˈwɪzdəm tu:θ]
Zahn	tooth [tu:θ], *(pl)* teeth [ti:θ]
Zahnfäule *(Karies)*	tooth decay [tu:θ dɪˈkeɪ]
Zahnfleisch	gums [gʌmz]
Zahnprothese	dentures [ˈdentʃəz]
Zahnschmerzen	toothache [ˈtu:θeɪk]
Zahnspange	brace [breɪs]
Zahnstein	tartar [ˈtɑ:ˈtɑ:]
ziehen	take out [ˌteɪk‿ˈaʊt]

Wichtiges von A bis Z

"Hole in the wall"
Bei fast jeder Bank finden Sie Geldautomaten *(automated teller machines)*. Allerdings hat jede Bank eine andere Produktbezeichnung für ihr *hole in the wall*, wie sie umgangssprachlich genannt werden, z. B. *Cashpoint, Cashline, AutoBank* usw.

Bank

Können Sie mir bitte sagen, wo hier eine Bank/eine Wechselstube ist?
Can you tell me where the nearest bank/bureau de change is, please?
[kən‿jʊ tel mi: wɛə ðə ˈnɪərɪst ˈbæŋk/ˈbjʊərəʊ də ˈʃɔ̃:nʒ ɪz pli:z]

Ich möchte ... Euro (Schweizer Franken) in £ ($) wechseln.
I'd like to change ... euros (Swiss francs) into pounds (dollars).
[aɪd laɪk tə tʃeɪnʒ jʊərəʊz (ˈswɪs ˈfræŋks) ˈɪntə ˈpaʊndz (ˈdɒləz)]

Können Sie mir bitte sagen, wie heute der Wechselkurs ist?
Can you tell me what the exchange rate is today, please?
[kən‿jʊ tel mi: wɒt ðɪ ɪksˈtʃeɪnʒˌreɪt ɪz təˈdeɪ pli:z]

Ich möchte ... einlösen.
I'd like to change ... [aɪd laɪk tə tʃeɪnʒ]
diesen Reisescheck
this traveller's-cheque. [ðɪs ˈtrævləz ˈtʃek]

Auf welchen Betrag kann ich ihn maximal ausstellen?
What's the maximum I can cash on one cheque?
[ˈwɒts ðə ˈmæksɪməm‿aɪ kən ˌkæʃ‿ɒn ˈwʌn ˈtʃek]

Ihre Scheckkarte, bitte.
Can I see your cheque card, please? [kən‿aɪ si: jɔ: ˈtʃekkɑ:d pli:z]

Darf ich bitte ... sehen?
May I see ..., please? [meɪ‿aɪ si: … pli:z]
Ihren Ausweis
your identity card [jɔ: aɪˈdentɪtɪkɑ:d]
Ihren Pass
your passport [jɔ: ˈpɑ:spɔ:t]

Würden Sie bitte hier unterschreiben?
Sign here, please. [saɪn ˈhɪə pli:z]

Der Geldautomat akzeptiert meine Karte nicht.
The cashpoint does not accept my card.
[ðə ˈkæʃ pɔɪnt dʌz nɒt əkˈsept maɪ ˈkɑ:d]

Der Geldautomat gibt meine Karte nicht mehr heraus.
The cashpoint has swallowed my card.
[ðə ˈkæʃ pɔɪnt həz ˈswɒləʊd maɪ ˈkɑ:d]

abheben	withdraw [wɪθ'drɔ:]
auszahlen	pay out [ˌpeɪ‿'aʊt]
Bank	bank [bæŋk]
Bankkarte	bank card ['bæŋk kɑ:d]
bar, Bargeld	cash [kæʃ]
Bearbeitungsgebühr	service charge ['sɜ:vɪs 'tʃɑ:dʒ]
Betrag	amount [ə'maʊnt]
Cent	cent [sent]
Chipkarte	chip card [tʃɪp kɑ:d]
Devisen	foreign currency ['fɒrən 'kʌrənsɪ]
Euro	euro ['jʊərəʊ]
Eurochequekarte	eurocheque card ['jʊərəʊtʃek kɑ:d]
Formular	form [fɔ:m]
Geheimzahl	Personal Identification Number (PIN) ['pɜ:snəl aɪ'dentɪfɪ'keɪʃən ˌnʌmbə]
Geld	money ['mʌnɪ]
Geldautomat	cashpoint ['kæʃ pɔɪnt]
Geldanweisung	transfer ['trænsfɜ:]
Girokonto	current account ['kʌrənt ə'kaʊnt]
Geldschein	banknote ['bæŋknəʊt]
Geldwechsel	exchange [ɪks'tʃeɪnʒ]
Kleingeld	change [tʃeɪnʒ]
Konto	account [ə'kaʊnt]
Kreditkarte	credit card ['kredɪt kɑ:d]
überzogen *(Konto)*	overdrawn [əʊvədrɔ:n]
Münze	coin [kɔɪn]
Quittung	receipt [rɪ'si:t]
Reisescheck	traveller's cheque ['trævləz 'tʃek]
Scheck	cheque (*Am* check) [tʃek]
Schweizer Franken	Swiss franc(s) ['swɪs 'fræŋk(s)]
Überweisung	transfer ['trænsfɜ:]
telegrafische Überweisung	telegraphic transfer [ˌtelɪ'græfɪk 'trænsfɜ:]
umtauschen	change [tʃeɪnʒ]
Unterschrift	signature ['sɪgnɪtʃə]
Währung	currency ['kʌrənsɪ]
Wechselkurs	exchange rate [ɪks'tʃeɪnʒ ˌreɪt]
Zahlung	payment ['peɪmənt]

Filmen und Fotografieren

➣ **auch Fotoartikel**

Wären Sie wohl so freundlich, ein Foto von uns zu machen?
Would you mind taking a photo of us?
[wʊd jʊ maɪnd teɪkɪŋ ə ˌfəʊtəʊ əv ʌs]

Sie müssen auf diesen Knopf drücken.
You only have to press this button. [jʊ ˈəʊnlɪ hæf‿tə pres θɪs ˈbʌtn]

Die Entfernung/Blende stellt man so ein.
You set the distance/aperture like this.
[jʊ set ðə dɪstəns/ˈæpətʃjʊə kaɪk θɪs]

Das ist sehr freundlich!
That's very kind of you. [ðæts ˈverɪ ˈkaɪnd‿əv jʊ]

Dürfte ich Sie wohl fotografieren?
May I take a picture of you? [ˈmeɪ‿aɪ‿ teɪk‿ə ˈpɪktʃə‿əv jʊ]

Foto	photo(graph) [ˈfəʊtəʊ (grɑːf)]
Fotoapparat	camera [ˈkæmrə]
fotografieren	take a photo [ˈteɪk ə ˈfəʊtəʊ]
Hochformat	portrait format [ˈpɔːtreɪt ˌfɔːmæt]
Querformat	landscape format [ˈlænskeɪp ˌfɔːmæt]
Schnappschuss	snapshot [ˈsnæpʃɒt]

Fundbüro

Wo ist das Fundbüro, bitte?
Where's the lost-property office, please?
[ˈweəz ðə ˌlɒstˈprɒpətɪ‿ˌɒfɪs pliːz]

Ich habe ... verloren.
I've lost ... [aɪv ˈlɒst]

Ich habe meine Handtasche im Zug vergessen.
I left my handbag on the train. [aɪ left maɪ ˈhænbæg ɒn ðə ˈtreɪn]

Würden Sie mich bitte benachrichtigen, wenn sie gefunden werden sollte?
Would you let me know if it turns up, please?
[wʊd‿jʊ let mɪ ˈnəʊ‿ɪf ɪt tɜːnz‿ʌp ˈpliːz]

Hier ist meine Hotelanschrift/Heimatadresse.
Here's the address of my hotel/my home address.
[ˈhɪəz ðɪ‿əˈdres‿əv maɪ həʊˈtel/maɪ ˈhəʊm‿əˈdres]

Internetcafé

Wo gibt es in der Nähe ein Internetcafé?
Is there an Internet café near here? [ɪz ðeə ən ˈɪntənet ˈkæfeɪ nɪə hɪə]

Wieviel kostet eine Stunde?/Viertelstunde?
What does it cost for an hour/a quarter of an hour? [wɒt dəz‿ɪt ˈkɒst it kohst fə ən‿ˈaʊə/fə əˈ ˈkwɔːtə əv‿ən‿ˈaʊə]

Ich möchte eine E-Mail senden.
I'd like to send an e-mail. [aɪd laɪk tə send ən ˈiːmeɪl]

Kann ich von hier ein Fax versenden?
Can I send a fax from here? [kən‿ˈaɪ send ə fæks frɒm hɪə]

Kann ich eine Seite ausdrucken?
Can I print out a page? [kən‿aɪ prɪnt ˈaʊt ə ˈpeɪdʒ]

Kann ich Daten herunterladen?
Can I download data? [kən‿aɪ daʊnləʊd deɪtə]

Kann ich ein(-e, -en) Speicherstick/Speicherkarte/iPod/Laptop/ Kamera/Mikrofon anschließen?
Can I connect a memory stick/memory card/iPod/laptop/camera/ microphone? [kən‿aɪ kəˈnekt ə ˈmemrɪ stɪk/ˈmemrɪ ˈkɑːd/aɪˈpɒd/ləptɒp/ ˈkæmrə/ˈmaɪkrəʊfəʊn]

Bei mir klappt die Verbindung nicht.
I don't have a connection. [aɪ dəʊnt hæv ə kəˈnekʃn]

Ich habe Probleme mit dem Computer.
I have a problem with the computer.
[aɪ hæv ə ˈprɒblem wɪð ðə kəmˈpjuːtə]

Es gibt Probleme mit der Maus/mit dem Browser/Monitor.
There's a problem with the mouse/browser/monitor.
[ðeəz ə ˈprɒblem wɪð ðə maʊs/ˈbraʊzə/ˈmɒnətə]

Kann ich bei Ihnen Fotos von meiner Digitalkamera auf CD brennen?
Can I burn some photos from my digital camera onto CD here?
[kən‿aɪ ˈbɜːn sʌm fəʊtəʊz frɒm maɪ ˈdɪdʒɪtəl ˌkæmrə ɒntə siːˈdiː hɪə]

Polizei

Könnten Sie mir bitte sagen, wo das nächste Polizeirevier ist?
Could you tell me where the nearest police station is, please?
[kʊd jʊ tel miː ˈweə ðə ˈnɪərɪst pəˈliːs ˌsteɪʃn ɪz pliːz]

Ich möchte ... anzeigen.
I'd like to report ... [aɪd laɪk tə rɪˈpɔːt‿]
einen Diebstahl
a theft. [ə θeft]
einen Überfall
a robbery. [ə ˈrɒbərɪ]

Mir ist ... gestohlen worden.
My ... has been stolen. [maɪ … həz bɪn ˈstəʊlən]
die Handtasche
handbag [ˈhænbæg]
die Brieftasche
wallet [ˈwɒlɪt]

mein Fotoapparat
camera ['kæmrə]
mein Auto/mein Fahrrad
car/bike ['kɑː/'baɪk]

Mein Auto ist aufgebrochen worden.
My car has been broken into. [maɪ 'kɑː həz bɪn 'brəʊkn‿'ɪntʊ]

Aus meinem Auto ist ... gestohlen worden.
... has been stolen from my car. [... həz bɪn 'stəʊlən frəm maɪ 'kɑː]

Ich habe ... verloren.
I've lost ... [aɪv 'lɒst]

Mein Sohn/Meine Tochter ist verschwunden.
My son/daughter is missing. [maɪ 'sʌn/'dɔːtə ɪz 'mɪsɪŋ]

Dieser Mann belästigt mich.
This man is pestering me. [θɪs mæn ɪz 'pestərɪŋ mɪ]

Können Sie mir bitte helfen?
Can you help me, please? ['kən jʊ 'help mɪ pliːz]

Ihren Namen und Ihre Anschrift, bitte.
Your name and address, please. [jɔː 'neɪm‿ən‿ə'dres pliːz]

Wenden Sie sich bitte an das deutsche/österreichische/Schweizer Konsulat.
Please get in touch with the German/Austrian/Swiss consulate.
[pliːz get‿ɪn tʌtʃ wɪð ðə 'dʒɜːmən/ðɪ‿'ɒstrɪən/ðə 'swɪs 'kɒnsjʊlət]

anzeigen	report [rɪ'pɔːt]
aufbrechen	break into/open [breɪk‿'ɪntʊ/'əʊpn]
Autoradio	car radio ['kɑː 'reɪdɪəʊ]
belästigen	pester ['pestə], harass ['hærəs]
beschlagnahmen	confiscate ['kɒnfɪskeɪt]
Brieftasche	wallet ['wɒlɪt]
Dieb	thief [θiːf]
Diebstahl	theft [θeft]
Gefängnis	prison ['prɪzn]
Geldbörse	purse [pɜːs]
Gericht	court [kɔːt]
Kfz-Schein	car registration documents ['kɑː ˌredʒɪs'treɪʃn 'dɒkjʊmənts]
Kreditkarte	credit card ['kredɪtkɑːd]
Papiere	papers, documents ['peɪpəz, 'dɒkjʊmənts]
Personalausweis	identity card [aɪ'dentɪtɪ kɑːd]
Polizei	police [pə'liːs]
Polizeiwagen	police car [pə'liːs kɑː]

Polizist/in	policeman/policewoman [pəˈliːsmən/pəˈliːsˌwʊmən]
Rauschgift	drugs [drʌgz]
Rechtsanwalt/-anwältin	lawyer [ˈlɔːjə]
Reisepass	passport [ˈpɑːspɔːt]
Richter/in	judge [dʒʌdʒ]
Scheck	cheque (*Am* check) [tʃek]
Scheckkarte	cheque card [ˈtʃekkɑːd]
Schlüssel	key [kiː]
schmuggeln	smuggle [ˈsmʌgl]
Schuld	guilt [gɪlt]
sexuelle Belästigung	sexual harassment [ˈseksjʊəl ˈhærəsmnt]
Taschendieb	pickpocket [ˈpɪkˌpɒkɪt]
Überfall	attack, mugging [əˈtæk, ˈmʌgɪŋ]
Untersuchungshaft	police custody [pəˈliːs ˈkʌstədɪ]
Verbrechen	crime [kraɪm]
Vergewaltigung	rape [reɪp]
verhaften	arrest [əˈrest]
verlieren	lose [luːz]
Zeuge	witness [ˈwɪtnɪs]
zusammenschlagen	beat up [ˈbiːt‿ˈʌp]

Post

Können Sie mir bitte sagen, wo ... ist?
Can you tell me where ... is, please? [kən‿jʊ tel miː ˈweə ... ɪz pliːz]
das nächste Postamt
the nearest post office [ðə ˈnɪərɪst ˈpəʊst ˌɒfɪs]
der nächste Briefkasten
the nearest postbox [ðə ˈnɪərɪst ˈpəʊst bɒks]

Was kostet ein Brief/eine Postkarte ...
How much is a letter/postcard ... [ˈhaʊ ˈmʌtʃ dʌz‿ə ˈletə/ˈpəʊstkɑːd]
nach Deutschland?
to Germany? [tə ˈdʒɜːmənɪ]
nach Österreich?
to Austria? [tʊ‿ˈɒstrɪə]
in die Schweiz?
to Switzerland? [tə ˈswɪtsələnd]

Drei Briefmarken zu ... Pence, bitte.
Three ... p stamps, please. [ˈθriː ... piː ˈstæmps pliːz]

Diesen Brief bitte per ...
I'd like to send this letter ... [aɪd laɪk tə send ðɪs ˈletə]
Luftpost.
by airmail. [baɪ‿ˈeəmeɪl]
Express.
express. [ɪksˈpres]

Haben Sie Sondermarken?
Do you have any special issue stamps?
[du jʊ ˈhæv enɪ ˈspeʃəl‿ˈɪsju: stæmps]

Ich möchte ... Euro von meinem Postsparbuch abheben.
I'd like to withdraw ... euros from my post office savings book. [aɪd laɪk tə wɪθˈdrɔ: jʊərəʊz frəm maɪ ˈpəʊst ˌɒfɪs ˈseɪvɪŋz bʊk]

Briefmarken
In Großbritannien gibt es keinen einheitlichen Tarif für Briefmarken. Es gibt *first class stamps* und *second class stamps. First class* ist etwas teurer als *second class*, aber dafür kommen die Postsendungen schneller an, d.h. meistens am nächsten Tag. Briefmarken für Auslandsbriefe, auch innerhalb der EU, sind teurer.

➢ **auch Bank**

Absender	sender [ˈsendə]
Adresse	address [əˈdres]
ausfüllen	fill in [fɪl‿ˈɪn]
Brief	letter [ˈletə]
Briefkasten	post-box [ˈpəʊstbɒks]
Briefmarke	stamp [stæmp]
Briefmarkenautomat	stamp machine [ˈstæmp məˈʃi:n]
Eilbrief	express letter [ɪksˈpres ˈletə]
Einschreibebrief	registered letter [ˈredʒɪstəd ˈletə]
Empfänger	addressee [ˌædreˈsi:]
Formular	form [fɔ:m]
frankieren	stamp [stæmp]
Gebühr	charge, fee [tʃɑ:dʒ, fi:]
Gewicht	weight [weɪt]
Hauptpostamt	main post office [ˈmeɪn ˈpəʊstˌɒfɪs]
Leerung	collection [kəˈlekʃn]
Luftpost, mit	by airmail [baɪ‿ˈeəmeɪl]
nachsenden	forward [ˈfɔ:wəd]
Päckchen	small packet [ˈsmɔ:l ˌpækɪt]
Paket	parcel [ˈpɑ:sl]
Paketkarte	dispatch form [dɪˈspætʃ fɔ:m]
Porto	postage [ˈpəʊstɪdʒ]
Postamt	post office [ˈpəʊstˌɒfɪs]
Postanweisung	money order [ˈmʌnɪ ˌɔ:də]
Postkarte	postcard [ˈpəʊskɑ:d]
postlagernd	poste restante [ˈpəʊst rɪˈstænt]
Postleitzahl	post code (*Am* zip code) [ˈpəʊskəʊd, (ˈzɪpkəʊd)]
Postsparbuch	post office savings book [ˈpəʊst ˌɒfɪs ˈseɪvɪŋz bʊk]

Sondermarke	special issue stamp [ˈspeʃl‿ˈɪsjuː stæmp]
Telefax	fax [fæks]
Telegramm	telegram [ˈtelɪɡræm]
Telex	telex [ˈteleks]
Vordruck	form [fɔːm]
Wertangabe	declaration of value [ˌdekləˈreɪʃn‿əv ˈvæljuː]
Zollerklärung	customs declaration [ˈkʌstəmz ˌdekləˈreɪʃn]

Telefonieren

Können Sie mir bitte sagen, wo die nächste Telefonzelle ist?
Can you tell me where the nearest phone box is, please?
[kən‿jʊ tel miː weə ðə ˈnɪərɪst ˈfəʊnbɒks ɪz pliːz]

Ich möchte bitte eine Telefonkarte.
I'd like a phonecard, please. [aɪd laɪk ə ˈfəʊnkɑːd pliːz]

Wie ist bitte die Vorwahl von ...?
What's the area code for ...? [ˈwɒts ðə ˈeərɪə ˈkəʊd fə]

Bitte ein Ferngespräch nach ...
I'd like to make a call to ... [aɪd laɪk tə meɪk ə ˈkɔːl tʊ]

Ich möchte ein R-Gespräch anmelden.
I'd like to make a reverse charge call (*Am* collect call).
[aɪd laɪk tə meɪk‿ə rɪˈvɜːs ˈtʃɑːdʒ ˈkɔːl (kəˈlekt ˈkɔːl]

Gehen Sie in Kabine Nr. ...
Booth number ... [ˈbuːð ˈnʌmbə]

Ein Telefongespräch

Hier spricht ...
This is ... speaking. [ˈðɪs‿ɪz … ˈspiːkɪŋ]

Hallo, mit wem spreche ich, bitte?
Hello, who's speaking, please? [ˌhəˈləʊ ˈhuːz ˈspiːkɪŋ pliːz]

Kann ich bitte Herrn/Frau ... sprechen?
Can I speak to Mr/Mrs ..., please?
[kən‿aɪ ˈspiːk tə ˈmɪstə/ˈmɪsɪz … pliːz]

Tut mir leid, er/sie ist nicht da.
I'm sorry, he's/she's not here. [aɪm ˈsɒrɪ hiːz/ʃiːz ˈnɒt ˈhɪə]

Möchten Sie eine Nachricht hinterlassen?
Would you like to leave a message? [wʊd‿jʊ ˈlaɪk tə ˈliːv‿ə ˈmesɪdʒ]

Würden Sie ihm/ihr bitte sagen, ich hätte angerufen?
Would you tell him/her that I called?
[wʊd‿jʊ ˈtel hɪm/hɜː ðət‿aɪ ˈkɔːld]

„Kein Anschluss unter dieser Nummer."
"The number you have dialled has not been recognized."
[ðə nʌmbə jʊ həv daɪəld həz nɒt bɪn rekəgnaɪzd]

Anruf	(phone) call [(ˈfəʊn)kɔːl]
Anrufbeantworter	answering machine [ˈɑːnsərɪŋ məˈʃiːn]
anrufen	phone, call [fəʊn, kɔːl]
Auskunft	directory enquiries [dɪˈrektrɪ‿ɪnˈkwaɪərɪz]
Auslandsgespräch	international call [ˌɪntəˈnæʃənl kɔːl]
besetzt	engaged [ɪnˈgeɪdʒd]
Ferngespräch	long-distance call [ˌlɒŋ ˈdɪstəns kɔːl]
Gebühr	charge [tʃɑːdʒ]
Gespräch	call [kɔːl]
Handy	mobile (phone) [ˈməʊbaɪl (ˈfəʊn)]
Hörer	receiver [rɪˈsiːvə]
Mobiltelefon	mobile (phone) [ˈməʊbaɪl (ˈfəʊn)]
Münzfernsprecher	payphone [ˈpeɪfəʊn]
Ortsgespräch	local call [ˈləʊkl kɔːl]
R-Gespräch	reverse charge call [rɪˈvɜːs ˈtʃɑːdʒ ˈkɔːl]
Telefon	telephone [ˈtelɪfəʊn]
Telefonbuch	telephone directory [ˈtelɪfəʊn dɪˈrektrɪ]
Telefonkarte	phonecard [ˈfəʊnkɑːd]
Telefonnummer	phone number [ˈfəʊn ˌnʌmbə]
Telefonzelle	phone box [ˈfəʊnbɒks]
Verbindung	line [laɪn]
Vorwahlnummer	area code [ˈeərɪə ˈkəʊd]
wählen	dial [ˈdaɪl]

Mit dem Handy

Bitte ein SIM-Karte.
A SIM card, please. [ə sɪm ˈkɑːd pliːz]

Bitte eine internationale Telefonkarte.
An international telephone card, please.
[ən ˌɪntəˈnæʃənl ˈtelɪfəʊn ˈkɑːd pliːz]

Wie viele Minuten kann ich mit einer Karte für ... sprechen?
How much call time do I get with a card for ...?
[haʊ mʌtʃ kɔːl ˈtaɪm dʊ‿aɪ get wɪð ə ˈkɑːd fər]

Für welches Gebiet gilt diese SIM-Karte?
For what area is this SIM card valid?
[fər wɒt ˈeərɪə ɪz ðɪs sɪm ˈkɑːd ˈvælɪd]

Geben Sie mir bitte eine Tarifübersicht.
Please give me a list of charges. [pli:z gɪv mɪ ə lɪst əv ˈtʃɑ:dʒɪz]

Haben Sie Guthabenkarten der Mobilfunkgesellschaft...?
Have you got prepaid cards of the mobile communications provider ...?
[həv jʊ gɒt prɪ peɪd ˈkɑ:dz əv ðə ˈməʊbaɪl kɒmju:ˈnɪkeɪʃnz prəˈvaɪdə]

Toilette und Bad

Wo ist bitte die Toilette?
Where is the toilet, please? [weə ɪz ðə ˈtɔɪlɪt pli:z]

Dürfte ich wohl bei Ihnen die Toilette benutzen?
May I use your toilet? [ˈmeɪ‿aɪ ju:z jɔ: ˈtɔɪlɪt]

Würden Sie mir bitte den Schlüssel für die Toiletten geben?
Would you give me the key for the toilet, please?
[ˈwʊd‿jʊ gɪv mi: ðə ki: fə‿ðə ˈtɔɪlɪt pli:z]

Damen	Ladies [ˈleɪdɪz]
Damenbinden	sanitary towels [ˈsænɪtrɪ ˈtaʊəlz]
Handtuch	towel [ˈtaʊəl]
Handwaschbecken	washbasin [ˈwɒʃˌbeɪsn]
Herren	Gents [dʒents]
Kabine	cubicle [ˈkju:bɪkəl]
sauber	clean [ˈkli:n]
schmutzig	dirty [ˈdɜ:tɪ]
Seife	soap [səʊp]
Tampons	tampons [ˈtæmpənz]
Toilettenpapier	toilet-paper [ˈtɔɪlɪtˌpeɪpə]
die Toilette spülen	flush the toilet [flʌʃ ðə ˈtɔɪlɪt]

Bestimmter und unbestimmter Artikel

Der **bestimmte Artikel** ist in der Einzahl und Mehrzahl immer gleich:

the [ðə]	der die das die *(Mehrzahl)*

Der **unbestimmte Artikel** ist vor Konsonanten (Mitlauten)

a [ə] (*betont:* [eɪ])	ein, eine

und vor Vokalen (Selbstlauten) und stummem *h*

an [ən] (*betont:* [æn])	ein, eine

Substantiv (Hauptwort)

Das **Geschlecht** der Substantive stimmt im Englischen mit dem natürlichen Geschlecht überein. Da der Artikel immer gleich ist, erkennt man es nur an dem Pronomen (persönliches Fürwort)

the boy	**he**	er
the woman	**she**	sie
the book	**it**	es

Im **Plural** (Mehrzahl) wird an den Singular (Einzahl) eines Substantivs ein *-s* angehängt. Dieses *s* wird stimmhaft [z] gesprochen nach Vokalen und stimmhaften Konsonanten

days	[deɪz]	Tage
dogs	[dɔgz]	Hunde
boys	[bɔɪz]	Jungen

und stimmlos nach allen stimmlosen Konsonanten.

books	[bʊks]	Bücher
hats	[hæts]	Hüte

Bei Wörtern, die auf *-ce, -ge, -se, -ze* enden, wird das im Singular stumme *-e* wie [ɪ] ausgesprochen:

pieces	['pi:sɪz]	Stücke
sizes	['saɪzɪz]	Größen

Nominativ/Akkusativ/Dativ/Genitiv (Die vier Fälle)

Nominativ (1. Fall) und Akkusativ (4. Fall) haben dieselbe Form. Der Genitiv (2. Fall) wird meist mit Hilfe von *of,* der Dativ (3. Fall) mit *to* ausgedrückt.

	Singular	Plural
Nominativ (Wer? Was?)	the house das Haus	the houses die Häuser
Akkusativ (Wen? Was?)	the house das Haus	the houses die Häuser
Genitiv (Wessen?)	of the house des Hauses	of the houses der Häuser
Dativ (Wem?)	to the house dem Haus	to the houses den Häusern

Im Unterschied zum Deutschen wird auch bei folgenden Ausdrücken die Form des **Genitivs** mit *of* gebraucht:

a cup of coffee	eine Tasse Kaffee
the city of London	die Stadt London
the Isle of Wight	die Insel Wight

Der **Dativ** kann auch ohne *to* gebildet werden, wenn das Dativobjekt unbetont ist. Das Dativobjekt steht dann direkt hinter dem Verb:

	He gives the porter the ticket.
anstelle von:	He gives the ticket to the porter. Er gibt den Schein dem Gepäckträger.

Adjektiv (Eigenschaftswort)

Das Adjektiv bleibt nach Geschlecht und Zahl immer unverändert.

Steigerung

Bei der **regelmäßigen Steigerung** erhalten einsilbige Adjektive im Komparativ die Endung *-er* [ə] und im Superlativ *-est* [ɪst].

great	greater (than)	greatest
groß	größer	am größten

Zwei- und mehrsilbige Adjektive werden im Komparativ mit *more* [mɔː] (mehr) und im Superlativ mit *most* [məʊst] (meist) gesteigert. Ausnahme: Zweisilbige Adjektive auf *-y*.

difficult	more difficult (than)	most difficult
schwierig	schwieriger (als)	am schwierigsten
easy	easier	easiest
leicht	leichter	am leichtesten

Unregelmäßige Steigerung

good	better	best
gut	besser	am besten
bad	worse	worst
schlecht	schlechter	am schlechtesten
much/many	more	most
viel/viele	mehr	am meisten

Adverb (Umstandswort)

Adverbien werden gebildet, indem man an ein Adjektiv *-ly* anhängt.

slow quick	slowly quickly	He speaks slowly. He runs quickly.	Er spricht langsam. Er läuft schnell.

Ein Sonderfall ist *well,* das Adverb zu *good* (gut).

He speaks English well.	Er spricht gut Englisch.

Adverbien mit der Endung *-ly* werden mit *more* und *most* gesteigert.

slowly	more slowly	most slowly
langsam	langsamer	am langsamsten

Verb (Zeitwort)

Präsens (Gegenwart)

Infinitiv: (Grundform)		to knock klopfen	to call rufen	to go gehen	to wash waschen	to study studieren
I	(ich)	knock	call	go	wash	study
you	(du, Sie)	knock	call	go	wash	study
he she it	(er) (sie) (es)	knock**s** [nɒks]	call**s** [kɔ:lz]	go**es** [gəʊz]	wash**es** ['wɒʃɪz]	stud**ies** ['stʌdɪz]
we	(wir)	knock	call	go	wash	study
you	(ihr, Sie)	knock	call	go	wash	study
they	(sie)	knock	call	go	wash	study

Nur die 3. Person Singular wird verändert.
Das -*s* ist stimmlos nach Konsonanten (*he knocks* [nɒks]) und stimmhaft nach Vokalen (*he goes* [gəʊz]) sowie stimmhaften Konsonanten (*he calls* [kɔ:lz]).
Im Englischen wird – anders als im Deutschen – kein Unterschied zwischen „du" und „Sie" gemacht. Im Englischen ist beides *you*.

Präteritum und Partizip Perfekt (Vergangenheit und Mittelwort der Vergangenheit)

Die Vergangenheitsform wird gebildet, indem man *-ed* an die Grundform des Verbs anhängt.

Infinitiv:	to open öffnen	to arrive ankommen	to stop anhalten	to carry tragen
I	open**ed** ['əʊpənd]	arrive**d** [ə'raɪvd]	stop**ped** [stɒpt]	carr**ied** ['kærɪd]
you, he, she, it we, you, they	open**ed**	arrive**d**	stop**ped**	carr**ied**

Kurzgrammatik

● Das Partizip Perfekt ist gleich dem Präteritum:

opened	arrived	stopped	carried
geöffnet	angekommen	angehalten	getragen

Die Hilfsverben (Hilfszeitwörter)

Präsens und Partizip Präsens (Gegenwart und Mittelwort der Gegenwart)

Infinitiv:	to be sein	to have haben	to do tun, machen
I	am [æm] ich bin	have [hæv] ich habe	do [du:] ich tue
you	are [ɑ:] du bist	have du hast	do du tust
he, she, it	is [ɪz] er, sie, es ist	has [hæz] er, sie, es hat	does [dʌz] er, sie, es tut
we	are wir sind	have wir haben	do wir tun
you	are ihr seid; Sie sind	have ihr habt; Sie haben	do ihr tut; Sie tun
they	are sie sind	have sie haben	do sie tun
Partizip:	being ['bi:ɪŋ] seiend	having ['hævɪŋ] habend	doing ['du:ɪŋ] tuend

Im gesprochenen Englisch werden Kurzformen gebraucht:

am	→	*'m:*	I'm [aɪm]
are	→	*'re:*	you're [jʊə]
is	→	*'s:*	he's [hi:z]
have	→	*'ve:*	I've [aɪv]
has	→	*'s:*	he's [hi:z]

Verneinung	Kurzform
are not	aren't [ɑ:nt]
is not	isn't ['ɪznt]
have not	haven't ['hævnt]
has not	hasn't ['hæznt]
do not	don't [dəʊnt]
does not	doesn't ['dʌznt]

Perfekt (Vollendete Gegenwart)

Das Perfekt bildet man im Unterschied zum Deutschen immer mit *to have* (haben) + Partizip Perfekt.

I have had	ich habe gehabt
I have been	ich bin gewesen
I have done	ich habe getan
I have called	ich habe gerufen
I have arrived	ich bin angekommen
I have gone	ich bin gegangen

Präteritum und Partizip Perfekt (Vergangenheit und Mittelwort der Vergangenheit)

Infinitiv:	to be sein	to have haben	Kurzform:	to do tun, machen
I	was [wɒz] ich war	had [hæd] ich hatte	I'd [aɪd]	did [dɪd] ich tat
you	were [wɜː] du warst	had du hattest	you'd [juːd]	did du tatest
he, she, it	was er, sie, es war	had er, sie, es hatte	he'd [hiːd] it'd [ɪtd]	did er, sie, es tat
we	were wir waren	had wir hatten	we'd [wiːd]	did wir taten
you	were ihr wart; Sie waren	had ihr hattet; Sie hatten		did ihr tatet; Sie taten
they	were sie waren	had sie hatten	they'd [ðeɪd]	did sie taten
Partizip:	been [biːn] gewesen	had [hæd] gehabt		done [dʌn] getan
Verneinung:	wasn't ['wɒznt] weren't [wɜːnt]	hadn't ['hædnt]		didn't ['dɪdnt]

Plusquamperfekt (Vorvergangenheit)

Das Plusquamperfekt wird mit *to have* (haben) + Partizip Perfekt gebildet.

I had had	ich hatte gehabt
I had been	ich war gewesen
I had done	ich hatte getan
I had called	ich hatte gerufen
I had arrived	ich war angekommen
I had gone	ich war gegangen

Unselbstständige Hilfsverben

Sie können nicht selbstständig auftreten, sondern müssen immer von einem anderen Verb (im Infinitiv ohne *to*) begleitet werden.

I you he, she, it we you they	can [kæn] können	may [meɪ] mögen, dürfen	will [wɪl] wollen, werden	must [mʌst] müssen
Vernei- nung:	cannot can't [kɑːnt]	may not	will not won't [wəʊnt]	must not mustn't ['mʌsnt]

Diese Verben sind bei allen Personen gleich; die dritte Person Singular hat kein *-s*.
Außer im Präsens (Gegenwart) gibt es diese Verben noch im Präteritum (Vergangenheit). In allen anderen Zeiten und Formen wurden sie ersetzt:

Präteritum		Ersatz	
could [kʊd]	könnte	to be able (to)	können, imstande sein (zu)
might [maɪt]	möchte	to be allowed (to)	mögen, dürfen, können
would [wʊd]	würde	to want, to wish	wollen, wünschen
should [ʃʊd]	sollte	to be obliged (to)	verpflichtet sein (zu)

Verneinung:	could not couldn't [kʊdnt]	might not mightn't [maɪtnt]	would not wouldn't [wʊdnt]	should not shouldn't ['ʃʊdnt]

Die Formen des Präteritums, die denen des Konditionals gleich sind, findet man oft in Höflichkeitswendungen:

Could you give me ...?	Könnten Sie mir ... geben?
Would you ..., please.	Würden Sie bitte ... .
Would you like ... ?	Wollen/Möchten Sie ...?
I should like	Ich möchte ... .

Futur und Konditional (Zukunft und Bedingungsform)

Das Futur wird mit Hilfe von *will*, das Konditional mit *would* gebildet. In der gesprochenen Sprache wird fast nur die Kurzform verwendet.

Futur		Konditional	
I will go	ich werde gehen	I would go	ich würde gehen
you will go	du wirst gehen	you would go	du würdest gehen
he, she, it will go	er, sie, es wird gehen	he, she, it would go	er, sie, es würde gehen
we will go	wir werden gehen	we would go	wir würden gehen
you will go	ihr werdet gehen, Sie werden gehen	you would go	ihr würdet gehen, Sie würden gehen
they will go	sie werden gehen	they would go	sie würden gehen

Bei Vorschlägen wird in der 1. Person Singular und Plural *shall* verwendet:

Shall I do it?	Soll ich es tun?
Shall we dance?	Wollen wir tanzen?

Frage und Verneinung mit *to do*

Das Hilfsverb *to do* wird zur Bildung der fragenden und der mit *not* verneinten Form der selbstständigen Verben verwendet.

Do you speak German?	Sprechen Sie Deutsch?
Does he know?	Weiß er?
Did you call?	Haben Sie gerufen?

I do not (don't) speak German.	Ich spreche nicht Deutsch.
He does (doesn't) know.	Er weiß nicht.

Didn't he come?	Ist er nicht gekommen?

to do wird nicht verwendet in Fragesätzen, in denen ein Fragewort selbst das Subjekt (Satzgegenstand) ist:

Who wrote the letter?	Wer schrieb den Brief?

und auch nicht in Sätzen mit den Hilfsverben:

am, are, is, was, were, can, could, may, might, must, shall, should, will, would

Verlaufsform

Die Verlaufsform wird mit dem Hilfsverb *to be* und dem Partizip Präsens *(-ing)* gebildet. Mit der Verlaufsform wird eine Handlung ausgedrückt, die gerade abläuft, noch andauert, noch nicht abgeschlossen ist, war oder sein wird.

I'm working.	Ich arbeite gerade./Ich bin am Arbeiten.
I'm working late tomorrow.	Ich arbeite morgen länger.
I was working.	Ich arbeitete gerade.
I'll be working.	Ich werde gerade arbeiten.
It's raining.	Es regnet gerade.

Gerundium

Das Gerundium (*Verb+ -ing*) ist die substantivierte Form des Infinitivs und steht nach Präpositionen. Im Deutschen dagegen steht anstelle des Gerundiums der Infinitiv.

He left without giving me his address.
Er ging, ohne mir seine Adresse zu geben.

Passiv (Leideform)

Zur Bildung des Passivs verwendet man das Hilfsverb *to be* und das Partizip Perfekt.

I am loved.	Ich werde geliebt.
I was loved.	Ich wurde geliebt.

- von – *by* [baɪ]

la novel by Dickens	ein Roman von Dickens

Wortstellung

Die regelmäßige Wortstellung im Aussagesatz ist:

Subjekt (Satzgegenstand)	Prädikat (Satzaussage)	Objekt (Ergänzung)
Many people	speak	English.
Viele Leute sprechen Englisch.		

In Fragesätzen:

Fragewort	Verb	Objekt	
Where	is	the key?	Wo ist der Schlüssel?

Verneinter Aussagesatz:

Subjekt	Hilfsverb (+ not, + n't)	Hauptverb	Objekt
I	do not (don't)	know	him.
Ich kenne ihn nicht.			

Interrogativpronomen (Fragewörter)

Substantivisch (alleinstehend)

who? [hu:]	wer?	Who are you?	Wer sind Sie?
whose? [hu:z]	wessen?	Whose car is this?	Wessen Auto ist das?
who?	wem/wen?	Who did you help? Who did you see?	Wem hast du geholfen? Wen hast du gesehen?
What? [wot]	was?	What is that?	Was ist das?
which? [wɪtʃ]	welche/ welcher/ welches?	**Which** is the quickest way?	Welches ist der kürzeste Weg?

who/whose fragen nach Personen, *what* nach Sachen und *which* nach Personen oder Sachen aus einer bestimmten Anzahl.

Weitere Fragen

when? [wen]	Wann?	When do you arrive? Wann kommen Sie an?
what time? ['wot 'taɪm]	um wie viel Uhr?	What time does the train leave? Um wie viel Uhr fährt der Zug ab?
how long? ['haʊ 'lɒŋ]	wie lang?	How long do I have to wait? Wie lange muss ich warten?
how often? ['haʊ 'ɒfn]	wie oft?	How often does the bus stop? Wie oft hält der Bus?
how many? ['haʊ 'menɪ]	wie viele?	How many do you want? Wie viele möchten Sie?

Die indefiniten Pronomen: *some* und *any* (Unbestimmte Fürwörter)

some	/	**somebody**	/	**someone**	/	**something**
[sʌm]		['sʌmbədɪ]		['sʌmwʌn]		['sʌmθɪŋ]

some und seine Zusammensetzungen stehen
1. in bejahenden Sätzen,
2. in Fragesätzen, wenn darauf eine bejahende Antwort erwartet wird.

1. I'd like some stamps, please.
   Ich möchte einige/ein paar Briefmarken, bitte.
   Somebody/Someone has stolen my purse.
   Jemand hat meinen Geldbeutel gestohlen.
2. May I have some more tea, please? - Yes, of course.
   Kann ich noch etwas Tee haben? - Aber selbstverständlich.

any	/	**anybody**	/	**anyone**	/	**anything**
['enɪ]		['enɪ bodɪ]		['enɪwʌn]		['enɪðɪŋ]

any und seine Zusammensetzungen werden verwendet in
1. verneinten Sätzen,
2. in Fragesätzen, auf welche die Antwort ungewiss ist,
3. in Bedingungssätzen.

1. I haven't got any friends in London.
   Ich habe keine Freunde in London.
2. Is there anybody/anyone who speaks German?
   Spricht hier jemand Deutsch?
   Have you got any stamps?
   Haben Sie vielleicht ein paar Briefmarken?
3. If I had any stamps I'd post the letter.
   Wenn ich (ein paar) Briefmarken hätte, würde ich den Brief einwerfen.

A

abbey [ˈæbɪ] Abtei
abbreviation [əˌbriːvɪˈeɪʃn] Abkürzung
abdomen [ˈæbdəmən] Unterleib
be able to [ˈeɪbl tʊ] können
about [əˈbaʊt] etwa, ungefähr; um, gegen *(zeitlich)*
about noon/midday/lunchtime [əˈbaʊt ˈnuːn/ˈmɪddeɪ/ˈlʌntʃtaɪm] gegen Mittag
about this time [əˈbaʊt ðɪs ˈtaɪm] um diese Zeit
abroad [əˈbrɔːd] im/ins Ausland
abscess [ˈæbsɪs] Abszess
accelerator [əkˈseləreɪtə] Gaspedal
accept [əkˈsept] zusagen *(Einladung)*
accessibility [ækˌsesɪˈbɪlɪtɪ] Zugänglichkeit
accident [ˈæksɪdənt] Unfall
accommodation [əˌkɒməˈdeɪʃn] Unterkunft
accompany [əˈkʌmpənɪ] begleiten
accompanying person [əkʌmpənɪɪŋ pɜːsn] Begleitperson
account [əˈkaʊnt] Konto
acquaintance [əˈkweɪntəns] der/die Bekannte
across [əˈkrɒs] (quer) durch
act [ˈækt] Akt
action film [ˈækʃən ˈfɪlm] Actionfilm
actor/actress [ˈæktə/ˈæktrɪs] Schauspieler/in
actual(ly) [ˈæktʃʊəl(ɪ)] eigentlich
acupuncture [ˈækjʊˈpʌŋktʃə] Akupunktur
adapter [əˈdæptə] Adapter, Zwischenstecker
add [æd] hinzufügen
additional [əˈdɪʃənl] *adj* zusätzlich
additional costs [əˈdɪʃənl ˈkɒsts] Nebenkosten
address [əˈdres] Adresse
addressee [ˌædreˈsiː] Empfänger
administration [ədˌmɪnɪsˈtreɪʃn] Verwaltung
admission charge [ədˈmɪʃn ˈtʃɑːdʒ] Eintrittspreis
admission ticket [(ədˈmɪʃn) ˈtɪkɪt] Eintrittskarte
adult [ˈædʌlt] Erwachsene(r)
advance booking [ədˈvɑːns ˈbʊkɪŋ] Vorverkauf
advantage [ədˈvɑːntɪdʒ] Vorteil
aerobics [eəˈrəʊbɪks] Aerobic
afraid (of) [əˈfreɪd] sich fürchten (vor)
after [ˈɑːftə] nach
afternoon [ˌɑːftəˈnuːn] Nachmittag
after-shave lotion [ˈɑːftəʃeɪv ˌləʊʃn] Rasierwasser
afterwards [ˈɑːftəwədz] danach
again [əˈgen] wieder
against [əˈgenst] gegen; **be against it** [əˈgenst‿ɪt] dagegen sein
age [eɪdʒ] Alter
agency [ˈeɪdʒənsɪ] Agentur
agree on [əˈgriː‿ɒn] vereinbaren
agreeable [əˈgrɪəbl] angenehm
aid [eɪd] Hilfe
aim [eɪm] Ziel
air [eə] Luft
airbed [ˈeəbed] Luftmatratze
air-conditioning [ˈeəkənˌdɪʃnɪŋ] Klimaanlage
airline [ˈeəlaɪn] Fluggesellschaft
airport [ˈeəpɔːt] Flughafen
airport bus [ˈeəpɔːt ˈbʌs] Flughafenbus
airport tax [ˈeəpɔːt ˈtæks] Flughafengebühr
alarm clock [əˈlɑːm ˈklɒk] Wecker
alarm system [əˈlɑːm ˈsɪstəm] Alarmanlage
alarmed [əˈlɑːmd] erschrocken
allergy [ˈælədʒɪ] Allergie

alley ['ælɪ] Gasse
allowed [ə'laʊd] zulässig; **be allowed** [ə'laʊd] dürfen
almonds ['ɑ:məndz] Mandeln
almost ['ɔ:lməʊst] fast
alone [ə'ləʊn] allein
already [ɔ:l'redɪ] bereits, schon
also ['ɔ:lsəʊ] auch
altar ['ɔ:ltə] Altar
although [ɔ:l'ðəʊ] obwohl
always ['ɔ:lweɪz] immer
ambulance ['æmbjʊləns] Krankenwagen
America [ə'merɪkə] Amerika
American [ə'merɪkn] Amerikaner/in
among [ə'mʌŋ] zwischen, unter *(zwischen mehreren)*
amount [ə'maʊnt] Betrag, Summe
amphitheatre ['æmfɪˌθɪətə] Amphitheater
amusement park [ə'mju:zmntpɑ:k] Vergnügungspark
anaesthetic [ˌænɪs'θetɪk] Narkose
ancient ['eɪnʃnt] antik
and [ænd] und
angina [æn'dʒaɪnə] Angina
angry ['æŋgrɪ] verärgert, böse
animal ['ænɪml] Tier
ankle ['æŋkl] Knöchel
announce [ə'naʊns] anmelden
announcement [ə'naʊnsmənt] Mitteilung
annoying [ə'nɔɪɪŋ] lästig; ärgerlich
annual(ly) ['ænjʊəl(ɪ)] jährlich
anorak ['ænəræk] Anorak
answer ['ɑ:nsə] (be)antworten
answering machine ['ɑ:nsərɪŋ mə'ʃi:n] Anrufbeantworter
antibiotics [ˌæntɪbaɪ'ɒtɪks] Antibiotika
anti-freeze ['æntɪfri:z] Frostschutzmittel
antique shop [æn'ti:k ʃɒp] Antiquitätengeschäft
any ['enɪ] jeder beliebige; *(bei Frage, Verneinung, Bedingung)* einige
anybody ['enɪˌbɒdɪ] jemand *(in verneinten u. fragenden Sätzen)*
apartment [ə'pɑ:tmənt] *(Am)* Apartment, Wohnung
apologise [ə'pɒlədʒaɪz] sich entschuldigen
appendicitis [əˌpendɪ'saɪtɪs] Blinddarmentzündung
appetite ['æpɪtaɪt] Appetit
applause [ə'plɔ:z] Beifall
apples ['æplz] Äpfel
appointment [ə'pɔɪntmənt] Termin
apricots ['eɪprɪkɒts] Aprikosen
April ['eɪprl] April
aqua jogging ['ækwə dʒɒgɪŋ] Aqua-Jogging
arch [ɑ:tʃ] Bogen
archaeology [ˌɑ:kɪ'ɒlədʒɪ] Archäologie
architect ['ɑ:kɪtekt] Architekt/in
architecture ['ɑ:kɪtektʃə] Architektur
area ['eərɪə] Gegend
area code ['eərɪə 'kəʊd] Vorwahlnummer
arm [ɑ:m] Arm
armchair ['ɑ:m'tʃeə] Sessel
aroma bath ['ærəʊmæ 'bɑ:θ] Aromabad
around [ə'raʊnd] um; ungefähr
arrest [ə'rest] verhaften
arrival [ə'raɪvl] Ankunft
arrive [ə'raɪv] ankommen
art [ɑ:t] Kunst
art dealer ['ɑ:t 'di:lə] Kunsthändler/in
Art Nouveau ['ɑ: nu:'vəʊ] Jugendstil
artichokes ['ɑ:tɪtʃəʊks] Artischocken
artifical limb [ˌɑ:tɪ'fɪʃl 'lɪm] Prothese
arts and crafts ['ɑ:ts‿ən 'krɑ:fts] Kunstgewerbe
as [æz] da *(Grund)*; **as soon as possible** so bald wie möglich
ashtray ['æʃtreɪ] Aschenbecher
ask [ɑ:sk] fragen; **ask s.o. for s.th.** jdn um etw bitten
asparagus [ə'spærəgəs] Spargel
aspirin ['æsprɪn] Aspirin
association [əˌsəʊsɪ'eɪʃn] Verein
asthma ['æsmə] Asthma
at [æt] um *(Zeitangabe)*

at best [ət ˈbest] höchstens
at ground level [ət graʊnd levl] ebenerdig
at home [ət‿ˈhəʊm] daheim
at least [ət ˈli:st] mindestens; wenigstens
at lunchtime [ət ˈlʌnʃtaɪm] mittags
at night [ət ˈnaɪt] nachts
at once [ət ˈwʌns] gleich, sofort
at short notice [ət ˈʃɔ:t ˈnəʊtɪs] kurzfristig
at the most [ət ðə ˈməʊst] höchstens
at the weekend [ət ðə ˌwi:kˈend] am Wochenende
athletics [æθˈletɪks] Leichtathletik
Atlantic [ətˈlæntɪk] Atlantik
attack [əˈtæk] Überfall; überfallen
attendant [əˈtendənt] Bademeister/in *(im Schwimmbad)*
attention [əˈtenʃn] Achtung
au gratin [ˌəʊˈgrætæŋ] überbacken
aubergines [ˈəʊbəʒi:nz] Auberginen
August [ˈɔ:gəst] August
Austria [ˈɔ:strɪə] Österreich
Austrian [ˈɔ:strɪən] Österreicher/in
authorities [ɔ:ˈθɒrɪtɪz] Behörde
automated teller machine [ˈɔ:təmeɪtɪd ˈtelə məˈʃi:n] Geldautomat
automatic [ˌɔ:təˈmætɪk] automatisch
automatic (transmission) [ˌɔ:təˈmætɪk (trænzˈmɪʃn)] Automatik(getriebe)
autumn [ˈɔ:təm] Herbst
average [ˈævrɪdʒ] *adj* durchschnittlich
avocado [ˌævəˈkɑ:dəʊ] Avocado
awake [əˈweɪk] wach
aware of [əˈweər‿əv] bewusst
away [əˈweɪ] weg, fort
awful [ˈɔ:fʊl] schrecklich
Ayurveda [aɪ jɔ:v eɪdæ] Ayurveda

B

B road [ˈbi:rəʊd] Landstraße
baby [ˈbeɪbɪ] Baby
baby food [ˈbeɪbɪ fu:d] Babynahrung
baby intercom [beɪbɪ ˈɪntəkɒm] Babyfon
baby lift [beɪbɪ lɪft] Babylift
baby seat [beɪbɪ si:t] Babyschale *(fürs Auto)*
baby's bottle [ˈbeɪbɪz bɒtl] Trinkflasche
baby's changing table [ˈbeɪbɪz tʃeɪndʒɪŋ teɪbl] Wickeltisch
babysitter [ˈbeɪbɪˌsɪtə] Babysitter
babysitting service [ˈbeɪbɪˌsɪtɪŋ ˈsɜ:vɪs] Kinderbetreuung
bachelor [ˈbætʃələ] Junggeselle
back [bæk] Rücken; zurück
backache [ˈbækeɪk] Rückenschmerzen
backwards [ˈbækwədz] rückwärts
bacon [beɪkn] (Frühstücks)Speck
bad [bæd] *adj* schlecht
badly [ˈbædlɪ] *adv* schlecht
badminton [ˈbædmɪntən] Badminton, Federball *(Spiel)*
bag [bæg] Handtasche, Tüte
baggage [ˈbægɪdʒ] *(Am)* Gepäck
baggage check-in [ˈbægɪdʒ ˈtʃekɪn] Gepäckabfertigung
baggage reclaim [ˈbægɪdʒ ˌri:ˈkleɪm] Gepäckausgabe
baked [beɪkt] gebacken
baker's [ˈbeɪkəz] Bäckerei
balcony [ˈbælkənɪ] Balkon
ball [bɔ:l] Ball
ballet [ˈbæleɪ] Ballett
ballpoint pen [ˈbɔ:lpɔɪnt ˈpen] Kugelschreiber
bananas [bəˈnɑ:nəz] Bananen
band [bænd] Band
bandage [ˈbændɪdʒ] Verband
bank [bæŋk] Bank; (Fluss)Ufer
banknote [ˈbæŋknəʊt] Geldschein
bar [bɑ:] Bar
bar of chocolate [ˈbɑ:r‿əv ˈtʃɒklət] Schokoriegel
barber's [ˈbɑ:bəz] Herrenfriseur
Baroque [bəˈrɒk] Barock; barock
barrier-free [ˈbærɪə fri:] barrierefrei
basil [ˈbæzl] Basilikum

basket [ˈbɑ:skɪt] Korb
basketball [ˈbɑ:skɪtbɔ:l] Basketball
bath [bɑ:θ] Badewanne
bathing cap [ˈbeɪðɪŋkæp] Bademütze
bathing shoes [ˈbeɪðɪŋ ˈʃu:z] Badeschuhe
bathing trunks [ˈbeɪðɪŋ trʌŋks] Badehose
bathrobe [ˈbɑ:θrəʊb] Bademantel
bathroom [ˈbɑ:θrʊm] Badezimmer
battery [ˈbætrɪ] Batterie
battery charger [ˈbætrɪ ˈtʃɑ:dʒə] Ladegerät
bay [beɪ] Bucht
bay-leaves [ˈbeɪlɪv:z] Lorbeer
be [bi:] *verb* sein; sich befinden
beach [bi:tʃ] Strand
beach shoes [bi:tʃ ˈʃu:z] Strandschuhe
beach volleyball [bi:tʃ ˈvɒlɪbɔ:l] Beach-Volleyball
beans [bi:nz] Bohnen
beard [bɪəd] Bart
beat up [ˈbi:t‿ˈʌp] zusammenschlagen
beautiful [ˈbju:təfl] schön
because [bɪˈkɒz] weil, da
because of [bɪˈkɒz‿əv] wegen
become [bɪˈkʌm] werden
bed [bed] Bett
bed linen [ˈbedˌlɪnɪn] Bettwäsche
bedroom [ˈbedrʊm] Schlafzimmer
bedside table [ˈbedsaɪd ˈteɪbl] Nachttisch
bee [bi:] Biene
beef [bi:f] Rindfleisch
beer [bɪə] Bier
before [bɪˈfɔ:] *(zeitlich)* (be)vor, vorher
begin [bɪˈgɪn] anfangen
beginning [bɪˈgɪnɪŋ] Anfang
behind [bɪˈhaɪnd] hinter
beige [beɪʒ] beige
Belgian [ˈbeldʒən] Belgier/in
Belgium [ˈbeldʒəm] Belgien
believe [bɪˈli:v] glauben
bell [bel] Klingel
belong to [bɪˈlɒŋ tu:] gehören
below [bɪˈləʊ] unten, unterhalb
belt [belt] Gürtel
bench [bentʃ] Sitzbank
bend [bend] Kurve
beside [bɪˈsaɪd] neben
besides [bɪˈsaɪdz] außerdem
best [best] beste(r, s)
better [ˈbetə] besser
between [bɪˈtwi:n] zwischen
bicycle [ˈbaɪsɪkl] Fahrrad
big [bɪg] groß
bike [baɪk] Fahrrad
bikini [bɪˈki:nɪ] Bikini
bill [bɪl] Rechnung
bin [bɪn] Abfalleimer
bin liner [ˈbɪnˌlaɪnə] Abfallbeutel
bird [bɜ:d] Vogel
bird reserve [bɜ:d rɪˈzɜ:v] Vogelschutzgebiet
biro [ˈbaɪrəʊ] Kuli
birthday [ˈbɜ:θdeɪ] Geburtstag
biscuits [ˈbɪskɪts] Kekse
a bit [bɪt] ein bisschen
bite [baɪt] beißen
bitter [ˈbɪtə] bitter
black [blæk] schwarz
black-and-white film [ˈfɪlm] Schwarzweißfilm
blackberries [ˈblækbrɪz] Brombeeren
bladder [ˈblædə] Blase
blank [ˈblæŋk] Rohling
blanket [ˈblæŋkɪt] Bettdecke, Wolldecke
blazer [ˈbleɪzə] Blazer
bleed [bli:d] bluten
bleeding [ˈbli:dɪŋ] Blutung
blender [ˌblendə] Mixer
blind [blaɪnd] blind
blind person [blaɪnd pɜ:sn] Blinde/r
blond(e) [blɒnd] blond
blood [blʌd] Blut
blood group [ˈblʌd gru:p] Blutgruppe
blood pressure: (high/low) ~ [ˈblʌd ˌpreʃə (ˈhaɪ/ˈləʊ)] (hoher/niedriger) Blutdruck
blood-poisoning [ˈblʌdˌpɔɪznɪŋ] Blutvergiftung

blouse [blaʊz] Bluse
blow-dry [ˈbləʊˈdraɪ] föhnen
blue [blu:] blau
blues [blu:z] Blues
board: half ~/full ~ [ˈhɑ:f/ˈfʊl ˈbɔ:d] (Halb~/Voll)Pension
boarding card [ˈbɔ:dɪŋ kɑ:d] Bordkarte
body [ˈbɒdɪ] Körper
bodybuilding [ˈbɒdɪbɪldɪŋ] Bodybuilding
boil [bɔɪl] kochen *(Wasser)*
boiled [bɔɪld] gekocht
bone [bəʊn] Knochen
bonnet [ˈbɒnɪt] Motorhaube
book [bʊk] Buch; *(Platz)* buchen
booking [ˈbʊkɪŋ] Buchung, Voranmeldung
booking-office [ˈbʊkɪŋˌɒfɪs] Fahrkartenschalter
bookshop [ˈbʊkʃɒp] Buchhandlung
boot [bu:t] Kofferraum
boots [bu:ts] Stiefel
border [ˈbɔ:də] Grenze
boring [ˈbɔ:rɪŋ] langweilig
born [bɔ:n] geboren
borreliosis [bɒrelɪəʊsɪs] Borreliose
borrow [ˈbɒrəʊ] leihen *(von jdm)*
boss [bɒs] Chef/in, Leiter/in
botanic gardens [bəˈtænɪk ˈgɑ:dnz] Botanischer Garten
both [bəʊθ] beide
bother [ˈbɒðə] stören, belästigen
bottle [ˈbɒtl] Flasche
bottle opener [ˈbɒtlˌəʊpnə] Flaschenöffner
bottle warmer [bɒtl wɔ:mə] Fläschchenwärmer
boules [ˈbu:l] Boulespiel
boutique [bu:ˈti:k] Boutique
bowel movement [ˈbaʊəl ˌmu:vmənt] Stuhlgang
bowl [bəʊl] Schüssel
box [bɒks] Kiste, Dose; Loge
box-office [ˈbɒksˌɒfɪs] Theaterkasse
boy [bɔɪ] Junge
boyfriend [ˈbɔɪfrend] Freund
bracelet [ˈbreɪslɪt] Armband
braille [breɪl] Braille
brain [breɪn] Gehirn
braised [breɪzd] geschmort
brake [breɪk] Bremse
brake fluid [ˈbreɪk ˌflʊɪd] Bremsflüssigkeit
brake lights [ˈbreɪkˌlaɪts] Bremslichter
brand [brænd] Sorte *(Zigaretten)*
bread [bred] Brot
break into/open [breɪk‿ˈɪntʊ/ˈəʊpn] aufbrechen
breakdown [ˈbreɪkdaʊn] Panne
breakdown service [ˈbreɪkdaʊn ˈsɜ:vɪs] Abschleppdienst, Pannendienst
breakdown vehicle [ˈbreɪkdaʊn ˌvi:ɪkl] Abschleppwagen
breakfast [ˈbrekfəst] Frühstück
breakfast room [ˈbrekfəstrʊm] Frühstücksraum
breathe [bri:ð] atmen
breathing apparatus [bri:ðɪŋ ˌæpəˈreɪtəs] Sauerstoffgerät
bridge [brɪdʒ] Brücke
briefs [bri:fs] Slip *(Herren)*
bring [brɪŋ] (her-, mit)bringen
bring back [ˈbrɪŋ ˈbæk] zurückbringen
broad [brɔ:d] breit
brochure [ˈbrəʊʃə] Prospekt
broken [ˈbrəʊkn] gebrochen, kaputt
bronchial tubes [ˈbrɒŋkjəl ˈtju:bz] Bronchien
bronchitis [brɒŋˈkaɪtɪs] Bronchitis
bronze [brɒnz] Bronze
brooch [brəʊtʃ] Brosche
broom [bru:m] Besen
brother [ˈbrʌðə] Bruder
brother-in-law [ˈbrʌðərɪnlɔ:] Schwager
brown [braʊn] braun
brown rye bread [braʊn raɪ bred] Schwarzbrot
bruise [bru:z] Prellung
brush [brʌʃ] Bürste
bucket [ˈbʌkɪt] Eimer
buffet breakfast [ˈbʊfeɪ ˈbrekfəst] Frühstücksbüfett

building [ˈbɪldɪŋ] Bauwerk; Gebäude
bulb [bʌlb] Glühbirne
bumper [ˈbʌmpə] Stoßstange
bunch of flowers [ˈbʌntʃ‿əv ˈflaʊəz] Blumenstrauß
bungalow [ˈbʌŋgələʊ] Bungalow
bungee jumping [bʌndʒɪ dʒʌmpɪŋ] Bungeejumping
bunk bed [ˈbʌŋk ˌbed] Etagenbett
bureau de change [ˈbjʊərəʊ də ˈʃɔ̃:nʒ] Wechselstube
burn [bɜ:n] Verbrennung
bus [bʌs] Bus
bus station [ˈbʌs‿ˌsteɪʃn] Busbahnhof
bush [bʊʃ] Busch
but [bʌt] aber
butcher's [ˈbʊtʃəz] Metzgerei
butter [ˈbʌtə] Butter
buttermilk [ˈbʌtəmɪlk] Buttermilch
button [ˈbʌtn] Knopf
buy [baɪ] kaufen
by chance [baɪ ˈtʃɑ:ns] zufällig
bypass (operation) [ˈbaɪpɑ:s‿(ˌɒpəˈreɪʃn)] Bypass

C

cabaret [ˈkæbəreɪ] Kabarett, Kleinkunstbühne
cabbage [ˈkæbɪdʒ] Kohl
cabin [ˈkæbɪn] Kabine
cable railway [ˈkeɪbl ˈreɪlweɪ] Seilbahn
café [ˈkæfeɪ] Café
cake [keɪk] Kuchen
cake shop [ˈkeɪk ʃɒp] Konditorei
calculate [ˈkælkjʊleɪt] berechnen
call [kɔ:l] Anruf; anrufen
call for [ˈkɔ:l fɔ:] abholen
call on s.o. [ˈkɔ:l‿ɒn] jdn besuchen
be called [bɪ ˈkɔ:ld] heißen
calm [kɑ:m] still, ruhig; Ruhe *(seelisch)*; Flaute *(Windstille)*
calm down [ˈkɑ:m ˈdaʊn] sich beruhigen
camcorder [kæmˌkɔ:də] Camcorder
camera [ˈkæmrə] Fotoapparat
camomile tea [ˈkæməˌmaɪl ti:] Kamillentee
camp [kæmp] zelten
camper (van) [ˈkæmpə(væn)] Wohnmobil
camping [ˈkæmpɪŋ] Camping
camping guide [ˈkæmpɪŋ gaɪd] Campingführer
camping site [ˈkæmpɪŋsaɪt] Campingplatz
can [kæn] Dose
canal [kəˈnæl] Kanal
cancel [ˈkænsl] *(Zimmer, Fahr-, Flugkarten)* stornieren
cancer [ˈkænsə] Krebs
candles [ˈkændlz] Kerzen
cane [keɪn] Taststock
canoe [kəˈnu:] Kanu, Paddelboot
cap [kæp] Mütze
capital [ˈkæpɪtl] Hauptstadt
captain [ˈkæptɪn] Kapitän
car [kɑ:] Auto
car park [ˈkɑ:pɑ:k] Parkplatz
car radio [ˈkɑ: ˈreɪdɪəʊ] Autoradio
car registration documents [ˈkɑ: ˌredʒɪsˈtreɪʃn ˈdɒkjʊmənts] Kfz-Schein
carafe [kəˈræf] Karaffe
caravan [ˈkærəvæn] Wohnwagen
caraway seed(s) [ˈkærəweɪ si:d(z)] Kümmel
cardiac infarction [ˈkɑ:dɪæk‿ɪnˈfɑ:kʃn] Herzinfarkt
cardiac stimulant [ˈkɑ:dɪæk ˈstɪmjʊlənt] Kreislaufmittel
cardigan [ˈkɑ:dɪgən] Strickjacke
care service [keə sɜ:vɪs] Betreuungsdienst
careful [ˈkeəfʊl] vorsichtig
carriage with wheelchair access [ˈkærɪdʒ wɪð wi:lˈtʃeə ækses] rollstuhlgängiger Wagen *(Zug)*
carrots [ˈkærəts] Karotten
carry [ˈkærɪ] tragen
cartoon [kɑ:ˈtu:n] Zeichentrickfilm
cash [kæʃ] bar, Bargeld
cash-desk [ˈkæʃdesk] Kasse
cashpoint [kæʃ pɔɪnt] Geldautomat

casino [kə'si:nəʊ] Spielkasino
cassette [kə'set] Kassette
cassette recorder [kə'set rɪ'kɔ:də] Kassettenrekorder
castle ['kɑ:sl] Burg, Schloss
cat [kæt] Katze
catch [kætʃ] fangen
cathedral [kə'θi:drl] Kathedrale, Dom
cauliflower ['kɒlɪˌflaʊə] Blumenkohl
cause [kɔ:z] Grund; verursachen
caution ['kɔ:ʃn] Vorsicht
cautious ['kɔ:ʃəs] vorsichtig
cave [keɪv] Höhle
CD/DVD [si:'di:/di:vi:di:] CD/DVD
CD player ['si:'di: pleɪə] CD-Spieler
ceiling ['si:lɪŋ] Decke
celebration [sele'breɪʃn] Fest
celeriac [sə'lerɪæk] Sellerie
cemetery ['semətrɪ] Friedhof
cent [sent] Cent
centimetre ['sentɪˌmi:tə] Zentimeter
central ['sentrl] zentral
central heating ['sentrəl 'hi:tɪŋ] Zentralheizung
centre ['sentə] Zentrum
century ['sentʃʊrɪ] Jahrhundert
ceramics [sɪ'ræmɪks] Keramik
certain(ly) ['sɜ:tn(lɪ)] sicher, bestimmt; **certainly!** ['sɜ:tnlɪ] unbedingt!
certificate [sə'tɪfɪkət] Bescheinigung, Attest
certify ['sɜ:tɪfaɪ] bescheinigen
chair [tʃeə] Stuhl
chairlift ['tʃeəlɪft] Sessellift
chambermaid [('tʃeɪmbə)meɪd] Zimmermädchen
champagne [ˌʃæm'peɪn] Champagner
change [tʃeɪndʒ] umtauschen; sich umziehen
change [tʃeɪndʒ] Wechsel; Kleingeld, Wechselgeld
change the booking [tʃeɪndʒ ðə 'bʊkɪŋ] umbuchen
changeable ['tʃeɪndʒəbl] wechselhaft
changing of the guard ['tʃeɪndʒɪŋ‿əv ðə 'gɑ:d] Wachablösung
channel ['tʃænl] Kanal
chapel ['tʃæpl] Kapelle
charcoal ['tʃɑ:kəʊl] Grillkohle
charming ['tʃɑ:mɪŋ] bezaubernd, entzückend
cheap [tʃi:p] billig
check [tʃek] nachprüfen, kontrollieren
check in [ˌtʃek‿'ɪn] einchecken
cheeky ['tʃi:kɪ] unverschämt
cheese [tʃi:z] Käse
chemist's ['kemɪsts] Apotheke, Drogerie
cherries ['tʃerɪz] Kirschen
chest [tʃest] Brust; Kiste
chicken ['tʃɪkɪn] Hähnchen
chickenpox ['tʃɪkɪnpɒks] Windpocken
chickpeas ['tʃɪkpi:z] Kichererbsen
chicory ['tʃɪkərɪ] Chicoree
child [tʃaɪld] Kind
child reduction [tʃaɪld rɪ'dʌkʃn] Kinderermäßigung
child seat [tʃaɪld si:t] Kindersitz
children ['tʃɪldrən] *pl* Kinder
children's portion ['tʃɪldrənz 'pɔ:ʃn] Kinderteller
children's clothing [tʃɪldrənz kləʊðɪŋ] Kinderkleidung
children's illness ['tʃɪldrənz 'ɪlnɪs] Kinderkrankheit
children's pool [tʃɪldrənz pu:l] Kinderbecken
china ['tʃaɪnə] Porzellan
chip card [tʃɪp kɑ:d] Chipkarte
chocolate ['tʃɒklət] Schokolade
chocolate bar ['tʃɒklət bɑ:] Schokoriegel
choice [tʃɔɪs] Auswahl
choir ['kwaɪə] Chor
cholera ['kɒlərə] Cholera
choose [tʃu:z] wählen
chop [tʃɒp] Kotelett
chopping board [tʃɒpɪŋ 'bɔ:d] Schneidebrett
Christian name ['krɪstjən neɪm] Vorname
Christianity [ˌkrɪstɪ'ænɪtɪ] Christentum

Christmas ['krɪsməs] Weihnachten
Christmas Eve ['krɪsməs‿'iːv] Heiliger Abend
church [tʃɜːtʃ] Kirche
cigar [sɪ'gɑː] Zigarre
cigarette [ˌsɪgə'ret] Zigarette
cigarillo [ˌsɪgə'rɪləʊ] Zigarillo
cinema ['sɪnəmə] Kino
circulatory disorder [ˌsɜːkjʊ'leɪtrɪ dɪs'ɔːdə] Durchblutungsstörungen
circus ['sɜːkəs] Zirkus
city bus [sɪtɪ bʌs] Stadtbus
city centre ['sɪtɪ 'sentə] Stadtzentrum
city hall ['sɪtɪ 'hɔːl] *(Am)* Rathaus
city map ['sɪtɪ 'mæp] Stadtplan
class [klɑːs] Klasse
classic film ['klæsɪk 'fɪlm] Klassiker
classical ['klæsɪkəl] Klassik
classicism ['klæsɪsɪzm] Klassizismus
clean [kliːn] sauber, frisch *(Wäsche)*; reinigen, putzen
cleaning agent [kliːnɪŋ eɪdʒənt] Putzmittel
clear [klɪə] klar
clearance sale [('klɪərəns) seɪl] Ausverkauf
clever ['klevə] klug
cliff [klɪf] Fels(klippe)
climate ['klaɪmɪt] Klima
clingfilm ['klɪŋfɪlm] Frischhaltefolie
cloakroom ['kləʊkrʊm] Garderobe
cloister ['klɔɪstə] Kreuzgang
close (to) [kləʊs (tə)] nahe (bei)
closed [kləʊzd] zu, geschlossen
cloth [klɒθ] Tuch
clothes line ['kləʊðz laɪn] Wäscheleine
clothes pegs ['kləʊðz lpegz] Wäscheklammern
clothing ['kləʊðɪŋ] Kleidung
cloud [klaʊd] Wolke
cloudy ['klaʊdɪ] bewölkt
cloves [kləʊvz] Nelken
club [klʌb] Verein
clubhouse [klʌb'haʊs] Clubhaus
clutch [klʌtʃ] Kupplung
coach [kəʊtʃ] Überlandbus
coach number (*train*) ['kəʊtʃ 'nʌmbə] Wagennummer *(Zug)*
coast [kəʊst] Küste
coat [kəʊt] Mantel
coathanger ['kəʊtˌhæŋə] Kleiderbügel
cobbler's ['kɒbləz] Schuhmacher
coconut ['kəʊkənʌt] Kokosnuss
coffee ['kɒfɪ] Kaffee
coffee filter ['kɒfɪ ˌfɪltə] Kaffeefilter
coffee machine ['kɒfɪ mə'ʃiːn] Kaffeemaschine
coffee spoon ['kɒfɪ spuːn] Kaffeelöffel
coin [kɔɪn] Münze
cold [kəʊld] kalt, **to be cold** [kəʊld] frieren
cold [kəʊld] Erkältung; Schnupfen
cold bag ['kəʊld bæg] Kühltasche
cold meat ['kəʊld 'miːt] Aufschnitt
cold water ['kəʊld 'wɔːtə] kaltes Wasser
colic ['kɒlɪk] Kolik
collarbone ['kɒləbəʊn] Schlüsselbein
colleague ['kɒliːg] Kollege/Kollegin
collect [kə'lekt] sammeln
collection [kə'lekʃn] Leerung
collision [kə'lɪʒn] Zusammenstoß
coloured ['kʌləd] farbig
coloured pencil ['kʌləd 'pensl] Farbstift
colourful ['kʌləfʊl] bunt
colouring book ['kʌlərɪŋ bʊk] Malbuch
column ['kɒləm] Säule
comb [kəʊm] Kamm; kämmen
come [kʌm] kommen
come back [ˌkʌm 'bæk] zurückkehren, wiederkommen
come from ['kʌm frɒm] stammen aus
come in ['kʌm 'ɪn] hereinkommen
come in! ['kʌm 'ɪn] herein!
comedy ['kɒmɪdɪ] Komödie
comfortable ['kʌmftəbl] bequem
common ['kɒmən] gemeinsam; gebräuchlich
compact disc ['kɒmpækt 'dɪsk] Compactdisc
company ['kʌmpənɪ] Firma
compartment [kəm'pɑːtmənt] Abteil

compass [ˈkʌmpəs] Kompass
compensation [ˌkɒmpenˈseɪʃn] Ausgleich, Ersatz
complain (of/about) [kəmˈpleɪn‿(əv/əˈbaʊt)] sich beklagen (über), sich beschweren (über)
complete [kəmˈpliːt] ganz
composer [kəmˈpəʊzə] Komponist/in
computer shop [kəmˈpjuːtə ʃɒp] Computerfachgeschäft
concert [ˈkɒnsət] Konzert
concussion [kənˈkʌʃn] Gehirnerschütterung
condom [ˈkɒndəm] Kondom, Präservativ
conductor [kənˈdʌktə] Dirigent/in *(eines Orchesters)*; Schaffner/in *(im Zug)*
confidence [ˈkɒnfɪdəns] Vertrauen
confirm [kənˈfɜːm] bestätigen
confiscate [ˈkɒnfɪskeɪt] beschlagnahmen
congratulate [kənˈɡrætjʊleɪt] gratulieren
congratulations [kənˌɡrætjʊˈleɪʃnz] Glückwunsch
conjunctivitis [kənˌdʒʌŋtəvɪtɪs] Bindehautentzündung
connection [kəˈnekʃn] Verbindung, Anschluss
consist of [kənˈsɪst‿əv] bestehen aus
constipation [ˌkɒnstɪˈpeɪʃn] Verstopfung
consulate [ˈkɒnsjʊlɪt] Konsulat
contact [ˈkɒntækt] Kontakt
contagious [kənˈteɪdʒəs] ansteckend
container [kənˈteɪnə] Behälter
contents [ˈkɒntents] Inhalt
contest [ˈkɒntest] Wettkampf
contraceptive [ˌkɒntrəˈseptɪv] Verhütungsmittel
contraceptive pills [ˌkɒntrəˈseptɪv pɪlz] Antibabypillen
contract [ˈkɒntrækt] Vertrag
on the contrary im Gegenteil
control [kənˈtrəʊl] kontrollieren, beherrschen
contusion [kənˈtjuːʒn] Prellung
convent [ˈkɒnvənt] (Nonnen)Kloster
conversation [ˌkɒnvəˈseɪʃn] Gespräch, Unterhaltung
cook [kʊk] Koch; kochen
cookbook [kʊk bʊk] Kochbuch
cooked ham [ˈkʊkt ˈhæm] gekochter Schinken
cooker [ˈkʊkə] Herd, Kocher
cool [kuːl] kühl, frisch
cooling water [ˈkuːlɪŋ ˈwɔːtə] Kühlwasser
copy [ˈkɒpɪ] Kopie
corkscrew [ˈkɔːkskruː] Korkenzieher
corner [ˈkɔːnə] Ecke
cornet [ˈkɔːnət] Eistüte
corridor [ˈkɒrɪdɔː] Flur, Gang
corrupt [kəˈrʌpt] *(sittlich)* verdorben
cost [kɒst] kosten
cosy [ˈkeʊzɪ] gemütlich
cot [kɒt] Kinderbett
cottage [ˈkɒtɪdʒ] Hütte
cotton [ˈkɒtn] Baumwolle
cotton buds [ˈkɒtn bʌdz] Wattestäbchen
cotton wool [ˌkɒtnˈwʊl] Watte
couchette [kuːˈʃet] Liegewagenplatz
cough [kɒf] Husten
cough mixture [ˈkɒf ˈmɪkstʃə] Hustensaft
count [kaʊnt] zählen
country [ˈkʌntrɪ] Land
country road [ˈkʌntrɪ ˌrəʊd] Landstraße
countryside [ˈkʌntrɪsaɪd] Landschaft
couple [ˈkʌpl] (Ehe)Paar
course [kɔːs] Kurs; Gang *(eines Essens)*
cousin [ˈkʌzn] Cousin/e
crab [kræb] Krebs
cramp [kræmp] Krampf
crash [kræʃ] Zusammenstoß
crash helmet [ˈkræʃ ˌhelmɪt] Sturzhelm, Fahrradhelm
crazy [ˈkreɪzɪ] verrückt
crazy golf [ˈkreɪzɪɡɒlf] Minigolf
cream [kriːm] Creme; Sahne

creative [kri:ˈeɪtɪv] kreativ
credit card [ˈkredɪt kɑ:d] Kreditkarte
crew [kru:] Mannschaft *(Schiff)*
crime [kraɪm] Verbrechen
crockery [ˈkrɒkərɪ] Geschirr
cross [krɒs] Kreuz
crossing [ˈkrɒsɪŋ] Übergang
crossroads [ˈkrɒsrəʊdz] Kreuzung
crowded [ˈkraʊdɪd] voll, überfüllt
crown [kraʊn] Krone
cruise [kru:z] Kreuzfahrt, Segeltörn
crutch [krʌtʃ] Krücke
cry [kraɪ] weinen
crystal [ˈkrɪstl] Kristall
cubicle [ˈkju:bɪkəl] Umkleidekabine
cucumber [ˈkju:kʌmbə] Gurke
culture [ˈkʌltʃə] Kultur
cup/cups [kʌp/kʌpz] Tasse/Tassen
cupboard [ˈkʌbəd] Schrank
curious [ˈkjʊərɪəs] neugierig
curlers [ˈkɜ:ləz] Lockenwickler
curling [ˈkɜ:lɪŋ] Curling
curls [kɜ:lz] Locken
currency [ˈkʌrənsɪ] Währung
current [ˈkʌrnt] Strom *(el)*; Strömung *(im Wasser)*
customer [ˈkʌstəmə] Kunde/Kundin
customs [ˈkʌstəmz] Zoll(amt)
customs declaration [ˈkʌstəmz ˌdekləˈreɪʃn] Zollerklärung
cut [kʌt] Schnittwunde; schneiden
cutlery [ˈkʌtlərɪ] Besteck
cutlet [ˈkʌtlɪt] Kotelett
cycle [ˈsaɪkl] Rad fahren
cycle path [ˈsaɪkl pɑ:θ] Fahrradweg
cycle tour [ˈsaɪkl ˌtʊə] Radtour
cycling [ˈsaɪklɪŋ] Radsport
cyst [sɪst] Zyste

D

daily [ˈdeɪlɪ] täglich
damage [ˈdæmɪdʒ] beschädigen; Schaden
damp [dæmp] feucht
dance [dɑ:ns] Fest, Tanz; tanzen
dance band [ˈdɑ:ns ˌbænd] Tanzkapelle
dance theatre [ˈdɑ:ns θɪətə] Tanztheater
dancer [ˈdɑ:nsə] Tänzer/in
dandruff [ˈdændrʌf] Schuppen
danger [ˈdeɪndʒə] Gefahr
dangerous [ˈdeɪndʒrəs] gefährlich
dark [dɑ:k] dunkel
dark blue [dɑ:k blu:] dunkelblau
darling [ˈdɑ:lɪŋ] Liebling
date [deɪt] Datum; Verabredung; **date of birth** [ˈdeɪt‿əv ˈbɜ:θ] Geburtsdatum
dates [deɪts] Datteln
daughter [ˈdɔ:tə] Tochter
day [deɪ] Tag; **the day after tomorrow** [ðə ˈdeɪ‿ˈɑ:ftə təˈmɒrəʊ] übermorgen; **the day before yesterday** [ðə ˈdeɪ bɪˈfɔ: ˈjestədɪ] vorgestern
day excursion [deɪ ɪksˈkɜ:ʃn] Tagestour
day of arrival [deɪ‿əv‿əˈraɪvl] Anreisetag
day pass [deɪ pɑ:s] Tagespass
day trip [ˈdeɪ trɪp] Tagesausflug
deadline [ˈdedlaɪn] Frist, Termin
deaf [def] gehörlos, taub
deaf person [def pɜ:sn] Gehörlose/r
deaf-mute [def mju:t] taubstumm; Taubstumme/r
debt [det] Schuld
deceitful [dɪˈsi:tfʊl] betrügerisch
December [dɪˈsembə] Dezember
decide [dɪˈsaɪd] entscheiden, beschließen
deck [dek] Deck
declaration of value [ˌdekləˈreɪʃn‿əv ˈvælju:] Wertangabe
decline [dɪˈklaɪn] ablehnen
deep [di:p] tief
definite(ly) [ˈdefɪnɪt(lɪ)] endgültig
delay [dɪˈleɪ] Verspätung
delicatessen [ˌdelɪkəˈtesn] Feinkostgeschäft
delightful [dɪˈlaɪtfʊl] entzückend
dent [dent] Delle
deodorant [di:ˈəʊdərnt] Deo(dorant)

department store [dɪˈpɑːtmənt stɔː] Kaufhaus
departure [dɪˈpɑːtʃə] Abfahrt
deposit [dɪˈpɒzɪt] hinterlegen; Pfand
describe [dɪsˈkraɪb] beschreiben
dessert [dɪˈzɜːt] Nachtisch
destination [ˌdestɪˈneɪʃn] (Reise)Ziel
detergent [dɪˈtɜːdʒnt] Spülmittel, Waschmittel
detour [ˈdiːtʊə] Umweg
develop [dɪˈveləp] entwickeln
diabetes [ˌdaɪəˈbiːtiːz] Diabetes
diabetic [ˌdaɪəˈbetɪk] Diabetiker/in
diagnosis [ˌdaɪəgˈnəʊsɪs] Diagnose
dial [ˈdaɪəl] wählen *(tele)*
diarrhoea [ˌdaɪəˈrɪə] Durchfall
diet [ˈdaɪət] Diät, Schonkost
different(ly) [ˈdɪfrənt(lɪ)] anders
difficult [ˈdɪfɪkəlt] schwer, schwierig
difficulty in breathing [ˈdɪfɪkəltɪ‿ɪn ˈbriːðɪŋ] Atembeschwerden
digestion [dɪˈdʒestʃn] Verdauung
digital camera [ˈdɪdʒɪtəl ˌkæmrə] Digitalkamera
dining room [ˈdaɪnɪŋrʊm] Speisesaal
dinner [ˈdɪnə] Abendessen
diphtheria [dɪpˈθɪərɪə] Diphtherie
dipped headlights [dɪpt ˈhedlaɪts] Abblendlicht
direct [dɪˈrekt] direkt
directed by [dɪˈrekzɪd baɪ] Regie
direction [dɪˈrekʃn] Richtung
dirty [ˈdɜːtɪ] schmutzig
dirty washing [ˈdɜːtɪ ˈwɒʃɪŋ] Wäsche
disability [ˌdɪsəˈbɪlɪtɪ] Körperbehinderung
disappointed [ˌdɪsəˈpɔɪntɪd] enttäuscht
disco(theque) [ˈdɪskəʊ, ˈdɪskətek] Disko
discount [ˈdɪskaʊnt] Rabatt
discover [dɪsˈkʌvə] entdecken
dish [dɪʃ] Schüssel
dish of the day [ˈdɪʃ‿əv ðə ˈdeɪ] Tagesgericht
dishcloth [ˈdɪʃklɒθ] Spültuch
dishwasher [ˈdɪʃˌwɒʃə] Geschirrspülmaschine
disinfect [ˌdɪsɪnˈfekt] desinfizieren
disinfectant [ˌdɪsɪnˈfektənt] Desinfektionsmittel
distance [ˈdɪstəns] Entfernung
distinct [dɪsˈtɪŋkt] deutlich
distinguished [dɪsˈtɪŋgwɪʃt] vornehm
district [ˈdɪstrɪkt] Gegend; Stadtteil
disturb [dɪsˈtɜːb] stören
dive [daɪv] tauchen
diving equipment [ˈdaɪvɪŋ ɪˈkwɪpmənt] Taucherausrüstung
diving goggles [ˈdaɪvɪŋ ˌgɒglz] Taucherbrille
dizziness [ˈdɪzɪnəs] Schwindel, Kreislaufstörungen
dizzy [ˈdɪzɪ] schwindlig
do [duː] machen, tun
dock at [ˈdɒk‿ət] anlegen in
documentary [ˌdɒkjʊˈmentərɪ] Dokumentarfilm
documents [ˈdɒkjʊmənts] Papiere
dog [dɒg] Hund
dome [dəʊm] Kuppel
domestic flight [dəˈmestɪk flaɪt] Inlandsflug
done [dʌn] gar
door [dɔː] Tür
door code [dɔː kəʊd] Türcode
door width [dɔː wɪdθ] Türbreite
doorstep [dɔːstep] Türschwelle
double [ˈdʌbl] doppelt
doubles [ˈdʌblz] Doppel
drama [ˈdrɑːmə] Drama
draw [drɔː] zeichnen
drawing [ˈdrɔːɪŋ] Zeichnung
dreadful [ˈdredfʊl] fürchterlich, schrecklich
dream [driːm] Traum
dress [dres] Kleid
dress [dres] sich anziehen
dressing [ˈdresɪŋ] Dressing; Verband
dressmaker [ˈdresˌmeɪkə] Schneider/in
drier [draɪə] Trockner
drink [drɪŋk] Getränk; trinken
drinking water [ˈdrɪŋkɪŋˌwɔːtə] Trinkwasser

drive [draɪv] fahren
drive a car [draɪv] Auto fahren
drive back [ˌdraɪv ˈbæk] zurückfahren
drive-in cinema [ˈdraɪvˌɪn ˈsɪnəmə] Freilichtkino
driver [ˈdraɪvə] Fahrer/in
driving licence [ˈdraɪvɪŋ ˈlaɪsns] Führerschein
drops [drɒps] Tropfen
drunk [drʌŋk] betrunken
dry [draɪ] trocken; trocknen
dry cleaner's [ˈdraɪˈkli:nəz] (chemische) Reinigung
dry land [ˈdraɪ ˈlænd] Festland
dry-clean [ˈdraɪˈkli:n] chemisch reinigen
dual carriageway [ˈdjʊəl kærɪdʒˈweɪ] Schnellstraße
dummy [ˈdʌmɪ] Schnuller
durable [ˈdjʊərəbl] haltbar
during [ˈdjʊərɪŋ] während
during the day [ˈdjʊərɪŋ ðə ˈdeɪ] tagsüber
during the morning [ˈdjʊərɪŋ ðə ˈmɔ:nɪŋ] vormittags
dust [dʌst] Staub
dustbin [ˈdʌstbɪn] Mülltonne
dustpan [ˈdʌsˈpæn] Kehrschaufel
duty [ˈdju:tɪ] Zoll(gebühr)
duty-free [ˈdju:tɪ ˈfri:] zollfrei
duty-free shop [ˈdju:tɪˈfri: ʃɒp] zollfreier Laden
dye [daɪ] färben
dynamo [ˈdaɪnəməʊ] Lichtmaschine
dynasty [ˈdɪnəstɪ] Dynastie

E

each [ɪ:tʃ] jeder einzelne
ear [ɪə] Ohr
ear protection [ˈɪə prəˈtekʃn] Ohropax
ear-drops [ˈɪədrɒps] Ohrentropfen
eardrum [ˈɪədrʌm] Trommelfell
earlier [ˈɜ:lɪə] früher, eher
early [ˈɜ:lɪ] früh
earrings [ˈɪərɪŋz] Ohrringe
earth [ɜ:θ] Erde
east [i:st] Osten
east of [i:st‿əv] östlich von
Easter [ˈi:stə] Ostern
Easter Monday [ˈi:stə ˈmʌndɪ] Ostermontag
easy [ˈi:zɪ] leicht
eat [i:t] essen
edible [ˈedɪbl] essbar
education [ˌedjʊˈkeɪʃn] (Schul)Ausbildung
eel [i:l] Aal
egg cup [ˈeg kʌp] Eierbecher
eggs [egz] Eier
Eire [ˈeərə] Irland
either ... or [ˈaɪðə ... ˈɔ:] entweder ... oder
elastic bandage [ɪˈlæstɪk ˈbændɪdʒ] Elastikbinde
electric [ɪˈlektrɪk] elektrisch
electric point [ɪˈlektrɪk ˈpɔɪnt] Stromanschluss
electric wheelchair [ɪˈlektrɪk wi:lˈtʃeə] Elektrorollstuhl
electrolyte solution [ɪˈlektrəʊlaɪt səˈlu:ʃn] Elektrolytlösung
elevator [ˈelɪveɪtə] Aufzug, Fahrstuhl
elsewhere [ˈelsˈweə] anderswo
embassy [ˈembəsɪ] Botschaft
emblem [ˈembləm] Wahrzeichen
emergency [ɪˈmɜ:dʒənsɪ] Notfall
emergency exit [ɪˈmɜ:dʒənsɪ ˈeksɪt] Notausgang
emergency telephone [ɪˈmɜ:dʒənsɪ ˈtelɪfəʊn] Notrufsäule
emperor [ˈemprə]/**empress** [ˈemprɪs] Kaiser/in
empty [ˈemptɪ] leer
enclosure [ɪnˈkləʊʃə] Anlage *(Brief)*
end [end] Ende
engaged [ɪnˈgeɪdʒd] besetzt *(Telefon; Toilette)*; verlobt *(Person)*
engine [ˈendʒɪn] Motor
England [ˈɪŋglənd] England
English [ˈɪŋglɪʃ] englisch
English Channel [ˈɪŋglɪʃ ˈtʃænl] Ärmelkanal

Englishman/Englishwoman [ˈɪŋglɪʃmən/ˈɪŋglɪʃˌwʊmən] Engländer/in
enjoy [ɪnˈdʒɔɪ] genießen
enough [ɪˈnʌf] genug
entertainment [ˌentəˈteɪnmənt] Unterhaltung
enthusiastic (about) [ɪnˌθjuːzɪˈæstɪk (əˈbaʊt)] begeistert (von)
entire [ɪnˈtaɪə] vollständig, ganz
entrance [ˈentrəns] Eingang; Eintritt
envelope [ˈenvələʊp] Briefumschlag
environment [ɪnˈvaɪərnmənt] Umwelt
epilepsy [ˈepɪlepsɪ] Epilepsie
epoch [ˈiːpɒk] Epoche
especially [ɪˈspeʃlɪ] besonders
estate [ɪsˈteɪt] Landgut
etching [ˈetʃɪŋ] Radierung
EU citizen [iː juː ˈsɪtɪzn] EU-Bürger/in
euro [jʊərəʊ] Euro
Europe [ˈjʊərəp] Europa
European [ˌjʊərəˈpɪən] Europäer/in; europäisch
evening [ˈiːvnɪŋ] Abend
evening wear [ˈiːvnɪŋ weə] Abendgarderobe
event [ɪˈvent] Veranstaltung
every [ˈevrɪ] jede(r, -s)
every day [ˈevrɪ ˈdeɪ] jeden Tag, täglich
every hour [ˈevrɪ‿ˈaʊə] stündlich
everybody [ˈevrɪˌbɒdɪ] jedermann
everything [ˈevrɪθɪŋ] alles
everywhere [ˈevrɪweə] überall
evil [ˈiːvl] böse
exact(ly) [ɪgˈzækt(lɪ)] genau
examination [ɪgˌzæmɪˈneɪʃn] Untersuchung
example [ɪgˈzɑːmpl] Beispiel
excavations [ˌekskəˈveɪʃnz] Ausgrabungen
excellent [ˈeksələnt] ausgezeichnet
except [ɪkˈsept] außer
exchange [ɪksˈtʃeɪndʒ] austauschen; Austausch, Wechsel
exchange rate [ɪksˈtʃeɪndʒ ˌreɪt] Wechselkurs
excursion [ɪkˈskɜːʃn] Ausflug
excuse [ɪksˈkjuːs] Entschuldigung
exhaust [ɪgˈzɔːst] Auspuff
exhausted [ɪgˈzɔːstɪd] erschöpft
exhibit [ɪgˈzɪbɪt] Exponat
exhibition [ˌeksɪˈbɪʃn] Ausstellung
exit [ˈegzɪt] Ausfahrt, Ausgang
expect [ɪksˈpekt] erwarten
expenses [ɪksˈpensɪz] Unkosten
expensive [ɪksˈpensɪv] teuer
experienced [ɪksˈpɪərɪənst] erfahren
experiment [ɪksˈperɪmnt] Probe
explicit(ly) [ɪksˈplɪsɪt(lɪ)] ausdrücklich
expression [ɪksˈpreʃn] Ausdruck
expressionism [ɪkˈspreʃənɪzəm] Expressionismus
extend [ɪkˈstend] verlängern
extension lead [ɪksˈtenʃən liːd] Verlängerungsschnur
extra [ˈekstrə] extra
extra charge [ekstrə ˈtʃɑːdʒ] Zuschlag
extraordinary [ɪksˈtrɔːdnrɪ] außergewöhnlich
extras [ˈekstrəz] Nebenkosten
eye drops [ˈaɪ drɒps] Augentropfen
eyes [aɪz] Augen

F

façade [fəˈsɑːd] Fassade
face treatment [feɪs triːtˈmənt] Gesichtsbehandlung
factory [ˈfæktərɪ] Fabrik
faint [ˈfeɪnt] in Ohnmacht fallen
fair [feə] fair; Fest
fairly [ˈfeəlɪ] ziemlich
fall [fɔːl] fallen
family [ˈfæmɪlɪ] Familie
famous [ˈfeɪməs] berühmt
fango [fæŋgəʊ] Fango
far [fɑː] weit *(entfernt)*
fare [feə] Fahrpreis
farm [fɑːm] Bauernhof
fashion [ˈfæʃn] Mode
fashion jewellery [ˈfæʃən ˈdʒuːəlrɪ] Modeschmuck
fast [fɑːst] schnell

fast [fa:st] fasten
fasting cure [ˈfɑ:stɪŋ kjʊə] Heilfasten
fat [fæt] fett
father [ˈfɑ:ðə] Vater
fault [fɔ:lt] Fehler, Defekt
favourite [ˈfeɪvrɪt] Lieblings...
fear [fɪə] (be)fürchten
February [ˈfebrʊərɪ] Februar
feeble [ˈfɪ:bl] schwach
feeding bottle [ˈfi:dɪŋ ˌbɒtl] Saugflasche
feel [fi:l] fühlen, sich fühlen
feeling [ˈfi:lɪŋ] Gefühl
fees [fi:z] Gebühren
feet [fi:t] Füße
fellow countryman [ˈfeləʊ ˈkʌntrɪmən] Landsmann
fennel [ˈfenl] Fenchel
ferry [ˈferɪ] Fähre
festival [ˈfestɪvl] Festival
fever [ˈfi:və] Fieber
few [fju:] wenig; **a few** [fju:] ein paar
fiancé/fiancée [fɪˈɑ:nseɪ] der/die Verlobte
field [fi:ld] Feld
figs [fɪgz] Feigen
figure [ˈfɪgə] Zahl
fill in [fɪl‿ˈɪn] ausfüllen
fill up [ˈfɪl ˈʌp] tanken
filled rolls [ˈfɪld rəʊlz] belegte Brötchen
filling [ˈfɪlɪŋ] Plombe
film [ˈfɪlm Film
film actor/actress [ˈfɪlm ˈæktə/æktrɪs] Filmschauspieler/in
film speed [ˈfɪlm ˌspi:d] Filmempfindlichkeit
finally [ˈfaɪnəlɪ] endlich, zuletzt
find [faɪnd] finden
finds [faɪndz] Funde
fine [faɪn] fein; Bußgeld, Geldstrafe
finger [ˈfɪŋgə] Finger
fire [ˈfaɪə] Feuer
fire alarm [ˈfaɪərəˌlɑ:m] Feuermelder
fire brigade [ˈfaɪəbrɪˌgeɪd] Feuerwehr
fire extinguisher [ˈfaɪərɪksˌtɪŋgwɪʃə] Feuerlöscher
firelighters [ˈfaɪaˌlaɪtaz] Grillanzünder
firewood [ˈfaɪəwʊd] Brennholz
fireworks [ˈfaɪəwɜ:ks] Feuerwerk
firm [fɜ:m] fest; Firma
first [fɜ:st] erste(r, -s)
(at) first [(ət) ˈfɜ:st] zuerst
first aid [ˈfɜ:st ˈeɪd] erste Hilfe
first-aid kit [fɜ:stˈeɪd kɪt] Verbandskasten
first name [ˈfɜ:st neɪm] Vorname
first of all [ˈfɜ:st‿əv‿ˌɔ:l] (zu)erst
first/bottom gear [ˈfɜ:st/ˈbɒtəm ˈgɪə] erster Gang
fish [fɪʃ] Fisch
fishbone [ˈfɪʃbəʊn] Gräte
fishing licence/permit [ˈfɪʃɪŋ ˈlaɪsns/pəˈmɪt] Angelschein
fishing rod [ˈfɪʃɪŋrɒd] Angel
fishing village [ˈfɪʃɪŋ ˈvɪlɪdʒ] Fischerort
fishmonger [ˈfɪʃˌmʌŋgə] Fischhändler
fishmonger's [ˈfɪʃˌmʌŋgəz] Fischgeschäft
fit [fɪt] fit ; passen
fitness centre [ˈfɪtnɪs ˌsentə] Fitnesscenter
flannel [ˈflænl] Waschlappen
flash [flæʃ] Blitzgerät
flat [flæt] flach; Wohnung
flat rate [ˈflæt ˈreɪt] Pauschalpreis; **flat rate for electricity** [ˈflæt ˈreɪt fə ˌɪlekˈtrɪsɪtɪ] Strompauschale
flat tyre [ˈflæt ˈtaɪə] Platten, Reifenpanne
flea market [ˈfli:ˌmɑ:kɪt] Flohmarkt
fleece [fli:s] (Schafs)Fell
flight [flaɪt] Flug
flippers [ˈflɪpəz] Schwimmflossen
floor [flɔ:] Fußboden; Etage, Stockwerk
florist's [flɒrɪsts] Blumengeschäft
flour [ˈflaʊə] Mehl
flower [ˈflaʊə] Blume
flu [flu:] Grippe
fly [flaɪ] Fliege; fliegen
fog [fɒg] Nebel
folding wheelchair [fəʊldiŋ wi:lˈtʃeə] Faltrollstuhl

folklore evening [fəʊklɔː ˈiːvnɪŋ] Folkloreabend
be fond of s.o. [ˈfɒnd‿əv] jdn lieb haben
food [fuːd] Essen; **food poisoning** [ˈfuːdˌpɔɪznɪŋ] Lebensmittelvergiftung
food store [ˈfuːd stɔː] Lebensmittelgeschäft
foot [fʊt] Fuß
football [ˈfʊtbɔːl] Fußball *(Spiel und Ball)*
football ground [ˈfʊtbɔːl graʊnd] Fußballplatz
football match [ˈfʊtbɔːl mætʃ] Fußballspiel
for [fɔː] für; aus *(Grund)*, denn; seit *(Zeitraum)*
for example [fr‿ɪgˈzɑːmpl] zum Beispiel
forbidden [fəˈbɪdn] verboten
foreign [ˈfɒrən] ausländisch
foreign currency [ˈfɒrən ˈkʌrənsɪ] Devisen
foreigner [ˈfɒrənə] Ausländer/in
forest [ˈfɒrɪst] Wald
forget [fəˈget] vergessen
fork [fɔːk] Gabel
form [fɔːm] Form; Formular, Vordruck
fortress [ˈfɔːtrɪs] Festung
forward(s) [ˈfɔːwəd(z)] vorwärts
fountain [ˈfaʊntɪn] Brunnen
fracture [ˈfræktʃə] (Knochen)Bruch
fraud [frɔːd] Betrug *(Handel)*
free [friː] frei; **free (of charge)** [friː (əv ˈtʃɑːdʒ)] gratis, kostenlos
freeze [friːz] frieren
French [frentʃ] französisch
frequent(ly) [ˈfriːkwənt(lɪ)] häufig
fresh [freʃ] frisch
Friday [ˈfraɪdɪ] Freitag
fridge [frɪdʒ] Kühlschrank
friend [frend] Freund/in
friendly [ˈfrendlɪ] freundlich
be friends [frendz] befreundet sein
frighten [ˈfraɪtn] erschrecken
fringe [frɪndʒ] Pony
from [frɒm] aus, von *(Herkunft)*; ab; **from the outside** von außen
frost [frɒst] Frost
fruit [fruːt] Obst
fry-up [ˈfraɪʌp] Pfannengericht
full [fʊl] voll, besetzt; satt
full beam [ˈfʊlˈbiːm] Fernlicht
full board [ˈfʊl ˈbɔːd] Vollpension
full body massage [ˈfʊl‿ˈbɒdɪ ˈmæsɑːʒ] Ganzkörpermassage
fully comprehensive insurance [ˈfʊlɪ ˈkɒmprɪhensɪv‿ɪnˈʃʊərəns] Vollkasko
fun [fʌn] Vergnügen, Spaß
funfair [ˈfʌnfeə] Kirmes
fungal infection [ˈfʌŋgl ɪnˈfekʃn] Pilzinfektion
funicular [fjuːˈnɪkjʊlə] Seilbahn
funny [ˈfʌnɪ] lustig, erheiternd
fur [fɜː] Fell
furious [ˈfjʊərɪəs] wütend
furniture [ˈfɜːnɪtʃə] Möbel
fuse [fjuːz] *(el)* Sicherung
future [ˈfjuːtʃə] Zukunft; zukünftig

G

gable [ˈgeɪbl] Giebel
gadget [ˈgædʒɪt] Apparat
gale [geɪl] Sturm
gall-bladder [ˈgɔːlˌblædə] Gallenblase
gallery [ˈgælərɪ] Galerie
game [geɪm] Spiel
garage [ˈgærɑːdʒ] Garage; (Auto) Werkstatt
garbage [ˈgɑːbɪdʒ] *(Am)* Müll
garden [ˈgɑːdn] Garten
garlic [ˈgɑːlɪk] Knoblauch
gas canister [ˈgæs ˈkænɪstə] Gasflasche
gas cartridge [ˈgæs ˈkɑːtrɪdʒ] Gaskartusche
gas cooker [ˈgæsˌkʊkə] Gaskocher
gate [geɪt] Tor; Flugsteig
gauze bandage [ˈgɔːz ˈbændɪdʒ] Mullbinde
gear [gɪə] Gang; **gearbox** [ˈgɪəbɒks] Getriebe

gentleman ['dʒentlmən] Herr
Gents [dʒents] Herren
genuine ['dʒenjʊɪn] echt
German ['dʒɜ:mən] Deutsche(r); deutsch
German measles ['dʒɜ:mən 'mi:zlz] Röteln
Germany ['dʒɜ:mənɪ] Deutschland
get [get] bekommen, erhalten; besorgen
get lost [get 'lɒst] sich verirren
get on ['get‿'ɒn] einsteigen
get out ['get 'aʊt] aussteigen
get up ['get 'ʌp] aufstehen
giddy ['gɪdɪ] schwindlig
gift [gɪft] Geschenk
girl [gɜ:l] Mädchen
girlfriend ['gɜ:lfrend] Freundin**give** [gɪv] geben
give as a present ['gɪv‿əz‿ə 'preznt] schenken
give back [ˌgɪv 'bæk] zurückgeben
glad [glæd] froh
glad (of) [glæd (‿əv)] erfreut (über)
gladly ['glædlɪ] gern
glass/glasses ['glɑ:s/'glɑ:sɪz] Glas/Gläser
glass painting ['glɑ:s ˌpeɪntɪŋ] Glasmalerei
gliding ['glaɪdɪŋ] Segelfliegen
glorious ['glɔ:rɪəs] herrlich
gloves [glʌvz] Handschuhe
gnat [næt] Mücke
go [gəʊ] gehenfahren
go away ['gəʊ‿ə'weɪ] weggehen
go fishing [gəʊ 'fɪʃɪŋ] angeln
go for a walk ['gəʊ fər‿ə 'wɔ:k] spazieren gehen
go jogging [gəʊ 'dʒɒgɪŋ] joggen
go on a journey ['dʒɜ:nɪ] verreisen
go out ['gəʊ 'aʊt] ausgehen
go riding [gəʊ 'raɪdɪŋ] reiten
go shopping [gəʊ 'ʃɒpɪŋ] einkaufen
goal [gəʊl] Tor
goalkeeper ['gəʊlˌki:pə] Torwart
God [gɒd] Gott
gold [gəʊld] Gold; goldfarben
gold work ['gəʊld wɜ:k] Goldschmiedekunst
golf [gɒlf] Golf
golf club ['gɒlfklʌb] Golfclub
golf clubs ['gɒlfklʌbz] Golfschläger
good [gʊd] *(adj)* gut
goodbye [gʊd'baɪ] auf Wiedersehen
say goodbye [seɪ ˌgʊd'baɪ] sich verabschieden
Good Friday ['gʊd 'fraɪdɪ] Karfreitag
gorge [gɔ:dʒ] Schlucht
Gothic ['gɒθɪk] Gotik
government ['gʌvnmənt] Regierung
gram(s) [græm(z)] Gramm
grandfather ['grænˌfɑ:ðə] Großvater
grandmother ['grænˌmʌðə] Großmutter
grandson ['grænsʌn]**/granddaughter** ['grænˌdɔ:tə] Enkel/in
grapes [greɪps] Weintrauben
graphic arts ['græfɪk 'ɑ:ts] Grafik
grass [grɑ:s] Gras, Rasen
grater ['grɪtə] Reibe
grave [greɪv] Grab
graveyard ['greɪvjɑ:d] Friedhof
gravy ['greɪvɪ] Soße *(zum Braten)*
great [greɪt] groß
Greek [gri:k] griechisch
green [gri:n] grün
green beans ['gri:n 'bi:nz] grüne Bohnen
green card ['gri:n 'kɑ:d] grüne Versicherungskarte
greengrocer's [gri:n'grəʊsəz] Obst- und Gemüsehändler
greet [gri:t] (be)grüßen, empfangen
grey [greɪ] grau
gridlock [grɪdlɒk] Stau
grill [grɪl] Grill
grilled [grɪld] vom Grill, gegrillt
grocer's ['grəʊsəz] Lebensmittelgeschäft
grotto ['grɒtəʊ] Grotte
ground [graʊnd] Boden; Gelände
ground-floor ['graʊnd'flɔ:] Erdgeschoss
group [gru:p] Gruppe

growth [grəʊθ] Geschwulst
guarantee [ˌgærən'ti:] Garantie
guest [gest] Gast
guest house ['gesthaʊs] Pension
guide [gaɪd] (Fremden)Führer/in; Reiseführer
go to bed ['gəʊ tə 'bed] zu Bett gehen
guide dog [gaɪddɒg] Blindenhund
guided tour ['gaɪdɪd 'tʊə] Führung
guilt [gɪlt] Schuld
gullet ['gʌlɪt] Speiseröhre
gums [gʌmz] Zahnfleisch
gust of wind [ˌgʌst‿əv 'wɪnd] Bö
gymnastics [dʒɪm'næstɪks] Gymnastik

H

hair [heə] Haar
hair dryer ['heəˌdraɪə] Föhn
hair gel ['heə dʒel] Haargel
hairband ['heəbænd] Haargummi
hairdresser's ['heəˌdresəz] Friseur
hairpins ['heəpɪnz] Haarklammern
hairstyle ['heəstaɪl] Frisur
half [hɑ:f] halb; Hälfte
half board ['hɑ:f 'bɔ:d] Halbpension
hall [hɔ:l] Saal
ham [hæm] Schinken
hand ['hænd] Hand
hand in ['hænd 'ɪn] abgeben
hand throttle [hænd θrɒtl] Handgas *(Auto)*
handbag ['hændbæg] Handtasche
handball ['hændbɔ:l] Handball
handbrake ['hændbreɪk] Handbremse
handle ['hændl] Haltegriff
handmade ['hænd'meɪd] handgemacht
hand-operated bike [hænd'ɒpəreɪtɪd baɪk] Handbike
handrail [hændreɪl] Handlauf
handwriting [('hænd)ˌraɪtɪŋ] Handschrift
hang-gliding ['hængˌglaɪdɪŋ] Drachenfliegen
happy ['hæpɪ] glücklich, froh
hard [hɑ:d] hart
hard of hearing [hɑ:d‿əv 'hɪərɪŋ] hörgeschädigt
hardly ['hɑ:dlɪ] kaum
hat [hæt] Hut
have [hæv] haben
have an accident ['æksɪdənt] verunglücken
have breakfast [hæv 'brekfəst] frühstücken
have to ['hæv tʊ] sollen, müssen
hay bath [heɪ 'bɑ:θ] Heu-Bad
hay fever ['heɪ ˌfi:və] Heuschnupfen
hazard warning lights ['hæzəd 'wɔ:nɪŋ ˌlaɪtz] Warnblinkanlage
he [hi:] er
head [hed] Kopf
headache ['hedeɪk] Kopfschmerzen
headache tablets ['hedeɪk 'tæblɪts] Kopfschmerztabletten
headlights ['hedlaɪts] Scheinwerfer
headphones ['hedfəʊnz] Kopfhörer
headquarters [ˌhed'kwɔ:təz] Sitz *(von Firma usw.)*
health food shop ['helθˌfu:d ʃɒp] Reformhaus
healthy ['helθɪ] gesund
hear [hɪə] hören
hearing ['hɪərɪŋ] Gehör
heart [hɑ:t] Herz
heart attack ['hɑ:t‿ə'tæk] Herzanfall, Herzinfarkt
heart trouble ['hɑ:t ˌtrʌbl] Herzbeschwerden
heartburn ['hɑ:tbɜ:n] Sodbrennen
heat [hi:t] Hitze
heath [hi:θ] Heide
heating ['hi:tɪŋ] Heizung
heatwave ['hi:tweɪv] Hitzewelle
heaven ['hevn] Himmel
heavy ['hevɪ] schwer
heel [hi:l] Absatz
height [haɪt] Höhe, Größe
help [help] Hilfe
help s.o. [help] jdm helfen
her [hɜ:] *(poss prn)* ihr
herbs [hɜ:bz] Kräuter

here [hɪə] hier
hernia [ˈhɜːnjə] Leistenbruch
herpes [həpːiz] Herpes
herring [ˈherɪŋ] Hering
high [haɪ] hoch
high season [ˈhaɪ ˌsiːzn] Hauptsaison
high tide [ˈhaɪ ˈtaɪd] Flut
highlight [ˈhaɪlaɪt] Höhepunkt
highlights [ˈhaɪlaɪts] Strähnchen *(im Haar)*
hike [haɪk] wandern
hiking map [ˈhaɪkɪŋ mæp] Wanderkarte
hill [hɪl] Hügel
hinder [ˈhɪndə] hindern
hip [hɪp] Hüfte
hire [ˈhaɪə] mieten
his [hɪz] *(poss prn)* sein
history [ˈhɪstərɪ] Geschichte
hitchhike [ˈhɪtʃhaɪk] trampen
HIV positive [eɪtʃ aɪ viː ˈpɒzɪtɪv] HIV-positiv
hoarse [hɔːs] heiser
holdall [ˈhəʊldɔːl] Reisetasche
hole [həʊl] Loch
holiday camp [ˈhɒlədɪ kæmp] Ferienanlage
holiday home [ˈhɒlədɪ ˌhəʊm] Ferienhaus
holidays [ˈhɒlədɪz] Ferien, Urlaub
holy [ˈhəʊlɪ] heilig
home [həʊm] Heim, Heimat
home-made [ˌhəʊmˈmeɪd] hausgemacht
honey [ˈhʌnɪ] Honig
hook [hʊk] Haken
horn [hɔːn] Hupe
hors d'œuvre [ɔːˈdɜːvr] Vorspeise
horse [hɔːs] Pferd
hospital [ˈhɒspɪtl] Krankenhaus
hospitality [ˌhɒspɪˈtælɪtɪ] Gastfreundschaft
host/hostess [həʊst/ˈhəʊstɪs] Gastgeber/in
hot [hɒt] heiß; scharf
hot water [hɒt ˈwɔːtə] warmes Wasser
hour [ˈaʊə] Stunde; **half an hour** [ˈhɑːfənˈaʊə] eine halbe Stunde; **a quarter of an hour** [ˈkwɔːtr‿əv‿ən ˈaʊə] eine Viertelstunde
hourly [ˈaʊəlɪ] stündlich
hours of business [ˈaʊəz‿əv ˈbɪznɪs] Öffnungszeiten
house [haʊs] Haus
house number [ˈhaʊs ˌnʌmbə] Hausnummer
houseboat [ˈhaʊsbəʊt] Hausboot
hovercraft [ˈhɒvəkrɑːft] Luftkissenboot
how [haʊ] wie *(Frage)*
however [haʊˈevə] doch
humid [ˈhjuːmɪd] schwül
hungry [ˈhʌŋgrɪ] hungrig
hurry [ˈhʌrɪ] sich beeilen
be in a hurry [ˈhʌrɪ] es eilig haben
hurt [hɜːt] verletzen, weh tun
husband [ˈhʌzbənd] (Ehe)Mann
hut [hʌt] Hütte
hydrofoil [ˈhaɪdrəfɔɪl] Tragflügelboot

I

I [aɪ] ich
ice [aɪs] Eis
ice hockey [ˈaɪsˌhɒkɪ] Eishockey
ice pack [ˈaɪspæk] Kühlelement
ice rink [ˈaɪsrɪŋk] Eisbahn
ice skate [ˈaɪsˌskeɪt] Schlittschuh laufen
ice skates [ˈaɪsˌskeɪts] Schlittschuhe
ice skating [ˈaɪsˌskeɪtɪŋ] Eislauf
go ice skating [gəʊ ˈaɪsˌskeɪtɪŋ] Schlittschuh laufen
idea [aɪˈdɪə] Idee; Vorstellung
identity card [aɪˈdentɪtɪ kɑːd] Personalausweis
if [ɪf] falls, wenn *(Bedingung)*
ignition [ɪgˈnɪʃn] Zündung
ignition key [ɪgˈnɪʃn kiː] Zündschlüssel
ill [ɪl] krank
illness [ˈɪlnɪs] Krankheit

illustration [ˌɪləsˈtreɪʃn] Abbildung
immediately [ɪˈmiːdjətlɪ] gleich, sofort
impertinent [ɪmˈpɜːtɪnənt] unverschämt
important [ɪmˈpɒtnt] wichtig
impossible [ɪmˈpɒsəbl] unmöglich
impressionism [ɪmˈpreʃənɪzm] Impressionismus
impressive [ɪmˈpresɪv] beeindruckend
improbable [ɪmˈprɒbəbl] unwahrscheinlich
in [ɪn] in
in addition [ɪn‿əˈdɪʃn] *adv* zusätzlich
in advance [ɪn‿ədˈvɑːns] im Voraus
in case [ɪn ˈkeɪs] falls
in English [ˈɪŋglɪʃ] auf Englisch
in front [ɪn ˈfrʌnt] vorn
in front of [ɪn ˈfrʌnt‿əv] *(räumlich)* vor
in need of care [ɪn niːd‿əv keə] pflegebedürftig
in the afternoon [ɪn ðɪ‿ˌɑːftəˈnuːn] nachmittags
in the evening [ɪn ðiː‿ˈiːvnɪŋ] abends
in the morning [ɪn ðə ˈmɔːnɪŋ] morgens, am Vormittag
in time [ɪn ˈtaɪm] *adv* rechtzeitig
in writing [ɪn ˈraɪtɪŋ] schriftlich
incident [ˈɪnsɪdnt] Zwischenfall
included [ɪnˈkluːdɪd] inbegriffen
incredible [ɪnˈkredəbl] unglaublich
indicator [ˈɪndɪkeɪtə] Blinklicht
indigestion [ˌɪndɪˈdʒestʃn] Verdauungsstörung
indoors [ˌɪnˈdɔːz] drin, drinnen
infection [ɪnˈfekʃn] Infektion
inflammable [ɪnˈflæməbl] feuergefährlich
inflammation [ˌɪnfləˈmeɪʃn] Entzündung
inflammation of the middle ear [ˌɪnfləˈmeɪʃn‿əv ðə ˈmɪdl‿ˈɪə] Mittelohrentzündung
influenza [ˌɪnflʊˈenzə] Grippe
inform [ɪnˈfɔːm] benachrichtigen, informieren
information [ɪnfəˈmeɪʃn] Auskunft
infusion [ɪnˈfjuːzn] Infusion
inhabitant [ɪnˈhæbɪtənt] Einwohner
injection [ɪnˈdʒekʃn] Spritze
injure [ˈɪndʒə] verletzen
injured person [ˈɪndʒəd ˈpɜːsn] der/die Verletzte
injury [ˈɪndʒərɪ] Verletzung
inner courtyard [ˈɪnə ˈkɔːtjɑːd] Innenhof
inner tube [ˈɪnə tjuːb] Schlauch *(Reifen)*
in-room telephone [ɪn ruːm telɪfəʊn] Zimmertelefon
inscription [ɪnˈskrɪpʃn] Inschrift
insect [ˈɪnsekt] Insekt
insect repellant [ˈɪnsekt rɪˈpelənt] Mückenschutz
inside [ˌɪnˈsaɪd] drin, drinnen, innen
insist [ɪnˈsɪst] *(bestimmt)* behaupten
insist on [ɪnˈsɪst‿ɒn] bestehen auf
insomnia [ɪnˈsɒmnɪə] Schlaflosigkeit
inspector [ɪnˈspektə] Kontrolleur/in
instead of [ɪnˈsted‿əv] anstatt
insulin [ˈɪnsjʊlɪn] Insulin
insult [ˈɪnsʌlt] Beleidigung
insurance [ɪnˈʃʊərns] Versicherung
intelligent [ɪnˈtelɪdʒənt] klug
be interested (in) [ˈɪntrɪstɪd] sich interessieren (für)
interesting [ˈɪntrɪstɪŋ] interessant
international [ˌɪntəˈnæʃənl] international
international call [ˌɪntəˈnæʃənl kɔːl] Auslandsgespräch
international car index mark [ˌɪntəˈnæʃənl ˈkɑːr‿ˌɪndeks mɑːk] Nationalitätskennzeichen
international flight [ˌɪntəˈnæʃənl flaɪt] Auslandsflug
interrail [ɪntəˈreɪl] Interrail
interrupt [ˌɪntəˈrʌpt] unterbrechen
interval [ˈɪntəvl] Pause
intestines [ɪnˈtestɪnz] Darm
intolerable [ɪnˈtɒlrəbl] unerträglich
introduce [ˌɪntrəˈdjuːs] bekannt machen
introduction [ˌɪntrəˈdʌkʃn] Vorstellung

invite [ɪnˈvaɪt] einladen
iodine [ˈaɪədiːn] Jod
iPod [aɪˈ pɒd] iPod
Ireland [ˈaɪələnd] Irland
Irish [ˈaɪrɪʃ] irisch
Irishman/Irishwoman [ˈaɪrɪʃmən/ˈaɪrɪʃˌwʊmən] Ire/Irin
iron [ˈaɪən] Eisen; bügeln
iron [ˈaɪən] Bügeleisen
ironmonger's [ˈaɪənˌmʌŋgəz] Eisenwarengeschäft
island [ˈaɪlənd] Insel
isolated [ˈaɪsəleɪtɪd] einsam
itch [ɪtʃ] jucken
item [ˈaɪtəm] Gegenstand
its [ɪts] *(poss prn)* sein

J

jack [dʒæk] Wagenheber
jacket [ˈdʒækɪt] Jacke
jam [dʒæm] Marmelade
January [ˈdʒænjʊərɪ] Januar
jaw [dʒɔː] Kiefer
jazz [dʒæz] Jazz
jazz aerobics [dʒæz eəˈrəʊbɪks] Jazzgymnastik
jeans [dʒiːnz] Jeans
jellyfish [ˈdʒelɪfɪʃ] Qualle
jetfoil [ˈdʒetfɔɪl] Tragflügelboot
jeweller's [ˈdʒuːələz] Juwelier
jewellery [ˈdʒuːəlrɪ] Schmuck
job [dʒɒb] Beruf, Arbeit
jog [dʒɒg] joggen
joint [dʒɔɪnt] Gelenk
joke [dʒəʊk] Witz, Scherz
journey [ˈdʒɜːnɪ] Reise, Fahrt
journey home [ˈdʒɜːnɪ ˈhəʊm] Heimreise
judge [dʒʌdʒ] Richter/in
juicy [ˈdʒuːsɪ] saftig
July [dʒuːˈlaɪ] Juli
jump leads [ˈdʒʌmp ˌliːdz] Starthilfekabel
jumper [ˈdʒʌmpə] Pullover
junction [ˈdʒʌŋʃn] Kreuzung
June [dʒuːn] Juni
just [dʒʌst] gerade *(zeitlich)*
just as ... as [ˈdʒʌst‿əz ... əz] genau so ... wie

K

keep [kiːp] halten, behalten
ketchup [ˈketʃʌp] Ketschup
kettle [ketl] Wasserkocher
key/keys [kiː/kiːz] Schlüssel
keyboard telephone [kiːbɔːd telɪfəʊn] Schreibtelefon
kidney [ˈkɪdnɪ] Niere
kidney belt [ˈkɪdnɪ belt] Nierengurt
kidney stone [ˈkɪdnɪstəʊn] Nierenstein
kilogram(s) [ˈkɪləgræm(z)] Kilogramm
kilometre [ˈkɪləˌmiːtə] Kilometer
kind [kaɪnd] Art, Sorte; freundlich
king [kɪŋ] Königin
kiss [kɪs] Kuss; küssen
kitchen [ˈkɪtʃɪn] Küche
kitchenette [ˌkɪtʃɪˈnet] Kochnische
kiwi fruit [ˈkiːwiː ˈfruːt] Kiwi
knee [niː] Knie
kneipism [knaɪpɪzəm] Kneipp-Anwendung
knife [naɪf] Messer
know [nəʊ] wissen, kennen

L

laces [leɪsɪs] Schnürsenkel
Ladies [ˈleɪdɪz] Damen
ladle *(GB)*/**dipper** *(Am)* [leɪdl/dɪpə] Schöpfkelle
lake [leɪk] See *(m)*
lamb [læm] Lamm(fleisch)
lamp [læmp] Lampe
land [lænd] Land
land at [ˈlænd‿ət] anlegen in
landing [ˈlændɪŋ] Landung
landing stage [ˈlændɪŋ steɪdʒ] Landungssteg

landlord/landlady [ˈlænlɔːd/ˈlænˌleɪdɪ] Hausbesitzer/in
landmark [ˈlændmɑːk] Wahrzeichen
landscape format [ˈlænskeɪp ˌfɔːmæt] Querformat
lane [leɪn] Gasse
language [ˈlæŋgwɪdʒ] Sprache
laptop [ləptɒp] Laptop
large [lɑːdʒ] groß
last [lɑːst] halten, dauern; letzte(r, -s); zuletzt
last but one [ˈlɑːst bʌt ˈwʌn] vorletzte(r, -s)
last Monday [ˈlɑːst ˈmʌndɪ] letzten Montag
late [leɪt] spät
later [ˈleɪtə] später
laugh [lɑːf] lachen
launderette [ˌlɔːndəˈret] Waschsalon
laundry [ˈlɔːndrɪ] Wäscherei
lavatory [ˈlævətrɪ] Toilette
lawn [lɔːn] Rasen
lawyer [ˈlɔːjə] Rechtsanwalt/-anwältin
laxative [ˈlæksətɪv] Abführmittel
layered cut [ˈleɪəd ˌkʌt] Stufenschnitt
lazing around [leɪzɪŋ əˈraʊnd] faulenzen
lazy [ˈleɪzɪ] faul
leading role [ˈliːdɪŋ ˈrəʊl] Hauptrolle
leaf [liːf] Blatt
leaflet [ˈliːflɪt] Prospekt
lean [liːn] mager
learn [lɜːn] lernen
leather jacket [ˈleðə ˈdʒækɪt] Lederjacke
leather shop [ˈleðə ʃɒp] Lederwarengeschäft
leave [lɪːv] weggehen, verlassen, abfahren (von)
leave (for) [ˈliːv fɔː] abreisen (nach)
leek(s) [liːk(s)] Lauch
left(-hand) [ˈleft(ˌhænd)] linke(r, -s)
on the left, to the left [left] links
be left [left] übrig bleiben
left-luggage locker [ˈleft ˈlʌgɪdʒ ˌlɒkə] Schließfach
left-luggage office [ˈleft ˈlʌgɪdʒ ˌɒfɪs] Gepäckaufbewahrung
leg [leg] Bein
legal alcohol limit [ˈlɪːgl ˈælkəhɒl ˈlɪmɪt] Promillegrenze
leggings [ˈlegɪŋz] Leggins
lemonade [ˌleməˈneɪd] Limonade
lemons [ˈlemənz] Zitronen
lend [lend] **s.o. s.th.** jdm etw leihen
lens [lenz] Linse, Objektiv
lentils [ˈlentɪlz] Linsen
lesson [ˈlesn] Unterrichtsstunde
let [let] vermieten
letter [ˈletə] Brief
lettuce [ˈletɪs] Kopfsalat
level [ˈlevl] flach, eben
liable to duty [ˈlaɪəbl tə ˈdjuːtɪ] zollpflichtig
lice [laɪs] Läuse
lie [laɪ] liegen
lie down [ˈlaɪ ˈdaʊn] sich hinlegen
life jacket [ˈlaɪfˌdʒækɪt] Schwimmweste
lifebelt [ˈlaɪfbelt] Rettungsring
lifeboat [ˈlaɪfbəʊt] Rettungsboot
lifeguard [ˈlaɪfgɑːd] Bademeister/in
lift [lɪft] Aufzug, Fahrstuhl
lifting ramp [lɪftɪŋ ræmp] Hublift
light [laɪt] Licht; leicht; anzünden
light blue [laɪt] hellblau
light meter [ˈlaɪt ˌmiːtə] Belichtungsmesser
light switch [ˈlaɪtswɪtʃ] Lichtschalter
lighthouse [ˈlaɪthaʊs] Leuchtturm
lightning [ˈlaɪtnɪŋ] Blitz
like [laɪk] mögen, gern haben; wie *(Vergleich)*
line [laɪn] Linie
linen [ˈlɪnɪn] Leinen
lip [lɪp] Lippe
lipstick [ˈlɪpstɪk] Lippenstift
liquid [ˈlɪkwɪd] Flüssigkeit
listen [ˈlɪsn] **(to)** zuhören
listening to music [ˈlɪsnɪŋ təˈmjuːzɪk] Musik hören
litre [ˈliːtə] Liter
little [lɪtl] klein

a little [ˈlɪtl] ein wenig, etwas
live [lɪv] leben, wohnen
live music [ˈlaɪv ˈmjuːzɪk] Livemusik
lively [ˈlaɪvlɪ] lebhaft
liver [ˈlɪvə] Leber
liver pâté [ˈlɪvəˌpæteɪ] Leberpastete
living room [ˈlɪvɪŋrʊm] Wohnzimmer
local [ˈləʊkl] einheimisch
local call [ˈləʊkl kɔːl] Ortsgespräch
local train [ˈləʊkl ˈtreɪn] Nahverkehrszug
loch [lɒk] See *(m) (in Schottland)*
lock [lɒk] abschließen, verschließen; Türschloss
lonely [ˈləʊnlɪ] einsam
long [lɒŋ] lang
long-distance call [ˌlɒŋ ˈdɪstəns kɔːl] Ferngespräch
look [lʊk] Blick; schauen
look after s.o/s.th. [ˌlʊk‿ˈɑːftə] aufpassen auf, sich kümmern um jdn/etw
look at [ˈlʊk‿ət] ansehen
look for [ˈlʊk fɔː] suchen
look forward to [ˈlʊk ˈfɔːwəd tuː] sich freuen auf
look out! [ˈlʊkˈaʊt] Achtung!, Vorsicht!
lose [luːz] verlieren
lose one's way [ˈluːz wʌnz ˈweɪ] sich verirren
lost-property office [ˈlɒstˈprɒpətɪ ˌɒfɪs] Fundbüro
a lot of [ə ˈlɒt‿əv] viel
loud [laʊd] laut
lounge [laʊndʒ] Aufenthaltsraum
love [lʌv] Liebe; lieben
low [ləʊ] niedrig
low season [ˈləʊ ˌsiːzn] Vorsaison, Nachsaison
low tide [ˈləʊ ˈtaɪd] Ebbe
low-calorie [ləʊ ˈkælərɪ] kalorienarm
low-fat [ləʊ ˈfæt] fettarm
low-fat milk [ˈləʊˈfæt ˈmɪlk] fettarme Milch
luck [lʌk] Glück
lucky [ˈlʌkɪ] glücklich *(Glück gehabt)*
luggage [ˈlʌgɪdʒ] Gepäck
luggage check-in [ˈlʌgɪdʒ ˈtʃekɪn] Gepäckabfertigung
luggage counter [ˈlʌgɪdʒ kaʊntə] Gepäckschalter
luggage reclaim [ˈlʌgɪdʒ ˌriːˈkleɪm] Gepäckausgabe
luggage van [ˈlʌgɪdʒ væn] Gepäckwagen
lumbago [lʌmˈbeɪgəʊ] Hexenschuss
lunch [lʌntʃ] Mittagessen
lungs [lʌŋz] Lunge
luxurious [lʌgˈzjʊərɪəs] luxuriös
lymphatic drainage [ˈlɪmfɑːtɪk d reɪnɪdʒ] Lymphdrainage

M

machine [məˈʃiːn] Maschine
mackerel [ˈmækrl] Makrele
mad [mæd] verrückt
Madam [ˈmædəm] Frau *(Anrede)*
magazine [ˌmægəˈziːn] Illustrierte, Zeitschrift
maid [(ˈtʃeɪmbə)meɪd] Zimmermädchen
maiden name [ˈmeɪdn neɪm] Geburtsname
main course [ˈmeɪn ˈkɔːs] Hauptspeise
main post office [ˈmeɪn ˈpəʊstˌɒfɪs] Hauptpostamt
main station [ˈmeɪn ˈsteɪʃn] Hauptbahnhof
main street [ˈmeɪn ˈstriːt] Hauptstraße
mainland [ˈmeɪnlænd] Festland
maintain [meɪnˈteɪn] behaupten
make [meɪk] machen, herstellen; *(Kaffee, Tee)* kochen
make a mistake [ˈmeɪk‿ə mɪsˈteɪk] sich verrechnen
make a phone call [meɪk‿ə ˈfəʊnkɔːl] telefonieren
make good [ˈmeɪk ˈgʊd] *(Schaden)* ersetzen

making music [ˈmeɪkɪŋˈmjuːzɪk] musizieren
man [mæn] Mann; Mensch (*der ~*)
manager [ˈmænɪdʒə] Leiter/in
mandarins [ˈmændərɪn] Mandarinen
mango [mɜːngəʊ] Mango
map [ˈmæp] Landkarte
March [mɑːtʃ] März
margarine [ˌmɑːdʒəˈriːn] Margarine
market [ˈmɑːkɪt] Markt
marmalade [ˈmɑːməleɪd] Orangenmarmelade
married [ˈmærɪd] **(to)** verheiratet (mit)
marry [ˈmærɪ] heiraten
marsh [mɑːʃ] Sumpf
marvellous [ˈmɑːvləs] wunderbar
mascara [mæˈskɑːrə] Wimperntusche
mass [mæs] Messe *(rel)*
massage [ˈmæsɑːʒ] Massage
match [mætʃ] Spiel, Wettkampf; Streichholz
matchbox [ˈmætʃbɒks] Streichholzschachtel
material [məˈtɪərɪəl] Material, Stoff
matter [ˈmætə] Sache, Angelegenheit
mattress [ˈmætrɪs] Matratze
mature [məˈtjʊə] *(geistig, körperlich)* reif
May [meɪ] Mai
maybe [ˈmeɪbiː] vielleicht
mayonnaise [ˌmeɪəˈneɪz] Mayonnaise
me [miː] mich; mir
meadow [ˈmedəʊ] Wiese
meal [miːl] Mahlzeit, Essen
meaning [ˈmiːnɪŋ] Sinn, Bedeutung
means [miːnz] Mittel
measles [ˈmiːzlz] Masern
meat [miːt] Fleisch
medical insurance [ˈmedɪkl‿ɪnˈʃʊərns] Krankenversicherung
medicine [ˈmedsn] Medikament
meditation [medɪˈteɪʃn] Meditation
meet [miːt] begegnen, treffen; kennen lernen
melon [ˈmelən] Melone
memorial [mɪˈmɔːrɪəl] Gedenkstätte
memory card [ˈmemrɪʼ ˈkɑːd] Speicherkarte
memory stick [ˈmemrɪʼ stɪk] Memorystick
men [men] *pl* Männer
meningitis [menəndʒ aɪˌtɪs] Hirnhautentzündung
menstruation [ˌmenstrʊˈeɪʃn] Menstruation
menu [ˈmenjuː] Speisekarte
merry [ˈmerɪ] lustig, froh
message [ˈmesɪdʒ] Nachricht
methylated spirits [ˈmeθɪleɪtɪd ˈspɪrɪts] Brennspiritus
metre [ˈmiːtə] Meter
microwave [maɪkrəʊweɪv] Mikrowelle
middle [ˈmɪdl] Mitte
Middle Ages [ˈmɪdl‿ˈeɪdʒɪz] Mittelalter
midge [mɪdʒ] Mücke
migraine [ˈmiːgreɪn] Migräne
mild [maɪld] mild
mile [maɪl] Meile
milk [mɪlk] Milch
millimetre [ˈmɪlɪˌmiːtə] Millimeter
mince, minced meat [mɪns, ˈmɪnst ˈmiːt] Hackfleisch
mind, I don't ~ [ˈaɪ dəʊnt ˈmaɪnd] meinetwegen
mini-bar [ˈmɪnɪbɑː] Minibar
minute [ˈmɪnɪt] Minute
mirror [ˈmɪrə] Spiegel
miscalculate [ˌmɪsˈkælkjʊleɪt] sich verrechnen
miscarriage [ˌmɪsˈkærɪdʒ] Fehlgeburt
misfortune [mɪsˈfɔːtʃən] Unglück
Miss [mɪs] Fräulein *(Anrede, vor Namen)*
miss [mɪs] verpassen
be missing [ˈmɪsɪŋ] fehlen
mistake [mɪsˈteɪk] Fehler, Irrtum
mistake for [mɪsˈteɪk fɔː] verwechseln
be mistaken [mɪsˈteɪkn] sich täuschen
misunderstanding [ˌmɪsʌndəˈstændɪŋ] Missverständnis

mix [mɪks] *(Getränke)* zubereiten
mixed [mɪkst] gemischt
mobile communications centre [ˈməʊbaɪl kɒmju:ˈnɪkeɪʃnz ˌsentə] Handygeschäft
mobile (phone) [ˈməʊbaɪl (ˈfəʊn)] Handy, Mobiltelefon
model [ˈmɒdl] Modell
modern [ˈmɒdn] modern
moist [mɔɪst] feucht, nass
moment [ˈməʊmənt] Augenblick
monastery [ˈmɒnəstrɪ] (Mönchs-) Kloster
Monday [ˈmʌndɪ] Montag
money [ˈmʌnɪ] Geld
month [mʌnθ] Monat
monthly [ˈmʌnθlɪ] monatlich
monument [ˈmɒnjʊmənt] Denkmal, Grabmal
moon [mu:n] Mond
moor [mɔ:] Heide
mop [mɒp] Wischmopp
more [mɔ:] mehr
more than mehr als
morning [ˈmɔ:nɪŋ] Vormittag, Morgen
mosaic [məʊˈzeɪɪk] Mosaik
motel [məʊˈtel] Motel
mother [ˈmʌðə] Mutter
motive [ˈməʊtɪv] (Beweg)Grund
motor [ˈməʊtə] Motor
motorail service [ˈməʊtəreɪl ˈsɜ:vɪs] Autoreisezug
motorboat [ˈməʊtəbəʊt] Motorboot
motorway [ˈməʊtəweɪ] Autobahn
motorway exit [ˈməʊtəweɪ ˈeksɪt] Autobahnausfahrt
motorway services [ˈməʊtəweɪ ˈsɜ:vɪsɪz] Raststätte
motorway toll [ˈməʊtəweɪ təʊl] Autobahngebühren
mountain [ˈmaʊntɪn] Berg
mountain bike [ˈmaʊntɪn baɪk] Mountainbike
mountain village [ˈmaʊntɪn ˈvɪlɪdʒ] Bergdorf
mountaineering [ˌmaʊntɪˈnɪərɪŋ] Bergsteigen
mountains [ˈmaʊntɪnz] Gebirge
moustache [məsˈtɑ:ʃ] Schnurrbart
mouth [maʊθ] Mund; Mündung *(Fluss)*
MP3 player [ˈem pi: θri: pleɪə] MP-3Player
Mr [ˈmɪstə] Herr *(vor Namen)*
Mrs [ˈmɪsɪz] Frau *(vor Namen)*
much [mʌtʃ] *(Frage, Verneinung)* viel
muesli [ˈmju:zlɪ] Müsli
mugging [ˈmʌgɪŋ] Überfall
mumps [mʌmps] Mumps
muscle [ˈmʌsl] Muskel
museum [mju:ˈzɪəm] Museum
museum of ethnology [mjʊˈzɪəm‿əv eθˈnɒlədʒɪ] Völkerkundemuseum
music [ˈmju:zɪk] Musik
music hall [ˈmju:zɪkhɔ:l] Varietee
musical [ˈmju:zɪkl] Musical
mussels [ˈmʌslz] Miesmuscheln
mustard [ˈmʌstəd] Senf
mute [mju:t] stumm
mutton [ˈmʌtn] Hammelfleisch
my [maɪ] mein
myself, I did it ~ [maɪˈself] ich habe es selbst gemacht

N

nail scissors [ˈneɪlˌsɪzəz] Nagelschere
nail varnish [ˈneɪlˌvɑ:nɪʃ] Nagellack
nail varnish remover [ˈneɪlˌvɑ:nɪʃ rɪˈmu:və] Nagellackentferner
naked [ˈneɪkɪd] nackt
name [neɪm] Name
napkin [ˈnæpkɪn] Serviette
nappies [ˈnæpɪz] Windeln
narrow [ˈnærəʊ] schmal, eng
national costume [ˌnæʃəˈnæl ˈkɒstju:m] Volkstracht
national park [ˈnæʃnl ˈpɑ:k] Nationalpark
nationality [ˌnæʃəˈnælɪtɪ] Staatsangehörigkeit

native [ˈneɪtɪv] einheimisch
native country [ˈneɪtɪv ˈkʌntrɪ] Heimat
natural [ˈnætʃrəl] *adj* natürlich
nature [ˈneɪtʃə] Natur
nature reserve [ˈneɪtʃə rɪˈzɜːv] Naturschutzgebiet
naughty [ˈnɔːtɪ] ungezogen, böse
nausea [ˈnɔːsjə] Brechreiz, Übelkeit
nautical mile [ˈnɔːtɪkl ˌmaɪl] Seemeile
near [nɪə] nah(e), bei *(örtlich)*
nearly [ˈnɪəlɪ] fast
necessary [ˈnesɪsrɪ] notwendig
neck [nek] Hals
necklace [ˈneklɪs] Kette
need [niːd] brauchen
needle [ˈniːdl] Nadel
negative [ˈnegətɪv] negativ
neighbour [ˈneɪbə] Nachbar/in
neither [ˈnaɪðə] auch nicht
nerve [nɜːv] Nerv
nervous [ˈnɜːvəs] nervös
net [net] Netz
neutral [ˈnjuːtrəl] Leerlauf
never [ˈnevə] nie
nevertheless [ˌnevəðəˈles] trotzdem
new [njuː] neu
New Year's Day [ˈnjuː ˌjɜːz ˈdeɪ] Neujahr
New Year's Eve [ˈnjuː ˌjɜːz‿ˈiːv] Silvesterabend
newsagent's [ˈnjuːzˌeɪdʒənts] Zeitungshändler
newspaper [ˈnjuːsˌpeɪpə] Zeitung
next [nekst] nächste(r, -s)
next to [nekst tʊ] neben
next year [ˈnekst ˈjɜː] nächstes Jahr
nice [naɪs] nett, lieb, sympathisch
night [naɪt] Abend, Nacht
nightclub [ˈnaɪtklʌb] Nachtklub
ninepins [ˈnaɪnpɪnz] Kegeln
no [nəʊ] nein
nobody [ˈnəʊbədɪ] niemand
noise [nɔɪz] Geräusch; Lärm
noisy [ˈnɔɪzɪ] laut *(Lärm)*
non-alcoholic [ˈnɒnælkəˈhɒlɪk] alkoholfrei
noon [nuːn] Mittag
nor [nɔː] auch nicht
normal [ˈnɔːml] normal
normally [ˈnɔːməlɪ] normalerweise
north [nɔːθ] Norden
north of, to the north of [ˈnɔːθ‿əv] nördlich von
North Sea [ˈnɔːθ ˈsiː] Nordsee
Northern Ireland [ˈnɔːðən ˈaɪələnd] Nordirland
nose [nəʊz] Nase
nose bleed [ˈnəʊz bliːd] Nasenbluten
no-smoking compartment [ˈnəʊˈsməʊkɪŋ kəmˈpɑːtmənt] Nichtraucherabteil
not [nɒt] nicht
not at all [ˈnɒt‿ət ˈɔːl] gar nicht
not yet [ˈnɒt ˈjet] noch nicht
notebook [nəʊtbʊk] Notizbuch
nothing [ˈnʌθɪŋ] nichts
notice [ˈnəʊtɪs] bemerken
notion [ˈnəʊʃn] Begriff, Vorstellung
novel [ˈnɒvl] Roman
November [nəʊˈvembə] November
now [naʊ] jetzt
nowhere [ˈnəʊweə] nirgends
nude [njuːd] nackt; Akt
nudist beach [ˈnjuːdɪst biːtʃ] FKK-Strand
number [ˈnʌmbə] Nummer, Zahl
number plate [ˈnʌmbə pleɪt] Nummernschild
nurse [nɜːs] Krankenschwester
nutmeg [ˈnʌtmeg] Muskatnuss
nuts [nʌts] Nüsse

O

object [ˈɒbdʒɪkt] Gegenstand
objective [əbˈdʒektɪv] Objektiv
observatory [əbˈzɜːvətrɪ] Sternwarte
occasionally [əˈkeɪʒnəlɪ] *adv* gelegentlich
occupied [ˈɒkjʊpaɪd] besetzt *(Platz)*
October [ɒkˈtəʊbə] Oktober
of [ɒv] aus *(Material)*
of course [əv ˈkɔːs] *adv* natürlich

off season [ɒf ˈsi:zn] Schonzeiten
offer [ˈɒfə] bieten
office [ˈɒfɪs] Büro; Amt, Dienststelle
official [əˈfɪʃl] offiziell; Beamte(r)/Beamtin
off-licence [ˈɒfˌlaɪsns] Spirituosengeschäft
offside [ɒfsaɪd] abseits
often [ˈɒfn] oft
oil [ɔɪl] Öl
oil change [ˈɔɪl ˈtʃeɪndʒ] Ölwechsel
oil painting [ˈɔɪl ˈpeɪntɪŋ] Ölgemälde; Ölmalerei
ointment [ˈɔɪntmənt] Salbe
ointment for burns [ˈɔɪntmənt fə ˈbɜ:nz] Brandsalbe
old [əʊld] alt
olive oil [ˈɒlɪv‿ˈɔɪl] Olivenöl
olives [ˈɒlɪvz] Oliven
on [ɒn] an, auf
on time [ɒn ˈtaɪm] *adv* pünktlich
on weekdays [ˈwi:kdeɪz] werktags, wochentags
once [wʌns] einmal
once a week [ˈwʌns‿ə ˈwi:k] *adj* wöchentlich
one [wʌn] ein(e); man
one-day travelcard [ˈwʌndeɪ ˈtrævlkɑ:d] Tageskarte
onions [ˈʌnjənz] Zwiebeln
only [ˈəʊnlɪ] einzig, nur
open [ˈəʊpən] offen, auf, geöffnet; öffnen
in the open air [ˈəʊpən ˈeə] im Freien
opening hours [ˈəʊpnɪŋ ˌaʊəz] Öffnungszeiten
open-plan carriage [ˈəʊpnˈplæn ˈkærɪdʒ] Großraumwagen
opera [ˈɒprə] Oper
operation [ˌɒpəˈreɪʃn] Operation
operetta [ˌɒpəˈretə] Operette
opinion [əˈpɪnjən] Meinung
opposite [ˈɒpəzɪt] Gegenteil; entgegengesetzt, gegenüber
optician's [ɒpˈtɪʃənz] Optiker
or [ɔ:] oder
orange [ˈɒrɪndʒ] orange
orange juice [ˈɒrɪndʒ dʒu:s] Orangensaft
oranges [ˈɒrɪndʒɪz] Apfelsinen
orchestra [ˈɔ:kɪstrə] Orchester
order [ˈɔ:də] Bestellung; Orden *(rel)*
ordinary [ˈɒdnrɪ] gewöhnlich
organic food shop [ɔ:ˈgənɪk fu:d ʃɒp] Bioladen
original [əˈrɪdʒənl] Original
original version [əˈrɪdʒənl ˈvɜ:ʃən] Originalfassung
you ought to [jʊ ɔ:t‿tʊ] Sie sollten
our [ˈaʊə] unser(e)
out of order [aʊt‿əv ˈɔ:də] kaputt
outside [ˌaʊtˈsaɪd] außen, draußen, außerhalb
oven [ˈʌvən] Backofen
over [ˈəʊvə] über; vorüber
overtake [ˌəʊvəˈteɪk] überholen
own [əʊn] eigen; besitzen
owner [ˈəʊnə] Besitzer/in, Eigentümer/in
oysters [ˈɔɪstəz] Austern

P

pacemaker [ˈpeɪsˌmeɪkə] Herzschrittmacher
pack [pæk] einpacken
packing [ˈpækɪŋ] Verpackung
paddling pool [ˈpædlɪŋ ˈpu:l] Planschbecken
page [peɪdʒ] Seite *(Buch)*
pain [peɪn] Schmerzen
painful [ˈpeɪnfʊl] schmerzhaft
pain-killing tablets [ˈpeɪnˌkɪlɪŋ ˈtæblɪts] Schmerztabletten
paint [peɪnt] malen
painter [ˈpeɪntə] Maler/in
painting [ˈpeɪntɪŋ] Gemälde, Bild; Malerei
pair [ˈpeər] Paar
palace [ˈpælɪs] Palast
pan [pæn] Pfanne
panties [ˈpæntɪz] Slip, Unterhose *(Damen)*

pants [pænts] Hose; Unterhose *(Herren)*
panty liners [ˈpæntɪ laɪnəz] Slipeinlagen
paper [ˈpeɪpə] Papier
paper handkerchiefs [ˈpeɪpə ˈhæŋkətʃɪfs] Papiertaschentücher
paper napkins [ˈpeɪpə ˈnæpkɪnz] Papierservietten
paperback [ˈpeɪpəbæk] Taschenbuch
papers [ˈpeɪpəz] Papiere
paprika [ˈpæprɪkə] Paprika
parachuting [ˈpærəˌʃuːtɪŋ] Fallschirmspringen
paraffin [ˈpærəfɪn] Petroleum
paragliding [ˈpærə glaɪdɪŋ] Gleitschirmfliegen
paralysis [pəˈrælɪsɪs] Lähmung
paraplegic [ˌpærəˈpliːdʒɪk] Mobilitätsbehinderte(r); querschnittsgelähmt
parcel [ˈpɑːsl] Paket
pardon, I beg your ~! [aɪ ˈbeg jɔː ˈpɑːdn] (Ich bitte um) Entschuldigung!
parents [ˈpeərənts] Eltern
park [pɑːk] Parkanlage; parken
parsley [ˈpɑːslɪ] Petersilie
part [pɑːt] Teil
partially sighted [ˈpɑːʃəlɪ saɪtɪd] sehbehindert
particularly [pəˈtɪkjʊləlɪ] besonders
particulars [pəˈtɪkjʊləz] nähere Angaben; Personalien
parting [ˈpɑːtɪŋ] Scheitel
party [ˈpɑːtɪ] Party, Fest
pass [pɑːs] Pass
passenger [ˈpæsɪndʒə] Passagier, Fahrgast
passing through [ˈpɑːsɪŋ ˈθruː] auf der Durchreise
passport [ˈpɑːspɔːt] Reisepass
passport control [ˈpɑːspɔːt kənˈtrəʊl] Passkontrolle
past [pɑːst] Vergangenheit; vorüber
past the sell-by date [pɑːst ðə ˈselˈbaɪˈdeɪt] abgelaufen
pasta [ˈpæstə] Nudeln
path [pɑːθ] Pfad, Weg
patience [ˈpeɪʃns] Geduld
pay [peɪ] (be)zahlen
pay (in) cash [peɪ(ɪn) ˌkæʃ] bar zahlen
pay attention to [peɪ‿əˈtenʃn tuː] beachten
pay out [ˌpeɪ‿ˈaʊt] auszahlen
payment [ˈpeɪmənt] Zahlung
peaches [ˈpiːtʃɪz] Pfirsiche
pearl [pɜːl] Perle
pears [peəz] Birnen
peas [piːz] Erbsen
pedal boat [ˈpedlbəʊt] Tretboot
pedestrian [pɪˈdestrɪən] Fußgänger/in
pedestrian precinct [pɪˈdestriən ˈpriːsɪŋkt] Fußgängerzone
peg [peg] (Kleider)Haken
penalty box [ˈpenəltɪ bɒks] Strafraum
pendant [ˈpendənt] Anhänger *(Schmuck)*
people [ˈpiːpl] Leute; Volk
pepper [ˈpepə] Pfeffer
pepper mill [ˈpepəˌmɪl] Pfeffermühle
peppers [ˈpepəz] Paprikaschoten
percent [pəˈsent] Prozent
perch [pɜːtʃ] Barsch
performance [pəˈfɔːməns] Aufführung, Vorstellung *(Theater)*
perfume [ˈpɜːfjuːm] Parfüm
perfumery [pəˈfjuːmərɪ] Parfümerie
perhaps [pəˈhæps] vielleicht
perm [pɜːm] Dauerwelle
permitted [pəˈmɪtɪd] zulässig
person [ˈpɜːsn] Person, Mensch
personal [ˈpɜːsnl] persönlich
Personal Identification Number (PIN) [ˈpɜːsnl aɪˈdentɪfɪˈkeɪʃən ˌnʌmbə] Geheimzahl
perspire [pəsˈpaɪə] schwitzen
petrol can [ˈpetrəl kæn] Benzinkanister
petrol pump [ˈpetrəl pʌmp] Benzinpumpe
pets [pets] Haustiere
phone [fəʊn] anrufen, telefonieren; Telefon

phone box [ˈfəʊnbɒks] Telefonzelle
phone call [(ˈfəʊn)kɔ:l] Anruf
phone number [ˈfəʊn ˌnʌmbə] Telefonnummer
phonecard [ˈfəʊnkɑ:d] Telefonkarte
photo(graph) [ˈfəʊtəʊ(grɑ:f)] Foto
photography [fəˈtɒgrəfɪ] Fotografie
physical handicap [fɪzɪkəl hændɪkæp] Körperbehinderung
pick out [ˈpɪk ˈaʊt] aussuchen
pickpocket [ˈpɪkˌpɒkɪt] Taschendieb/in
pick-up service [ˈpɪkʌp ˈsɜ:vɪs] Rückholservice
picture [ˈpɪktʃə] Bild
picture postcard [ˈpɪktʃə ˈpəʊstkɑ:d] Ansichtskarte
piece [pi:s] Stück
pier [pɪə] Pier
pill [pɪl] Tablette
pillar [ˈpɪlə] Säule
pillow [ˈpɪləʊ] Kopfkissen
pilot [ˈpaɪlət] Pilot/in
pineapple [ˈpaɪnˌæpl] Ananas
pink [pɪŋk] rosa
place [pleɪs] Platz, Ort
place of birth [ˈpleɪs‿əv ˈbɜ:θ] Geburtsort
place of pilgrimage [pleɪs‿əv ˈpɪlgrɪmidʒ] Wallfahrtsort
place of residence [ˌpleɪs‿əv ˈrezɪdəns] Wohnort, Wohnsitz
plain [pleɪn] Ebene; einfarbig
plant [plɑ:nt] Pflanze
plaster [ˈplɑ:stə] Pflaster
plastic bag [ˈplæstɪk ˈbæg] Plastikbeutel
plate [pleɪt] Teller
platform [ˈplætfɔ:m] Bahnsteig, Gleis
play [pleɪ] (Theater)Stück; spielen
playground [pleɪgraʊnd] Spielplatz
playmate [pleɪmeɪt] Spielkamerad/in
pleasant [ˈpleznt] angenehm, sympathisch
please [pli:z] bitte; gefallen
be pleased (with/about) [ˈpli:zd wɪð/əˈbaʊt)] sich freuen (über)
pleasure [ˈpleʒə] Vergnügen
plug [plʌg] Stecker
plumbs [plʌmz] Pflaumen
pneumonia [nju:ˈməʊnjə] Lungenentzündung
pocket [ˈpɒkɪt] Tasche
pocket calculator [ˈpɒkɪt ˈkælkjʊˌleɪtə] Taschenrechner
pocket knife [ˈpɒkɪt naɪf] Taschenmesser
poison [ˈpɔɪzn] Gift
poisoning [ˈpɔɪznɪŋ] Vergiftung
poisonous [ˈpɔɪznəs] giftig
Polaroid® camera [ˈpəʊlərɔɪdˌkæmrə] Sofortbildkamera
police [pəˈli:s] Polizei
police car [pəˈli:s kɑ:] Polizeiwagen
police custody [pəˈli:s ˈkʌstədɪ] Untersuchungshaft
policeman/policewoman [pəˈli:smən/pəˈli:sˌwʊmən] Polizist/in
polio [ˈpəʊlɪəʊ] Kinderlähmung
polite [pəˈlaɪt] höflich
poor [pʊə] arm
porcelain [pɔ:slɪn] Porzellan
pork [pɔ:k] Schweinefleisch
port [pɔ:t] Hafen; Portwein
portable [ˈpɔ:təbl ˈ] tragbar
portal [ˈpɔ:tl] Portal
porter [ˈpɔ:tə] Portier
portion [ˈpɔ:ʃn] Portion
portrait [ˈpɔ:trɪt] Porträt
portrait format [ˈpɔ:treɪt ˌfɔ:mæt] Hochformat
posh [pɒʃ] vornehm
position [pəˈzɪʃn] Lage *(eines Ortes)*
possible [ˈpɒsəbl] möglich
post code [ˈpəʊskəʊd] Postleitzahl
post office [ˈpəʊstˌɒfɪs] Postamt
post office savings book [ˈpəʊst ˌɒfɪs ˈseɪvɪŋz bʊk] Postsparbuch
postage [ˈpəʊstɪdʒ] Porto
post-box [ˈpəʊstbɒks] Briefkasten
postcard [ˈpəʊskɑ:d] Postkarte
poste restante [ˈpəʊst rɪˈstænt] postlagernd
poster [ˈpəʊstə] Plakat
postpone [ˌpəʊsˈpəʊn] verschieben

pot [pɒt] Topf
potatoes [pəˈteɪtəʊz] Kartoffeln
pottery [ˈpɒtərɪ] Töpferei; Töpferwaren
pound(s) [paʊnd(z)] Pfund
powder [ˈpaʊdə] Puder
powder snow [ˈpaʊdə snəʊ] Pulverschnee
practical [ˈpræktɪkl] praktisch
practise [ˈpræktɪs] üben
prawns [prɔːnz] Garnelen
pray [preɪ] beten
pregnancy [ˈpregnənsɪ] Schwangerschaft
premiere [ˈpremɪeə] Premiere
prepare [prɪˈpeə] vorbereiten, zubereiten
prescribe [prɪsˈkraɪb] verschreiben
prescription [prɪsˈkrɪpʃn] Rezept
be present [ˈpreznt] da sein, anwesend sein
present [ˈpreznt] Geschenk
pretty [ˈprɪtɪ] hübsch; ziemlich
prevent [prɪˈvent] hindern
price [praɪs] Preis
price per kilometre/mile [praɪs pə ˈkɪləˌmiːtə/maɪl] Kilometerpreis
priest [priːst] Priester
printer [prɪntə] Drucker
prison [ˈprɪzn] Gefängnis
private [ˈpraɪvɪt] privat
prize [praɪz] Gewinn, Preis
probable [ˈprɒbəbl] *adj* wahrscheinlich
probably [ˈprɒbəblɪ] *adv* wahrscheinlich
problem [ˈprɒbləm] Problem
procession [prəˈseʃən] Prozession
product [ˈprɒdʌkt] Produkt
production [prəˈdʌkʃn] Inszenierung
profession [prəˈfeʃn] Beruf
profit [ˈprɒfɪt] Gewinn
programme [ˈprəʊgræm] Programm; Sendung *(Radio, Fernsehen)* **prohibited** [prəˈhɪbɪtɪd] verboten
pronounce [prəˈnaʊns] aussprechen
proper [ˈprɒpə] geeignet, richtig
prospectus [prəsˈpektəs] Prospekt
protection factor [prəˈtekʃn ˌfæktə] Lichtschutzfaktor
provisional [prəˈvɪʒənl] provisorisch
provisions [prəˈvɪʒəns] Vorrat
pub [pʌb] Kneipe
public [ˈpʌblɪk] öffentlich
pull [pʊl] ziehen
pulled ligament/muscle [ˈpʊld ˈlɪgəmənt/ˈmʌsl] Zerrung
pullover [ˈpʊlˌəʊvə] Pullover
pulse [pʌls] Puls
pump [pʌmp] Luftpumpe
pumpkin [ˈpʌmpkɪn] Kürbis
punctual [ˈpʌŋktjʊəl] *adj* pünktlich
puncture [ˈpʌŋktʃə] Reifenpanne, Loch *(im Reifen)*
puncture repair kit [ˈpʌŋktʃə rɪˈpeə kɪt] Flickzeug
punishment [ˈpʌnɪʃmənt] Strafe
purify, detoxify [pjʊrəfaɪ, ˌdiːtɒksəfaɪ] entschlacken, entgiften
purple [ˈpɜːpl] lila, violett
purse [pɜːs] Geldbeutel
pus [pʌs] Eiter
put [pʊt] legen
put down [ˈpʊt ˈdaʊn] hinlegen
put off [ˈpʊt ˈɒf] *(zeitlich)* verschieben
put on [ˈpʊt ˈɒn] anziehen

Q

quality [ˈkwɒlɪtɪ] Qualität
quark [kwɑːk] Quark
quay [kiː] Kai
queen [kwiːn] Königin
question [ˈkwestʃn] Frage
queue (up) [ˈkjuː (ˈʌp)] Schlange stehen
quick [kwɪk] schnell
quiet [ˈkwaɪət] leise, ruhig, still
quite [kwaɪt] *adv* ganz

R

rabbit [ˈræbɪt] Kaninchen
race [reɪs] Rennen
racing bike [ˈreɪsɪŋ baɪk] Rennrad

racket [ˈrækɪt] Schläger
rack-railway [ræk ˈreɪlweɪ] Zahnradbahn
radar speed check [ˈreɪdɑː ˈspiːd tʃek] Radarkontrolle
radiator [ˈreɪdɪeɪtə] Kühler *(Auto)*
radio [ˈreɪdɪəʊ] Radio
rain [reɪn] Regen
raincoat [ˈreɪnkəʊt] Regenmantel
rainy [ˈreɪnɪ] regnerisch
ramble [ˈræmbl] wandern
ramp [ræmp] Rampe
rape [reɪp] Vergewaltigung
rare [reə] *adj* selten
rash [ræʃ] Ausschlag
rather [ˈrɑːðə] ziemlich
ravine [rəˈviːn] Schlucht
raw [rɔː] roh
razorblade [ˈreɪzəbleɪd] Rasierklinge
reach [riːtʃ] erreichen
read [riːd] lesen
ready [ˈredɪ] fertig, bereit
real [rɪəl] wirklich
really [ˈrɪəlɪ] *adv* unbedingt; wirklich
rear light [ˈrɪə ˈlaɪt] Rücklicht
rearview mirror [ˈriːəvjuː ˈmɪrə] Rückspiegel
reason [ˈriːzn] Grund
receipt [rɪˈsiːt] Quittung
receive [rɪˈsiːv] empfangen, erhalten
receiver [rɪˈsiːvə] Hörer
recently [ˈriːsntlɪ] kürzlich
reception [rɪˈsepʃn] Rezeption, Empfangshalle
rechargeable battery [riːˈtʃɑːdʒəbl ˈbætrɪ] Akku
recommend [ˌrekəˈmend] empfehlen
recover [rɪˈkʌvə] sich erholen
red [red] rot
red wine [red waɪn] Rotwein
reduction [rɪˈdʌkʃn] Ermäßigung
reflexology (foot) massage [ˌriːflˈeksˈɒlədʒɪ (ˈfʊt)ˈmæsɑːʒ] Fuß(reflexzonen)massage
refrigerator [rɪˈfrɪdʒəreɪtə] Kühlschrank
refuge [refjuːdʒ] Schutzhütte
refuse [rɪˈfjuːz] ablehnen
region [ˈriːdʒən] Region, Gegend
register [ˈredʒɪstə] sich anmelden
registered letter [ˈredʒɪstəd ˈletə] Einschreibebrief
registration [ˌredʒɪsˈtreɪʃn] Anmeldung
regret [rɪˈgret] bedauern
regular [ˈregjʊlə] regelmäßig
related [rɪˈleɪtɪd] verwandt
religion [rɪˈlɪdʒn] Religion
reluctantly [rɪˈlʌktəntlɪ] nicht gern
remain [rɪmeɪn] bleiben
remains [rɪˈmeɪnz] Überreste
remark [rɪˈmɑːk] sagen, bemerken
remedy [ˈremɪdɪ] Heilmittel
remember [rɪˈmembə] sich erinnern
remember s.th. [rɪˈmembə] sich etw merken
remind [rɪˈmaɪnd] **s.o. of s.th.** jdn an etw erinnern
remittance [rɪˈmɪtəns] Überweisung
Renaissance [rəˈneɪsns] Renaissance
rent [rent] Miete ; mieten, vermieten
repair [rɪˈpeə] reparieren
repeat [rɪˈpiːt] wiederholen
replace [rɪˈpleɪs] ersetzen
replacement [rɪˈpleɪsmənt] Ersatz
reply [rɪˈplaɪ] antworten, beantworten
report [rɪˈpɔːt] anzeigen
request [rɪˈkwest] Bitte
reservation [ˌrezəˈveɪʃn] Reservierung
reserve [rɪˈzɜːv] reservieren
residence [ˈrezɪdəns] Wohnsitz
responsible [rɪsˈpɒnsəbl] verantwortlich, zuständig
rest [rest] Ruhe; sich ausruhen
restaurant car [ˈrestərɔ̃ːŋ ˌkɑː] Speisewagen
return [rɪˈtɜːn] wiederkommen, zurückfahren
return journey [rɪˈtɜːn ˈdʒɜːnɪ] Heimreise, Rückfahrt
return ticket [rɪˈtɜːn ˈtɪkɪt] Rückfahrkarte
reverse [rɪˈvɜːs] umgekehrt

reverse charge call [rɪˈvɜːs ˈtʃɑːdʒ ˈkɔːl] R-Gespräch
reverse gear [rɪˈvɜːs ˈgɪə] Rückwärtsgang
reward [rɪˈwɔːd] Belohnung
rheumatism [ˈruːmətɪzm] Rheuma
rice [reɪs] Reis
rich [rɪtʃ] reich
ride [raɪd] Ausritt; reiten
ridiculous [rɪˈdɪkjʊləs] lächerlich
riding school [ˈraɪdɪŋ ˈskuːl] Reitschule
right [raɪt] richtig
right(-hand) [ˈraɪt(ˌhænd)] rechte(r, -s)
on the right, to the right [raɪt] rechts
rigid [ˈrɪdʒɪd] hart, fest
ring (up) [ˈrɪŋ (ˈʌp)] telefonieren, anrufen
ripe [raɪp] reif
river [ˈrɪvə] Fluss
road [rəʊd] Straße
road map [ˈrəʊd mæp] Straßenkarte
roasted [ˈrəʊstɪd] gebraten
roasting tray [ˈrəʊstɪŋ treɪ] Bräter
rock [rɒk] Fels
rolled oats [ˈrəʊld ˈəʊts] Haferflocken
roller skates [ˈrəʊləˌskeɪts] Rollschuhe
rollerblades [ˈrəʊləbleɪdz] Inliner
rolls [rəʊlz] Brötchen
roof [ruːf] Dach
room [ruːm] Zimmer; Räumlichkeit, Raum
rope [rəʊp] Seil
rosé [ˈrəʊzeɪ] Rosé
rosemary [ˈrəʊzmərɪ] Rosmarin
rotten [ˈrɒtn] verdorben, faul *(Obst)*
rough sea [ˈrʌf ˈsiː] starker Seegang
round [raʊnd] rund
round trip [ˈraʊnd ˈtrɪp] Rundfahrt
route [ruːt] Route
row [ˈrəʊ] rudern
rowing boat [ˈrəʊɪŋbəʊt] Ruderboot
rubber boots [ˈrʌbə ˈbuːts] Gummistiefel
rubber dinghy [ˈrʌbə ˈdɪŋgɪ] Schlauchboot
rubber ring [ˈrʌbə rɪŋ] Schwimmring
rubbish [ˈrʌbɪʃ] Müll, Abfall
rucksack [ˈrʌksæk] Rucksack
rudder [ˈrʌdə] Ruder
ruin [ˈruːɪn] Ruine
rule [ruːl] Vorschrift
run [rʌn] rennen, laufen
rupture [ˈrʌptʃə] Leistenbruch

S

sad [sæd] traurig
safari park [səˈfɑːrɪ pɑːk] Wildpark
safe [seɪf] Safe
safe(ly) [seɪf(lɪ)] sicher
saffron [ˈsæfrn] Safran
sage [seɪdʒ] Salbei
sail [ˈseɪl] segeln
sailing boat [ˈseɪlɪŋbəʊt] Segelboot
salad [ˈsæləd] Salat
salad bar [ˈsæləd bɑː] Salatbüfett
salami [səˈlɑːmɪ] Salami
sale [(ˈklɪərəns) seɪl] Ausverkauf
salmonella [ˈsælmnelə] Salmonellen
salt [sɔːlt] Salz
salt cellar [ˈsɔːltˌselə] Salzstreuer
same [seɪm] gleich
sand pit [sændpɪt] Sandkasten
sandals [ˈsændlz] Sandalen
sandcastle [sænd ˈkɑːsl] Sandburg
sanitary towels [ˈsænɪtrɪ ˈtaʊəlz] Damenbinden
satisfied [ˈsætɪsfaɪd] zufrieden
Saturday [ˈsætədɪ] Samstag
sauce [sɔːs] Soße
saucer [ˈsɔːsə] Untertasse
sauna [ˈsɔːnə] Sauna
sausage [ˈsɒsɪdʒ] Wurst
sausages [ˈsɒsɪdʒɪz] Würstchen
say [seɪ] sagen
scanner [skænə] Scanner
scar [skɑː] Narbe
scarcely [ˈskeəslɪ] kaum
scarf [skɑːf] Schal, Halstuch
scenery [ˈsiːnərɪ] Landschaft
scent [sent] Parfüm

school [sku:l] Schule
sciatica [saɪˈætɪkə] Ischias
scissors [ˈsɪzəz] Schere
scooter [ˈsku:tə] Roller
Scotland [ˈskɒtlənd] Schottland
Scotsman/Scotswoman [ˈskɒtsmən/ˈskɒtsˌwʊmən] Schotte/Schottin
Scottish [ˈskɒtɪʃ] schottisch
scratch [ˈskrætʃ] Kratzer
scream [skri:m] *(schrill)* schreien
screw [skru:] Schraube
sculptor [ˈskʌlptə], **sculptress** [ˈskʌlptrəs] Bildhauer/in
sculpture [ˈskʌlptʃə] Skulptur, Plastik
sea [si:] Meer
seagull [ˈsi:gʌl] Möwe
be seasick [bi:ˈsi:sɪk] seekrank sein
seaside resort [ˈsi:saɪd rɪˈzɔ:t] Badeort, Seebad
season [ˈsi:zn] Jahreszeit, Saison
seasoning [ˈsi:znɪŋ] Gewürz
seat [si:t] Sitz, Sitzplatz
seat belt [ˈsi:t belt] Sicherheitsgurt
seat reservation [ˈsi:t ˌrezəˈveɪʃn] Platzreservierung
secluded [sɪˈklu:dɪd] einsam *(Haus usw.)*
second [ˈseknd] Sekunde; zweite(r, -s)
second(ly) [ˈseknd(lɪ)] zweitens
second-hand shop [ˈsekndhænd ʃɒp] Trödler
security [sɪˈkjʊərɪtɪ] Kaution; Sicherheit
security charge [sɪˈkjʊərətɪ ˈtʃɑ:dʒ] Sicherheitsgebühr
security control [sɪˈkjʊərətɪ kənˈtrəʊl] Sicherheitskontrolle
sedative [ˈsedətɪv] Beruhigungsmittel
see [si:] sehen
seldom [ˈseldəm] *adv* selten
self-service [ˌselfˈsɜ:vɪs] Selbstbedienung
self-timer [self ˈtaɪmə] Selbstauslöser
sell [sel] verkaufen
sell-by date/best before [ˈselˈbaɪˈdeɪt/best bɪˈfɔ:] Haltbarkeit
seminar [ˈsemɪnɑ:] Seminar
send [send] schicken
send for [ˈsend fɔ:] abholen lassen
send on [ˈsend‿ˈɒn] nachsenden
sender [ˈsendə] Absender
sentence [ˈsentəns] Satz
separation of rubbish [sepəreɪʃn əv ˈrʌbɪʃ′] Mülltrennung
September [sepˈtembə] September
serious [ˈsɪərɪəs] ernst; schwer *(Krankheit)*
serve [sɜ:v] servieren
service [ˈsɜ:vɪs] Bedienung
service charge [ˈsɜ:vɪs ˈtʃɑ:dʒ] Bearbeitungsgebühr
serviette [ˌsɜ:vɪˈet] Serviette
set [set] (Fernseh)Apparat
set meal [ˈset ˈmi:l] Menü
set menu [ˈset ˈmenju:] Menü
setting lotion [ˈsetɪŋ ˌləʊʃn] Haarfestiger
severe [sɪˈvɪə] stark *(Schmerzen)*
severely handicapped person [sɪvɪəlɪ hændɪkæpt pɜ:sn] Schwerbehinderte/r
sexual harassment [ˈseksjʊəl ˈhærəsmnt] sexuelle Belästigung
shade [ʃeɪd] (Farb)Ton
shadow [ˈʃædəʊ] Schatten
shampoo [ʃæmˈpu:] Shampoo
shape [ʃeɪp] Form
shaver [ˈʃeɪvə] Rasierapparat
shaving brush [ˈʃeɪvɪŋ brʌʃ] Rasierpinsel
shaving foam [ˈʃeɪvɪŋ fəʊm] Rasierschaum
she [ʃi:] sie *(sing)*
shell [ʃel] Muschel
shelter [ˈʃeltə] Schutzhütte
shin [ʃɪn] Schienbein
shirt [ʃɜ:t] Hemd
shoe [ˈʃu:] Schuh
shoe shop [ˈʃu: ʃɒp] Schuhgeschäft
shoebrush [ˈʃu:brʌʃ] Schuhbürste
shoecream [ˈʃu: kri:m] Schuhcreme
shoemaker's [ˈʃu:ˌmeɪkəz] Schuhmacher

shop window [ˈʃɒp ˈwɪndəʊ] Schaufenster
shore [ʃɔː] Ufer *(Meer)*
short [ʃɔːt] kurz
short film [ˈʃɔːt ˈfɪlm] Kurzfilm
short-circuit [ˈʃɔːtˈsɜːkɪt] Kurzschluss
short-cut [ˈʃɔːtkʌt] Abkürzung *(Weg)*
shorts [ʃɔːts] Shorts
shoulder [ˈʃəʊldə] Schulter
shoulder bag [ˈʃəʊldə bæg] Umhängetasche
shout [ʃaʊt] schreien
show [ʃəʊ] Show; zeigen
shower [ˈʃaʊə] Regenschauer; Dusche
shower gel [ˈʃaʊə dʒel] Duschgel
shower seat [ʃaʊə siːt] Duschsitz
shrimps [ʃrɪmps] Krabben
shut [ʃʌt] schließen; zu, geschlossen
shutter [ˈʃʌtə] Auslöser
shuttlecock [ˈʃʌtlkɒk] Federball *(Ball)*
shy [ʃaɪ] schüchtern
sick [sɪk] krank
side [saɪd] Seite
sideboards [ˈsaɪdbɔːdz] Koteletten
sidelights [ˈsaɪdlaɪts] Standlicht
sieve [ˈsɪv] Küchensieb
sights [saɪts] Sehenswürdigkeiten
sightseeing tour of the town/city [ˈsaɪtˌsiːɪŋˈtʊər‿əv ðə ˈtaʊn/ˈsɪtɪ] Stadtrundfahrt
sign [saɪn] Zeichen; Schild, Wegweiser; unterschreiben
sign language [saɪn ˈlæŋgwɪdʒ] Zeichensprache
signature [ˈsɪgnɪtʃə] Unterschrift
silence [ˈsaɪləns] Ruhe, Stille
silent [ˈsaɪlənt] ruhig, still
silk [sɪlk] Seide
silk painting [ˈsɪlk ˈpeɪntɪŋ] Seidenmalerei
silly [ˈsɪlɪ] blöd(e)
silver [ˈsɪlvə] Silber; silberfarben
similar [ˈsɪmɪlə] ähnlich
simple [ˈsɪmpl] einfach
simultaneously [ˌsɪməlˈteɪnjəslɪ] gleichzeitig
since [sɪns] seit *(Zeitpunkt)*; weil *(da)*
sincere [sɪnˈsɪə] herzlich
sing [sɪŋ] singen
singer [ˈsɪŋə] Sänger/in
single [ˈsɪŋgl] ledig
singles [ˈsɪŋglz] Einzel
sink [sɪŋk] Geschirrspülbecken
sinusitis [ˌsaɪnəˈsaɪtɪs] Stirnhöhlenentzündung
sister [ˈsɪstə] Schwester
sister-in-law [ˈsɪstərɪnlɔː] Schwägerin
sit [sɪt] sitzen
situation [ˌsɪtjʊˈeɪʃn] Lage
size [saɪz] Größe, Umfang
skateboard [ˌskeɪtbɔːd] Skateboard
ski [ˈskiː] Ski
ski bindings [ˈskiː baɪndɪŋz] Skibindung
ski boots [skiː buːts] Skistiefel
ski goggles [ˈski ˌgɒglz] Skibrille
ski instructor [ˈski ɪnˈstrktə] Skilehrer/in
ski sticks [ˈskiːstɪks] Skistöcke
ski tow [ˈskiː təʊ] Schlepplift
ski trousers Skihose
skiing [ˈskiːɪŋ] Ski laufen
skiing course [ˈskiːɪŋ ˌkɔːs] Skikurs
skin [skɪn] Haut
skirt [skɜːt] Rock
skittles [ˈskɪtlz] Kegeln
sky [skaɪ] Himmel
sledge [sledʒ] Schlitten
sleep [sliːp] schlafen
sleeping pills [ˈsliːpɪŋ pɪlz] Schlaftabletten
sleeplessness [ˈsliːplɪsnɪs] Schlaflosigkeit
sleeve [sliːv] Ärmel
slender [ˈslendə] schlank, dünn
slice [slaɪs] Scheibe
slide [ˈslaɪd] Dia
slight [slaɪt] leicht, geringfügig
slim [slɪm] schlank, dünn, schmal
slip road [ˈslɪp rəʊd] Auffahrt
slow(ly) [ˈsləʊ(lɪ)] langsam
small [smɔːl] klein
small packet [ˈsmɔːl ˌpækɪt] Päckchen

smell [smel] Geruch; riechen
smoke [sməʊk] rauchen
smoked [sməʊkt] geräuchert
smoker [sməʊkə] Raucher/in
smoking compartment ['sməʊkɪŋ kəm'pɑ:tmənt] Raucherabteil
smuggle ['smʌgl] schmuggeln
snack [snæk] Imbiss
snake [sneɪk] Schlange
snapshot Schnappschuss
sneeze [sni:z] niesen
snore [snɔ:] schnarchen
snorkel ['snɔ:kl] Schnorchel
go snorkelling [gəʊ 'snɔ:klɪŋ] schnorcheln
snow [snəʊ] Schnee
so [səʊ] also
soaked [səʊkt] nass, durchnässt
soap [səʊp] Seife
sober ['səʊbə] nüchtern
social services centre ['səʊʃəl s'sɜ:vɪsɪz 'sentə] Sozialstation
socket ['sɒkɪt] Steckdose
socks [sɒks] Socken
soft [sɒft] weich
solarium [sə'leərɪəm] Solarium
sole [səʊl] Sohle; Seezunge
solid ['sɒlɪd] hart, fest, dauernd
soloist ['səʊləʊɪst] Solist/in
some [sʌm] einige
somebody ['sʌmbədɪ] jemand
something ['sʌmθɪŋ] etwas
sometimes ['sʌmtaɪmz] manchmal
son [sʌn] Sohn
song [sɒŋ] Lied
soon [su:n] bald
sore throat ['sɔ: 'θrəʊt] Halsschmerzen
sort [sɔ:t] Art, Sorte
sound [saʊnd] Ton
soup [su:p] Suppe
soup plate [su:p pleɪt] Suppenteller
sour ['saʊə] sauer
sour cream ['saʊə skri:m] saure Sahne
source [sɔ:s] Quelle
south [saʊθ] Süden
south of [saʊθ‿əv] südlich von
souvenir ['su:vənɪə] Mitbringsel
souvenir shop ['su:vənɪə ʃɒp] Souvenirladen
space [speɪs] Raum
spare wheel ['speə 'wi:l] Ersatzrad
spark plug ['spɑ:kplʌg] Zündkerze
speak [spi:k] sprechen
speaker ['spi:kə] Lautsprecher
special ['speʃl] speziell
special issue stamp ['speʃl‿'ɪsju: stæmp] Sondermarke
specialist ['speʃəlɪst] Facharzt/-ärztin
speciality [ˌspeʃɪ'ælɪtɪ] Spezialität
spectator [spek'teɪtə] Zuschauer/in
speed [spi:d] Geschwindigkeit
speedometer [spɪ'dɒmɪtə] Tachometer
spell [spel] buchstabieren
spend [spend] ausgeben
spend the night ['spend ðə 'naɪt] übernachten
spice [spaɪs] Gewürz
spinach ['spɪnɪdʒ] Spinat
spine [spaɪn] Wirbelsäule
splendid ['splendɪd] herrlich
splint [splɪnt] Schiene
spoiled ['spɔɪlt] verdorben
spoon [spu:n] Löffel
sport [spɔ:t] Sport
sports ground ['spɔ:tsgraʊnd] Sportplatz
sports shop ['spɔ:ts ʃɒp] Sportartikel
sportsman/-woman ['spɔ:tsmən/ 'spɔ:tsˌwʊmən] Sportler/in
spot [spɒt] Ort, Stelle
sprained [spreɪnd] verstaucht
spring [sprɪŋ] Frühling; Quelle *(Wasser)*
square metre [ˌskweə 'mi:tə] Quadratmeter
squid [skwɪd] Tintenfisch
stadium ['steɪdɪəm] Stadion
stain [steɪn] Fleck(en)
staircase ['steəkeɪs] Treppe
stairs [steəz] Treppe
stalls [stɔ:lz] Parkett

stamp [stæmp] Stempel; Briefmarke; frankieren
stamp machine ['stæmp mə'ʃi:n] Briefmarkenautomat
stand [stænd] stehen
star [stɑ:] Stern
start (from) [stɑ:t (frɒm)] abfahren (von)
starter ['stɑ:tə] Vorspeise
starter motor ['stɑ:tə 'məʊtə] Anlasser
startle ['stɑ:tl] erschrecken
state [steɪt] Staat
statement ['steɪtmənt] Angabe
station ['steɪʃn] Bahnhof
stationer's ['steɪʃnəz] Schreibwarengeschäft
statue ['stætʃu:] Statue
stay [steɪ] Aufenthalt
stay [steɪ] bleiben, sich aufhalten; übernachten, wohnen
steal [sti:l] stehlen
steamed [sti:md] gedämpft, gedünstet
steamer, steamship ['sti:mə, 'sti:mʃɪp] Dampfer
steep [sti:p] steil
steeple ['sti:pl] Kirchturm
step [step] Stufe
stepless access [steplɪs ækses] stufenloser Zugang
steps [steps] Treppe *(im Freien)*
steward/stewardess [stjʊəd/ˌstjʊə'des] Steward/ess
stick [stɪk] Stock
still [stɪl] unbewegt, still; noch
still life ['stɪl 'laɪf] Stillleben
sting [stɪŋ] stechen; brennen
stink [stɪŋk] stinken
stir spoon [ˌstɜ spu:n] Rührlöffel
stitch (up) ['stɪtʃ(‿'ʌp)] nähen
stock [stɒk] Vorrat
stockings ['stɒkɪŋz] Strümpfe
stomach ['stʌmək] Bauch, Magen
stomachache ['stʌməkˌeɪk] Magenschmerzen
stone [stəʊn] Stein
stony ['stəʊnɪ] steinig
stop [stɒp] Haltestelle; Aufenthalt *(Zug)*; aufhören; (an)halten, stehen bleiben; sich aufhalten
stop! [stɒp] halt!
stopover ['stɒpˌəʊvə] Zwischenlandung
store [stɔ:] Vorrat
storey ['stɔ:rɪ] Etage
storm ['stɔ:m] Sturm
story ['stɔ:rɪ] Erzählung, Geschichte
stove [stəʊv] Herd
straight [streɪt] gerade
straight across/through ['streɪt‿ə'krɒs/'θru:] quer durch
straight on [ˌstreɪt‿'ɒn] geradeaus
strange [streɪndʒ] fremd
stranger ['streɪndʒə] Fremde(r)
straw [strɔ:] Strohhalm
strawberries ['strɔ:brɪz] Erdbeeren
street [stri:t] Straße
strenuous ['strenjʊəs] anstrengend
string [strɪŋ] Bindfaden
stroke [strəʊk] Gehirnschlag, Schlaganfall
stroll [strəʊl] Spaziergang
strong [strɒŋ] stark
studio ['stju:dɪəʊ] Studio
studio couch ['stju:dɪəʊ kaʊtʃ] Schlafcouch
study ['stʌdɪ] studieren
stuffed [stʌft] gefüllt
stupid ['stju:pɪd] dumm, blöd(e)
style [staɪl] Stil
subtitles ['sʌbtaɪtlz] Untertitel
suburb ['sʌbɜ:b] Vorort
subway ['sʌbweɪ] Unterführung
success [sək'ses] Glück, Erfolg
suddenly ['sʌdnlɪ] plötzlich
sufficient [sə'fɪʃənt] genug
sugar ['ʃʊgə] Zucker
suggestion [sə'dʒestʃn] Vorschlag
suit [sju:t] Anzug; Kostüm
suit [sju:t] passen, gelegen kommen
suitable for the disabled [su:təbl fə ðə dɪs'eɪbld] behindertengerecht
suitable for wheelchairs [su:təbl fə wi:l'tʃeəz] rollstuhlgerecht

suitcase [ˈsju:tkeɪs] Koffer
sum [sʌm] Summe
summer [ˈsʌmə] Sommer
summit [ˈsʌmɪt] Gipfel
summit station [ˈsʌmɪt steɪʃn] Bergstation
sun [sʌn] Sonne
sun blocker [sʌn blɒkə] Sonnenschutz
sun cream [sʌn kri:m] Sonnencreme
sunbathing area [sʌnˈbeɪðɪŋˈeərɪə] Liegewiese
sunburn [ˈsʌnˌbɜ:n] Sonnenbrand
Sunday [ˈsʌndɪ] Sonntag
sunhat [ˈsʌnhæt] Sonnenhut
sunny [ˈsʌnɪ] sonnig
sunroof [ˈsʌnru:f] Schiebedach
sunstroke [ˈsʌnstrəʊk] Sonnenstich
suntan lotion [ˈsʌntæn ˌləʊʃn] Sonnenschutzlotion
suntan oil [ˈsʌntæn‿ɔɪl] Sonnenöl
supermarket [ˈsu:pəˌmɑ:kɪt] Supermarkt
supporters [səˈpɔ:təz] Anhänger
suppository [səˈpɒzɪtərɪ] Zäpfchen
sure(ly) [ʃʊə(lɪ)] gewiss, sicher
surf [ˈsɜ:f] surfen
surfboard [ˈsɜ:fbɔ:d] Surfbrett
surgeon [ˈsɜ:dʒn] Chirurg/in
surgery [ˈsɜ:dʒərɪ] Sprechstunde
surname [ˈsɜ:neɪm] Familienname
be surprised (at) [səˈpraɪzd‿(ət)] sich wundern (über)
surroundings [səˈraʊndɪŋz] Umgebung
sweat [swet] schwitzen
sweater [ˈswetə] Pullover
sweet [swi:t] süß; Nachtisch
sweetcorn [ˈswi:tkɔ:n] Mais
sweetener [ˈswi:tnə] Süßstoff
sweets [swi:ts] Süßigkeiten, Bonbons
sweetshop [ˈswi:tʃɒp] Süßwarengeschäft
swelling [ˈswelɪŋ] Schwellung
swim [swɪm] schwimmen
swimmer [ˈswɪmə] Schwimmer/in
swimming costume [ˈswɪmɪŋ ˈkɒstju:m] Badeanzug
swimming lessons [ˈswɪmɪŋ lesnz] Schwimmkurs
swimming pool [ˈswɪmɪŋpu:l] Swimmingpool
swindle [ˈswɪndl] Gaunerei, Betrug
Swiss franc(s) [ˈswɪs ˈfræŋk(s)] Schweizer Franken
Swiss (man/woman) [ˈswɪs(ˈmæn/ˈwʊmən)] Schweizer/in; **I'm Swiss** [aɪm ˈswɪs] ich bin Schweizer/in
switch on [ˈswɪtʃ‿ˈɒn] einschalten
Switzerland [ˈswɪtsələnd] Schweiz
swollen [ˈswəʊlən] geschwollen
swordfish [sɔ:dfɪʃ] Schwertfisch
symbol [ˈsɪmbl] Wahrzeichen
symphony concert [ˈsɪmfənɪ ˈkɒnsət] Sinfoniekonzert

T

table [ˈteɪbl] Tisch
table tennis [ˈteɪbl ˈtenɪs] Tischtennis
tablecloth [ˈteɪblklɒθ] Tischtuch
tablet [ˈtæblɪt] Tablette
tail light [ˈteɪl ˈlaɪt] Rücklicht
tailback [teɪlbæk] Stau
tailor [ˈteɪlə] Schneider/in *(für Herren)*
take [teɪk] (mit)nehmen; *(Verkehrsmittel)* benutzen; (weg)bringen; *(Zeit)* brauchen
take a photo [ˈteɪk ə ˈfəʊtəʊ] fotografieren
take care (of s.o./s.th.) [teɪk ˈkeər‿əv] sich kümmern (um), aufpassen (auf)
take part (in) [ˈteɪk ˈpɑ:t (ɪn)] teilnehmen (an)
take place [ˈteɪk ˈpleɪs] stattfinden
taken [ˈteɪkn] besetzt
be taken ill [ˈteɪkn ˈɪl] krank werden
take-off [ˈteɪk-ɒf] Abflug
talk [tɔ:k] Gespräch; reden, sich unterhalten
tall [tɔ:l] groß *(Statur)*
tampons [ˈtæmpənz] Tampons
tangerines [ˌtændʒəˈri:n] Mandarinen

tank [tæŋk] Tank
tap [tæp] Wasserhahn
taste [teɪst] Geschmack; *(Speisen)* probieren
taste (of) ['teɪst (əv)] schmecken (nach)
tasty ['teɪstɪ] lecker
taxi rank ['tæksɪ ræŋk] Taxistand
taxidriver ['tæksɪˌdraɪvə] Taxifahrer/in
tea [ti:] Tee
tea bags ['ti:bægz] Teebeutel
tea towel ['ti: ˌtaʊəl] Geschirrtuch
teach [ti:tʃ] unterrichten *(Schule)*
team [ti:m] Mannschaft *(Sport)*
teaspoon ['ti:spu:n] Teelöffel
teat [ti:t] Sauger
teeth [ti:θ] Zähne
telegram ['telɪgræm] Telegramm
telegraphic transfer [ˌtelɪ'græfɪk 'trænsfɜ:] telegrafische Überweisung
telephone ['telɪfəʊn] Telefon
telephone directory ['telɪfəʊn dɪ'rektrɪ] Telefonbuch
telephoto lens ['telɪˌfəʊtəʊ lenz] Teleobjektiv
television ['telɪˌvɪʒn] Fernseher
television lounge ['telɪˌvɪʒn laʊndʒ] Fernsehraum
telex ['teleks] Telex
tell [tel] sagen, mitteilen, erzählen
temperature ['temprɪtʃə] Temperatur; Fieber
temple ['templ] Tempel
temporary ['temprərɪ] provisorisch
tender ['tendə] zart; zärtlich
tennis ['tenɪs] Tennis
tennis racket ['tenɪsˌrækɪt] Tennisschläger
tenpin bowling ['tenpɪn 'bəʊlɪŋ] Bowling
tent [tent] Zelt
terminal ['tɜ:mɪnl] Terminal
terminus ['tɜ:mɪnəs] Endstation
terrace ['terəs] Terrasse
terracotta [ˌterə'kɒtə] Terrakotta
terrible ['terəbl] schrecklich, fürchterlich
tetanus ['tetənəs] Tetanus
Thames [temz] Themse
than [ðæn] als *(Vergleich)*
thank [θæŋk] danken
that [ðæt] dass; jene(r, -s)
the same [seɪm] dasselbe
theatre ['θɪətə] Theater
theatre group [θɪətə gru:p] Theatergruppe
theft [θeft] Diebstahl
their [ðeə] *(pl)* ihr
then [ðen] dann; damals
therapeutic bath ['θerəpjʊtɪk 'bɑ:θ] Heilbad
therapy ['θerəpɪ] Therapie
there [ðeə] da, dort
therefore ['ðeəfɔ:] deshalb
thermal baths [θɜ:məl 'bɑ:θz] Thermalbad
thermometer [θə'mɒmɪtə] Fieberthermometer
thermos flask ['θɜ:məs flɑ:sk] Thermosflasche
these [ði:z] *(pl)* diese
they [ðeɪ] *(pl)* sie
thick [θɪk] dick
thief [θi:f] Dieb/in
thin [θɪn] dünn, mager
thing [θɪŋ] Ding, Sache
think [θɪŋk] denken; meinen
think of ['θɪŋk‿əv] denken an
third [θɜ:d] dritte(r, -s)
third-party, fire and theft insurance [θɜ:d'pɑ:tɪ faɪə‿ənd θeft ɪn'ʃʊərəns] Teilkasko
be thirsty ['θɜ:stɪ] durstig sein
this [ðɪs] diese(r, -s)
this morning/this evening [ðɪs 'mɔ:nɪŋ/ðɪs‿'i:vnɪŋ] heute Morgen/heute Abend
those [ðəʊz] *(pl)* jene
thread [θred] Faden
thriller ['θrɪlə] Thriller
throat [θrəʊt] Kehle, Hals
throat lozenges ['θrəʊt 'lɒzɪndʒɪz] Halstabletten
through [θru:] durch

thunderstorm [ˈθʌndəstɔ:m] Gewitter
Thursday [ˈθɜ:zdɪ] Donnerstag
thus [ðʌs] also
thyme [taɪm] Thymian
tick [tɪk] Zecke
ticket [ˈtɪkɪt] Fahrkarte, Fahrschein
ticket collector [ˈtɪkɪtkəˈlektə] Schaffner/in
ticket machine [ˈtɪkɪt məˈʃi:n] Fahrkartenautomat
ticket office [ˈtɪkɪt‿ˌɒfɪs] Fahrkartenschalter
tie [taɪ] Krawatte
tight [taɪt] eng *(Kleider)*
tights [taɪts] Strumpfhose
till [tɪl] bis *(zeitlich)*
till now [tɪl ˈnaʊ] bis jetzt
time [taɪm] Zeit
time of arrival [taɪm‿əv‿əˈraɪvl] Ankunftszeit
time of departure [taɪm‿əv dɪˈpɑ:tʃə] Abfahrtszeit
timetable [ˈtaɪmˌteɪbl] Fahrplan
tin [tɪn] (Konserven-)Dose
tin foil [ˈtɪnfɔɪl] Alufolie
tin opener [ˈtɪnˌəʊpnə] Dosenöffner
tincture of iodine [ˈtɪŋktʃər‿əv ˈaɪədi:n] Jodtinktur
tint [tɪnt] tönen
tip [tɪp] Tipp; Trinkgeld
tired [ˈtaɪəd] müde
to [tu:] zu, nach *(Richtung);* bis
toast [təʊst] Toast
toasted [ˈtəʊstɪd] geröstet *(Brot)*
toaster [ˈtəʊstə] Toaster
tobacco [təˈbækəʊ] Tabak
tobacconist's [təˈbækənɪsts] Tabakladen
toboggan [təˈbɒgən] Schlitten
today [təˈdeɪ] heute
today week [təˈdeɪ ˈwi:k] in einer Woche
toe [təʊ] Zehe
together [təˈgeðə] *adv* gemeinsam, zusammen
toilet [ˈtɔɪlɪt] Toilette
toilet for the disabled [tɔɪlɪt fə ðə dɪsˈeɪbld] Behindertentoilette
toilet paper [ˈtɔɪlɪtˌpeɪpə] Toilettenpapier
tomatoes [təˈmɑ:təʊz] Tomaten
tomb [tu:m] Grab
tomorrow [təˈmɒrəʊ] morgen
tomorrow morning/ tomorrow evening [təˈmɒrəʊ ˈmɔ:nɪŋ/təˈmɒrəʊ‿i:vnɪŋ] morgen früh/morgen Abend
tone [təʊn] (Umgangs-)Ton
tongue [tʌŋ] Zunge
tonight [təˈnaɪt] heute Nacht
tonsilitis [ˌtɒnsɪˈlaɪtɪs] Mandelentzündung
tonsils [ˈtɒnslz] Mandeln
too [tu:] *(mit adj)* zu
too [tu:] *(nachgestellt)* auch
too much [ˈtu: ˈmʌtʃ] zu sehr, zu viel
tools [tu:lz] Werkzeug
tooth [tu:θ] Zahn
toothache [ˈtu:θeɪk] Zahnschmerzen
toothbrush [ˈtu:θbrʌʃ] Zahnbürste
toothpaste [ˈtu:θpeɪst] Zahnpasta
toothpick [ˈtu:θpɪk] Zahnstocher
torn ligament [ˈtɔ:n ˈlɪgəmənt] Bänderriss
touch [tʌtʃ] berühren
tough [tʌf] zäh
tour [tʊə] Rundfahrt, Tour, Besichtigung
tour around the island [tʊə əˈraʊnd ðə ˈaɪlnəd] Inselrundfahrt
tourist [ˈtʊərɪst] Tourist/in
tourist information office [ˈtʊərɪst‿ˌɪnfəˈmeɪʃn‿ˌɒfɪs] Verkehrsamt
tow (away) [təʊ (əˈweɪ)] abschleppen
towel [ˈtaʊəl] Handtuch
tower [ˈtaʊə] Turm
town [taʊn] Ortschaft, Stadt
town centre [ˈtaʊn ˈsentə] Stadtzentrum
town hall [ˈtaʊn ˈhɔ:l] Rathaus
town plan [ˈtaʊn ˈplæn] Stadtplan
town walls [ˈtaʊn ˈwɔ:lz] Stadtmauern

towrope [ˈtəʊrəʊp] Abschleppseil
toy shop [ˈtɔɪ ʃɒp] Spielwarengeschäft
toys [ˈtɔɪz] Spielsachen
tracksuit bottoms [ˈtræksjuːt ˈbɒtəmz] Jogginghose
traffic [ˈtræfɪk] Verkehr
traffic jam [ˈtræfɪk dʒæm] Stau
traffic lights [ˈtræfɪk ˌlaɪts] Ampel
tragedy [ˈtrædʒɪdɪ] Tragödie
train [treɪn] Zug
trainers [ˈtreɪnəz] Turnschuhe
training [ˈtreɪnɪŋ] Ausbildung
tram [træm] Straßenbahn
tranquillizer [ˈtrænkwɪlaɪzə] Beruhigungsmittel
transfer [ˈtrænsfɜː] Geldanweisung, Überweisung
transfer bus [ˈtrænsfɜː bʌs] Transferbus
transition [trænˈzɪʃn] Wechsel, Übergang
translate [trænsˈleɪt] übersetzen
transmission [trænzˈmɪʃn] *(Am)* Getriebe
transport service [ˈtrænspɔːt sɜːvɪs] Fahrdienst
travel [ˈtrævl] reisen
travel agency [ˈtrævl ˈeɪdʒənsɪ] Reisebüro
traveller's cheque [ˈtrævləz ˈtʃek] Reisescheck
travelling bag [trævlɪŋ bæg] Reisetasche
treat [triːt] behandeln
treatment [triːtˈmənt] Behandlung
tree [triː] Baum
trekking bike [ˈtrekɪŋ baɪk] Trekkingrad
trial [ˈtraɪəl] Probe
trip [trɪp] Ausflug, Fahrt, Tour
tripod [ˈtraɪpɒd] Stativ
trousers [ˈtraʊzəz] Hose
true [truː] wahr, echt, wirklich
try [traɪ] versuchen
try hard [ˈtraɪ ˈhɑːd] sich bemühen
Tuesday [ˈtjuːzdɪ] Dienstag
tumbler [ˈtʌmblə] Wasserglas
tumour [ˈtjuːmə] Geschwulst
tuna [ˈtuːnə] Thunfisch
tunnel [ˈtʌnl] Tunnel
turn back [ˈtɜːn ˈbæk] umkehren
turquoise [ˈtɜːkwɔɪz] türkis
TV [ˌtiːˈviː] Fernseher
tweezers [ˈtwiːzəz] Pinzette
twice [twaɪs] zweimal, doppelt
typhoid [ˈtaɪfɔɪd] Typhus
typical [ˈtɪpɪkl] typisch
tyre [ˈtaɪə] Reifen

U

ugly [ˈʌglɪ] hässlich
ulcer [ˈʌlsə] Geschwür
umbrella [ʌmˈbrelə] Schirm
unbearable [ʌnˈbeərəbl] unerträglich
unconscious [ʌnˈkɒnʃəs] bewusstlos
under [ˈʌndə] unter
underground [ˈʌndəgraʊnd] U-Bahn
understand [ˌʌndəˈstænd] verstehen
underwater camera [ˈʌndəˈwɔːtə ˈkæmrə] Unterwasserkamera
underwear [ˈʌndəweə] Unterwäsche
unemployed [ˌʌnɪmˈplɔɪd] arbeitslos
unfit [ˌʌnˈfɪt] ungeeignet
unfortunately [ʌnˈfɔːtʃnɪtlɪ] leider
unimportant [ˌʌnɪmˈpɔːtənt] unwichtig
university [ˌjuːnɪˈvɜːsɪtɪ] Universität
unlikely [ʌnˈlaɪklɪ] unwahrscheinlich
unpleasant [ʌnˈpleznt] unangenehm
unsuited [ˌʌnˈsjuːtɪd] ungeeignet
until [ənˈtɪl] bis *(zeitlich)*
unusual [ʌnˈjuːʒʊəl] ungewöhnlich
up [ʌp] aufwärts, oben
up to date [ˈʌp tə ˈdeɪt] modern, zeitgemäß
urgent [ˈɜːdʒənt] dringend, eilig
urine [ˈjʊərɪn] Urin
us [ʌs] uns
use [juːz] benutzen
be used to s.th. [ˈjʊːst tʊ] etw gewohnt sein

usual ['ju:ʒʊəl] üblich, gewöhnlich
usually ['ju:ʒʊəli] gewöhnlich, normalerweise

V

vaccination [ˌvæksɪ'neɪʃn] Impfung
vaccination card [ˌvæksɪ'neɪʃn ˌkɑ:d] Impfpass
vacuum cleaner ['vækjʊm kli:nə] Staubsauger
valid ['vælɪd] gültig
valley ['vælɪ] Tal
valuables ['væljʊəblz] Wertsachen
vantage point ['væntɪdʒ pɔɪnt] Aussichtspunkt
variety theatre [və'raɪətɪ θɪ'etə] Varietee
vase [vɑ:z] Vase
vault(s) [vɔ:lt(s)] Gewölbe
veal [vi:l] Kalbfleisch
vegetables ['vedʒtəblz] Gemüse
vegetarian [ˌvedʒɪ'teərɪən] vegetarisch
vending machine ['vendɪŋ mə'ʃi:n] (Waren)Automat
ventilator ['ventɪˌleɪtə] Ventilator
very ['verɪ] *(bei Verb)* sehr
vest [vest] Unterhemd
video camera ['vɪdɪəʊˌkæmrə] Videokamera
video cassette [ˌvɪdɪəʊkə'set] Videokassette
video film ['vɪdɪəʊfɪlm] Videofilm
video recorder ['vɪdɪəʊrɪˌkɔ:də] Videorekorder
view [vju:] Ausblick, Blick, Aussicht; Meinung
viewer ['vju:ə] (Fernseh-)Zuschauer/in
viewfinder ['vju:ˌfaɪndə] Sucher
villa ['vɪlə] Villa
village ['vɪlɪdʒ] Dorf, Ortschaft
vinegar ['vɪnɪgə] Essig
vineyard ['vɪnjəd] Weinberg
violet ['vaɪəlɪt] violett
virus ['vaɪərəs] Virus
visa ['vi:zə] Visum
visit ['vɪzɪt] Besuch; besuchen, besichtigen
visiting hours ['vɪzɪtɪŋ ˌaʊəz] Besuchszeit
visitor's tax ['vɪzɪtəz 'tæks] Kurtaxe
volcano [vɒl'keɪnəʊ] Vulkan
volleyball ['vɒlɪbɔ:l] Volleyball
voltage ['vəʊltɪdʒ] Stromspannung
vote [vəʊt] wählen *(Politik)*
voucher ['vaʊtʃə] Gutschein
voyage ['vɔɪɪdʒ] (Schiffs-)Reise, (See-)Fahrt
vulgar ['vʌlgə] ordinär

W

waistcoat ['weɪskəʊt] Weste
wait (for) [weɪt] warten (auf)
waiter/waitress ['weɪtə/'weɪtrɪs] Kellner/in
waiting room ['weɪtɪŋrʊm] Wartezimmer
wake [weɪk] wecken
wake up ['weɪk 'ʌp] aufwachen
Wales [weɪlz] Wales
walk [wɔ:k] Spaziergang; *(zu Fuß)* gehen, laufen
wall [wɔ:l] Mauer, Wand
wallet ['wɒlɪt] Brieftasche
wallsocket ['wɔ:l'sɒkɪt] Steckdose
want [wɒnt] wollen, wünschen
ward [wɔ:d] Station
warm [wɔ:m] warm; herzlich
warning triangle ['wɔ:nɪŋ 'traɪæŋgl] Warndreieck
wash [wɒʃ] waschen
washbasin ['wɒʃˌbeɪsn] (Hand) Waschbecken
washing machine ['wɒʃɪŋ mə'ʃi:n] Waschmaschine
washing-up brush ['wɒʃɪŋ‿ʌp brʌʃ] Spülbürste
washroom ['wɒʃrʊm] Waschraum
wasp [wɒsp] Wespe

watch [wɒtʃ] (Armband-)Uhr; zuschauen
watchmaker's [ˈwɒtʃˌmeɪkəz] Uhrmacher
water [ˈwɔːtə] Wasser
water canister [ˈwɔːtə ˈkænɪstə] Wasserkanister
water consumption [wɔːtə kənˈsʌmpʃən] Wasserverbrauch
water skiing [ˈwɔːtə skiːɪŋ] Wasserski
water wing [ˈwɔːtəwɪŋ] Schwimmflügel
watercolour [ˈwɔːtəˌkʌlə] Aquarell
waterfall [ˈwɔːtəfɔːl] Wasserfall
waterproof [ˈwɔːtəpruːf] wasserdicht
wave pool [weɪv puːl] Wellenbad
way [weɪ] Weg
way out [ˈweɪ ˈaʊt] Ausgang
we [wiː] wir
weak [wiːk] schwach
wear [weə] tragen *(Kleidung)*
weather forecast [ˈweðə ˌfɔːkɑːst] Wettervorhersage
wedding [ˈwedɪŋ] Hochzeit
Wednesday [ˈwenzdɪ] Mittwoch
week [wiːk] Woche
weekend rate [ˌwiːkˈend reɪt] Wochenendpauschale
weekly [ˈwiːklɪ] wöchentlich
weight [weɪt] Gewicht
welcome [ˈwelkəm] empfangen, begrüßen; **welcome!** [ˈwelkəm] willkommen!
well [wel] *adv* gut
well-done [ˈwelˈdʌn] durchgebraten
wellingtons [ˈwelɪŋtənz] Gummistiefel
well-known [ˈwelˈnəʊn] bekannt
Welsh [welʃ] walisisch
Welshman/Welshwoman [ˈwelʃmən/ˈwelʃˌwʊmən] Waliser/in
west [west] Westen
west of [west‿əv] westlich von
western [ˈwestən] Western
wet [wet] nass
wetsuit [wetsjuːt] Neoprenanzug
what [wɒt] was
What a pity! [ˈwɒt‿ə ˈpɪtɪ] Wie schade!
what sort of ...? [ˈwɒt ˈsɔːt‿əv] was für ein/eine ...?
wheel [wiːl] Rad
wheelchair [wiːlˈtʃeə] Rollstuhl
wheelchair cabin [wiːlˈtʃeə ˈkæbɪn] Rollstuhlkabine *(Schiff)*
wheelchair user [wiːlˈtʃeə juːzə] Rollstuhlfahrer/in
when [wen] wann; als; wenn *(zeitlich)*
whether [ˈweðə] ob
while [waɪl] *conj* während
whipping cream [wɪpɪŋ kriːm] Schlagsahne
whisk [ˈwɪsk] Schneebesen
white [waɪt] weiß
white bread [ˈwaɪt ˌbred] Weißbrot
white wine [waɪt waɪn] Weißwein
whole [həʊl] *adj* ganz
wholemeal bread [həʊlmiːl bred] Vollkornbrot
whooping-cough [ˈhuːpɪŋkɒf] Keuchhusten
wide [waɪd] breit, weit *(nicht eng)*
widow [ˈwɪdəʊ] Witwe
widower [ˈwɪdəʊə] Witwer
width [wɪdθ] Breite
wife [waɪf] Ehefrau
wig [wɪg] Perücke
wild(ly) [waɪld(lɪ)] wild
wild animal [waɪld ˈænɪməl] wildes Tier
win [wɪn] gewinnen
wind [wɪnd] Wind; Blähungen
wind-force [ˈwɪndfɔːs] Windstärke
window [ˈwɪndəʊ] Fenster
window seat [ˈwɪndəʊ siːt] Fensterplatz
windscreen [ˈwɪndskriːn] Windschutzscheibe
windscreen wiper [ˈwɪndskriːn ˈwaɪpə] Scheibenwischer
windsurf [ˈwɪnd ˈsɜːf] windsurfen
wine [waɪn] Wein
wine merchant's [ˈwaɪn ˌmɜːtʃənts] Weinhandlung

wineglass ['waɪnglɑ:s] Weinglas
wing [wɪŋ] Flügel
winter ['wɪntə] Winter
winter tyres ['wɪntə 'taɪəz] Winterreifen
wire ['waɪə] Draht
wisdom tooth ['wɪzdəm tu:θ] Weisheitszahn
wish for [wɪʃ] wünschen
with [wɪð] mit
without [wɪ'ðaʊt] ohne
witness ['wɪtnɪs] Zeuge/Zeugin
woman ['wʊmən] Frau
wonderful ['wʌndəfʊl] wunderbar
wood [wʊd] Holz
wood-carving ['wʊd,kɑ:vɪŋ] Schnitzerei
woodcut ['wʊdkʌt] Holzschnitt
wood(s)[wʊd(z)] Wald
wool [wʊl] Wolle
word [wɜ:d] Wort
work [wɜ:k] Arbeit; arbeiten; funktionieren
world [wɔ:ld] Welt
worm [wɜ:m] Wurm
be worried about ['wʌrɪd‿ə'baʊt] sich sorgen um
worry ['wʌrɪ] sich beunruhigen
worthless ['wɜ:θlɪs] wertlos
wound [wu:nd] Wunde
wrap [ræp] einpacken
wrapping ['ræpɪŋ] Verpackung
wristwatch ['rɪstwɒtʃ] Armbanduhr
write [raɪt] schreiben
write down ['raɪt 'daʊn] aufschreiben
writing pad ['raɪtɪŋ pæd] Block
writing paper ['raɪtɪŋ,peɪpə] Briefpapier
wrong [rɒŋ] falsch
be wrong [rɒŋ] sich täuschen

X

X-ray [,eks'reɪ] Röntgenaufnahme; röntgen

Y

yacht [jɒt] Jacht, Segelboot
yard [jɑ:d] Hof
year [jɜ:] Jahr
yellow ['jeləʊ] gelb
yesterday ['jestədɪ] gestern
yet [jet] doch
yoga ['jəʊgə] Yoga
yoghurt ['jɒgət] Joghurt
you [ju:] du, Sie; dich; euch; *(unmittelb. hinter d. Verb)* dir
young [jʌŋ] jung
your [jɔ:] dein; euer
youth ['ju:θ] Jugend; Jugendliche(r)

Z

zoo [zu:] Zoo
zucchini *(Am)*/**courgette** *(GB)* [su'ki:nɪ/kɔ:ʃet] Zucchini

A

Aal eel [iːl]
ab from [frɒm]
Abblendlicht dipped headlights [dɪpt ˈhedlaɪts]
Abend evening [ˈiːvnɪŋ], night [naɪt]
Abendessen dinner [ˈdɪnə]
Abendgarderobe evening wear [ˈiːvnɪŋ weə]
abends in the evening [ɪn ðiː‿ˈiːvnɪŋ]
aber but [bʌt]
abfahren (von) to start (from) [stɑːt (frɒm)], to leave [liːv]
Abfahrt departure [dɪˈpɑːtʃə]; (motorway) exit [(ˈməʊtəweɪ) ˈeksɪt]
Abfahrtszeit time of departure [taɪm‿əv dɪˈpɑːtʃə]
Abfall rubbish [ˈrʌbɪʃ]
Abfallbeutel bin liner [ˈbɪnˌlaɪnə]
Abflug take-off [ˈteɪk-ɒf]
Abführmittel laxative [ˈlæksətɪv]
abgeben to hand in [ˈhænd ˈɪn], to leave [liːv]
abgelaufen past the sell-by date [pɑːst ðə ˈselˈbaɪˈdeɪt]
abholen to call for [ˈkɔːl fɔː]; **~ lassen** to send for [ˈsend fɔː]
Abkürzung abbreviation [əˌbriːvɪˈeɪʃn]; *(Weg)* short-cut [ˈʃɔːtkʌt]
ablehnen to decline [dɪˈklaɪn], to refuse [rɪˈfjuːz]
abreisen (nach) to leave (for) [ˈliːv fɔː]
Absatz heel [hiːl]
Abschleppdienst breakdown service [ˈbreɪkdaʊn ˈsɜːvɪs]
abschleppen tow (away) [təʊ (əˈweɪ)]
Abschleppseil towrope [ˈtəʊrəʊp]
Abschleppwagen breakdown vehicle [ˈbreɪkdaʊn ˌviːɪkl]
abschließen to lock [lɒk]
abseits offside [ɒfsaɪd]
Absender sender [ˈsendə]
Abszess abscess [ˈæbsɪs]
Abtei abbey [ˈæbɪ]
Abteil compartment [kəmˈpɑːtmənt]
Achtung attention [əˈtenʃn]; *(Vorsicht!)* look out! [ˈlʊkˈaʊt]
Actionfilm action film [ˈækʃən ˈfɪlm]
Adapter adapter [əˈdæptə]
Adresse address [əˈdres]
Aerobic aerobics [eəˈrəʊbɪks]
Agentur agency [ˈeɪdʒənsɪ]
ähnlich similar [ˈsɪmɪlə]
akklimatisieren, s. ~ to become acclimatised [bɪˈkʌm‿əˈklaɪmətaɪzd]
Akku rechargeable battery [riːˈtʃɑːdʒəbl ˈbætrɪ]
Akt act [ˈækt]; nude [njuːd]
Aktzeichnen drawing nudes [ˈdrɔːɪŋ njuːdz]
Akupunktur acupuncture [ˈækjʊˈpʌŋktʃə]
Alarmanlage alarm system [əˈlɑːm ˈsɪstəm]
alkoholfrei non-alcoholic [ˈnɒnælkəˈhɒlɪk]
alkoholfreies Bier non-alcoholic beer [ˈnɒnˌælkəˌhɒlɪk ˈbɪə]
alle all [ɔːl]
allein alone [əˈləʊn]
Allergie allergy [ˈælədʒɪ]
alles everything [ˈevrɪθɪŋ]
als *(zeitlich)* when [wen]; *(Vergleich)* than [ðæn]
also so [səʊ], thus [ðʌs]
alt old [əʊld]
Altar altar [ˈɔːltə]
Alter age [eɪdʒ]
Altstadt old town [ˈəʊld ˈtaʊn]
Alufolie tin foil [ˈtɪnfɔɪl]

am Sonntag on Sunday [ɒn ˈsʌndeɪ]
am Vormittag in the morning [ɪn ðə ˈmɔːnɪŋ]
am Wochenende at the weekend [ət ðə ˌwiːkˈend]
Amerika America [əˈmerɪkə]
Amerikaner/in American [əˈmerɪkn]
Ampel traffic lights [ˈtræfɪk ˌlaɪts]
Amphitheater amphitheatre [ˈæmfɪˌθɪətə]
Amt *(Dienststelle)* office [ˈɒfɪs], department [dɪˈpɑːtmənt]
amüsieren, s. ~ to have a good time [ˈhæv ə ˈgʊd ˈtaɪm]
an on [ɒn]; **~ der Themse** on the Thames [temz]
Ananas pineapple [ˈpaɪnˌæpl]
andere, der/die/das ~ the other [ˈʌðə]
anders different(ly) [ˈdɪfrənt(lɪ)]
anderswo elsewhere [ˈelsˈweə]
Anfang beginning [bɪˈgɪnɪŋ]
anfangen to begin [bɪˈgɪn]
Angabe statement [ˈsteɪtmənt]; **~n machen** to make [meɪk] a statement; **nähere ~n** particulars [pəˈtɪkjʊləz]
Angel fishing rod [ˈfɪʃɪŋrɒd]
angeln go fishing [gəʊ ˈfɪʃɪŋ]
Angelschein fishing licence/permit [ˈfɪʃɪŋ ˈlaɪsns/pəˈmɪt]
angenehm agreeable [əˈgrɪəbl], pleasant [ˈpleznt]
Angina angina [ænˈdʒaɪnə]
anhalten to stop [stɒp]
Anhänger pendant [ˈpendənt]; *(Fans)* supporters [səˈpɔːtəz]
ankommen arrive [əˈraɪv]
Ankunft arrival [əˈraɪvl]
Ankunftszeit time of arrival [taɪm‿əv‿əˈraɪvl]
Anlage *(Park~)* park [pɑːk]; *(Brief)* enclosure [ɪnˈkləʊʃə]
Anlasser starter [ˈstɑːtə]
anlegen in land at, dock at [ˈlænd‿ət, ˈdɒk‿ət]
anmelden to announce [əˈnaʊns]; **s. ~** to register [ˈredʒɪstə]
Anmeldung registration [ˌredʒɪsˈtreɪʃn]
Anorak anorak [ˈænəræk]
Anreisetag day of arrival [deɪ‿əv‿əˈraɪvl]
Anruf (phone) call [(ˈfəʊn)kɔːl]
Anrufbeantworter answering machine [ˈɑːnsərɪŋ məˈʃiːn]
anrufen phone, call, ring up [fəʊn, kɔːl, ˈrɪŋ‿ˈʌp]
Anschluss connection [kəˈnekʃn]
ansehen to look at [ˈlʊk‿ət]
Ansichtskarte picture postcard [ˈpɪktʃə ˈpəʊstkɑːd]
anstatt instead of [ɪnˈsted‿əv]
ansteckend contagious [kənˈteɪdʒəs]
anstrengend strenuous [ˈstrenjʊəs]
Antibabypillen contraceptive pills [ˌkɒntrəˈseptɪv pɪlz]
Antibiotika antibiotics [ˌæntɪbaɪˈɒtɪks]
antik ancient [ˈeɪnʃnt]
Antiquitätengeschäft antique shop [ænˈtiːk ʃɒp]
antworten to answer [ˈɑːnsə], to reply [rɪˈplaɪ]
anzeigen report [rɪˈpɔːt]
anziehen to put on [ˈpʊt ˈɒn]; **s. ~** to dress [dres]
Anzug suit [sjuːt]
anzünden to light [laɪt]
Apartment flat (*Am* apartment) [flæt, əˈpɑːtmənt]
Äpfel apples [ˈæplz]
Apfelsinen oranges [ˈɒrɪndʒɪz]
Apotheke chemist's [ˈkemɪsts]
Apparat gadget [ˈgædʒɪt]; *(Foto~)* camera [ˈkæmərə]; *(Fernseh~)* set [set]
Appetit appetite [ˈæpɪtaɪt]
Aprikosen apricots [ˈeɪprɪkɒts]
April April [ˈeɪprl]
Aqua-Jogging aqua jogging [ˈækwə dʒɒgɪŋ]
Aquarell watercolour [ˈwɔːtəˌkʌlə]

Aquarellmalen watercolour painting [ˈwɔːtəˌkʌlə ˈpeɪntɪŋ]
Arbeit work [wɜːk]; *(Anstellung)* job [dʒɒb]
arbeiten to work [wɜːk]
arbeitslos unemployed [ˌʌnɪmˈplɔɪd]
Archäologie archaeology [ˌɑːkɪˈɒlədʒɪ]
Architekt/in architect [ˈɑːkɪtekt]
Architektur architecture [ˈɑːkɪtektʃə]
ärgern, s. ~ (über) to be angry [ˈæŋgrɪ] (about/at)
Arm arm [ɑːm]
arm poor [pʊə]
Armband bracelet [ˈbreɪslɪt]
Armbanduhr wristwatch [ˈrɪstwɒtʃ]
Ärmel sleeve [sliːv]
Ärmelkanal the English Channel [ˈɪŋglɪʃ ˈtʃænl]
Aromabad aroma bath [ˈærəʊmæ ˈbɑːθ]
Art kind [kaɪnd], sort [sɔːt]
Artischocken artichokes [ˈɑːtɪtʃəʊks]
Aschenbecher ashtray [ˈæʃtreɪ]
Aspirin aspirin [ˈæsprɪn]
Asthma asthma [ˈæsmə]
Atembeschwerden difficulty in breathing [ˈdɪfɪkəltɪ‿ɪn ˈbriːðɪŋ]
Atlantik Atlantic [ətˈlæntɪk]
atmen breathe [briːð]
Attest certificate [səˈtɪfɪkət]
Auberginen aubergines [ˈəʊbəʒiːnz]
auch also [ˈɔːlsəʊ]; *(nachgestellt)* too [tuː]; **~ nicht** nor [nɔː], neither [ˈnaɪðə]
auf on [ɒn]; **~ Englisch** in English [ˈɪŋglɪʃ]; *(offen)* open [ˈəʊpən]
aufbewahren to keep [kiːp]
aufbrechen break into/open [breɪk‿ˈɪntʊ/ˈəʊpn]
Aufenthalt stay [steɪ]; *(Zug)* stop [stɒp]
Aufenthaltsraum lounge [laʊndʒ]
Auffahrt (motorway) slip road [(ˈməʊtəweɪ) ˈslɪp rəʊd]
Auffahrtrampe ramp (for wheelchair users) [ræmp (fə wiːlˈtʃeə juːzəz)]
Aufführung performance [pəˈfɔːməns]
aufhalten, s. ~ to stop [stɒp], to stay [steɪ]
aufhören to stop [stɒp]
aufpassen (auf) to take care of [teɪk ˈkeər‿əv], to look after [lʊk ˈɑːftə]
Aufschnitt cold meat [ˈkəʊld ˈmiːt]
aufschreiben to write down [ˈraɪt ˈdaʊn]
aufstehen to get up [ˈget ˈʌp]
aufwachen to wake up [ˈweɪk ˈʌp]
aufwärts up [ʌp]
Aufzug lift (*Am* elevator) [lɪft, ˈelɪveɪtə]
Augen eyes [aɪz]
Augenblick moment [ˈməʊmənt]
Augentropfen eye drops [ˈaɪ drɒps]
August August [ˈɔːgəst]
aus *(Herkunft)* from [frɒm]; *(Material)* of [ɒv]; *(Grund)* for [fɔː]
Ausbildung training [ˈtreɪnɪŋ]; *(Schul~)* education [ˌedjʊˈkeɪʃn]
Ausdruck expression [ɪksˈpreʃn]
ausdrücklich explicit(ly) [ɪksˈplɪsɪt(lɪ)]
Ausfahrt exit [ˈegzɪt]
Ausflug excursion, trip [ɪkˈskɜːʃn, trɪp]
ausfüllen fill in [fɪl‿ˈɪn]
Ausgang exit [ˈegzɪt], way out [ˈweɪ ˈaʊt]
ausgeben to spend [spend]
ausgehen to go out [ˈgəʊ ˈaʊt]
ausgezeichnet excellent [ˈeksələnt]
Ausgrabungen excavations [ˌekskəˈveɪʃnz]
Auskunft information [ɪnfəˈmeɪʃn]
Ausland foreign countries [ˈfɒrən ˈkʌntrɪz]; **im/ins ~** abroad [əˈbrɔːd]
Ausländer/in foreigner [ˈfɒrənə]
ausländisch foreign [ˈfɒrən]
Auslandsflug international flight [ˌɪntəˈnæʃənl flaɪt]
Auslandsgespräch international call [ˌɪntəˈnæʃənl kɔːl]
Auslöser shutter [ˈʃʌtə]
Auspuff exhaust [ɪgˈzɔːst]

Ausreise on leaving the country [ɒn ˈliːvɪŋ ðə ˈkʌntrɪ]
Ausritt ride [raɪd]
ausruhen, s. ~ to rest [rest]
Ausschlag rash [ræʃ]
außen outside [ˌaʊtˈsaɪd]; **von ~** from the outside
außer except [ɪkˈsept]
außerdem besides [bɪˈsaɪdz]
außergewöhnlich extraordinary [ɪksˈtrɔːdnrɪ]
außerhalb outside [ˌaʊtˈsaɪd]
Aussicht view [vjuː]
Aussichtspunkt vantage point [ˈvæntɪdʒ pɔɪnt]
aussprechen to pronounce [prəˈnaʊns]
aussteigen get out [ˈget ˈaʊt]
Ausstellung exhibition [ˌeksɪˈbɪʃn]
aussuchen to pick out [ˈpɪk ˈaʊt]
austauschen to exchange [ɪksˈtʃeɪndʒ]
Austern oysters [ˈɔɪstəz]
Ausverkauf (clearance) sale [(ˈklɪərəns) seɪl]
Auswahl choice [tʃɔɪs]
auszahlen pay out [ˌpeɪ‿ˈaʊt]
Auto car [kɑː]; **~ fahren** to drive a car [draɪv]
Autobahn motorway [ˈməʊtəweɪ]
Autobahnausfahrt motorway exit [ˈməʊtəweɪ ˈeksɪt]
Autobahngebühren motorway toll [ˈməʊtəweɪ təʊl]
Automat *(Waren~)* vending machine [ˈvendɪŋ məˈʃiːn]
Automatik(getriebe) automatic (transmission) [ˌɔːtəˈmætɪk (trænzˈmɪʃn)]
automatisch automatic [ˌɔːtəˈmætɪk]
automatische Tür door, automatic [dɔː, ˌɔːtəˈmætɪk]
automatischer Türöffner door opener, automatic [dɔː ˌəʊpnə, ˌɔːtəˈmætɪk]
Autoradio car radio [ˈkɑː ˈreɪdɪəʊ]
Autoreisezug motorail service [ˈməʊtəreɪl ˈsɜːvɪs]
Avocado avocado [ˌævəˈkɑːdəʊ]
Ayurveda Ayurveda [aɪ jɔːv eɪdæ]

B

Baby baby [ˈbeɪbɪ]
Babyfon baby intercom [beɪbɪ ˈɪntəkɒm]
Babylift baby lift [beɪbɪ lɪft]
Babynahrung baby food [ˈbeɪbɪ fuːd]
Babyschale *(fürs Auto)* baby seat [beɪbɪ siːt]
Babysitter babysitter [ˈbeɪbɪˌsɪtə]
Bäckerei baker's [ˈbeɪkəz]
Badeanzug swimming costume [ˈswɪmɪŋ ˈkɒstjuːm]
Badehose bathing trunks [ˈbeɪðɪŋ trʌŋks]
Backofen oven [ˈʌvən]
Bademantel bathrobe [ˈbɑːθrəʊb]
Bademeister/in *(im Schwimmbad)* attendant [əˈtendənt]; *(am Strand)* lifeguard [ˈlaɪfgɑːd]
Bademütze swimming hat [ˈswɪmɪŋ hæt]
Badeort seaside resort [ˈsiːsaɪd rɪˈzɔːt]
Badeschuhe bathing shoes [ˈbeɪðɪŋ ˈʃuːz]
Badewanne bath [bɑːθ]
Badezimmer bathroom [ˈbɑːθrʊm]
Badminton badminton [ˈbædmɪntən]
Bahnhof station [ˈsteɪʃn]
Bahnsteig platform [ˈplætfɔːm]
bald soon [suːn]; **so ~ wie möglich** as soon as possible [ˈpɒsəbl]
Balkon balcony [ˈbælkənɪ]
Ball ball [bɔːl]; *(Fest)* ball, dance [dɑːns]
Ballett ballet [ˈbæleɪ]
Bananen bananas [bəˈnɑːnəz]
Band band [bænd]
Bänderriss torn ligament [ˈtɔːn ˈlɪgəmənt]
Bank bank [bæŋk]; *(Sitz~)* bench [bentʃ]

Bar bar [bɑ:]
bar, Bargeld cash [kæʃ]
bar zahlen to pay (in) cash [peɪ(ɪn) ˌkæʃ]
Barock/barock Baroque [bəˈrɒk]
barrierefrei barrier-free [ˈbærɪə fri:]
Barsch perch [pɜ:tʃ]
Bart beard [bɪəd]
Basilikum basil [ˈbæzl]
Basketball basketball [ˈbɑ:skɪtbɔ:l]
Batterie battery [ˈbætrɪ]
Bauch stomach [ˈstʌmək]
Bauernhof farm [fɑ:m]
Baum tree [tri:]
Baumwolle cotton [ˈkɒtn]
Bauwerk building [ˈbɪldɪŋ]
beachten to pay attention to [peɪ‿əˈtenʃn tu:]
Beach-Volleyball beach volleyball [bi:tʃ ˈvɒlɪbɔ:l]
beantworten to reply [rɪˈplaɪ], to answer [ˈɑ:nsə]
Bearbeitungsgebühr service charge [ˈsɜ:vɪs ˈtʃɑ:dʒ]
bedauern to regret [rɪˈgret]
Bedeutung *(Sinn)* meaning [ˈmi:nɪŋ]
Bedienung service [ˈsɜ:vɪs]
beeilen, s. ~ to hurry [ˈhʌrɪ]
beeindruckend impressive [ɪmˈpresɪv]
befinden, s. ~ to be [bi:]; *(sich fühlen)* to feel [fi:l]
befreundet sein to be friends [frendz]
befürchten to fear [fɪə]
begegnen to meet [mi:t]
begeistert (von) enthusiastic (about) [ɪnˌθju:zɪˈæstɪk (əˈbaʊt)]
begleiten to accompany [əˈkʌmpənɪ]
Begleitperson accompanying person [əkʌmpənɪɪŋ pɜ:sn]
begrüßen to greet [gri:t], to welcome [ˈwelkəm]
behalten to keep [ki:p]
Behälter container [kənˈteɪnə]
behandeln to treat [tri:t]
Behandlung treatment [tri:tˈmənt]
behaupten to maintain [meɪnˈteɪn]; *(bestimmt)* to insist [ɪnˈsɪst]
Behindertenausweis disabled persons' card [dɪsˈeɪbld pɜ:snz kɑ:d]
behindertengerecht suitable for the disabled [su:təbl fə ðə dɪsˈeɪbld]
Behindertenparkplatz parking space for the disabled [ˈpɑ:kɪŋ speɪs fə ðə dɪsˈeɪbld]
Behindertentoilette toilet for the disabled [tɔɪlɪt fə ðə dɪsˈeɪbld]
Behörde authorities [ɔ:ˈθɒrɪtɪz]
bei *(örtlich)* near [nɪə]
beide both [bəʊθ]
Beifall applause [əˈplɔ:z]
beige beige [beɪʒ]
Bein leg [leg]
Beispiel example [ɪgˈzɑ:mpl]; **zum ~** for example [fr‿ɪgˈzɑ:mpl]
beißen to bite [baɪt]
bekannt well-known [ˈwelˈnəʊn]; **~ machen** to introduce [ˌɪntrəˈdju:s]
Bekannte, der/die acquaintance [əˈkweɪntəns], friend [frend]
Bekanntschaft acquaintance [əˈkweɪntəns]
beklagen, s. ~ (über) to complain (of/about) [kəmˈpleɪn‿(əv/əˈbaʊt)]
bekommen to get [get]
belästigen to bother [ˈbɒðə]
belegte Brötchen filled rolls [ˈfɪld rəʊlz]
Beleidigung insult [ˈɪnsʌlt]
Belgien Belgium [ˈbeldʒəm]
Belgier/in Belgian [ˈbeldʒən]
Belichtungsmesser light meter [ˈlaɪt ˌmi:tə]
Belohnung reward [rɪˈwɔ:d]
bemerken to notice [ˈnəʊtɪs]; *(sagen)* to remark [rɪˈmɑ:k]
bemühen, s. ~ to try hard [ˈtraɪ ˈhɑ:d]
benachrichtigen to inform [ɪnˈfɔ:m]
benutzen to use [ju:z]; *(Verkehrsmittel)* to take [teɪk]

Benzinkanister petrol can [ˈpetrəl kæn]
Benzinpumpe petrol pump [ˈpetrəl pʌmp]
bequem comfortable [ˈkʌmftəbl]
berechnen to calculate [ˈkælkjʊleɪt]
bereits already [ɔːlˈredɪ]
Berg mountain [ˈmaʊntɪn]
Bergdorf mountain village [ˈmaʊntɪn ˈvɪlɪdʒ]
Bergstation top station, summit station [tɒp steɪʃn, ˈsʌmɪt steɪʃn]
Bergsteigen rock climbing [ˈrɒkˌklaɪmɪŋ], mountaineering [ˌmaʊntɪˈnɪərɪŋ]
Beruf job [dʒɒb], profession [prəˈfeʃn]
beruhigen, s. ~ to calm down [ˈkɑːm ˈdaʊn]
Beruhigungsmittel sedative, tranquilizer [ˈsedətɪv, ˈtrænkwɪlaɪzə]
berühmt famous [ˈfeɪməs]
berühren to touch [tʌtʃ]
beschädigen to damage [ˈdæmɪdʒ]
bescheinigen to certify [ˈsɜːtɪfaɪ]
Bescheinigung certificate [səˈtɪfɪkət]
beschlagnahmen confiscate [ˈkɒnfɪskeɪt]
beschließen to decide [dɪˈsaɪd]
beschreiben to describe [dɪsˈkraɪb]
beschweren, s. ~ (über) to complain (about) [kəmˈpleɪn (əˈbaʊt)]
Besen broom [bruːm]
besetzt *(Platz)* occupied [ˈɒkjʊpaɪd], taken [ˈteɪkn]; *(voll)* full [fʊl]; *(Telefon; Toilette)* engaged [ɪnˈgeɪdʒd]
besichtigen to visit [ˈvɪzɪt]
Besichtigung tour [tʊə]
Besitzer/in owner [ˈəʊnə]
besonders particularly [pəˈtɪkjʊləlɪ], especially [ɪˈspeʃlɪ]
besorgen to get [get]
besser better [ˈbetə]
bestätigen to confirm [kənˈfɜːm]
beste(r, -s) best [best]
Besteck cutlery [ˈkʌtlərɪ]
bestehen auf to insist on [ɪnˈsɪst‿ɒn]; **~ aus** to consist of [kənˈsɪst‿əv]
Bestellung order [ˈɔːdə]
bestimmt certain(ly) [ˈsɜːtn(lɪ)]
Besuch visit [ˈvɪzɪt]
besuchen, jdn ~ to visit s.o. [ˈvɪzɪt], to call on s.o. [ˈkɔːl‿ɒn]
Besuchszeit visiting hours [ˈvɪzɪtɪŋ ˌaʊəz]
beten to pray [preɪ]
Betrag amount [əˈmaʊnt]
Betreuungsdienst care service [keə sɜːvɪs]
Betrug *(Gaunerei)* swindle [ˈswɪndl]; *(Handel)* fraud [frɔːd]
betrunken drunk [drʌŋk]
Bett bed [bed]; **zu ~ gehen** to go to bed [ˈgəʊ tə ˈbed]
Bettdecke blanket [ˈblæŋkɪt]
Bettwäsche bed linen [ˈbedˌlɪnɪn]
beunruhigen, s. ~ to worry [ˈwʌrɪ]
bevor before [bɪˈfɔː]
bewölkt cloudy [ˈklaʊdɪ]
bewusstlos unconscious [ʌnˈkɒnʃəs]
bezahlen to pay [peɪ]
bezaubernd charming [ˈtʃɑːmɪŋ]
Biene bee [biː]
Bier beer [bɪə]
bieten to offer [ˈɒfə]
Bikini bikini [bɪˈkiːnɪ]
Bild picture [ˈpɪktʃə]; *(Abbildung)* illustration [ˌɪləsˈtreɪʃn]; *(Gemälde)* painting [ˈpeɪntɪŋ]
Bildhauer/in sculptor/sculptress [ˈskʌlptə/ˈskʌlptrəs]
billig cheap [tʃiːp]
Bindehautentzündung conjunctivitis [kənˌdʒʌŋtəvɪtɪs]
Bindfaden string [strɪŋ]
Bioladen organic food shop [ɔːˈgənɪk fuːd ʃɒp]
Birnen pears [peəz]
bis to [tuː]; *(zeitlich)* till [tɪl], until [ənˈtɪl]; **~ jetzt** till now [tɪl ˈnaʊ]
bisschen, ein ~ a bit [bɪt]

Bitte request [rɪˈkwest]
bitten, jdn um etw ~ to ask s.o. for s.th. [ɑ:sk]
bitter bitter [ˈbɪtə]
Blähungen wind [wɪnd]
Blase bladder [ˈblædə]
Blatt leaf [li:f]
blau blue [blu:]
Blazer blazer [ˈbleɪzə]
bleiben to remain [rɪmeɪn], to stay [steɪ]
Blick look [lʊk]; *(Ausblick)* view [vju:]
blind blind [blaɪnd]
Blinddarmentzündung appendicitis [əˌpendɪˈsaɪtɪs]
Blinde/r blind person [blaɪnd pɜ:sn]
Blindenhund guide dog [gaɪddɒg]
Blinklicht indicator [ˈɪndɪkeɪtə]
Blitz lightning [ˈlaɪtnɪŋ]
Blitzgerät flash [flæʃ]
Block writing pad [ˈraɪtɪŋ pæd]
blöd(e) silly [ˈsɪlɪ], stupid [ˈstju:pɪd]
blond blond(e) [blɒnd]
Blues blues [blu:z]
Blume flower [ˈflaʊə]
Blumengeschäft florist's [flɒrɪsts]
Blumenkohl cauliflower [ˈkɒlɪˌflaʊə]
Bluse blouse [blaʊz]
Blut blood [blʌd]
Blutdruck (hoher/niedriger) blood pressure (high/low) [ˈblʌd ˌpreʃə (ˈhaɪ/ˈləʊ)]
bluten bleed [bli:d]
Blutgruppe blood group [ˈblʌd gru:p]
Blutung bleeding [ˈbli:dɪŋ]
Blutvergiftung blood-poisoning [ˈblʌdˌpɔɪznɪŋ]
Bö gust of wind [ˌgʌst‿əv ˈwɪnd]
Boden ground [graʊnd]; *(Fuß~)* floor [flɔ:]
Bodybuilding bodybuilding [ˈbɒdɪbɪldɪŋ]
Bogen arch [ɑ:tʃ]
Bohnen beans [bi:nz]
Bonbons sweets (*Am* candy) [swi:ts (ˈkændɪ)]
Bordkarte boarding card [ˈbɔ:dɪŋ kɑ:d]
Borreliose borreliosis [bɒrelɪəʊsɪs]
böse evil [ˈi:vl]; *(ungezogen)* naughty [ˈnɔ:tɪ]; *(verärgert)* angry [ˈæŋgrɪ]
Botanischer Garten botanic gardens [bəˈtænɪk ˈgɑ:dnz]
Botschaft *(dipl. Vertretung)* embassy [ˈembəsɪ]
Boulespiel boules [ˈbu:l]
Boutique boutique [bu:ˈti:k]
Bowling tenpin bowling [ˈtenpɪn ˈbəʊlɪŋ]
Braille braille [breɪl]
Brandsalbe ointment for burns [ˈɔɪntmənt fə ˈbɜ:nz]
Bräter roasting tray [ˈrəʊstɪŋ treɪ]
brauchen to need [ni:d], to want [wɒnt]; *(Zeit)* to take [teɪk]
braun brown [braʊn]
Brechreiz nausea [ˈnɔ:sjə]
breit broad [brɔ:d], wide [waɪd]
Breite width [wɪdθ]
Bremse brake [breɪk]
Bremsflüssigkeit brake fluid [ˈbreɪk ˌflʊɪd]
Bremslichter brake lights [ˈbreɪkˌlaɪts]
brennen sting [stɪŋ]
Brennspiritus methylated spirits [ˈmeθɪleɪtɪd ˈspɪrɪts]
Brief letter [ˈletə]
Briefkasten post-box [ˈpəʊstbɒks]
Briefmarke stamp [stæmp]
Briefmarkenautomat stamp machine [ˈstæmp məˈʃi:n]
Briefpapier writing paper [ˈraɪtɪŋˌpeɪpə]
Brieftasche wallet [ˈwɒlɪt]
Briefumschlag envelope [ˈenvələʊp]
bringen *(her~)* to bring [brɪŋ]; *(weg~)* to take [teɪk]
Brombeeren blackberries [ˈblækbrɪz]
Bronchien bronchial tubes [ˈbrɒŋkjəl ˈtju:bz]
Bronchitis bronchitis [brɒŋˈkaɪtɪs]
Bronze bronze [brɒnz]
Brosche brooch [brəʊtʃ]

Brot bread [bred]
Brötchen rolls [rəʊlz]
Bruch *(Leisten~)* hernia ['hɜ:njə]; *(Knochen~)* fracture ['fræktʃə]
Brücke bridge [brɪdʒ]
Bruder brother ['brʌðə]
Brunnen fountain ['faʊntɪn]
Brust chest, *(weibliche ~)* breast [tʃest/brest]
Buch book [bʊk]
buchen *(Platz)* to book [bʊk]
Buchhandlung bookshop ['bʊkʃɒp]
buchstabieren to spell [spel]
Bucht bay [beɪ]
Buchung booking ['bʊkɪŋ]
Bügeleisen iron ['aɪən]
bügeln iron ['aɪən]
Bungalow bungalow ['bʌŋgələʊ]
Bungeejumping bungee jumping [bʌndʒɪ dʒʌmpɪŋ]
bunt colourful ['kʌləfʊl]
Burg castle ['kɑ:sl]
Büro office ['ɒfɪs]
Bürste brush [brʌʃ]
Bus bus [bʌs]
Busbahnhof bus station ['bʌs‿ˌsteɪʃn]
Busch bush [bʊʃ]
Bußgeld fine [faɪn]
Butter butter ['bʌtə]
Buttermilch buttermilk ['bʌtəmɪlk]
Bypass bypass (operation) ['baɪpɑ:s‿(ˌɒpə'reɪʃn)]

C

Café café ['kæfeɪ]
Camcorder camcorder [kæmˌkɔ:də]
Camping camping ['kæmpɪŋ]
Campingführer camping guide ['kæmpɪŋ gaɪd]
Campingplatz camping site ['kæmpɪŋsaɪt]
CD/DVD CD/DVD [si:'di:/di:vi:di:]
CD-Spieler CD player ['si:'di: pleɪə]
Cent cent [sent]
Champagner champagne [ˌʃæm'peɪn]
Chef head [hed], boss [bɒs]
chemisch reinigen dry-clean ['draɪ'kli:n]
Chicoree chicory ['tʃɪkərɪ]
Chipkarte chip card [tʃɪp kɑ:d]
Chirurg/in surgeon ['sɜ:dʒn]
Cholera cholera ['kɒlərə]
Chor choir ['kwaɪə]
Christentum Christianity [ˌkrɪstɪ'ænɪtɪ]
Clubhaus clubhouse [klʌb'haʊs]
Computerfachgeschäft computer shop [kəm'pju:tə ʃɒp]
Cousin/e cousin ['kʌzn]
Creme cream [kri:m]
Curling curling ['kɜ:lɪŋ]

D

da *(dort)* there [ðeə]; *(Grund)* as [æz], because [bɪ'kɒz]; da sein *(anwesend)* to be present ['preznt], to be there [ðeə]
Dach roof [ru:f]
dafür sein to be for it ['fɔ:r‿ɪt]
dagegen sein to be against it [ə'genst‿ɪt]
daheim at home [ət‿'həʊm]
damals then [ðen], at that time [taɪm]
Damen Ladies ['leɪdɪz]
Damenbinden sanitary towels ['sænɪtrɪ 'taʊəlz]
Dampfer steamer, steamship ['sti:mə, 'sti:mʃɪp]
danach afterwards ['ɑ:ftəwədz]
danken to thank [θæŋk]
dann then [ðen]
Darm intestines [ɪn'testɪnz]
dass that [ðæt]
dasselbe the same [seɪm]
Datteln dates [deɪts]
Datum date [deɪt]
dauern to last [lɑ:st]
Dauerwelle perm [pɜ:m]
Deck deck [dek]

Decke ceiling [ˈsiːlɪŋ]
Defekt fault [fɔːlt]
dein your [jɔː]
denken (an) to think (of) [ˈθɪŋk‿əv]
Denkmal monument [ˈmɒnjʊmənt]
Denkmalschutz protection of historical monuments [prəˈtekʃn‿əv hɪsˈtɒrɪkəl ˈmɒnjʊmənts]
Delle dent [dent]
denn for [fɔː]
Deo(dorant) deodorant [diːˈəʊdərnt]
deshalb therefore [ˈðeəfɔː]
Desinfektionsmittel disinfectant [ˌdɪsɪnˈfektənt]
desinfizieren disinfect [ˌdɪsɪnˈfekt]
deutlich distinct [dɪsˈtɪŋkt]
deutsch German [ˈdʒɜːmən]
Deutsche, der/die German [ˈdʒɜːmən]
Deutschland Germany [ˈdʒɜːmənɪ]
Devisen foreign currency [ˈfɒrən ˈkʌrənsɪ]
Dezember December [dɪˈsembə]
Dia slide [ˈslaɪd]
Diabetes diabetes [ˌdaɪəˈbiːtiːz]
Diabetiker/in diabetic [ˌdaɪəˈbetɪk]
Diagnose diagnosis [ˌdaɪəgˈnəʊsɪs]
Diät diet [ˈdaɪət]
dich you [juː]
dick thick [θɪk]
Dieb/in thief [θiːf]
Diebstahl theft [θeft]
Dienstag Tuesday [ˈtjuːzdɪ]
diese(r, -s) this [ðɪs], *(pl)* these [ðiːz]
Digitalkamera digital camera [ˈdɪdʒɪtəl ˌkæmrə]
Ding thing [θɪŋ]
Diphtherie diphtheria [dɪpˈθɪərɪə]
dir to you [ˈtə‿ˈjuː]; *(unmittelb. hinter d. Verb)* you [juː]
direkt direct [dɪˈrekt]; *(sofort)* immediately [ɪˈmiːdjətlɪ]
Direktion management [ˈmænɪdʒmənt]
Dirigent/in conductor [kənˈdʌktə]
Disko discotheque [ˈdɪskətek]
doch yet [jet], however [haʊˈevə]
Dokumentarfilm documentary [ˌdɒkjʊˈmentərɪ]
Dom cathedral [kəˈθiːdrl]
Donnerstag Thursday [ˈθɜːzdɪ]
Doppel doubles [ˈdʌblz]
doppelt *adj* double [ˈdʌbl]; *adv* twice [twaɪs]
Dorf village [ˈvɪlɪdʒ]
dort there [ðeə]
Dose box [bɒks]; *(Konserve)* tin [tɪn], *(Am)* can [kæn]
Dosenöffner tin opener [ˈtɪnˌəʊpnə]
Drachenfliegen hang-gliding [ˈhæŋˌglaɪdɪŋ]
Draht wire [ˈwaɪə]
Drama drama [ˈdrɑːmə]
draußen outside [ˌaʊtˈsaɪd]
Dressing dressing [ˈdresɪŋ]
drin, drinnen inside [ˌɪnˈsaɪd], indoors [ˌɪnˈdɔːz]
dringend urgent [ˈɜːdʒənt]
dritte(r, -s) third [θɜːd]
Drogerie chemist's [ˈkemɪsts]
Drucker printer [prɪntə]
du you [juː]
dumm stupid [ˈstjuːpɪd]
dunkel dark [dɑːk]
dunkelblau/dunkelgrün dark ... [dɑːk]
dünn thin [θɪn]; *(schlank)* slim [slɪm], slender [ˈslendə]
durch through [θruː]; *(quer ~)* across [əˈkrɒs]; *(Mittel)* by (means of) [baɪ (ˈmiːnz‿əv)]
Durchfall diarrhoea [ˌdaɪəˈrɪə]
durchgebraten well-done [ˈwelˈdʌn]
Durchreise, auf der ~ passing through [ˈpɑːsɪŋ ˈθruː]
durchschnittlich *adj* average [ˈævrɪdʒ]; *adv* on average
dürfen to be allowed [əˈlaʊd]
durstig sein to be thirsty [ˈθɜːstɪ]
Dusche shower [ˈʃaʊə]
Duschgel shower gel [ˈʃaʊə dʒel]
Duschsitz shower seat [ʃaʊə siːt]
Dynastie dynasty [ˈdɪnəstɪ]

E

Ebbe low tide ['ləʊ 'taɪd]
Ebene plain [pleɪn]
ebenerdig at ground level [ət graʊnd levl]
echt genuine ['dʒenjʊɪn]
Ecke corner ['kɔ:nə]
Ehefrau wife [waɪf]
Ehemann husband ['hʌzbənd]
Eier eggs [egz]
Eierbecher egg cup ['eg kʌp]
eigen own [əʊn]
eigentlich actual(ly) ['æktʃʊəl(ɪ)]
Eigentümer/in owner ['əʊnə]
Eilbrief express letter [ɪks'pres 'letə]
eilig urgent ['ɜ:dʒənt]; **es ~ haben** to be in a hurry ['hʌrɪ]
Eimer bucket ['bʌkɪt]
ein(e) one [wʌn]
einchecken check in [ˌtʃek‿'ɪn]
einfach simple ['sɪmpl]
einfarbig plain [pleɪn]
Eingang entrance ['entrəns]
einheimisch native ['neɪtɪv], local ['ləʊkl]
einige some [sʌm]; *(bei Frage, Verneinung, Bedingung)* any ['enɪ]
einkaufen to buy [baɪ], to go shopping [gəʊ 'ʃɒpɪŋ]
einladen to invite [ɪn'vaɪt]
einmal once [wʌns]
einpacken to wrap [ræp], to pack [pæk]
Einreise on entering the country [ɒn 'entəɪŋ ðə 'kʌntrɪ]
einsam *(Mensch)* lonely ['ləʊnlɪ]; *(Haus usw.)* secluded [sɪ'klu:dɪd], isolated ['aɪsəleɪtɪd]
einschalten to switch on ['swɪtʃ‿'ɒn]
Einschreibebrief registered letter ['redʒɪstəd 'letə]
einsteigen get on ['get‿'ɒn]
Einstiegshilfe entry assistance ['entrɪ ə'sɪstəns]
Eintritt entrance ['entrəns]
Eintrittskarte (admission) ticket [(əd'mɪʃn) 'tɪkɪt]
Eintrittspreis admission charge [əd'mɪʃn 'tʃɑ:dʒ]
Einwohner inhabitant [ɪn'hæbɪtənt]
Einzel singles ['sɪŋglz]
einzig only ['əʊnlɪ]
Eis ice [aɪs]
Eisbahn ice rink ['aɪsrɪŋk]
Eisenwarengeschäft ironmonger's ['aɪənˌmʌŋgəz]
Eishockey ice hockey ['aɪsˌhɒkɪ]
Eislauf ice skating ['aɪsˌskeɪtɪŋ]
Eiter pus [pʌs]
Elastikbinde elastic bandage [ɪ'læstɪk 'bændɪdʒ]
elektrisch electric [ɪ'lektrɪk]
Elektroladen electrical shop [ɪ'lektrɪkəlʃɒp]
Elektrolytlösung electrolyte solution [ɪ'lektrəʊlaɪt sə'lu:ʃn]
Elektrorollstuhl electric wheelchair [ɪ'lektrɪk wi:l'tʃeə]
Eltern parents ['peərənts]
empfangen to receive [rɪ'si:v]; *(begrüßen)* to greet [gri:t], to welcome ['welkəm]
Empfänger addressee [ˌædre'si:]
Empfangshalle reception [rɪ'sepʃn]
empfehlen to recommend [ˌrekə'mend]
Ende end [end]
endgültig *adj* definite ['defɪnɪt]; *adv* definitely ['defɪnɪtlɪ]
endlich finally ['faɪnəlɪ]
Endstation terminus ['tɜ:mɪnəs]
eng narrow ['nærəʊ]; *(Kleider)* tight [taɪt]
England England ['ɪŋglənd]
Engländer/in Englishman/Englishwoman ['ɪŋglɪʃmən/'ɪŋglɪʃˌwʊmən]
englisch English ['ɪŋglɪʃ]
Enkel/in grandson ['grænsʌn]/granddaughter ['grænˌdɔ:tə]
entdecken to discover [dɪs'kʌvə]
Entfernung distance ['dɪstəns]

entgegengesetzt opposite [ˈɒpəzɪt]
entscheiden to decide [dɪˈsaɪd]
entschlacken, entgiften purify, detoxify [pjʊrəfaɪ, ˌdiːtɒksəfaɪ]
entschuldigen, s. ~ to apologise [əˈpɒlədʒaɪz]
Entschuldigung excuse [ɪksˈkjuːs]; **Ich bitte um ~!** I beg your pardon! [aɪ ˈbeg jɔː ˈpɑːdn]
enttäuscht disappointed [ˌdɪsəˈpɔɪntɪd]
entweder ... oder either ... or [ˈaɪðə ... ˈɔː]
entwickeln to develop [dɪˈveləp]
entzückend charming [ˈtʃɑːmɪŋ], delightful [dɪˈlaɪtfʊl]
Entzündung inflammation [ˌɪnfləˈmeɪʃn]
Epilepsie epilepsy [ˈepɪlepsɪ]
Epoche epoch [ˈiːpɒk]
er he [hiː]
Erbsen peas [piːz]
Erdbeeren strawberries [ˈstrɔːbrɪz]
Erde earth [ɜːθ]
Erdgeschoss ground-floor [ˈgraʊndˈflɔː]
erfahren to learn [lɜːn], to hear [hɪə]; *adj* experienced [ɪksˈpɪərɪənst]
erfreut (über) pleased (with) [pliːzd (wɪð)], glad (of) [glæd (‿əv)]
erhalten to receive [rɪˈsiːv], to get [get]
erholen, s. ~ to recover [rɪˈkʌvə]
erinnern, jdn an etw ~ to remind [rɪˈmaɪnd] s.o. of s.th.; **s. ~** to remember [rɪˈmembə]
Erkältung cold [kəʊld]
Ermäßigung reduction [rɪˈdʌkʃn]
ernst serious [ˈsɪərɪəs]
erreichen to reach [riːtʃ]
Ersatz replacement [rɪˈpleɪsmənt]; *(Ausgleich)* compensation [ˌkɒmpenˈseɪʃn]
Ersatzrad spare wheel [ˈspeə ˈwiːl]
erschöpft exhausted [ɪgˈzɔːstɪd]
erschrecken to frighten [ˈfraɪtn], to startle [ˈstɑːtl]; *(erschrocken sein)* to be alarmed [əˈlɑːmd]
ersetzen to replace [rɪˈpleɪs]; *(Schaden)* to make good [ˈmeɪk ˈgʊd]
erst *(zuerst)* first of all [ˈfɜːst‿əv‿ˈɔːl]; *(nicht früher als)* only [ˈəʊnlɪ]
erste(r, -s) first [fɜːst]
erster Gang first/bottom gear [ˈfɜːst/ˈbɒtəm ˈgɪə]
Erwachsene(r) adult [ˈædʌlt]
erwarten *(rechnen mit)* to expect [ɪksˈpekt]
erzählen to tell [tel]
essbar edible [ˈedɪbl]
Essen *(Mahlzeit)* meal [miːl]; *(Nahrung)* food [fuːd]
essen to eat [iːt]
Essig vinegar [ˈvɪnɪgə]
Etage floor, storey [flɔː, ˈstɔːrɪ]
Etagenbett bunk bed [ˈbʌŋk ˌbed]
etwa about [əˈbaʊt]
etwas something [ˈsʌmθɪŋ]; *(ein wenig)* a little [ˈlɪtl]
EU-Bürger EU citizen [iː jʊː ˈsɪtɪzn]
euch you [juː]
euer your [jɔː]
Euro euro [jʊərəʊ]
Europa Europe [ˈjʊərəp]
Europäer/in European [ˌjʊərəˈpɪən]
europäisch European
Exponat exhibit [ɪgˈzɪbɪt]
Expressionismus expressionism [ɪkˈspreʃənɪzəm]
extra extra [ˈekstrə], special [ˈspeʃl]

F

Fabrik factory [ˈfæktərɪ]
Facharzt/-ärztin specialist [ˈspeʃəlɪst]
Faden thread [θred]
Fahrdienst transport service [ˈtrænspɔːt sɜːvɪs]
Fähre ferry [ˈferɪ]

fahren *(mit dem Zug, Auto)* to go [gəʊ] by train, car etc.; *(lenken)* to drive [draɪv]
Fahrer/in driver [ˈdraɪvə]
Fahrgast passenger [ˈpæsɪndʒə]
Fahrkarte ticket [ˈtɪkɪt]
Fahrkartenautomat ticket machine [ˈtɪkɪt məˈʃiːn]
Fahrkartenschalter ticket office [ˈtɪkɪtˌɒfɪs]
Fahrplan timetable [ˈtaɪmˌteɪbl]
Fahrpreis fare [feə]
Fahrrad bicycle, bike [ˈbaɪsɪkl, baɪk]
Fahrradhelm crash helmet [ˈkræʃ ˌhelmɪt]
Fahrradweg cycle path [ˈsaɪkl pɑːθ]
Fahrschein ticket [ˈtɪkɪt]
Fahrstuhl lift [lɪft], *(Am)* elevator [ˈelɪveɪtə]
Fahrt *(Reise)* journey [ˈdʒɜːnɪ], trip [trɪp]; *(See)* voyage [ˈvɔɪɪdʒ]; *(Auto)* drive [draɪv]
fair fair [feə]
fallen to fall [fɔːl]
falls in case [ɪn ˈkeɪs], if [ɪf]
Fallschirmspringen parachuting [ˈpærəˌʃuːtɪŋ]
falsch wrong [rɒŋ]; *(betrügerisch)* deceitful [dɪˈsiːtfʊl]
Faltrollstuhl folding wheelchair [fəʊldiŋ wiːlˈtʃeə]
Familie family [ˈfæmɪlɪ]
Familienname surname [ˈsɜːneɪm]
fangen to catch [kætʃ]
Fango fango [fæŋgəʊ]
färben dye [daɪ]
farbig coloured [ˈkʌləd]
Farbstift coloured pencil [ˈkʌləd ˈpensl]
Fassade faCade [fəˈsɑːd]
fast almost [ˈɔːlməʊst], nearly [ˈnɪəlɪ]
fasten fast [fɑːst]
faul lazy [ˈleɪzɪ]; *(Obst)* rotten [ˈrɒtn]
faulenzen lazing around [leɪzɪŋ əˈraʊnd]
Februar February [ˈfebrʊərɪ]
Federball (Ball) shuttlecock [ˈʃʌtlkɒk]; (Spiel) badminton [ˈbædmɪntən]
fehlen to be missing [ˈmɪsɪŋ]
Fehler *(den man macht)* mistake [mɪsˈteɪk]; *(den man hat)* fault [fɔːlt]
Fehlgeburt miscarriage [ˌmɪsˈkærɪdʒ]
Feigen figs [fɪgz]
fein *(dünn)* fine [faɪn]
Feinkostgeschäft delicatessen [ˌdelɪkəˈtesn]
Feld field [fiːld]
Fell fur [fɜː], *(Schafs-)* fleece [fliːs]
Fels rock [rɒk]; *(Klippe)* cliff [klɪf]
Fenchel fennel [ˈfenl]
Fenster window [ˈwɪndəʊ]
Fensterplatz window seat [ˈwɪndəʊ siːt]
Ferien holidays [ˈhɒlədɪz], *(Am)* vacation [vəˈkeɪʃən]
Ferienanlage holiday camp [ˈhɒlədɪ kæmp]
Ferienhaus holiday home [ˈhɒlədɪ ˌhəʊm]
Ferngespräch long-distance call [ˌlɒŋ ˈdɪstəns kɔːl]
Fernlicht full beam [ˈfʊlˈbiːm]
Fernseher television, TV [ˈtelɪˌvɪʒn, ˌtiːˈviː]
Fernsehraum television lounge [ˈtelɪˌvɪʒn laʊndʒ]
fertig *(bereit)* ready [ˈredɪ]
fest firm [fɜːm]; *(hart)* rigid [ˈrɪdʒɪd]; *(dauernd)* solid [ˈsɒlɪd]
Fest celebration [seleˈbreɪʃn], party [ˈpɑːtɪ]
Festival festival [ˈfestɪvl]
Festland mainland, dry land [ˈmeɪnlænd, ˈdraɪ ˈlænd]
Festung fortress, castle [ˈfɔːtrɪs, ˈkɑːsl]
fett fat [fæt]
fettarm low-fat [ləʊ ˈfæt]
fettarme Milch low-fat milk [ˈləʊˈfæt ˈmɪlk]
feucht moist [mɔɪst], damp [dæmp]
Feuer fire [ˈfaɪə]

feuergefährlich inflammable [ɪnˈflæməbl]
Feuerlöscher fire extinguisher [ˈfaɪərɪksˌtɪŋgwɪʃə]
Feuermelder fire alarm [ˈfaɪərəˌlɑːm]
Feuerwehr fire brigade [ˈfaɪəbrɪˌgeɪd]
Feuerwerk fireworks [ˈfaɪəwɜːks]
Fieber fever, temperature [ˈfiːvə, ˈtemprɪtʃə]
Fieberthermometer thermometer [θəˈmɒmɪtə]
Film film (*Am* movie) [ˈfɪlm (ˈmuːvɪ)]
Filmempfindlichkeit film speed [ˈfɪlm ˌspiːd]
Filmschauspieler/in film actor/actress [ˈfɪlm ˈæktə/æktrɪs]
finden to find [faɪnd]
Finger finger [ˈfɪŋgə]
Firma firm [fɜːm], company [ˈkʌmpənɪ]
Fisch fish [fɪʃ]
Fischerort fishing village [ˈfɪʃɪŋ ˈvɪlɪdʒ]
Fischgeschäft fishmonger's [ˈfɪʃˌmʌŋgəz]
Fischhändler fishmonger [ˈfɪʃˌmʌŋgə]
fit fit [fɪt]
Fitnesscenter fitness centre [ˈfɪtnɪs ˌsentə]
FKK-Strand nudist beach [ˈnjuːdɪst biːtʃ]
flach flat [flæt]; *(eben)* level [ˈlevl]
Fläschchenwärmer bottle warmer [bɒtl wɔːmə]
Flasche bottle [ˈbɒtl]
Flaschenöffner bottle opener [ˈbɒtlˌəʊpnə]
Flaute calm [kɑːm]
Fleck(en) stain [steɪn]
Fleisch meat [miːt]
Flickzeug (puncture) repair kit [(ˈpʌŋktʃə) rɪˈpeə kɪt]
Fliege fly [flaɪ]
fliegen to fly [flaɪ]
Flohmarkt flea market [ˈfliːˌmɑːkɪt]
Flug flight [flaɪt]
Flügel wing [wɪŋ]
Fluggesellschaft airline [ˈeəlaɪn]
Flughafen airport [ˈeəpɔːt]
Flughafenbus airport bus [ˈeəpɔːt ˈbʌs]
Flughafengebühr airport tax [ˈeəpɔːt ˈtæks]
Flugsteig gate [geɪt]
Fluss river [ˈrɪvə]
flüssig liquid [ˈlɪkwɪd]
Flut high tide [ˈhaɪ ˈtaɪd]
Föhn hair dryer [ˈheəˌdraɪə]
föhnen blow-dry [ˈbləʊˈdraɪ]
Folklore folklore [fəʊklɔː]
Folkloreabend folklore evening [fəʊklɔː ˈiːvnɪŋ]
Form form [fɔːm], shape [ʃeɪp]
Formular form [fɔːm]
fort away [əˈweɪ]
Foto photo(graph) [ˈfəʊtəʊ(grɑːf)]
Fotoapparat camera [ˈkæmrə]
Fotografie photography [fəˈtɒgrəfɪ]
fotografieren to take a photo [ˈteɪk ə ˈfəʊtəʊ]
Frage question [ˈkwestʃn]
fragen to ask [ɑːsk]
frankieren stamp [stæmp]
französisch French [frentʃ]
Frau woman [ˈwʊmən]; *(Ehe~)* wife [waɪf]; *(Anrede)* Madam [ˈmædəm]; *(vor Namen)* Mrs [ˈmɪsɪz]
Fräulein young lady [ˈjʌŋ ˈleɪdɪ]; *(Anrede, vor Namen)* Miss [mɪs]
frei free [friː]; *(von Abgaben)* exempt [ɪgˈzempt]; im Freien in the open air [ˈəʊpən ˈeə]
Freilichtkino drive-in cinema [ˈdraɪvˌɪn ˈsɪnəmə]
Freitag Friday [ˈfraɪdɪ]
Freizeitpark amusement park [əˈmjuːzmnt pɑːk]
fremd strange [streɪndʒ]
Fremde, der/die ~ stranger [ˈstreɪndʒə]; *(Ausländer)* foreigner [ˈfɒrənə]
Fremdenführer/in guide [gaɪd]

Wörterbuch Deutsch - Englisch

freuen, s. ~ (über) to be pleased (with/about) [ˈpli:zd wɪð/əˈbaʊt)]; **s. ~ auf** to look forward to [ˈlʊk ˈfɔ:wəd tu:]
Freund/in (boy)friend/(girl)friend [(ˈbɔɪ)frend/(ˈgɜ:l)frend]
freundlich friendly [ˈfrendlɪ], kind [kaɪnd]
Friedhof graveyard, cemetery
frieren to be cold [kəʊld], to freeze [frɪ:z]
frisch fresh [freʃ]; *(kühl)* cool [ku:l]; *(neu)* new [nju:]; *(Wäsche)* clean [kli:n]
Frischhaltefolie clingfilm [ˈklɪŋfɪlm]
Friseur hairdresser's, (Herren) barber's [ˈheəˌdresəz, ˈbɑ:bəz]
frisieren do someone's hair [du: ˈsʌmwʌnz ˈheə]
Frisur hairstyle [ˈheəstaɪl]
froh glad [glæd]; *(glücklich)* happy [ˈhæpɪ]; *(lustig)* merry [ˈmerɪ]
Frost frost [frɒst]
Frostschutzmittel anti-freeze [ˈæntɪfri:z]
früh early [ˈɜ:lɪ]
früher (eher) earlier [ˈɜ:lɪə]
Frühling spring [sprɪŋ]
Frühstück breakfast [ˈbrekfəst]
frühstücken to have breakfast [hæv ˈbrekfəst]
Frühstücksbüfett buffet breakfast [ˈbʊfeɪ ˈbrekfəst]
Frühstücksraum breakfast room [ˈbrekfəstrʊm]
fühlen to feel [fi:l]
Führer *(für Fremde)* guide [gaɪd]
Führerschein driving licence [ˈdraɪvɪŋ ˈlaɪsns]
Führung guided tour [ˈgaɪdɪd ˈtʊə]
Fundbüro lost-property office [ˈlɒstˈprɒpətɪ ˌɒfɪs]
Funde finds [faɪndz]
funktionieren to work [wɜ:k]
für for [fɔ:]
fürchten to fear [fɪə]; **s. ~ vor** to be afraid of [əˈfreɪd]
fürchterlich terrible [ˈterəbl], dreadful [ˈdredfʊl]
Fuß foot, *(pl)* feet [fʊt, fi:t]
Fußball *(Spiel und Ball)* football [ˈfʊtbɔ:l]
Fußballplatz football ground [ˈfʊtbɔ:l graʊnd]
Fußballspiel football match [ˈfʊtbɔ:l mætʃ]
Fußgänger/in pedestrian [pɪˈdestrɪən]
Fußgängerzone pedestrian precinct [pɪˈdestriən ˈpri:sɪŋkt]
Fuß(reflexzonen)massage reflexology (foot) massage [ˌri:flˈeksˈɒlədʒɪ (ˈfʊt) ˈmæsɑ:ʒ]

G

Gabel fork [fɔ:k]
Galerie gallery [ˈgælərɪ]
Gallenblase gall-bladder [ˈgɔ:lˌblædə]
Gang course [kɔ:s]; corridor [ˈkɒrɪdɔ:]; gear [gɪə]
ganz *adj* whole [həʊl]; *pl* all [ɔ:l]; *(vollständig)* entire [ɪnˈtaɪə], complete [kəmˈpli:t]; *adv* quite [kwaɪt]
Ganzkörpermassage full body massage [ˈfʊl‿ˈbɒdɪ ˈmæsɑ:ʒ]
gar done [dʌn]
Garage garage [ˈgærɑ:dʒ]
Garantie guarantee [ˌgærənˈti:]
Garderobe cloakroom [ˈkləʊkrʊm]
Garnelen prawns [prɔ:nz]
Garten garden [ˈgɑ:dn]
Gasflasche gas canister [ˈgæs ˈkænɪstə]
Gasherd gas cooker [ˈgæsˌkʊkə]
Gaskartusche gas cartridge [ˈgæs ˈkɑ:trɪdʒ]
Gaskocher gas cooker [ˈgæsˌkʊkə]
Gaspedal accelerator [əkˈseləreɪtə]
Gasse alley, lane [ˈælɪ, leɪn]
Gast guest [gest]

Gastfreundschaft hospitality [ˌhɒspɪˈtælɪtɪ]
Gastgeber/in host/hostess [həʊst/ˈhəʊstɪs]
Gebäck biscuits [ˈbɪskɪts]
gebacken baked [beɪkt]
Gebäude building [ˈbɪldɪŋ]
geben to give [gɪv]
Gebirge mountains [ˈmaʊntɪnz]
geboren born [bɔːn]
gebraten fried [fraɪd], roasted [ˈrəʊstɪd]
gebräuchlich common [ˈkɒmən]
gebrochen broken [ˈbrəʊkn]
Gebühren fees [fiːz]
Geburtsdatum date of birth [ˈdeɪt‿əv ˈbɜːθ]
Geburtsname maiden name [ˈmeɪdn neɪm]
Geburtsort place of birth [ˈpleɪs‿əv ˈbɜːθ]
Geburtstag birthday [ˈbɜːθdeɪ]
gedämpft steamed [stiːmd]
Gedeck cover [kʌvər]
Gedenkstätte memorial [mɪˈmɔːrɪəl]
Geduld patience [ˈpeɪʃns]
gedünstet steamed [stiːmd]
Gefahr danger [ˈdeɪndʒə]
gefährlich dangerous [ˈdeɪndʒrəs]
gefallen to please [pliːz]
Gefängnis prison [ˈprɪzn]
Gefühl feeling [ˈfiːlɪŋ]
gefüllt stuffed [stʌft]
gegen against [əˈgenst]; *(zeitlich)* about [əˈbaʊt]
gegen Mittag about noon/midday/lunchtime [əˈbaʊt ˈnuːn/ˈmɪddeɪ/ˈlʌntʃtaɪm]
Gegend region [ˈriːdʒən], area [ˈeərɪə], district [ˈdɪstrɪkt]
Gegenstand object [ˈɒbdʒɪkt], item [ˈaɪtəm]
Gegenteil opposite [ˈɒpəzɪt], contrary [ˈkɒntrərɪ]; **im ~** on the contrary
gegenüber opposite [ˈɒpəzɪt]
Geheimzahl Personal Identification Number (PIN) [ˈpɜːsnl aɪˈdentɪfɪˈkeɪʃən ˌnʌmbə]
gehen to go [gəʊ]; *(zu Fuß)* to walk [wɔːk]
Gehirn brain [breɪn]
Gehirnerschütterung concussion [kənˈkʌʃn]
Gehirnschlag stroke [strəʊk]
Gehör hearing [ˈhɪərɪŋ]
gehören to belong to [bɪˈlɒŋ tuː]
gehörlos deaf [def]
Gehörlose/r deaf person [def pɜːsn]
gekocht boiled [bɔɪld]
gekochter Schinken cooked ham [ˈkʊkt ˈhæm]
Gelände ground [graʊnd]
gelb yellow [ˈjeləʊ]
Geld money [ˈmʌnɪ]
Geldanweisung transfer [ˈtrænsfɜː]
Geldautomat automated teller machine, cashpoint [ˈɔːtəmeɪtɪd ˈtelə məˈʃiːn, ˌkæʃ pɔɪnt]
Geldbeutel purse [pɜːs]
Geldschein banknote [ˈbæŋknəʊt]
Geldwechsel exchange [ɪksˈtʃeɪndʒ]
gelegentlich *adv* occasionally [əˈkeɪʒnəlɪ]
Gelenk joint [dʒɔɪnt]
Gemälde painting [ˈpeɪntɪŋ]
gemeinsam *adj* common [ˈkɒmən]; *adv* together [təˈgeðə]
gemischt mixed [mɪkst]
Gemüse vegetables [ˈvedʒtəblz]
gemütlich cosy [ˈkeʊzɪ]
genau exact(ly) [ɪgˈzækt(lɪ)]; **~ so ... wie** just as ... as [ˈdʒʌst‿əz ... əz]
genießen to enjoy [ɪnˈdʒɔɪ]
genug enough [ɪˈnʌf], sufficient [səˈfɪʃənt]
geöffnet open [ˈəʊpn]
Gepäck luggage (*Am* baggage) [ˈlʌgɪdʒ, ˈbægɪdʒ]
Gepäckabfertigung luggage/baggage check-in [ˈlʌgɪdʒ/ˈbægɪdʒ ˈtʃekɪn]

Wörterbuch Deutsch - Englisch

Gepäckaufbewahrung left-luggage office [ˈleft ˈlʌgɪdʒ ˌɒfɪs]
Gepäckausgabe luggage/baggage reclaim [ˈlʌgɪdʒ/ˈbægɪdʒ ˌriːˈkleɪm]
Gepäckschalter luggage counter [ˈlʌgɪdʒ kaʊntə]
Gepäckwagen luggage van [ˈlʌgɪdʒ væn]
gerade straight [streɪt]; *(zeitlich)* just [dʒʌst]
geradeaus straight on [ˌstreɪt‿ˈɒn]
geräuchert smoked [sməʊkt]
Geräusch noise [nɔɪz]
gern gladly [ˈglædlɪ]; **nicht ~** reluctantly [rɪˈlʌktəntlɪ]
geröstet *(Brot)* toasted [ˈtəʊstɪd]
Geruch smell [smel]
Geschenk present [ˈpreznt], gift [gɪft]
Geschichte history [ˈhɪstərɪ]; *(Erzählung)* story [ˈstɔːrɪ]
Geschirr crockery [ˈkrɒkərɪ]
Geschirrspülbecken sink [sɪŋk]
Geschirrspülmaschine dishwasher [ˈdɪʃˌwɒʃə]
Geschirrtuch tea towel [ˈtiː ˌtaʊəl]
geschlossen shut [ʃʌt], closed [kləʊzd]
Geschmack taste [teɪst]
geschmort braised [breɪzd]
Geschwindigkeit speed [spiːd]
geschwollen swollen [ˈswəʊlən]
Geschwulst growth, tumour [grəʊθ, ˈtjuːmə]
Geschwür ulcer [ˈʌlsə]
Gesichtsbehandlung face treatment [feɪs triːtˈmənt]
Gespräch conversation [ˌkɒnvəˈseɪʃn], talk [tɔːk]
gestern yesterday [ˈjestədɪ]
gesund healthy [ˈhelθɪ]
Getränk drink [drɪŋk]
Getriebe gearbox (*Am* transmission) [ˈgɪəbɒks (trænzˈmɪʃn)]
Gewicht weight [weɪt]
Gewinn profit [ˈprɒfɪt]
gewinnen win [wɪn]
Gewitter thunderstorm [ˈθʌndəstɔːm]
gewöhnlich usual [ˈjuːʒʊəl], ordinary [ˈɒdnrɪ]; *(ordinär)* vulgar [ˈvʌlgə]; *adv* usually [ˈjuːʒʊəli]
gewohnt, etw ~ sein to be used to s. th. [ˈjuːst tʊ]
Gewölbe vault(s) [vɔːlt(s)]
Gewürz seasoning, spice [ˈsiːznɪŋ, spaɪs]
gibt, es ~ there is [ðeər‿ɪz], there are [ðeər‿ɑː]
Giebel gable [ˈgeɪbl]
Gift poison [ˈpɔɪzn]
giftig poisonous [ˈpɔɪznəs]
Gipfel summit [ˈsʌmɪt]
Glas/Gläser glass/glasses [ˈglɑːs/ˈglɑːsɪz]
Glasmalerei glass painting [ˈglɑːs ˌpeɪntɪŋ]
glauben to believe [bɪˈliːv]
gleich same [seɪm]; *(sofort)* immediately [ɪˈmiːdjətlɪ], at once [ət ˈwʌns]
gleichzeitig simultaneously [ˌsɪməlˈteɪnjəslɪ]
Gleis platform [ˈplætfɔːm]
Gleitschirm paraglider [ˈpærə ˌglaɪdə]
Glück luck [lʌk]; *(Erfolg)* success [səkˈses]
glücklich happy [ˈhæpɪ]; *(Glück gehabt)* lucky [ˈlʌkɪ]
Glückwunsch congratulations [kənˌgrætjʊˈleɪʃnz]
Glühbirne bulb [bʌlb]
Gold gold [gəʊld]
goldfarben gold [gəʊld]
Goldschmiedekunst gold work [ˈgəʊld wɜːk]
Golf golf [gɒlf]
Golfclub golf club [ˈgɒlfklʌb]
Golfschläger golf clubs [ˈgɒlfklʌbz]
Gotik Gothic [ˈgɒθɪk]
Gott God [gɒd]
Grab tomb, grave [tuːm, greɪv]
Grabmal monument [ˈmɒnjʊmənt]
Grafik graphic arts [ˈgræfɪk ˈɑːts]

Gramm gram(s) [græm(z)]
Gräte fishbone [ˈfɪʃbəʊn]
gratis free [friː]
gratulieren to congratulate [kənˈgrætjʊleɪt]
grau grey [greɪ]
Grenze border [ˈbɔːdə]
griechisch Greek [griːk]
Grill grill [grɪl]
Grillanzünder firelighters [ˈfaɪəˌlaɪtəz]
Grillkohle charcoal [ˈtʃɑːkəʊl]
Grippe influenza, flu [ˌɪnfluˈenzə, fluː]
groß big [bɪg], large [lɑːdʒ]; *(Statur)* tall [tɔːl]; *(bedeutend)* great [greɪt]
Größe *(Umfang)* size [saɪz]; *(Länge, Höhe)* height [haɪt]
Großmutter grandmother [ˈgrænˌmʌðə]
Großraumwagen open-plan carriage [ˈəʊpnˈplæn ˈkærɪdʒ]
Großvater grandfather [ˈgrænˌfɑːðə]
Grotte grotto [ˈgrɒtəʊ]
grün green [griːn]
Grund reason [ˈriːzn], cause [kɔːz]; *(Beweg~)* motive [ˈməʊtɪv]
grüne Bohnen green beans [ˈgriːn ˈbiːnz]
grüne Versicherungskarte green card [ˈgriːn ˈkɑːd]
Gruppe group [gruːp]
grüßen to greet [griːt]
gültig valid [ˈvælɪd]
Gummistiefel rubber boots, wellingtons [ˈrʌbə ˈbuːts, ˈwelɪŋtənz]
Gurke cucumber [ˈkjuːkʌmbə]
Gürtel belt [belt]
gut *adj* good [gʊd]; *adv* well [wel]
Gutschein voucher [ˈvaʊtʃə]
Gymnastik gymnastics [dʒɪmˈnæstɪks]

H

Haar hair [heə]
Haarfestiger setting lotion [ˈsetɪŋ ˌləʊʃn]
Haargel hair gel [ˈheə dʒel]
Haargummi hairband [ˈheəbænd]
Haarklammern hairpins [ˈheəpɪnz]
Haarwaschmittel shampoo [ʃæmˈpuː]
haben to have [hæv]
Hackfleisch mince, minced meat [mɪns, ˈmɪnst ˈmiːt]
Hafen port [pɔːt]
Haferflocken rolled oats [ˈrəʊld ˈəʊts]
Hähnchen chicken [ˈtʃɪkɪn]
Haken hook [hʊk]; *(Kleider~)* peg [peg]
halb *adj/adv* half [hɑːf]
Halbpension half board [ˈhɑːf ˈbɔːd]
Hälfte half [hɑːf], *pl* halves [hɑːvz]
Hals neck; *(Kehle)* throat [nek, θrəʊt]
Halsschmerzen sore throat [ˈsɔː ˈθrəʊt]
Halstabletten throat lozenges [ˈθrəʊt ˈlɒzɪndʒɪz]
Halstuch scarf [skɑːf]
halt! halt! [hɔːlt], stop! [stɒp]
haltbar durable [ˈdjʊərəbl]
Haltbarkeit sell-by date/best before [ˈselˈbaɪˈdeɪt/best bɪˈfɔː]
Haltegriff handle [ˈhændl]
halten to keep [kiːp]; *(dauern)* to last [lɑːst]; *(stehen bleiben)* to stop [stɒp]
Haltestelle stop [stɒp]
Hammelfleisch mutton [ˈmʌtn]
Hand hand [ˈhænd]
Handball handball [ˈhændbɔːl]
Handbike hand-operated bike [hændˈɒpəreɪtɪd baɪk]
Handbremse handbrake [ˈhændbreɪk]
Handgas *(Auto)* hand throttle [hænd θrɒtl]
handgemacht handmade [ˈhændˈmeɪd]
Handlauf handrail [hændreɪl]
Handschuhe gloves [glʌvz]
Handtasche handbag [ˈhændbæg]
Handtuch towel [ˈtaʊəl]
Handwaschbecken washbasin [ˈwɒʃˌbeɪsn]

Handy mobile (phone) ['məʊbaɪl ('fəʊn)]
Handygeschäft mobile communications centre ['məʊbaɪl kɒmjuːˈnɪkeɪʃnz ˌsentə]
hart hard [hɑːd], solid ['sɒlɪd]
hässlich ugly ['ʌglɪ]
häufig frequent(ly) ['friːkwənt(lɪ)]
Hauptbahnhof main station ['meɪn 'steɪʃn]
Hauptpostamt main post office ['meɪn 'pəʊstˌɒfɪs]
Hauptrolle leading role ['liːdɪŋ 'rəʊl]
Hauptsaison high season ['haɪ ˌsiːzn]
Hauptspeise main course ['meɪn 'kɔːs]
Hauptstadt capital ['kæpɪtl]
Hauptstraße main street ['meɪn 'striːt]
Haus house [haʊs]
Hausbesitzer/in landlord/landlady ['lænlɔːd, 'lænˌleɪdɪ]
Hausboot houseboat ['haʊsbəʊt]
hausgemacht home-made [ˌhəʊm'meɪd]
Hausnummer house number ['haʊs ˌnʌmbə]
Haustiere pets [pets]
Haut skin [skɪn]
Heide moor, heath [mɔː, hiːθ]
Heilbad therapeutic bath ['θerəpjʊtɪk 'bɑːθ]
Heilfasten fasting cure ['fɑːstɪŋ kjʊə]
heilig holy ['həʊlɪ]
Heiliger Abend Christmas Eve ['krɪsməs‿'iːv]
Heimat home [həʊm], native country ['neɪtɪv 'kʌntrɪ]
Heimreise return journey [rɪ'tɜːn 'dʒɜːnɪ], journey home ['dʒɜːnɪ 'həʊm]
heiraten to marry ['mærɪ]
heiser hoarse [hɔːs]
heiß hot [hɒt]
heißen to be called [bɪ 'kɔːld]
Heizung heating ['hiːtɪŋ]
helfen, jdm ~ to help s.o. [help]
hellblau/hellgrün light ... [laɪt]
Hemd shirt [ʃɜːt]
Herbst autumn (*Am* fall) ['ɔːtəm (fɔːl)]
Herd cooker, stove ['kʊkə, stəʊv]
herein! come in! ['kʌm 'ɪn]
hereinkommen to come in ['kʌm 'ɪn]
Hering herring ['herɪŋ]
Herpes herpes [həpːiz]
Herr gentleman ['dʒentlmən]; *(vor Namen)* Mr ['mɪstə]
Herren Gentlemen [dʒentlmen], Gents [dʒents]
herrlich glorious ['glɔːrɪəs], splendid ['splendɪd]
Herz heart [hɑːt]
Herzanfall heart attack ['hɑːt‿ə'tæk]
Herzbeschwerden heart trouble ['hɑːt ˌtrʌbl]
Herzinfarkt heart attack, cardiac infarction ['hɑːt‿ə'tæk, 'kɑːdɪæk‿ɪn'fɑːkʃn]
herzlich warm [wɔːm], sincere [sɪn'sɪə]
Herzschrittmacher pacemaker ['peɪsˌmeɪkə]
Heuschnupfen hay fever ['heɪ ˌfiːvə]
Heu-Bad hay bath [heɪ 'bɑːθ]
heute today [tə'deɪ]
heute Morgen/heute Abend this morning/this evening [ðɪs 'mɔːnɪŋ/ðɪs‿'iːvnɪŋ]
Hexenschuss lumbago [lʌm'beɪgəʊ]
hier here [hɪə]
Hilfe help [help], aid [eɪd]; **erste ~** first aid ['fɜːst 'eɪd]
Himmel sky [skaɪ]; *(rel)* heaven ['hevn]
hindern to prevent [prɪ'vent], to hinder ['hɪndə]
hinlegen to put down ['pʊt 'daʊn]; **s. ~** to lie down ['laɪ 'daʊn]
hinten at the back [bæk]
hinter behind [bɪ'haɪnd]
Hinterland hinterland ['hɪntəlænd]
hinterlegen to deposit [dɪ'pɒzɪt]
hinzufügen to add [æd]

Hirnhautentzündung meningitis [menəndʒ aɪˌtɪs]
Hitze heat [hi:t]
Hitzewelle heatwave [ˈhi:tweɪv]
HIV-positiv HIV positive [eɪtʃ aɪ vi: ˈpɒzɪtɪv]
hoch high [haɪ]
Hochformat portrait format [ˈpɔ:treɪt ˌfɔ:mæt]
höchstens at the most [ət ðə ˈməʊst], at best [ət ˈbest]
Hochzeit wedding [ˈwedɪŋ]
Hof yard [jɑ:d]
höflich polite [pəˈlaɪt]
Höhe height [haɪt]
Höhepunkt highlight [ˈhaɪlaɪt]
Höhle cave [keɪv]
Holz wood [wʊd]; *(Brenn~)* firewood [ˈfaɪəwʊd]
Holzschnitt woodcut [ˈwʊdkʌt]
Honig honey [ˈhʌnɪ]
hören to hear [hɪə]; **zu~** to listen [ˈlɪsn] (to)
Hörer receiver [rɪˈsi:və]
hörgeschädigt hard of hearing [hɑ:d‿əv ˈhɪərɪŋ]
Hose trousers (*Am* pants) [ˈtraʊzəz, pænts]
Hublift lifting ramp [lɪftɪŋ ræmp]
hübsch pretty [ˈprɪtɪ]
Hüfte hip [hɪp]
Hügel hill [hɪl]
Hund dog [dɒg]
hungrig sein be hungry [bi:ˈhʌŋgrɪ]
Hupe horn [hɔ:n]
Husten cough [kɒf]
Hustensaft cough mixture [ˈkɒf ˈmɪkstʃə]
Hut hat [hæt]
Hütte hut [hʌt], cottage [ˈkɒtɪdʒ]

I

ich I [aɪ]
Idee idea [aɪˈdɪə]
ihr *(poss prn, f)* her [hɜ:], *(pl)* their [ðeə]
Illustrierte magazine [ˌmægəˈzi:n]
Imbiss snack [snæk]
immer always [ˈɔ:lweɪz]
Impfpass vaccination card [ˌvæksɪˈneɪʃn ˌkɑ:d]
Impfung vaccination [ˌvæksɪˈneɪʃn]
Impressionismus impressionism [ɪmˈpreʃənɪzm]
in in [ɪn]
in einer Woche today week [təˈdeɪ ˈwi:k]
inbegriffen included [ɪnˈklu:dɪd]
Induktionsschleife text display [tekst dɪˈspleɪ]
Infektion infection [ɪnˈfekʃn]
informieren to inform [ɪnˈfɔ:m]
Infusion infusion [ɪnˈfju:zn]
Inhalt contents [ˈkɒntents]
Inlandsflug domestic flight [dəˈmestɪk flaɪt]
Inliner rollerblades [ˈrəʊləbleɪdz]
innen inside [ˈɪnˈsaɪd]
Innenhof inner courtyard [ˈɪnə ˈkɔ:tjɑ:d]
Inschrift inscription [ɪnˈskrɪpʃn]
Insekt insect [ˈɪnsekt]
Insel island [ˈaɪlənd]
Inselrundfahrt tour around the island [tʊə əˈraʊnd ðə ˈaɪlnəd]
Insulin insulin [ˈɪnsjʊlɪn]
Inszenierung production [prəˈdʌkʃn]
interessant interesting [ˈɪntrɪstɪŋ]
interessieren, s. ~ (für) to be interested (in) [ˈɪntrɪstɪd]
international international [ˌɪntəˈnæʃənl]
Interrail interrail [ɪntəˈreɪl]
iPod iPod [aɪˈ pɒd]
Ire/Irin Irishman/Irishwoman [ˈaɪrɪʃmən/ˈaɪrɪʃˌwʊmən]
irisch Irish [ˈaɪrɪʃ]
Irland Ireland [ˈaɪələnd], Eire [ˈeərə]
Irrtum mistake [mɪsˈteɪk]
Ischias sciatica [saɪˈætɪkə]

J

Jacke jacket [ˈdʒækɪt]
Jahr year [jɜː]
Jahreszeit season [ˈsiːzn]
Jahrhundert century [ˈsentʃʊrɪ]
jährlich annual(ly) [ˈænjʊəl(ɪ)]
Januar January [ˈdʒænjʊərɪ]
Jazz jazz [dʒæz]
Jazzgymnastik jazz aerobics [dʒæz eəˈrəʊbɪks]
Jeans jeans [dʒiːnz]
jeden Tag every day [ˈevrɪ ˈdeɪ]
jeder every [ˈevrɪ]; **~ beliebige** any [ˈenɪ]; **~ einzelne** each [iːtʃ]; **~mann** everybody [ˈevrɪˌbɒdɪ]
jemand somebody [ˈsʌmbədɪ]; *(in verneinten u. fragenden Sätzen)* anybody [ˈenɪˌbɒdɪ]
jene(r, -s) that [ðæt], *pl* those [ðəʊz]
jetzt now [naʊ]
Jod(tinktur) (tincture of) iodine [(ˈtɪŋktʃər‿əv) ˈaɪədiːn]
joggen go jogging, jog [gəʊ ˈdʒɒgɪŋ, dʒɒg]
Jogginghose tracksuit bottoms [ˈtræksjuːt ˈbɒtəmz]
Joghurt yoghurt [ˈjɒgət]
jucken to itch [ɪtʃ]
Jugendliche(r) youth [ˈjuːθ]
Jugendstil Art Nouveau [ˈɑː nuːˈvəʊ]
Juli July [dʒuːˈlaɪ]
jung young [jʌŋ]
Junge boy [bɔɪ]
Junggeselle bachelor [ˈbætʃələ]
Juni June [dʒuːn]
Juwelier jeweller's [ˈdʒuːələz]

K

Kabarett cabaret [ˈkæbəreɪ]
Kabine cabin [ˈkæbɪn]; *(Umkleide~)* cubicle [ˈkjuːbɪkəl]
Kaffee coffee [ˈkɒfɪ]
Kaffeefilter coffee filter [ˈkɒfɪ ˌfɪltə]
Kaffeelöffel coffee spoon [ˈkɒfɪ spuːn]
Kaffeemaschine coffee machine [ˈkɒfɪ məˈʃiːn]
Kai quay [kiː]
Kaiser/in emperor [ˈemprə]/empress [ˈemprɪs]
Kalbfleisch veal [viːl]
kalorienarm low-calorie [ləʊ ˈkælərɪ]
kalt cold [kəʊld]
kaltes Wasser cold water [ˈkəʊld ˈwɔːtə]
Kamillentee camomile tea [ˈkæməˌmaɪl tiː]
Kamm comb [kəʊm]
kämmen comb [kəʊm]
Kanal canal [kəˈnæl]; channel [ˈtʃænl]
Kaninchen rabbit [ˈræbɪt]
Kanu canoe [kəˈnuː]
Kapelle chapel [ˈtʃæpl]
Kapitän captain [ˈkæptɪn]
kaputt broken [ˈbrəʊkn], out of order [aʊt‿əv ˈɔːdə]
Karaffe carafe [kəˈræf]
Karfreitag Good Friday [ˈgʊd ˈfraɪdɪ]
Karotten carrots [ˈkærəts]
Kartoffeln potatoes [pəˈteɪtəʊz]
Käse cheese [tʃiːz]
Kasse cash-desk [ˈkæʃdesk]; *(Theater~)* booking-(box-)office [ˈbʊkɪŋ(ˈbɒks)ˌɒfɪs]
Kassette cassette [kəˈset]
Kassettenrekorder cassette recorder [kəˈset rɪˈkɔːdə]
Kathedrale cathedral [kəˈθiːdrl]
Katze cat [kæt]
kaufen to buy [baɪ]
Kaufhaus department store [dɪˈpɑːtmənt stɔː]
kaum hardly [ˈhɑːdlɪ], scarcely [ˈskeəslɪ]
Kaution security [sɪˈkjʊərɪtɪ]
Kegeln skittles, ninepins [ˈskɪtlz, ˈnaɪnpɪnz]
Kehrschaufel dustpan [ˈdʌsˈpæn]
kein no [nəʊ], not any [nɒt enɪ]
Kekse biscuits [ˈbɪskɪts]

Kellner/in waiter/waitress [ˈweɪtə/ˈweɪtrɪs]
kennen to know [nəʊ]; **~ lernen** to meet [miːt]
Keramik ceramics [sɪˈræmɪks]
Kerzen candles [ˈkændlz]
Ketschup ketchup [ˈketʃʌp]
Kette necklace [ˈneklɪs]
Keuchhusten whooping-cough [ˈhuːpɪŋkɒf]
Kfz-Schein car registration documents [ˈkɑː ˌredʒɪsˈtreɪʃn ˈdɒkjʊmənts]
Kichererbsen chickpeas [ˈtʃɪkpiːz]
Kiefer jaw [dʒɔː]
Kilogramm kilogram(s) [ˈkɪləgræm(z)]
Kilometer kilometre [ˈkɪləˌmiːtə]
Kilometerpreis price per kilometre/mile [praɪs pə ˈkɪləˌmiːtə/maɪl]
Kind child [tʃaɪld], *pl* children [ˈtʃɪldrən]
Kinderbecken children's pool [tʃɪldrənz puːl]
Kinderbetreuung babysitting service [ˈbeɪbɪˌsɪtɪŋ ˈsɜːvɪs]
Kinderbett cot [kɒt]
Kinderermäßigung child reduction [tʃaɪld rɪˈdʌkʃn]
Kinderfahrkarte half [hɑːf]
Kinderkleidung children's clothing [tʃɪldrənz kləʊðɪŋ]
Kinderkrankheit children's illness [ˈtʃɪldrənz ˈɪlnɪs]
Kinderlähmung polio [ˈpəʊlɪəʊ]
Kindersitz child seat [tʃaɪld siːt]
Kindersitzkissen *(fürs Auto)* child seat cushion [tʃaɪld siːt ˈkʊʃən]
Kinderteller children's portion [ˈtʃɪldrənz ˈpɔːʃn]
Kino cinema [ˈsɪnəmə]
Kirche church [tʃɜːtʃ]
Kirchturm steeple [ˈstiːpl]
Kirmes funfair [ˈfʌnfeə]
Kirschen cherries [ˈtʃerɪz]
Kiste box [bɒks], chest [tʃest]
Kiwi kiwi fruit [ˈkiːwiː ˈfruːt]
klar clear [klɪə]
Klasse class [klɑːs]
Klassik classical [ˈklæsɪkəl]
Klassiker classic film [ˈklæsɪk ˈfɪlm]
Klassizismus classicism [ˈklæsɪsɪzm]
Kleid dress [dres]
Kleiderbügel coathanger [ˈkəʊtˌhæŋə]
Kleidung clothing [ˈkləʊðɪŋ]
klein little [lɪtl], small [smɔːl]
Kleingeld change [tʃeɪndʒ]
Kleinkunstbühne cabaret [ˈkæbəreɪ]
Klima climate [ˈklaɪmɪt]
Klimaanlage air-conditioning [ˈeəkənˌdɪʃnɪŋ]
Klingel bell [bel]
Kloster (Mönchs-) monastery [ˈmɒnəstrɪ]; (Nonnen-) convent [ˈkɒnvənt]
klug clever [ˈklevə], intelligent [ɪnˈtelɪdʒənt]
Kneipe pub [pʌb]
Kneipp-Anwendung kneipism [knaɪpɪzəm]
Knie knee [niː]
Knoblauch garlic [ˈgɑːlɪk]
Knöchel ankle [ˈæŋkl]
Knochen bone [bəʊn]
Knochenbruch fracture [ˈfræktʃə]
Knopf button [ˈbʌtn]
Koch cook [kʊk]
Kochbuch cookbook [kʊk bʊk]
kochen to cook [kʊk]; *(Kaffee, Tee)* to make [meɪk]; *(Wasser)* to boil [bɔɪl]
Kocher cooker [ˈkʊkə]
Kochnische kitchenette [ˌkɪtʃɪˈnet]
Koffer suitcase [ˈsjuːtkeɪs]
Kofferraum boot (*Am* trunk) [buːt (trʌŋk)]
Kohl cabbage [ˈkæbɪdʒ]
Kokosnuss coconut [ˈkəʊkənʌt]
Kolik colic [ˈkɒlɪk]
Kollege/Kollegin colleague [ˈkɒliːg]
kommen to come [kʌm]
Komödie comedy [ˈkɒmɪdɪ]
Kompass compass [ˈkʌmpəs]

Komponist/in composer [kəm'pəʊzə]
Konditorei cake shop ['keɪk ʃɒp]
Kondom condom ['kɒndəm]
König/in king [kɪŋ]/queen [kwi:n]
können to be able to ['eɪbl tʊ]
Konsulat consulate ['kɒnsjʊlɪt]
Kontakt contact ['kɒntækt]
Konto account [ə'kaʊnt]
Kontrolleur/in inspector [ɪn'spektə]
kontrollieren *(beherrschen)* to control [kən'trəʊl]; *(nachprüfen)* to check [tʃek]
Konzert concert ['kɒnsət]
Kopf head [hed]
Kopfhörer headphones ['hedfəʊnz]
Kopfkissen pillow ['pɪləʊ]
Kopfsalat lettuce ['letɪs]
Kopfschmerzen headache ['hedeɪk]
Kopfschmerztabletten head-ache tablets ['hedeɪk 'tæblɪts]
Kopie copy ['kɒpɪ]
Korb basket ['bɑ:skɪt]
Korkenzieher corkscrew ['kɔ:kskru:]
Körper body ['bɒdɪ]
Körperbehinderung physical handi-cap, disability [fɪzɪkəl hændɪkæp, ˌdɪsə'bɪlɪtɪ]
kosten to cost [kɒst]
kostenlos free (of charge) [fri: (əv 'tʃɑ:dʒ)]
Kostüm suit [sju:t]
Kotelett chop, cutlet [tʃɒp, 'kʌtlɪt]
Koteletten sideboards ['saɪdbɔ:dz]
Krabben shrimps [ʃrɪmps]
Krampf cramp [kræmp]
krank ill [ɪl], sick [sɪk]; **~ werden** to be taken ill ['teɪkn 'ɪl]
Krankenhaus hospital ['hɒspɪtl]
Krankenkasse medical insurance ['medɪkl‿ɪn'ʃʊərns]
Krankenschwester nurse [nɜ:s]
Krankenwagen ambulance ['æmbjʊləns]
Krankheit illness ['ɪlnɪs]
Kratzer scratch ['skrætʃ]
Kräuter herbs [hɜ:bz]
Krawatte tie [taɪ]
kreativ creative [kri:'eɪtɪv]
Krebs crab [kræb]; cancer ['kænsə]
Kreditkarte credit card ['kredɪt kɑ:d]
Kreislaufmittel cardiac stimulant ['kɑ:dɪæk 'stɪmjʊlənt]
Kreislaufstörungen dizziness 'dɪzɪnəs]
Kreuz cross [krɒs]
Kreuzfahrt cruise [kru:z]
Kreuzgang cloister ['klɔɪstə]
Kreuzung crossroads, junction ['krɒsrəʊdz, 'dʒʌŋʃn]
Kristall crystal ['krɪstl]
Krone crown [kraʊn]
Krücke crutch [krʌtʃ]
Küche kitchen ['kɪtʃɪn]
Kuchen cake [keɪk]
Küchensieb sieve ['sɪv]
Kugelschreiber ballpoint pen ['bɔ:lpɔɪnt 'pen]
kühl cool [ku:l]
Kühlelement ice pack ['aɪspæk]
Kühler radiator ['reɪdɪeɪtə]
Kühlschrank refrigerator, fridge [rɪ'frɪdʒəreɪtə, frɪdʒ]
Kühltasche cold bag ['kəʊld bæg]
Kühlwasser cooling water ['ku:lɪŋ 'wɔ:tə]
Kuli biro ['baɪrəʊ]
Kultur culture ['kʌltʃə]
Kümmel caraway seed(s) ['kærəweɪ si:d(z)]
kümmern, s. ~ um to look after s.o/s. th. [ˌlʊk‿'ɑ:ftə], to take care of s.o./s. th. [teɪk 'keər‿əv]
Kunde/Kundin customer ['kʌstəmə]
Kunst art [ɑ:t]
Kunstgewerbe arts and crafts ['ɑ:ts‿ən 'krɑ:fts]
Kunsthändler art dealer ['ɑ:t 'di:lə]
Kuppel dome [dəʊm]
Kupplung clutch [klʌtʃ]
Kürbis pumpkin ['pʌmpkɪn]
Kurs course [kɔ:s]
Kurtaxe visitor's tax ['vɪzɪtəz 'tæks]

Kurve bend [bend]
kurz short [ʃɔ:t]
Kurzfilm short film [ˈʃɔ:t ˈfɪlm]
kurzfristig at short notice [ət ˈʃɔ:t ˈnəʊtɪs]
kürzlich recently [ˈri:sntlɪ]
Kurzschluss short-circuit [ˈʃɔ:tˈsɜ:kɪt]
Kuss kiss [kɪs]
küssen to kiss [kɪs]
Küste coast [kəʊst]

L

lachen to laugh [lɑ:f]
lächerlich ridiculous [rɪˈdɪkjʊləs]
Ladegerät battery charger [ˈbætrɪ ˈtʃɑ:dʒə]
Lage situation [ˌsɪtjʊˈeɪʃn]; *(eines Ortes)* position [pəˈzɪʃn]
Lähmung paralysis [pəˈrælɪsɪs]
Lammfleisch lamb [læm]
Lampe lamp [læmp]
Land country [ˈkʌntrɪ]; *(Gegensatz zu Wasser)* land [lænd]
Landausflug excursion [ɪksˈkɜ:ʃn]
Landgut estate [ɪsˈteɪt]
Landkarte map [ˈmæp]
Landschaft scenery, countryside [ˈsi:nərɪ, ˈkʌntrɪsaɪd]
Landsmann fellow countryman [ˈfeləʊ ˈkʌntrɪmən]
Landstraße country road, B road [ˈkʌntrɪ ˌrəʊd, ˈbi:rəʊd]
Landung landing [ˈlændɪŋ]
lang long [lɒŋ]
langsam slow(ly) [ˈsləʊ(lɪ)]
langweilig boring [ˈbɔ:rɪŋ]
Laptop laptop [ləptɒp]
Lärm noise [nɔɪz]
lästig annoying [əˈnɔɪɪŋ]
Lauch leek(s) [li:k(s)]
laufen *(rennen)* to run [rʌn]; *(gehen)* to go [gəʊ]; *(zu Fuß gehen)* to walk [wɔ:k]
Läuse lice [laɪs]
laut loud [laʊd]; *(Lärm)* noisy [ˈnɔɪzɪ]
Lautsprecher speaker [ˈspi:kə]
leben to live [lɪv]
Lebensmittelgeschäft food store, grocer's [ˈfu:d stɔ:, ˈgrəʊsəz]
Lebensmittelvergiftung food poisoning [ˈfu:dˌpɔɪznɪŋ]
Leber liver [ˈlɪvə]
Leberpastete liver pâté [ˈlɪvəˌpæteɪ]
lebhaft lively [ˈlaɪvlɪ]
lecker tasty [ˈteɪstɪ]
Lederjacke leather jacket [ˈleðə ˈdʒækɪt]
Lederwarengeschäft leather shop [ˈleðə ʃɒp]
ledig single [ˈsɪŋgl]
leer empty [ˈemptɪ]
Leerlauf neutral [ˈnju:trəl]
Leerung collection [kəˈlekʃn]
legen to put [pʊt]
Leggins leggings [ˈlegɪŋz]
leicht easy [ˈi:zɪ]; *(geringfügig)* slight [slaɪt]; *(Gewicht)* light [laɪt]
Leichtathletik athletics [æθˈletɪks]
leider unfortunately [ʌnˈfɔ:tʃnɪtlɪ]
leihen *(jdm)* to lend [lend]; *(von jdm)* to borrow [ˈbɒrəʊ]
Leinen linen [ˈlɪnɪn]
leise quiet [ˈkwaɪət]
Leistenbruch hernia, rupture [ˈhɜ:njə, ˈrʌptʃə]
Leiter/in head [hed], boss [bɒs], manager [ˈmænɪdʒə]
Lenkrad-Drehknopf *(Auto)* rotary steering wheel button [ˈrəʊtərɪ ˈstɪərɪŋ wi:l ˈbʌtn]
lernen to learn [lɜ:n]
lesen to read [ri:d]
letzte(r, -s) last [lɑ:st]
letzten Montag last Monday [ˈlɑ:st ˈmʌndɪ]
Leuchtturm lighthouse [ˈlaɪthaʊs]
Leute people [ˈpi:pl]
Licht light [laɪt]
Lichtmaschine dynamo [ˈdaɪnəməʊ]
Lichtschalter light switch [ˈlaɪtswɪtʃ]

Lichtschutzfaktor protection factor [prəˈtekʃn ˌfæktə]
lieb nice [naɪs]; **jdn ~ haben** to be fond of s.o. [ˈfɒnd‿əv]
Liebe love [lʌv]
lieben to love [lʌv]
liebenswürdig kind [kaɪnd]
lieblich *(Wein)* medium sweet [swi:t]
Liebling darling [ˈdɑ:lɪŋ]; *(Lieblings~)* favourite [ˈfeɪvrɪt]
Lied song [sɒŋ]
liegen to lie [laɪ]
Liegewagenplatz couchette [ku:ˈʃet]
Liegewiese sunbathing area [sʌnˈbeɪðɪŋˈeərɪə]
lila purple [ˈpɜ:pl]
Limonade lemonade [ˌleməˈneɪd]
Linie line [laɪn]
linke(r, -s) left(-hand) [ˈleft(ˌhænd)]
links on the left, to the left [left]
Linse lens [lenz]
Linsen lentils [ˈlentɪlz]
Lippe lip [lɪp]
Lippenstift lipstick [ˈlɪpstɪk]
Liter litre [ˈli:tə]
Livemusik live music [ˈlaɪv ˈmju:zɪk]
Loch hole [həʊl]; *(Reifen)* puncture [ˈpʌŋktʃə]
Locken curls [kɜ:lz]
Lockenwickler curlers [ˈkɜ:ləz]
Löffel spoon [spu:n]
Loge box [bɒks]
Loipe ski run [ˈski: rʌn]
Lorbeer bay-leaves [ˈbeɪlɪv:z]
Luft air [eə]
Luftkissenboot hovercraft [ˈhɒvəkrɑ:ft]
Luftmatratze airbed [ˈeəbed]
Luftpumpe pump [pʌmp]
Lunge lungs [lʌŋz]
Lungenentzündung pneumonia [nju:ˈməʊnjə]
lustig merry [ˈmerɪ]; *(erheiternd)* funny [ˈfʌnɪ]
luxuriös luxurious [lʌgˈzjʊərɪəs]
Lymphdrainage lymphatic drainage [ˈlɪmfɑ:tɪk d reɪnɪdʒ]

M

machen to do [du:]; *(herstellen)* to make [meɪk]
Mädchen girl [gɜ:l]
Magen stomach [ˈstʌmək]
Magenschmerzen stomachache [ˈstʌməkˌeɪk]
mager thin [θɪn]; *(Fleisch)* lean [li:n]
Mahlzeit meal [mi:l]
Mai May [meɪ]
Mais sweetcorn [ˈswi:tkɔ:n]
Makrele mackerel [ˈmækrl]
Malbuch colouring book [ˈkʌlərɪŋ bʊk]
malen to paint [peɪnt]
Maler/in painter [ˈpeɪntə]
Malerei painting [ˈpeɪntɪŋ]
man one [wʌn]
manchmal sometimes [ˈsʌmtaɪmz]
Mandarinen mandarins, tangerines [ˈmændərɪn, ˌtændʒəˈri:n]
Mandelentzündung tonsilitis [ˌtɒnsɪˈlaɪtɪs]
Mandeln almonds [ˈɑ:məndz]
Mandeln tonsils [ˈtɒnslz]
Mango mango [mɜ:ngəʊ]
Mann man [mæn], *pl* men [men]; *(Ehe~)* husband [ˈhʌzbənd]
Mannschaft *(Sport)* team [ti:m]; *(Schiff)* crew [kru:]
Mantel coat [kəʊt]
Margarine margarine [ˌmɑ:dʒəˈri:n]
Markt market [ˈmɑ:kɪt]
Marmelade jam [dʒæm]; *(Orangen~)* marmalade [ˈmɑ:məleɪd]
März March [mɑ:tʃ]
Maschine machine [məˈʃi:n]
Masern measles [ˈmi:zlz]
Massage massage [ˈmæsɑ:ʒ]
Material material [məˈtɪərɪəl]
Matratze mattress [ˈmætrɪs]

Mauer wall [wɔ:l]
Mayonnaise mayonnaise [ˌmeɪəˈneɪz]
Medikament medicine [ˈmedsn]
Meditation meditation [medɪˈteɪʃn]
Meer sea [si:]
Mehl flour [ˈflaʊə]
mehr more [mɔ:]; **~ als** more than
Meile mile [maɪl]
mein my [maɪ]
meinen to think [θɪŋk]
meinetwegen I don't mind [ˈaɪ dəʊnt ˈmaɪnd]
Meinung opinion [əˈpɪnjən], view [vju:]
Melone melon [ˈmelən]
Memorystick memory stick [ˈmemrɪ stɪk]
Mensch person [ˈpɜ:sn], man/woman [mæn/ˈwʊmən]; *(der ~)* man [mæn]
Menstruation menstruation [ˌmenstrʊˈeɪʃn]
Menü set meal/menu [ˈset ˈmi:l/ˈmenju:]
merken to be aware of [əˈweər‿əv]; **s. etw ~** to remember s.th. [rɪˈmembə]
Messe *(rel)* mass [mæs]
Messer knife [naɪf]
Meter metre [ˈmi:tə]
Metzgerei butcher's [ˈbʊtʃəz]
mich me [mi:]
Miesmuscheln mussels [ˈmʌslz]
Miete rent [rent]
mieten to rent [rent], to hire [ˈhaɪə]
Migräne migraine [ˈmi:greɪn]
Mikrowelle microwave [maɪkrəʊweɪv]
Milch milk [mɪlk]
mild mild [maɪld]
Millimeter millimetre [ˈmɪlɪˌmi:tə]
mindestens at least [ət ˈli:st]
Minibar mini-bar [ˈmɪnɪbɑ:]
Minigolf crazy golf [ˈkreɪzɪgɒlf]
Minute minute [ˈmɪnɪt]
mir me [mi:], to me
Missverständnis misunderstanding [ˌmɪsʌndəˈstændɪŋ]
mit with [wɪð]
mitbringen to bring [brɪŋ]
Mitbringsel souvenir [ˈsu:vənɪə]
mitnehmen to take [teɪk]
Mittag noon [nu:n]
Mittagessen lunch [lʌntʃ]
mittags at lunchtime [ət ˈlʌnʃtaɪm]
Mitte middle [ˈmɪdl]
Mitteilung announcement [əˈnaʊnsmənt]
Mittel means [mi:nz]; *(Heil-)* remedy [ˈremɪdɪ]
Mittelalter Middle Ages [ˈmɪdl‿ˈeɪdʒɪz]
Mittelohrentzündung inflammation of the middle ear [ˌɪnfləˈmeɪʃn‿əv ðə ˈmɪdl‿ˈɪə]
Mittwoch Wednesday [ˈwenzdɪ]
Mixer blender [ˌblendə]
Möbel furniture [ˈfɜ:nɪtʃə]
Mobilitätsbehinderte paraplegic [ˌpærəˈpli:dʒɪk]
Mobiltelefon mobile (phone) [ˈməʊbaɪl (ˈfəʊn)]
Mode fashion [ˈfæʃn]
Modell model [ˈmɒdl]
modern modern [ˈmɒdn], *(zeitgemäß)* up to date [ˈʌp tə ˈdeɪt]
Modeschmuck fashion jewellery [ˈfæʃən ˈdʒu:əlrɪ]
mögen *(gern haben)* to like [laɪk]; *(wünschen)* to want [wɒnt]
möglich possible [ˈpɒsəbl]
Monat month [mʌnθ]
monatlich monthly [ˈmʌnθlɪ]
Mond moon [mu:n]
Montag Monday [ˈmʌndɪ]
morgen tomorrow [təˈmɒrəʊ]
Morgen morning [ˈmɔ:nɪŋ]
morgen früh/morgen Abend tomorrow morning/tomorrow evening [təˈmɒrəʊ ˈmɔ:nɪŋ/təˈmɒrəʊ‿i:vnɪŋ]
morgens in the morning [ɪn ðə ˈmɔ:nɪŋ]

Mosaik mosaic [məʊˈzeɪɪk]
Motel motel [məʊˈtel]
Motor motor, engine [ˈməʊtə, ˈendʒɪn]
Motorboot motorboat [ˈməʊtəbəʊt]
Motorhaube bonnet (*Am* hood) [ˈbɒnɪt (hʊd)]
Mountainbike mountain bike [ˈmaʊntɪn baɪk]
Möwe seagull [ˈsiːgʌl]
MP3Player MP3 player [ˈem piː θriː pleɪə]
Mücke gnat [næt], midge [mɪdʒ]
Mückenschutz insect repellant [ˈɪnsekt rɪˈpelənt]
müde tired [ˈtaɪəd]
Müll rubbish [ˈrʌbɪʃ], *(Am)* garbage [ˈgɑːbɪdʒ]
Mullbinde gauze bandage [ˈgɔːz ˈbændɪdʒ]
Mülltonne dustbin [ˈdʌstbɪn], *(Am)* trashcan [ˈtræʃkæn]
Mülltrennung separation of rubbish [sepəreɪʃn əv ˈrʌbɪʃ']
Mumps mumps [mʌmps]
Mund mouth [maʊθ]
Mündung *(Fluss)* mouth [maʊθ]; *(Straße)* end [end]
Münze coin [kɔɪn]
Muschel shell [ʃel]
Museum museum [mjuːˈzɪəm]
Musical musical [ˈmjuːzɪkl]
Musik music [ˈmjuːzɪk]
Musik hören listening to music [ˈlɪsnɪŋ təˈmjuːzɪk]
musizieren making music [ˈmeɪkɪŋˈmjuːzɪk]
Muskatnuss nutmeg [ˈnʌtmeg]
Muskel muscle [ˈmʌsl]
Müsli muesli [ˈmjuːzlɪ]
Mutter mother [ˈmʌðə]
Mütze cap [kæp]

N

nach after [ˈɑːftə]; ~ **London** to London [tʊ ˈlʌndən]
Nachbar/in neighbour [ˈneɪbə]
Nachmittag afternoon [ˌɑːftəˈnuːn]
nachmittags in the afternoon [ɪn ðɪ‿ˌɑːftəˈnuːn]
Nachricht message [ˈmesɪdʒ]
Nachsaison low season [ˈləʊ ˌsiːzn]
nachsenden send on [ˈsend‿ˈɒn]
nächste(r, -s) next [nekst]
nächstes Jahr next year [ˈnekst ˈjɜː]
Nacht night [naɪt]; **heute** ~ tonight [təˈnaɪt]
Nachtisch dessert, sweet [dɪˈzɜːt, swiːt]
Nachtklub nightclub [ˈnaɪtklʌb]
nachts at night [ət ˈnaɪt]
Nachttisch bedside table [ˈbedsaɪd ˈteɪbl]
Nachttischlampe reading lamp [ˈriːdɪŋlæmp]
nackt naked [ˈneɪkɪd], nude [njuːd]
Nadel needle [ˈniːdl]
Nagellack nail varnish [ˈneɪlˌvɑːnɪʃ]
Nagellackentferner nail varnish remover [ˈneɪlˌvɑːnɪʃ rɪˈmuːvə]
Nagelschere nail scissors [ˈneɪlˌsɪzəz]
nah near [nɪə]
nahe near [nɪə], close [kləʊs]; ~ **bei** close to
nähen stitch up [ˈstɪtʃ‿ˈʌp]
Nahverkehrszug local train [ˈləʊkl ˈtreɪn]
Name name [neɪm]
Narbe scar [skɑː]
Narkose anaesthetic [ˌænɪsˈθetɪk]
Nase nose [nəʊz]
Nasenbluten nose bleed [ˈnəʊz bliːd]
nass wet [wet], moist [mɔɪst]; *(durchnässt)* soaked [səʊkt]
Nationalitätskennzeichen international car index mark [ˌɪntəˈnæʃənl ˈkɑːr‿ˌɪndeks mɑːk]

Nationalpark national park [ˈnæʃnl ˈpɑːk]

Natur nature [ˈneɪtʃə]

natürlich *adj* natural [ˈnætʃrəl]; *adv* of course [əv ˈkɔːs]

Naturschutzgebiet nature reserve [ˈneɪtʃə rɪˈzɜːv]

Nebel fog [fɒg]

neben next to [nekst tʊ], beside [bɪˈsaɪd]

Nebenkosten additional costs, extras [əˈdɪʃənl ˈkɒsts, ˈekstrəz]

negativ negative [ˈnegətɪv]

nehmen to take [teɪk]

Nelken cloves [kləʊvz]

Neoprenanzug wetsuit [wetsjuːt]

Nerv nerve [nɜːv]

nervös nervous [ˈnɜːvəs]

nett nice [naɪs]

Netz net [net]

neu new [njuː]

neugierig curious [ˈkjʊərɪəs]

Neujahr New Year's Day [ˈnjuː ˌjɜːz ˈdeɪ]

nicht not [nɒt]; **gar ~** not at all [ˈnɒt‿ət ˈɔːl]

Nichtraucherabteil no-smoking compartment [ˈnəʊˈsməʊkɪŋ kəmˈpɑːtmənt]

nichts nothing [ˈnʌθɪŋ]

nie never [ˈnevə]

nieder, niedrig low [ləʊ]

niemand nobody [ˈnəʊbədɪ]

Niere kidney [ˈkɪdnɪ]

Nierenentzündung nephritis [neˈfraɪtɪs]

Nierengurt kidney belt [ˈkɪdnɪ belt]

Nierenstein kidney stone [ˈkɪdnɪstəʊn]

niesen to sneeze [sniːz]

nirgends nowhere [ˈnəʊweə]

noch still [stɪl]; **~ nicht** not yet [ˈnɒt ˈjet]

Norden north [nɔːθ]

Nordirland Northern Ireland [ˈnɔːðən ˈaɪələnd]

nördlich von (to the) north of [ˈnɔːθ‿əv]

Nordsee North Sea [ˈnɔːθ ˈsiː]

normal normal [ˈnɔːml]; *(Format)* standard [ˈstændəd]

normalerweise normally [ˈnɔːməlɪ], usually [ˈjuːʒʊəlɪ]

Notausgang emergency exit [ɪˈmɜːdʒənsɪ ˈeksɪt]

Notebook notebook [nəʊtbʊk]

Notfall emergency [ɪˈmɜːdʒənsɪ]

Notrufsäule emergency telephone [ɪˈmɜːdʒənsɪ ˈtelɪfəʊn]

notwendig necessary [ˈnesɪsrɪ]

November November [nəʊˈvembə]

nüchtern sober [ˈsəʊbə]

Nudeln pasta [ˈpæstə]

Nummer number [ˈnʌmbə]

Nummernschild number plate [ˈnʌmbə pleɪt]

nur only [ˈəʊnlɪ]

Nüsse nuts [nʌts]

O

ob whether [ˈweðə]

oben up [ʌp]

Ober *(Anrede)* waiter [ˈweɪtə]

Objektiv lens, objective [lenz, əbˈdʒektɪv]

Obst fruit [fruːt]

Obst- und Gemüsehändler greengrocer's [griːnˈgrəʊsəz]

obwohl although [ɔːlˈðəʊ]

oder or [ɔː]

offen open [ˈəʊpn]

öffentlich public [ˈpʌblɪk]

offiziell official [əˈfɪʃl]

öffnen to open [ˈəʊpn]

Öffnungszeiten opening hours [ˈəʊpnɪŋ ˌaʊəz], hours of business [ˈaʊəz‿əv ˈbɪznɪs]

oft often [ˈɒfn]

ohne without [wɪˈðaʊt]

Ohnmacht faint [ˈfeɪnt]

Ohr ear [ɪə]
Ohrentropfen ear-drops [ˈɪədrɒps]
Ohropax ear protection [ˈɪə prəˈtekʃn]
Ohrringe earrings [ˈɪərɪŋz]
Oktober October [ɒkˈtəʊbə]
Öl oil [ɔɪl]
Oliven olives [ˈɒlɪvz]
Olivenöl olive oil [ˈɒlɪv‿ˈɔɪl]
Ölmalerei oil painting [ˈɔɪl ˈpeɪntɪŋ]
Ölwechsel oil change [ˈɔɪl ˈtʃeɪndʒ]
Oper opera [ˈɒprə]
Operation operation [ˌɒpəˈreɪʃn]
Operette operetta [ˌɒpəˈretə]
Optiker optician's [ɒpˈtɪʃənz]
orange orange [ˈɒrɪndʒ]
Orangensaft orange juice [ˈɒrɪndʒ dʒuːs]
Orchester orchestra [ˈɔːkɪstrə]
Orden *(rel)* order [ˈɔːdə]
Original original [əˈrɪdʒənl]
Originalfassung original version [əˈrɪdʒənl ˈvɜːʃən]
Ort place [pleɪs]; *(Stelle)* spot [spɒt]
Ortschaft village [ˈvɪlɪdʒ], town [taʊn]
Ortsgespräch local call [ˈləʊkl kɔːl]
Osten east [iːst]
Ostermontag Easter Monday [ˈiːstə ˈmʌndɪ]
Ostern Easter [ˈiːstə]
Österreich Austria [ˈɔːstrɪə]
Österreicher/in Austrian [ˈɔːstrɪən]
östlich von east of [iːst‿əv]

P

Paar pair [ˈpeər]; *(Ehe-)* couple [ˈkʌpl]
paar, ein ~ a few [fjuː]
Päckchen small packet [ˈsmɔːl ˌpækɪt]
Paddelboot canoe [kəˈnuː]
Paket parcel [ˈpɑːsl]
Palast palace [ˈpælɪs]
Panne breakdown [ˈbreɪkdaʊn]; *(Reifen-)* puncture, flat (tyre) [ˈpʌŋktʃə, flæt (ˈtaɪə)]
Pannendienst breakdown service [ˈbreɪkdaʊn ˌsɜːvɪs]
Papier paper [ˈpeɪpə]
Papiere papers, documents [ˈpeɪpəz, ˈdɒkjʊmənts]
Papierservietten paper napkins, serviettes [ˈpeɪpə ˈnæpkɪnz, ˌsɜːvɪˈets]
Papiertaschentücher paper handkerchiefs [ˈpeɪpə ˈhæŋkətʃɪfs]
Paprika paprika [ˈpæprɪkə]
Paprikaschoten peppers [ˈpepəz]
Parfüm perfume, scent [ˈpɜːfjuːm, sent]
Parfümerie perfumery [pəˈfjuːmərɪ]
Park park [pɑːk]
parken to park [pɑːk]
Parkett stalls [stɔːlz]
Parkplatz car park [ˈkɑːpɑːk]
Party party [ˈpɑːtɪ]
Pass pass [pɑːs]
Passagier passenger [ˈpæsɪndʒə]
passen to fit [fɪt]; *(gelegen kommen)* to suit [sjuːt]
Passkontrolle passport control [ˈpɑːspɔːt kənˈtrəʊl]
Pauschalpreis flat rate [ˈflæt ˈreɪt]
Pause interval [ˈɪntəvl]
Pension guest house [ˈgesthaʊs]; *(Halb-/Voll-)* half/full board [ˈhɑːf/ˈfʊl ˈbɔːd]
Perle pearl [pɜːl]
Person person [ˈpɜːsn]
Personalausweis identity card [aɪˈdentɪtɪ kɑːd]
Personalien particulars [pəˈtɪkjʊləz]
persönlich personal [ˈpɜːsnl]
Perücke wig [wɪg]
Petersilie parsley [ˈpɑːslɪ]
Petroleum paraffin [ˈpærəfɪn]
Pfand deposit [dɪˈpɒzɪt], security [sɪˈkjʊərɪtɪ]
Pfanne pan [pæn]
Pfannengericht fry-up [ˈfraɪʌp]
Pfeffer pepper [ˈpepə]
Pfeffermühle pepper mill [ˈpepəˌmɪl]
Pferd horse [hɔːs]

Pfirsiche peaches ['pi:tʃɪz]
Pflanze plant [plɑ:nt]
Pflaster plaster ['plɑ:stə]
Pflaumen plumbs [plʌmz]
pflegebedürftig in need of care [ɪn ni:d‿əv keə]
Pfund pound(s) [paʊnd(z)]
Pilot/in pilot ['paɪlət]
Pilzinfektion fungal infection ['fʌŋgl ɪn'fekʃn]
Pinzette tweezers ['twi:zəz]
Plakat poster ['pəʊstə]
Planschbecken paddling pool ['pædlɪŋ 'pu:l]
Plastik sculpture ['skʌlptʃə]
Plastikbeutel plastic bag ['plæstɪk 'bæg]
Platten flat tyre ['flæt 'taɪə]
Platz place [pleɪs]; *(Sitz~)* seat [si:t]
Platzreservierung seat reservation ['si:t ˌrezə'veɪʃn]
Plombe filling ['fɪlɪŋ]
plötzlich suddenly ['sʌdnlɪ]
Polizei police [pə'li:s]
Polizeiwagen police car [pə'li:s kɑ:]
Polizist/in policeman/ policewoman [pə'li:smən/ pə'li:sˌwʊmən]
Pony fringe [frɪndʒ]
Portal portal ['pɔ:tl]
Portier porter ['pɔ:tə]
Portion portion ['pɔ:ʃn]
Porto postage ['pəʊstɪdʒ]
Porträt portrait ['pɔ:trɪt]
Porzellan china, porcelain ['tʃaɪnə, pɔ:slɪn]
Postamt post office ['pəʊstˌɒfɪs]
Postkarte postcard ['pəʊskɑ:d]
postlagernd poste restante ['pəʊst rɪ'stænt]
Postleitzahl post code (*Am* zip code) ['pəʊskəʊd, ('zɪpkəʊd)]
Postsparbuch post office savings book ['pəʊst ˌɒfɪs 'seɪvɪŋz bʊk]
praktisch practical ['præktɪkl]
Präservativ condom ['kɒndəm]
Preis *(Kosten)* price [praɪs]; *(Gewinn)* prize [praɪz]
Prellung bruise, contusion [bru:z, kən'tju:ʒn]
Premiere premiere ['premɪeə]
Priester priest [pri:st]
privat private ['praɪvɪt]
Probe experiment [ɪks'perɪmnt], trial ['traɪəl]
Problem problem ['prɒbləm]
Produkt product ['prɒdʌkt]
Programm programme ['prəʊgræm]
Programm(heft) programme ['prəʊgræm]
Promillegrenze legal alcohol limit ['lɪ:gl 'ælkəhɒl 'lɪmɪt]
Prospekt prospectus [prəs'pektəs], leaflet ['li:flɪt], brochure ['brəʊʃə]
Prothese artifical limb [ˌɑ:tɪ'fɪʃl 'lɪm]
provisorisch provisional [prə'vɪʒənl], temporary ['temprərɪ]
Prozent percent [pə'sent]
Prozession procession [prə'seʃən]
Puder powder ['paʊdə]
Pullover pullover, jumper, sweater ['pʊlˌəʊvə, 'dʒʌmpə, 'swetə]
Puls pulse [pʌls]
Pulverschnee powder snow ['paʊdə snəʊ]
pünktlich *adj* punctual ['pʌŋktjʊəl]; *adv* on time [ɒn 'taɪm]
putzen to clean [kli:n]
Putzmittel cleaning agent [kli:nɪŋ eɪdʒənt]

Q

Quadratmeter square metre [ˌskweə 'mi:tə]
Qualität quality ['kwɒlɪtɪ]
Qualle jellyfish ['dʒelɪfɪʃ]
Quark quark [kwɑ:k], curd cheese [kɜ:d tʃi:z]

Quelle source [sɔ:s]; *(Wasser)* spring [sprɪŋ]
quer durch straight across/through ['streɪt‿ə'krɒs/'θru:]
Querformat landscape format ['lænskeɪp ˌfɔ:mæt]
querschnittsgelähmt paraplegic [ˌpærə'pli:dʒɪk]
Quittung receipt [rɪ'si:t]

R

Rabatt discount ['dɪskaʊnt]
Rad wheel [wi:l]
Rad fahren cycle ['saɪkl]
Radarkontrolle radar speed check ['reɪdɑ: 'spi:d tʃek]
Radierung etching ['etʃɪŋ]
Radio radio ['reɪdɪəʊ]
Radsport cycling ['saɪklɪŋ]
Radtour cycle tour ['saɪkl ˌtʊə]
Rampe ramp [ræmp]
Rasen lawn [lɔ:n], grass [grɑ:s]
Rasierapparat shaver ['ʃeɪvə]
Rasierklinge razorblade ['reɪzəbleɪd]
Rasierpinsel shaving brush ['ʃeɪvɪŋ brʌʃ]
Rasierschaum shaving foam ['ʃeɪvɪŋ fəʊm]
Rasierwasser after-shave lotion ['ɑ:ftəʃeɪv ˌləʊʃn]
Rastplatz (motorway) picnic area [('məʊtʌweɪ) 'pɪknɪk 'eərɪə]
Raststätte (motorway) services [('məʊtʌweɪ) 'sɜ:vɪsɪz]
Rathaus town hall (*Am* city hall) ['taʊn 'hɔ:l, 'sɪtɪ 'hɔ:l]
rauchen to smoke [sməʊk]
Raucher smoker [sməʊkə]
Raucherabteil smoking compartment ['sməʊkɪŋ kəm'pɑ:tmənt]
Raum space [speɪs]; *(Räumlichkeit)* room [ru:m]
Rechnung bill [bɪl]
rechte(r, -s) right(-hand) ['raɪt(ˌhænd)]
rechts on the right, to the right [raɪt]
Rechtsanwalt/-anwältin lawyer ['lɔ:jə]
rechtzeitig *adv* in time [ɪn 'taɪm]
reden to talk [tɔ:k]
Reformhaus health food shop ['helθˌfu:d ʃɒp]
regelmäßig regular ['regjʊlə]
Regen rain [reɪn]
Regenmantel raincoat ['reɪnkəʊt]
Regenschauer shower ['ʃaʊə]
Regie directed by [dɪ'rekzɪd baɪ]
Regierung government ['gʌvnmənt]
Region region ['ri:dʒən]
regnerisch rainy ['reɪnɪ]
Reibe grater ['grɪtə]
reich rich [rɪtʃ]
reif ripe [raɪp]; *(geistig, körperlich)* mature [mə'tjʊə]
Reifen tyre ['taɪə]
reinigen to clean [kli:n]
Reinigung, chemische dry cleaner's ['draɪ'kli:nəz]
Reis rice [reɪs]
Reise journey ['dʒɜ:nɪ]; *(Schiffs~)* voyage ['vɔɪɪdʒ]
Reisebüro travel agency ['trævl 'eɪdʒənsɪ]
Reiseführer guide [gaɪd]
Reisegesellschaft party ['pɑ:tɪ]
reisen to travel ['trævl]; ~ **nach** to go to ['gəʊ tʊ]
Reisepass passport ['pɑ:spɔ:t]
Reisescheck traveller's cheque ['trævləz 'tʃek]
Reisetasche travelling bag, holdall [trævlɪŋ bæg, 'həʊldɔ:l]
reiten ride, go riding [raɪd, gəʊ 'raɪdɪŋ]
Reitschule riding school ['raɪdɪŋ 'sku:l]
reklamieren to complain [kəm'pleɪn]
Religion religion [rɪ'lɪdʒn]
Renaissance Renaissance [rə'neɪsns]
Rennen race [reɪs]

Rennrad racing bike ['reɪsɪŋ baɪk]
reparieren to repair [rɪ'peə]
reservieren to reserve [rɪ'zɜːv]
Reservierung reservation [ˌrezə'veɪʃn]
Rettungsboot lifeboat ['laɪfbəʊt]
Rettungsring lifebelt ['laɪfbelt]
Rezept prescription [prɪs'krɪpʃn]
Rezeption reception [rɪ'sepʃn]
R-Gespräch reverse charge call [rɪ'vɜːs 'tʃɑːdʒ 'kɔːl]
Rheuma rheumatism ['ruːmətɪzm]
Richter/in judge [dʒʌdʒ]
richtig right [raɪt]; *(geeignet)* proper ['prɒpə]
Richtung direction [dɪ'rekʃn]
riechen to smell [smel]
Rindfleisch beef [biːf]
Rock skirt [skɜːt]
roh raw [rɔː]
roher Schinken smoked ham ['sməʊkt 'hæm]
Rohling blank ['blæŋk]
Roller scooter ['skuːtə]
Rollschuhe roller skates ['rəʊləˌskeɪts]
Rollstuhl wheelchair [wiːl'tʃeə]
Rollstuhlfahrer/in wheelchair user [wiːl'tʃeə juːzə]
rollstuhlgängiger Wagen *(Zug)* carriage with wheelchair access ['kærɪdʒ wɪð wiːl'tʃeə ækses]
rollstuhlgerecht suitable for wheelchairs [suːtəbl fə wiːl'tʃeəz]
Rollstuhlkabine *(Schiff)* wheelchair cabin [wiːl'tʃeə 'kæbɪn]
Roman novel ['nɒvl]
röntgen X-ray [ˌeks'reɪ]
Röntgenaufnahme X-ray [ˌeks'reɪ]
rosa pink [pɪŋk]
Rosé rosé wine ['rəʊzeɪ waɪn]
Rosmarin rosemary ['rəʊzmərɪ]
rot red [red]
Röteln German measles ['dʒɜːmən 'miːzlz]
Rotwein red wine [red waɪn]
Route route [ruːt]
Rücken back [bæk]
Rückenschmerzen backache ['bækeɪk]
Rückfahrkarte return ticket [rɪ'tɜːn 'tɪkɪt]
Rückfahrt return journey [rɪ'tɜːn 'dʒɜːnɪ]
Rückholservice pick-up service ['pɪkʌp 'sɜːvɪs]
Rücklicht rear light, tail light ['rɪə 'laɪt, 'teɪl 'laɪt]
Rucksack rucksack ['rʌksæk]
Rückspiegel rearview mirror ['riːəvjuː 'mɪrə]
rückwärts backwards ['bækwədz]
Rückwärtsgang reverse gear [rɪ'vɜːs 'gɪə]
Ruder rudder ['rʌdə]
Ruderboot rowing boat ['rəʊɪŋbəʊt]
rudern row ['rəʊ]
Ruhe rest [rest]; *(seelisch)* calm [kɑːm]; *(Stille)* silence ['saɪləns]
ruhig silent ['saɪlənt], quiet ['kwaɪət], calm [kɑːm]
Rührlöffel stir spoon [ˌstɜ spuːn]
Ruine ruin ['ruːɪn]
rund round [raʊnd]
Rundfahrt round trip ['raʊnd 'trɪp]
Rundfahrt tour [tʊə]

S

Saal hall [hɔːl]
Sache thing [θɪŋ]; *(Angelegenheit)* matter ['mætə]
Safe safe [seɪf]
Safran saffron ['sæfrn]
saftig juicy ['dʒuːsɪ]
sagen to say [seɪ]; *(mitteilen)* to tell [tel]
Sahne cream [kriːm]
Saison season ['siːzn]
Salami salami [sə'lɑːmɪ]
Salat salad ['sæləd]
Salatbüfett salad bar ['sæləd bɑː]
Salbe ointment ['ɔɪntmənt]

Salbei sage [seɪdʒ]
Salmonellen salmonella [ˈsælmnelə]
Salmonellenvergiftung poisoning [pɔɪznɪŋ]
Salz salt [sɔ:lt]
Salzstreuer salt cellar [ˈsɔ:lt͵selə]
sammeln to collect [kəˈlekt]
Samstag Saturday [ˈsætədɪ]
Sandalen sandals [ˈsændlz]
Sandburg sandcastle [sænd ˈkɑ:sl]
Sandkasten sand pit [sændpɪt]
Sänger/in singer [ˈsɪŋə]
Sanitäreinrichtungen sanitary facilities [ˈsænɪtərɪ fəˈsɪlɪtɪz]
satt full [fʊl]
Satz sentence [ˈsentəns]
sauber clean [kli:n]
sauer sour [ˈsaʊə]
Sauerstoffgerät breathing apparatus [bri:ðɪŋ ͵æpəˈreɪtəs]
Sauger teat [ti:t]
Saugflasche feeding bottle [ˈfi:dɪŋ ͵bɒtl]
Säule column, pillar [ˈkɒləm, ˈpɪlə]
Sauna sauna [ˈsɔ:nə]
saure Sahne sour cream [ˈsaʊə skri:m]
S-Bahn suburban train [səˈbɜ:bən treɪn]
Scanner scanner [skænə]
schade, Wie ~! What a pity! [ˈwɒt‿ə ˈpɪtɪ]
Schaden damage [ˈdæmɪdʒ]
Schaffner/in ticket collector, conductor [ˈtɪkɪtkəˈlektə, kənˈdʌktə]
Schal scarf [skɑ:f]
scharf hot [hɒt]
Schatten shadow [ˈʃædəʊ]
schauen to look [lʊk]
Schaufenster shop window [ˈʃɒp ˈwɪndəʊ]
Schauspieler/in actor/actress [ˈæktə/ ˈæktrɪs]
Scheibe slice [slaɪs]
Scheibenwischer windscreen wiper [ˈwɪndskri:n ˈwaɪpə]
Scheinwerfer headlights [ˈhedlaɪts]
Scheitel parting [ˈpɑ:tɪŋ]
schenken to give as a present [ˈgɪv‿əz‿ə ˈpreznt]
Schere scissors [ˈsɪzəz]
schicken to send [send]
Schiebedach sunroof [ˈsʌnru:f]
Schienbein shin [ʃɪn]
Schiene splint [splɪnt]
Schild sign [saɪn]
Schinken ham [hæm]
Schirm umbrella [ʌmˈbrelə]
Schlafcouch studio couch [ˈstju:dɪəʊ kaʊtʃ]
schlafen to sleep [sli:p]
Schlaflosigkeit sleeplessness, insomnia [ˈsli:plɪsnɪs, ɪnˈsɒmnɪə]
Schlaftabletten sleeping pills [ˈsli:pɪŋ pɪlz]
Schlafzimmer bedroom [ˈbedrʊm]
Schlaganfall stroke [strəʊk]
Schläger racket [ˈrækɪt]
Schlagsahne whipping cream [wɪpɪŋ kri:m]
Schlange snake [sneɪk]; **~ stehen** to queue (up) [ˈkju: (ˈʌp)]
schlank slim [slɪm], slender [ˈslendə]
Schlauch *(Reifen)* (inner) tube [(ˈɪnə) tju:b]
Schlauchboot rubber dinghy [ˈrʌbə ˈdɪŋgɪ]
schlecht *adj* bad [bæd]; *adv* badly [ˈbædlɪ]
Schlepplift ski tow [ˈski: təʊ]
Schließfach left-luggage locker [ˈleft ˈlʌgɪdʒ ͵lɒkə]
Schlitten sledge, toboggan [sledʒ, təˈbɒgən]
Schlittschuhe ice skates [ˈaɪs͵skeɪts]; **~ laufen** ice skate, go ice skating [ˈaɪs͵skeɪt, gəʊ ˈaɪs͵skeɪtɪŋ]
Schloss castle [ˈkɑ:sl]; *(Tür)* lock [lɒk]
Schlucht gorge, ravine [gɔ:dʒ, rəˈvi:n]
Schlüssel key [ki:]
Schlüsselbein collarbone [ˈkɒləbəʊn]
Schlüsselübergabe handover of the key [ˈhændəʊvər‿əv ðə ki:]

schmal narrow ['nærəʊ]; *(Mensch; Buch)* slim [slɪm]
schmecken (nach) to taste (of) ['teɪst (əv)]
Schmerzen pain [peɪn]
Schmerztabletten pain-killing tablets ['peɪnˌkɪlɪŋ 'tæblɪts]
Schmuck jewellery ['dʒuːəlrɪ]
schmuggeln smuggle ['smʌgl]
schmutzig dirty ['dɜːtɪ]
Schnappschuss snapshot
schnarchen to snore [snɔː]
Schnee snow [snəʊ]
Schneebesen whisk ['wɪsk]
Schneidebrett chopping board [tʃɒpɪŋ 'bɔːd]
Schneider/in (für Herren) tailor; (für Damen) dressmaker ['teɪlə; 'dresˌmeɪkə]
schnell *adj* quick [kwɪk], fast [fɑːst]
Schnellstraße dual carriageway ['djʊəl kærɪdʒ'weɪ]
Schnittwunde cut [kʌt]
Schnitzerei wood-carving ['wʊdˌkɑːvɪŋ]
Schnorchel snorkel ['snɔːkl]
schnorcheln go snorkelling [gəʊ 'snɔːklɪŋ]
Schnuller dummy ['dʌmɪ]
Schnupfen cold [kəʊld]
Schnurrbart moustache [məs'tɑːʃ]
Schnürsenkel laces [leɪsɪs]
Schokolade chocolate ['tʃɒklɪt]
Schokoriegel bar of chocolate, chocolate bar ['bɑːr‿əv 'tʃɒklɪt, 'tʃɒklɪt bɑː]
schon already [ɔːl'redɪ]
schön beautiful ['bjuːtəfl]
Schonkost diet ['daɪət]
Schonzeiten off season [ɒf 'siːzn]
Schöpfkelle ladle *(GB)*/dipper *(Am)* [leɪdl/dɪpə]
Schotte/Schottin Scotsman/Scotswoman ['skɒtsmən/'skɒtsˌwʊmən]
schottisch Scottish ['skɒtɪʃ]
Schottland Scotland ['skɒtlənd]
Schrank cupboard ['kʌbəd]
Schraube screw [skruː]
schrecklich terrible ['terəbl], awful ['ɔːfʊl], dreadful ['dredfʊl]
schreiben to write [raɪt]
Schreibtelefon keyboard telephone [kiːbɔːd telɪfəʊn]
Schreibwarengeschäft stationer's ['steɪʃnəz]
schreien to shout [ʃaʊt]; *(schrill)* to scream [skriːm]
Schrift *(Hand~)* (hand)writing [('hænd)ˌraɪtɪŋ]
schriftlich in writing [ɪn 'raɪtɪŋ]
schüchtern shy [ʃaɪ]
Schuh shoe ['ʃuː]
Schuhbürste shoebrush ['ʃuːbrʌʃ]
Schuhcreme shoecream ['ʃuː kriːm]
Schuhgeschäft shoe shop ['ʃuː ʃɒp]
Schuhmacher shoemaker's, cobbler's ['ʃuːˌmeɪkəz, 'kɒbləz]
Schuld guilt [gɪlt]; *(Geld)* debt [det]
Schule school [skuːl]
Schulter shoulder ['ʃəʊldə]
Schuppen dandruff ['dændrʌf]
Schüssel dish, bowl [dɪʃ, bəʊl]
Schüttelfrost fit of shivering ['fɪt‿əv 'ʃɪvrɪŋ]
Schutzhütte shelter, refuge ['ʃeltə, refjuːdʒ]
schwach weak [wiːk], feeble ['fiːbl]
Schwager brother-in-law ['brʌðərɪnlɔː]
Schwägerin sister-in-law ['sɪstərɪnlɔː]
Schwangerschaft pregnancy ['pregnənsɪ]
schwarz black [blæk]
Schwarzbrot brown rye bread [braʊn raɪ bred]
Schwarzweißfilm black-and-white film ['fɪlm]
Schweinefleisch pork [pɔːk]
Schweiz Switzerland ['swɪtsələnd]
Schweizer Franken Swiss franc(s) ['swɪs 'fræŋk(s)]
Schweizer/in Swiss(man/woman) ['swɪs('mæn/'wʊmən)]; ich bin Schweizer/in I'm Swiss [aɪm 'swɪs]

Schwellung swelling ['swelɪŋ]
schwer heavy ['hevɪ]; *(Krankheit)* serious ['sɪərɪəs]; *(schwierig)* difficult ['dɪfɪkəlt]
Schwerbehinderte/r severely handicapped person [sɪvɪəlɪ hændɪkæpt pɜ:sn]
Schwertfisch swordfish [sɔ:dfɪʃ]
Schwester sister ['sɪstə]
schwierig difficult ['dɪfɪkəlt]
schwimmen to swim [swɪm]
Schwimmer/in swimmer ['swɪmə]
Schwimmflossen flippers ['flɪpəz]
Schwimmflügel water wing ['wɔ:təwɪŋ]
Schwimmkurs swimming lessons ['swɪmɪŋ lesnz]
Schwimmring rubber ring ['rʌbə rɪŋ]
Schwimmweste life jacket ['laɪf,dʒækɪt]
Schwindel dizziness ['dɪzɪnɪs]
schwindlig dizzy ['dɪzɪ], giddy ['gɪdɪ]
schwitzen to perspire [pəs'paɪə], to sweat [swet]
schwül humid ['hju:mɪd]
See lake [leɪk], *(in Schottland)* loch [lɒk]
Seebad seaside resort ['si:saɪd rɪ'zɔ:t]
Seegang: starker ~ rough sea ['rʌf 'si:]
seekrank sein be seasick [bi:'si:sɪk]
Seemeile nautical mile ['nɔ:tɪkl ,maɪl]
Seezunge sole [səʊl]
Segelboot sailing boat, yacht ['seɪlɪŋbəʊt, jɒt]
Segelfliegen gliding ['glaɪdɪŋ]
segeln sail ['seɪl]
Segeltörn cruise [kru:z]
sehbehindert partially sighted ['pɑ:ʃəlɪ saɪtɪd]
Sehbehinderte/r partially sighted person ['pɑ:ʃəlɪ saɪtɪd pɜ:sn]
sehen to see [si:]
Sehenswürdigkeiten sights [saɪts]
sehr very ['verɪ]; *(bei Verb)* very much ['verɪ 'mʌtʃ]
Seide silk [sɪlk]
Seidenmalerei silk painting ['sɪlk 'peɪntɪŋ]
Seife soap [səʊp]
Seil rope [rəʊp]
Seilbahn cable railway, funicular ['keɪbl 'reɪlweɪ, fju:'nɪkjʊlə]
sein *poss prn m* his [hɪz]; *n* its [ɪts]
sein *verb* to be [bi:]
seit *(Zeitpunkt)* since [sɪns]; *(Zeitraum)* for [fɔ:]
Seite side [saɪd]; *(Buch)* page [peɪdʒ]
Sekt sparkling wine ['spɑ:klɪŋ waɪn]
Sekunde second ['seknd]
selbst, ich habe es ~ gemacht I did it myself [maɪ'self]; **selbst (wenn)** even (if) ['i:vn ('ɪf)]
Selbstauslöser self-timer [self 'taɪmə]
Selbstbedienung self-service [,self'sɜ:vɪs]
Sellerie celeriac [sə'lerɪæk]
selten *adj* rare [reə]; *adv* seldom ['seldəm]
Seminar seminar ['semɪnɑ:]
Sendung *(Radio, Fernsehen)* programme ['prəʊgræm]
Senf mustard ['mʌstəd]
September September [sep'tembə]
servieren to serve [sɜ:v]
Serviette serviette, napkin [,sɜ:vɪ'et, 'næpkɪn]
Sessel armchair ['ɑ:m'tʃeə]
Sessellift chairlift ['tʃeəlɪft]
sexuelle Belästigung sexual harassment ['seksjʊəl 'hærəsmnt]
Shampoo shampoo [ʃæm'pu:]
Shorts shorts [ʃɔ:ts]
Show show [ʃəʊ]
sicher safe(ly) [seɪf(lɪ)]; *(gewiss)* sure(ly) [ʃʊə(lɪ)], certain(ly) ['sɜ:tn(lɪ)]
Sicherheitsgebühr security charge [sɪ'kjʊərətɪ 'tʃɑ:dʒ]
Sicherheitsgurt seat belt ['si:t belt]
Sicherheitskontrolle security control [sɪ'kjʊərətɪ kən'trəʊl]
Sicherung *(el)* fuse [fju:z]

Sie you [juː]
sie *sing* she [ʃiː]; *pl* they [ðeɪ]
Silber silver [ˈsɪlvə]
silberfarben silver [ˈsɪlvə]
Silvesterabend New Year's Eve [ˈnjuː ˌjɜːz‿ˈiːv]
Sinfoniekonzert symphony concert [ˈsɪmfənɪ ˈkɒnsət]
singen to sing [sɪŋ]
Sitz seat [siːt]; *(Wohn~)* (place of) residence [(ˈpleɪs‿əv) ˈrezɪdəns]; *(von Firma usw.)* headquarters [ˌhedˈkwɔːtəz]
sitzen to sit [sɪt]
Skateboard skateboard [ˌskeɪtbɔːd]
Ski ski [ˈskiː]
Ski laufen skiing [ˈskiːɪŋ]
Skibindung ski bindings [ˈskiː baɪndɪŋz]
Skibrille ski goggles [ˈski ˌgɒglz]
Skihose ski trousers [ˈski ˌtraʊzəz]
Skikurs skiing course [ˈskiːɪŋ ˌkɔːs]
Skilehrer/in ski instructor [ˈski ɪnˈstrktə]
Skistiefel ski boots [skiː buːts]
Skistöcke ski sticks [ˈskiːstɪks]
Skulptur sculpture [ˈskʌlptʃə]
Slip (Herren) briefs [briːfs]; (Damen) panties [ˈpæntɪz]
Slipeinlagen panty liners [ˈpæntɪ laɪnəz]
Socken socks [sɒks]
Sodbrennen heartburn [ˈhɑːtbɜːn]
sofort at once [ət ˈwʌns], immediately [ɪˈmɪːdjətlɪ]
Sofortbildkamera Polaroid® camera [ˈpəʊlərɔɪdˌkæmrə]
Sohle sole [səʊl]
Sohn son [sʌn]
Solarium solarium [səˈleərɪəm]
Solist/in soloist [ˈsəʊləʊɪst]
sollen *(müssen)* to have to [ˈhæv tʊ]; Sie sollten you ought to [jʊ ɔːt‿tʊ]
Sommer summer [ˈsʌmə]
Sondermarke special issue stamp [ˈspeʃl‿ˈɪsjuː stæmp]
Sonne sun [sʌn]
Sonnenbrand sunburn [ˈsʌnˌbɜːn]
Sonnencreme sun cream [ˈsʌnkriːm]
Sonnenhut sunhat [ˈsʌnhæt]
Sonnenöl suntan oil [ˈsʌntæn‿ɔɪl]
Sonnenschutz sun blocker, sun cream [sʌn blɒkə, sʌn kriːm]
Sonnenstich sunstroke [ˈsʌnstrəʊk]
sonnig sunny [ˈsʌnɪ]
Sonntag Sunday [ˈsʌndɪ]
sorgen, s. ~ um to be worried about [ˈwʌrɪd‿əˈbaʊt]
Sorte sort [sɔːt], kind [kaɪnd]; *(Zigaretten)* brand [brænd]
Soße sauce; *(zum Braten)* gravy [sɔːs, ˈgreɪvɪ]
Souvenirladen souvenir shop [ˈsuːvənɪə ʃɒp]
Sozialstation social services centre [ˈsəʊʃəl sˈsɜːvɪsɪz ˈsentə]
Spargel asparagus [əˈspærəgəs]
Spaß *(Scherz)* joke [dʒəʊk]; *(Vergnügen)* fun [fʌn]
spät late [leɪt]
später later [ˈleɪtə]
spazieren gehen to go for a walk [ˈgəʊ fər‿ə ˈwɔːk]
Spaziergang walk [wɔːk], stroll [strəʊl]
Speicherkarte memory card [ˈmemrɪˈ ˈkɑːd]
Speisekarte menu [ˈmenjuː]
Speiseröhre gullet [ˈgʌlɪt]
Speisesaal dining room [ˈdaɪnɪŋrʊm]
Speisewagen restaurant car [ˈrestərɔ̃ːŋ ˌkɑː]
Spezialität speciality [ˌspeʃɪˈælɪtɪ]
speziell special [ˈspeʃl]
Spiegel mirror [ˈmɪrə]
Spiegeleier fried eggs [fraɪd egz]
Spiel match, game [mætʃ, geɪm]
spielen to play [pleɪ]
Spielkamerad/in playmate [pleɪmeɪt]
Spielkasino casino [kəˈsiːnəʊ]
Spielplan programme [ˈprəʊgræm]
Spielplatz playground [pleɪgraʊnd]

Spielsachen toys [ˈtɔɪz]
Spielwarengeschäft toy shop [ˈtɔɪ ʃɒp]
Spinat spinach [ˈspɪnɪdʒ]
Spirituosengeschäft off-licence [ˈɒfˌlaɪsns]
Sport sport [spɔ:t]
Sportartikel sports shop [ˈspɔ:ts ʃɒp]
Sportler/in sportsman/-woman [ˈspɔ:tsmən/ˈspɔ:tsˌwʊmən]
Sportplatz sports ground [ˈspɔ:tsgraʊnd]
Sprache language [ˈlæŋgwɪdʒ]
sprechen to speak [spi:k]
Sprechstunde surgery [ˈsɜ:dʒərɪ]
Spritze injection [ɪnˈdʒekʃn]
Spülbürste washing-up brush [ˈwɒʃɪŋˌʌp brʌʃ]
Spülmittel detergent [dɪˈtɜ:dʒnt]
Spültuch dishcloth [ˈdɪʃklɒθ]
Staat state [steɪt]
Staatsangehörigkeit nationality [ˌnæʃəˈnælɪtɪ]
Stadion stadium [ˈsteɪdɪəm]
Stadt town [taʊn]
Stadtbus city bus [sɪtɪ bʌs]
Stadtmauern town walls [ˈtaʊn ˈwɔ:lz]
Stadtplan town plan [ˈtaʊn ˈplæn], city map [ˈsɪtɪ ˈmæp]
Stadtrundfahrt sightseeing tour of the town/city [ˈsaɪtˌsi:ɪŋˈtʊərˌəv ðə ˈtaʊn/ˈsɪtɪ]
Stadtteil district [ˈdɪstrɪkt]
Stadtzentrum town centre, city centre [ˈtaʊn ˈsentə, ˈsɪtɪ ˈsentə]
stammen aus to come from [ˈkʌm frɒm]
Standlicht sidelights [ˈsaɪdlaɪts]
stark strong [strɒŋ]; *(dick)* thick [θɪk]; *(Schmerzen)* severe [sɪˈvɪə]
Starthilfekabel jump leads [ˈdʒʌmp ˌli:dz]
Station ward [wɔ:d]
Stativ tripod [ˈtraɪpɒd]
stattfinden to take place [ˈteɪk ˈpleɪs]
Statue statue [ˈstætʃu:]
Stau traffic jam, tailback, gridlock [ˈtræfɪk dʒæm, teɪlbæk, grɪdlɒk]
Staub dust [dʌst]
Staubsauger vacuum cleaner [ˈvækjʊm kli:nə]
stechen to sting [stɪŋ]
Steckdose (wall)socket [(ˈwɔ:l)ˈsɒkɪt]
Stecker plug [plʌg]
Steg *(Landungs~)* landing stage [ˈlændɪŋ steɪdʒ]
stehen to stand [stænd]; stehen bleiben to stop [stɒp]
stehlen to steal [sti:l]
Steigung upward incline [ˈʌpwəd ɪnˈklaɪn]
steil steep [sti:p]
Stein stone [stəʊn]
steinig stony [ˈstəʊnɪ]
Stempel stamp [stæmp]
Stern star [stɑ:]
Sternwarte observatory [əbˈzɜ:vətrɪ]
Steward/ess steward/stewardess [stjʊəd/ˌstjʊəˈdes]
Stiefel boots [bu:ts]
Stil style [staɪl]
still *(ruhig)* quiet [ˈkwaɪət], silent [ˈsaɪlənt]; *(unbewegt)* still [stɪl], calm [kɑ:m]
Stillleben still life [ˈstɪl ˈlaɪf]
stinken to smell [smel], to stink [stɪŋk]
Stirnhöhlenentzündung sinusitis [ˌsaɪnəˈsaɪtɪs]
Stock stick [stɪk]
Stockwerk floor [flɔ:]
Stoff material [məˈtɪərɪəl]
stören to disturb [dɪsˈtɜ:b], to bother [ˈbɒðə]
stornieren *(Zimmer, Fahr-, Flugkarten)* to cancel [ˈkænsl]
Stoßstange bumper [ˈbʌmpə]
Strafe punishment [ˈpʌnɪʃmənt]; *(Geld~)* fine [faɪn]
Strafraum penalty box [ˈpenəltɪ bɒks]
Strähnchen highlights [ˈhaɪlaɪts]
Strand beach [bi:tʃ]

Strandschuhe beach shoes [biːtʃ ˈʃuːz]
Straße street [striːt]; *(Land~)* road [rəʊd]
Straßenbahn tram [træm]
Straßenkarte road map [ˈrəʊd mæp]
Strauß *(Blumen)* bunch of flowers [ˈbʌntʃ‿əv ˈflaʊəz]
Streichholz match [mætʃ]; **~schachtel** matchbox [ˈmætʃbɒks]
Strickjacke cardigan [ˈkɑːdɪgən]
Strohhalm straw [strɔː]
Strom *(el)* current [ˈkʌrnt]
Stromanschluss electric point [ɪˈlektrɪk ˈpɔɪnt]
Strompauschale flat rate for electricity [ˈflæt ˈreɪt fə ˌɪlekˈtrɪsɪtɪ]
Stromspannung voltage [ˈvəʊltɪdʒ]
Strümpfe stockings [ˈstɒkɪŋz]
Strumpfhose tights [taɪts]
Stück piece [piːs]; *(Theater~)* play [pleɪ]
studieren to study [ˈstʌdɪ]
Studio studio [ˈstjuːdɪəʊ]
Stufe step [step]
stufenloser Zugang stepless access [steplɪs ækses]
Stufenschnitt layered cut [ˈleɪəd ˌkʌt]
Stuhl chair [tʃeə]
Stuhlgang bowel movement [ˈbaʊəl ˌmuːvmənt]
stumm mute [mjuːt]
Stunde hour [ˈaʊə]; *(Unterrichts~)* lesson [ˈlesn]; **eine halbe ~** half an hour [ˈhɑːfənˈaʊə]; **eine Viertel~** a quarter of an hour [ˈkwɔːtr‿əv‿ən ˈaʊə]
stündlich every hour, hourly [ˈevrɪ‿ˈaʊə, ˈaʊəlɪ]
Sturm storm [ˈstɔːm], gale [geɪl]
stürzen *(fallen)* to fall [fɔːl]
Sturzhelm crash helmet [ˈkræʃ ˌhelmɪt]
suchen to look for [ˈlʊk fɔː]
Sucher viewfinder [ˈvjuːˌfaɪndə]
Süden south [saʊθ]
südlich von south of [saʊθ‿əv]
Summe sum [sʌm]; *(Betrag)* amount [əˈmaʊnt]
Sumpf marsh [mɑːʃ]; *(tropisch)* swamp [swɒmp]
Supermarkt supermarket [ˈsuːpəˌmɑːkɪt]
Suppe soup [suːp]
Suppenteller soup plate [suːp pleɪt]
Surfbrett surfboard [ˈsɜːfbɔːd]
surfen surf [ˈsɜːf]
süß sweet [swiːt]
Süßigkeiten sweets (*Am* candy) [swiːts (ˈkændɪ)]
Süßstoff sweetener [ˈswiːtnə]
Süßwarengeschäft sweetshop [ˈswiːtʃɒp]
Swimmingpool swimming pool [ˈswɪmɪŋpuːl]
sympathisch nice [naɪs], pleasant [ˈpleznt]

T

Tabak tobacco [təˈbækəʊ]
Tabakladen tobacconist's [təˈbækənɪsts]
Tablette tablet, pill [ˈtæblɪt, pɪl]
Tachometer speedometer [spɪˈdɒmɪtə]
Tag day [deɪ]
Tagesausflug day trip [ˈdeɪ trɪp]
Tagesgericht dish of the day [ˈdɪʃ‿əv ðə ˈdeɪ]
Tageskarte one-day travelcard [ˈwʌndeɪ ˈtrævlkɑːd]
Tagespass day pass [deɪ pɑːs]
Tagestour day excursion [deɪ ɪksˈkɜːʃn]
täglich every day, daily [ˈevrɪ ˈdeɪ, ˈdeɪlɪ]
tagsüber during the day [ˈdjʊərɪŋ ðə ˈdeɪ]
Tal valley [ˈvælɪ]

Talstation station at the bottom of the ski lift [steɪʃn ət ðə ˈbɒtəm‿əv ðə ˈski: lɪft]
Tampons tampons [ˈtæmpənz]
Tank (petrol) tank [(ˈpetrəl) tæŋk]
tanken to fill up [ˈfɪl ˈʌp]
tanzen dance [dɑ:ns]
Tänzer/in dancer [ˈdɑ:nsə]
Tanzkapelle dance band [ˈdɑ:ns ˌbænd]
Tanztheater dance theatre [ˈdɑ:ns θɪətə]
Tasche pocket [ˈpɒkɪt]; *(Hand~)* bag [bæg]
Taschenbuch paperback [ˈpeɪpəbæk]
Taschendieb/in pickpocket [ˈpɪkˌpɒkɪt]
Taschenmesser pocket knife [ˈpɒkɪt naɪf]
Taschenrechner pocket calculator [ˈpɒkɪt ˈkælkjʊˌleɪtə]
Tasse/Tassen cup/cups [kʌp/kʌpz]
Taststock cane [keɪn]
taub deaf [def]
taubstumm deaf-mute [def mju:t]
Taubstumme/r deaf-mute [def mju:t]
tauchen dive [daɪv]
Taucherausrüstung diving equipment [ˈdaɪvɪŋ ɪˈkwɪpmənt]
Taucherbrille diving goggles [ˈdaɪvɪŋ ˌgɒglz]
täuschen, s. ~ to be mistaken [mɪsˈteɪkn], to be wrong [rɒŋ]
Taxifahrer/in taxidriver [ˈtæksɪˌdraɪvə]
Taxistand taxi rank [ˈtæksɪ ræŋk]
Tee tea [ti:]
Teebeutel tea bags [ˈti:bægz]
Teelöffel teaspoon [ˈti:spu:n]
Teil part [pɑ:t]
Teilkasko third-party, fire and theft insurance [θɜ:dˈpɑ:tɪ, faɪə‿ənd θeft ɪnˈʃʊərəns]
teilnehmen (an) to take part (in) [ˈteɪk ˈpɑ:t (ɪn)]
Telefon telephone [ˈtelɪfəʊn]
Telefonbuch telephone directory [ˈtelɪfəʊn dɪˈrektrɪ]
telefonieren to make a phone call [meɪk‿ə ˈfəʊnkɔ:l]; to phone [fəʊn], to ring (up) [ˈrɪŋ (ˈʌp)]
Telefonkarte phonecard [ˈfəʊnkɑ:d]
Telefonnummer phone number [ˈfəʊn ˌnʌmbə]
Telefonzelle phone box [ˈfəʊnbɒks]
telegrafische Überweisung telegraphic transfer [ˌtelɪˈgræfɪk ˈtrænsfɜ:]
Telegramm telegram [ˈtelɪgræm]
Teleobjektiv telephoto lens [ˈtelɪˌfəʊtəʊ lenz]
Telex telex [ˈteleks]
Teller plate [pleɪt]
Tempel temple [ˈtempl]
Temperatur temperature [ˈtemprɪtʃə]
Tennis tennis [ˈtenɪs]
Tennisschläger tennis racket [ˈtenɪsˌrækɪt]
Termin appointment [əˈpɔɪntmənt]; *(Frist)* deadline [ˈdedlaɪn]
Terminal terminal [ˈtɜ:mɪnl]
Terrakotta terracotta [ˌterəˈkɒtə]
Terrasse terrace [ˈterəs]
Tetanus tetanus [ˈtetənəs]
teuer dear [dɪə], expensive [ɪksˈpensɪv]
Theater theatre [ˈθɪətə]
Theatergruppe theatre group [θɪətə gru:p]
Theaterstück play [pleɪ]
Therapie therapy [ˈθerəpɪ]
Thermalbad thermal baths [θɜ:məl ˈbɑ:θz]
Thermosflasche thermos flask [ˈθɜ:məs flɑ:sk]
Thriller thriller [ˈθrɪlə]
Thunfisch tuna [ˈtu:nə]
Thymian thyme [taɪm]
tief deep [di:p]; *(niedrig)* low [ləʊ]
Tier animal [ˈænɪml]
Tintenfisch squid [skwɪd]
Tipp tip [tɪp]
Tisch table [ˈteɪbl]

Tischtennis table tennis [ˈteɪbl ˈtenɪs]
Tischtuch tablecloth [ˈteɪblklɒθ]
Toast toast [təʊst]
Toaster toaster [ˈtəʊstə]
Tochter daughter [ˈdɔːtə]
Toilette lavatory, toilet [ˈlævətrɪ, ˈtɔɪlɪt]
Toilettenpapier toilet paper [ˈtɔɪlɪtˌpeɪpə]
Tomaten tomatoes [təˈmɑːtəʊz]
Ton sound [saʊnd]; *(Umgangston)* tone [təʊn]; *(Farbe)* shade [ʃeɪd]
tönen tint [tɪnt]
Topf pot [pɒt]
Töpferei pottery [ˈpɒtərɪ]
Töpferwaren pottery [ˈpɒtərɪ]
Tor goal [gəʊl]
Tor gate [geɪt]
Torwart goalkeeper [ˈgəʊlˌkiːpə]
Tour tour [tʊə], excursion [ɪksˈkɜːʃən], trip [trɪp]
Tourist/in tourist [ˈtʊərɪst]
Tracht *(Volkstracht)* national costume [ˌnæʃəˈnæl ˈkɒstjuːm]
tragbarer CD-Spieler portable CD player [ˈpɔːtəbl ˈsiːˈdiː ˈpleɪə]
tragen to carry [ˈkærɪ]; *(Kleidung)* to wear [weə]
Tragflügelboot jetfoil, hydrofoil [ˈdʒetfɔɪl, ˈhaɪdrəfɔɪl]
Tragödie tragedy [ˈtrædʒɪdɪ]
trampen hitchhike [ˈhɪtʃhaɪk]
Transferbus transfer bus [ˈtrænsfɜː bʌs]
Traum dream [driːm]
traurig sad [sæd]
treffen to meet [miːt]
Trekkingrad trekking bike [ˈtrekɪŋ baɪk]
Treppe stairs [steəz], staircase [ˈsteəkeɪs]; *(im Freien)* steps [steps]
Tretboot pedal boat [ˈpedlbəʊt]
trinken to drink [drɪŋk]
Trinkflasche baby's bottle [ˈbeɪbɪz bɒtl]
Trinkgeld tip [tɪp]
Trinkwasser drinking water [ˈdrɪŋkɪŋˌwɔːtə]
trocken *(Wein)* dry [draɪ]
trocknen to dry [draɪ]
Trockner drier [draɪə]
Trödler second-hand shop [ˈsekndhænd ʃɒp]
Trommelfell eardrum [ˈɪədrʌm]
Tropfen drops [drɒps]
trotzdem nevertheless [ˌnevəðəˈles]
Tuch cloth [klɒθ]; *(Kopf~)* scarf [skɑːf]
tun to do [duː]
Tunnel tunnel [ˈtʌnl]
Tür door [dɔː]
Türbreite door width [dɔː wɪdθ]
Türcode door code [dɔː kəʊd]
türkis turquoise [ˈtɜːkwɔɪz]
Turm tower [ˈtaʊə]
Turnschuhe trainers [ˈtreɪnəz]
Türschwelle doorstep [dɔːstep]
Tüte bag [bæg]; *(Eis)* cornet [ˈkɔːnət]
Typhus typhoid [ˈtaɪfɔɪd]
typisch typical [ˈtɪpɪkl]

U

U-Bahn underground [ˈʌndəgraʊnd]
Übelkeit nausea [ˈnɔːsjə]
üben to practise [ˈpræktɪs]
über over [ˈəʊvə]
überall everywhere [ˈevrɪweə]
überbacken au gratin [ˌəʊˈgrætæŋ]
Überfall attack, mugging [əˈtæk, ˈmʌgɪŋ]
Übergang crossing [ˈkrɒsɪŋ]; *(Wechsel)* transition [trænˈzɪʃn]
überholen to overtake [ˌəʊvəˈteɪk]
Überlandbus coach [kəʊtʃ]
übermorgen the day after tomorrow [ðə ˈdeɪ‿ˈɑːftə təˈmɒrəʊ]
übernachten to stay [steɪ], *(eine Nacht)* spend the night [ˈspend ðə ˈnaɪt]
Übernachtung overnight stay [ˈəʊvəˈnaɪt steɪ]

Überreste remains [rɪˈmeɪnz]
übersetzen to translate [trænsˈleɪt]
Überweisung transfer, remittance [ˈtrænsfɜː, rɪˈmɪtəns]
üblich usual [ˈjuːʒʊəl]
übrig bleiben to be left [left]
Ufer *(Fluss)* bank [bæŋk]; *(Meer)* shore [ʃɔː]
Uhrmacher watchmaker's [ˈwɒtʃˌmeɪkəz]
um *(herum)* around [əˈraʊnd]; *(Zeitangabe)* at [æt], *(gegen)* about [əˈbaʊt]
um diese Zeit about this time [əˈbaʊt ðɪs ˈtaɪm]
umbuchen change the booking [tʃeɪndʒ ðə ˈbʊkɪŋ]
Umgebung surroundings [səˈraʊndɪŋz]
umgekehrt reverse [rɪˈvɜːs]
Umhängetasche shoulder bag [ˈʃəʊldə bæg]
umkehren to turn back [ˈtɜːn ˈbæk]
umtauschen to change [tʃeɪndʒ]
Umweg detour [ˈdiːtʊə]
Umwelt environment [ɪnˈvaɪərnmənt]
umziehen, s. ~ to change [tʃeɪndʒ]
unangenehm unpleasant [ʌnˈpleznt]
unbedingt *adv* really [ˈrɪəlɪ]; ~! certainly! [ˈsɜːtnlɪ]
und and [ænd]
unentschieden draw [drɔː]
unerträglich intolerable [ɪnˈtɒlrəbl], unbearable [ʌnˈbeərəbl]
Unfall accident [ˈæksɪdənt]
ungeeignet unsuited [ˌʌnˈsjuːtɪd], unfit [ˌʌnˈfɪt]
ungefähr about [əˈbaʊt]
ungewöhnlich unusual [ʌnˈjuːʒʊəl]
unglaublich incredible [ɪnˈkredəbl]
Unglück *(Unfall)* accident [ˈæksɪdənt]; *(Unheil)* misfortune [mɪsˈfɔːtʃən]
Universität university [ˌjuːnɪˈvɜːsɪtɪ]
Unkosten expenses [ɪksˈpensɪz]
unmöglich impossible [ɪmˈpɒsəbl]
uns us [ʌs]
unser(e) our [ˈaʊə]
unten below [bɪˈləʊ]; **dort ~** down there [ˈdaʊn ˈðeə]
unter under [ˈʌndə]; *(zwischen)* among [əˈmʌŋ]
unterbrechen to interrupt [ˌɪntəˈrʌpt]
Unterführung subway [ˈsʌbweɪ]
unterhalb below [bɪˈləʊ]
unterhalten, s. ~ to talk [tɔːk]
Unterhaltung *(Gespräch)* conversation [ˌkɒnvəˈseɪʃn]; *(Vergnügen)* entertainment [ˌentəˈteɪnmənt]
Unterhemd vest [vest]
Unterhose (Damen) panties; [pæntɪz]; (Herren) pants [pænts]
Unterkunft accommodation [əˌkɒməˈdeɪʃn]
Unterleib abdomen [ˈæbdəmən]
unterrichten to inform [ɪnˈfɔːm]; *(Schule)* to teach [tiːtʃ]
unterschreiben to sign [saɪn]
Unterschrift signature [ˈsɪgnɪtʃə]
Untersuchung examination [ɪgˌzæmɪˈneɪʃn]
Untersuchungshaft police custody [pəˈliːs ˈkʌstədɪ]
Untertasse saucer [ˈsɔːsə]
Untertitel subtitles [ˈsʌbtaɪtlz]
Unterwäsche underwear [ˈʌndəweə]
Unterwasserkamera underwater camera [ˈʌndəˈwɔːtə ˈkæmrə]
unterwegs on the way [ɒn ðə ˈweɪ]
unverbindlich without obligation [wɪˈðaʊt ˌɒblɪˈgeɪʃn]
unverschämt impertinent [ɪmˈpɜːtɪnənt], cheeky [ˈtʃiːkɪ]
unwahrscheinlich unlikely [ʌnˈlaɪklɪ], improbable [ɪmˈprɒbəbl]
unwichtig unimportant [ˌʌnɪmˈpɔːtənt]
Urin urine [ˈjʊərɪn]
Urlaub holidays [ˈhɒlədɪz], *(Am)* vacation [vəˈkeɪʃn]

V

Varietee music hall, variety theatre [ˈmju:zɪkhɔ:l, vəˈraɪətɪ θɪˈetə]
Vase vase [vɑ:z]
Vater father [ˈfɑ:ðə]
vegetarisch vegetarian [ˌvedʒɪˈteərɪən]
Ventilator ventilator [ˈventɪˌleɪtə]
Verabredung *(formell)* appointment [əˈpɔɪntmənt]; *(fam)* date [deɪt]
verabschieden, s. ~ to say goodbye [seɪ ˌgʊdˈbaɪ]
Veranstaltung event [ɪˈvent]
verantwortlich responsible [rɪsˈpɒnsəbl]
Verband dressing, bandage [ˈdresɪŋ, ˈbændɪdʒ]
Verbandskasten first-aid kit [fɜ:stˈeɪd kɪt]
verbinden dress [dres]
Verbindung connection [kəˈnekʃn]
verboten forbidden [fəˈbɪdn], prohibited [prəˈhɪbɪtɪd]
Verbrechen crime [kraɪm]
Verbrennung burn [bɜ:n]
Verdauung digestion [dɪˈdʒestʃn]
Verdauungsstörung indigestion [ˌɪndɪˈdʒestʃn]
verdorben spoiled [ˈspɔɪlt]; *(faul)* rotten [ˈrɒtn]; *(sittlich)* corrupt [kəˈrʌpt]
Verein association [əˌsəʊsɪˈeɪʃn], club [klʌb]
vereinbaren to agree on [əˈgri:‿ɒn]
Vergangenheit past [pɑ:st]
vergessen to forget [fəˈget]
Vergewaltigung rape [reɪp]
Vergiftung poisoning [ˈpɔɪznɪŋ]
Vergnügen pleasure [ˈpleʒə]
Vergnügungspark amusement park [əˈmju:zmnt pɑ:k]
verhaften arrest [əˈrest]
verheiratet (mit) married [ˈmærɪd] (to)
Verhütungsmittel contraceptive [ˌkɒntrəˈseptɪv]
verirren, s. ~ to lose one's way [ˈlu:z wʌnz ˈweɪ], to get lost [get ˈlɒst]
verkaufen to sell [sel]
Verkehr traffic [ˈtræfɪk]
Verkehrsamt tourist information office [ˈtʊərɪst‿ˌɪnfəˈmeɪʃn‿ˌɒfɪs]
verlängern to extend [ɪkˈstend]
Verlängerungsschnur extension lead [ɪksˈtenʃən li:d]
Verlängerungswoche an extra week [ən‿ekstrə wi:k]
verlassen to leave [li:v]
verletzen hurt, injure [hɜ:t, ˈɪndʒə]
Verletzte, der/die ~ injured person [ˈɪndʒəd ˈpɜ:sn]
Verletzung injury [ˈɪndʒərɪ]
verlieren to lose [lu:z]
Verlobte, der/die ~ fiancé/fiancée [fɪˈɑ:nseɪ]
vermieten to let [let], to rent [rent]
Verpackung wrapping [ˈræpɪŋ], packing [ˈpækɪŋ]
verpassen to miss [mɪs]
Verpflegung food [fu:d]
verrechnen, s. ~ to miscalculate [ˌmɪsˈkælkjʊleɪt], to make a mistake [ˈmeɪk‿ə mɪsˈteɪk]
verreisen to go on a journey [ˈdʒɜ:nɪ], to go away [ˈgəʊ‿əˈweɪ]
verrückt mad [mæd], crazy [ˈkreɪzɪ]
verschieben *(zeitlich)* to put off [ˈpʊt ˈɒf], to postpone [ˌpəʊsˈpəʊn]
verschließen to lock [lɒk]
verschreiben prescribe [prɪsˈkraɪb]
Versichertenkarte medical insurance card [ˈmedɪkl‿ɪnˈʃʊərns ˈkɑ:d]
Versicherung insurance [ɪnˈʃʊərns]
Verspätung delay [dɪˈleɪ]
verstaucht sprained [spreɪnd]
verstehen to understand [ˌʌndəˈstænd]
Verstopfung constipation [ˌkɒnstɪˈpeɪʃn]
versuchen to try [traɪ]; *(Speisen)* to taste [teɪst]

Vertrag contract [ˈkɒntrækt]
Vertrauen confidence [ˈkɒnfɪdəns]
verunglücken to have an accident [ˈæksɪdənt]
verursachen to cause [kɔːz]
Verwaltung administration [ədˌmɪnɪsˈtreɪʃn]
verwandt related [rɪˈleɪtɪd]
verwechseln to mistake for [mɪsˈteɪk fɔː]
verwitwet (Frau) widow [ˈwɪdəʊ], (Mann) widower [ˈwɪdəʊə]
Videofilm video film [ˈvɪdɪəʊfɪlm]
Videokamera video camera [ˈvɪdɪəʊˌkæmrə]
Videokassette video cassette [ˌvɪdɪəʊkəˈset]
Videorekorder video recorder [ˈvɪdɪəʊrɪˌkɔːdə]
viel a lot of [ə ˈlɒt‿əv]; *(Frage, Verneinung)* much [mʌtʃ]
vielleicht perhaps [pəˈhæps], maybe [ˈmeɪbiː]
Villa villa [ˈvɪlə]
violett purple, violet [ˈpɜːpl, ˈvaɪəlɪt]
Virus virus [ˈvaɪərəs]
Visum visa [ˈviːzə]
Vogel bird [bɜːd]
Vogelschutzgebiet bird reserve [bɜːd rɪˈzɜːv]
Volk people [ˈpiːpl]
Völkerkundemuseum museum of ethnology [mjʊˈzɪəm‿əv eθˈnɒlədʒɪ]
Volksmusik traditional music [trəˈdɪʃənl ˈmjuːzɪk]
Volksstück dialect folk play [ˈdaɪəlekt fəʊk pleɪ]
voll full [fʊl]; *(überfüllt)* crowded [ˈkraʊdɪd]
Volleyball volleyball [ˈvɒlɪbɔːl]
Vollkasko fully comprehensive insurance [ˈfʊlɪ ˈkɒmprɪhensɪv‿ɪnˈʃʊərəns]
Vollkornbrot wholemeal bread [həʊlmiːl bred]
Vollpension full board [ˈfʊl ˈbɔːd]
vom Grill grilled [grɪld]
von *(Herkunft)* from [frɒm]; *(Passiv)* by [baɪ]
vor *(räumlich)* in front of [ɪn ˈfrʌnt‿əv]; *(zeitlich)* before [bɪˈfɔː]
vor zehn Minuten ten minutes ago [ˈten ˈmɪnɪts‿əˈgəʊ]
Voranmeldung booking [ˈbʊkɪŋ]
Voraus, im ~ in advance [ɪn‿ədˈvɑːns]
vorbereiten to prepare [prɪˈpeə]
Vordruck form [fɔːm]
vorgestern the day before yesterday [ðə ˈdeɪ bɪˈfɔː ˈjestədɪ]
vorher before [bɪˈfɔː]
vorletzte(r, -s) last but one [ˈlɑːst bʌt ˈwʌn]
Vormittag morning [ˈmɔːnɪŋ]
vormittags during the morning [ˈdjʊərɪŋ ðə ˈmɔːnɪŋ]
vorn in front [ɪn ˈfrʌnt]
Vorname Christian name, first name [ˈkrɪstjən neɪm, ˈfɜːst neɪm]
vornehm distinguished [dɪsˈtɪŋgwɪʃt], posh [pɒʃ]
Vorort suburb [ˈsʌbɜːb]
Vorrat stock [stɒk], store [stɔː], provisions [prəˈvɪʒəns]
Vorsaison low season [ˈləʊ ˌsiːzn]
Vorschlag suggestion [səˈdʒestʃn]
Vorschrift rule [ruːl]
Vorsicht caution [ˈkɔːʃn]; **~!** look out! [ˈlʊk ˈaʊt]
vorsichtig careful [ˈkeəfʊl], cautious [ˈkɔːʃəs]
Vorspeise hors d'"uvre, starter [ɔːˈdɜːvr, ˈstɑːtə]
Vorstellung introduction [ˌɪntrəˈdʌkʃn]; *(Begriff)* notion [ˈnəʊʃn], idea [aɪˈdɪə]; *(Theater)* performance [pəˈfɔːməns]
Vorteil advantage [ədˈvɑːntɪdʒ]
vorüber past [pɑːst], over [ˈəʊvə], gone [gɒn]
Vorverkauf advance booking [ədˈvɑːns ˈbʊkɪŋ]
Vorwahlnummer area code [ˈeərɪə ˈkəʊd]

vorwärts forward(s) [ˈfɔ:wəd(z)]
Vulkan volcano [vɒlˈkeɪnəʊ]

W

wach awake [əˈweɪk]
Wachablösung changing of the guard [ˈtʃeɪndʒɪŋ‿əv ðə ˈgɑ:d]
Wagenheber jack [dʒæk]
Wagennummer coach number [ˈkəʊtʃ ˈnʌmbə]
wählen to choose [tʃu:z]; *(Politik)* to vote [vəʊt]; *(tele)* to dial [ˈdaɪəl]
wahr true [tru:]
während *prp* during [ˈdjʊərɪŋ]; *conj* while [waɪl]
wahrscheinlich *adj* probable [ˈprɒbəbl]; *adv* probably [ˈprɒbəblɪ]
Währung currency [ˈkʌrənsɪ]
Wahrzeichen emblem, symbol, landmark [ˈembləm, ˈsɪmbl, ˈlændmɑ:k]
Wald woods, forest [wʊdz, ˈfɒrɪst]
Wales Wales [weɪlz]
Waliser/in Welshman/Welshwoman [ˈwelʃmən/ˈwelʃˌwʊmən]
walisisch Welsh [welʃ]
Wallfahrtsort place of pilgrimage [pleɪs‿əv ˈpɪlgrɪmidʒ]
Wand wall [wɔ:l]
Wanderkarte hiking map [ˈhaɪkɪŋ mæp]
wandern to hike [haɪk], to ramble [ˈræmbl]
Wanderweg path [pɑ:θ]
wann when [wen]
warm warm [wɔ:m]
warmes Wasser hot water [hɒt ˈwɔ:tə]
Warnblinkanlage hazard warning lights [ˈhæzəd ˈwɔ:nɪŋ ˌlaɪtz]
Warndreieck warning triangle [ˈwɔ:nɪŋ ˈtraɪæŋgl]
warten (auf) to wait (for) [weɪt]
Wartesaal waiting room [ˈweɪtɪŋrʊm]
Wartezimmer waiting room [ˈweɪtɪŋrʊm]
was what [wɒt]; **~ für ein/eine ...?** what sort of ...? [ˈwɒt ˈsɔ:t‿əv]
Waschbecken washbasin [ˈwɒʃˌbeɪsn]
Wäsche dirty washing [ˈdɜ:tɪ ˈwɒʃɪŋ]
Wäscheklammern clothes pegs [ˈkləʊðz lpegz]
Wäscheleine clothes line [ˈkləʊðz laɪn]
waschen to wash [wɒʃ]
Wäscherei laundry [ˈlɔ:ndrɪ]
Waschlappen flannel [ˈflænl]
Waschmaschine washing machine [ˈwɒʃɪŋ məˈʃi:n]
Waschmittel detergent [dɪˈtɜ:dʒnt]
Waschraum washroom [ˈwɒʃrʊm]
Waschsalon launderette [ˌlɔ:ndəˈret]
Wasser water [ˈwɔ:tə]
wasserdicht waterproof [ˈwɔ:təpru:f]
Wasserfall waterfall [ˈwɔ:təfɔ:l]
Wasserglas tumbler, glass [ˈtʌmblə, glɑ:s]
Wasserhahn tap (*Am* faucet) [tæp, ˈfɔ:sɪt]
Wasserkanister water canister [ˈwɔ:tə ˈkænɪstə]
Wasserkocher kettle [ketl]
Wasserski water skiing [ˈwɔ:tə ski:ɪŋ]
Wasserverbrauch water consumption [wɔ:tə kənˈsʌmpʃən]
Watte cotton wool [ˌkɒtnˈwʊl]
Wattestäbchen cotton buds [ˈkɒtn bʌdz]
Wechsel change [tʃeɪndʒ]; *(Austausch)* exchange [ɪksˈtʃeɪndʒ]
Wechselgeld change [tʃeɪndʒ]
wechselhaft changeable [ˈtʃeɪndʒəbl]
Wechselkurs exchange rate [ɪksˈtʃeɪndʒ ˌreɪt]
Wechselstube bureau de change [ˈbjʊərəʊ də ˈʃɔ̃:nʒ]
wecken to wake [weɪk]
Wecker alarm clock [əˈlɑ:m ˈklɒk]
Weg way [weɪ]; *(Pfad)* path [pɑ:θ]; *(Straße)* road [rəʊd]

weg away [əˈweɪ]; gone [gɒn]
wegen because of [bɪˈkɒz‿əv]
weggehen to go away [ˈgəʊ‿əˈweɪ], to leave [liːv]
Wegweiser sign [saɪn]
weh tun, schmerzlich hurt, painful [hɜːt, ˈpeɪnfʊl]
weich soft [sɒft]
Weihnachten Christmas [ˈkrɪsməs]
weil because [bɪˈkɒz], since [sɪns]
Wein wine [waɪn]
Weinberg vineyard [ˈvɪnjəd]
weinen to cry [kraɪ]
Weinglas wineglass [ˈwaɪnglɑːs]
Weinhandlung wine merchant's [ˈwaɪn ˌmɜːtʃənts]
Weintrauben grapes [greɪps]
Weisheitszahn wisdom tooth [ˈwɪzdəm tuːθ]
weiß white [waɪt]
Weißbrot white bread [ˈwaɪt ˌbred]
Weißwein white wine [waɪt waɪn]
weit *(nicht eng)* wide [waɪd]; *(Weg)* long [lɒŋ]; *(entfernt)* far [fɑː]
Wellenbad wave pool [weɪv puːl]
Welt world [wɔːld]
wenig little [ˈlɪtl], few [fjuː]; **ein ~** a little; **ein ~ von . . .** a bit of . . . [ə ˈbɪt‿əv]
wenigstens at least [ət ˈliːst]
wenn *(Bedingung)* if [ɪf]; *(zeitlich)* when(ever) [wen(evə)]
werden to become [bɪˈkʌm]
Werkstatt *(Auto~)* garage [ˈgærɑːdʒ]
werktags on weekdays [ˈwiːkdeɪz]
Werkzeug tools [tuːlz]
Wertangabe declaration of value [ˌdekləˈreɪʃn‿əv ˈvæljuː]
wertlos worthless [ˈwɜːθlɪs]
Wertsachen valuables [ˈvæljʊəblz]
Wespe wasp [wɒsp]
Weste waistcoat [ˈweɪskəʊt]
Western western [ˈwestən]
westlich von west of [west‿əv]
Wettervorhersage weather forecast [ˈweðə ˌfɔːkɑːst]
Wettkampf contest, match [ˈkɒntest, mætʃ]
wichtig important [ɪmˈpɒtnt]
Wickeltisch baby's changing table [ˈbeɪbɪz tʃeɪndʒɪŋ teɪbl]
wie *(Frage)* how [haʊ]; *(Vergleich)* like [laɪk]
wieder again [əˈgen]
wiederholen to repeat [rɪˈpiːt]
wiederkommen to come back [ˈkʌm ˈbæk], to return [rɪˈtɜːn]
Wiese meadow [ˈmedəʊ]
wild wild(ly) [waɪld(lɪ)]
wildes Tier wild animal [waɪld ˈænɪməl]
Wildpark safari park [səˈfɑːrɪ pɑːk]
willkommen! welcome! [ˈwelkəm]
Wimperntusche mascara [mæˈskɑːrə]
Wind wind [wɪnd]
Windeln nappies (*Am* diapers) [ˈnæpɪz, (ˈdaɪəpəz)]
Windpocken chickenpox [ˈtʃɪkɪnpɒks]
Windschutzscheibe windscreen (*Am* windshield) [ˈwɪndskriːn, ˈwɪndʃiːld]
Windstärke wind-force [ˈwɪndfɔːs]
windsurfen windsurf [ˈwɪnd ˈsɜːf]
Winter winter [ˈwɪntə]
Winterreifen winter tyres [ˈwɪntə ˈtaɪəz]
wir we [wiː]
Wirbelsäule spine [spaɪn]
wirklich real [rɪəl]; *(echt)* true [truː]; *adv* really [ˈrɪəlɪ]
Wischmopp mop [mɒp]
wissen to know [nəʊ]
Witz joke [dʒəʊk]
Woche week [wiːk]
Wochenendpauschale weekend rate [ˌwiːkˈend reɪt]
Wochenkarte weekly season ticket [ˈwiːklɪ ˈsiːzn ˌtɪkɪt]
Wochenpass week pass [wiːk pɑːs]
wochentags on weekdays [ˈwiːkdeɪz]
wöchentlich *adj* weekly [ˈwiːklɪ]; *adv* once a week [ˈwʌns‿ə ˈwiːk]

wohnen to live [lɪv], to stay [steɪ]
Wohnmobil camper [ˈkæmpə]
Wohnort place of residence [ˌpleɪs‿əv ˈrezɪdəns]
Wohnung flat [flæt], *(Am)* apartment [əˈpɑ:tmənt]
Wohnwagen caravan [ˈkærəvæn]
Wohnzimmer living room [ˈlɪvɪŋrʊm]
Wolke cloud [klaʊd]
Wolldecke blanket [ˈblæŋkɪt]
Wolle wool [wʊl]
Wort word [wɜ:d]
Wunde wound [wu:nd]
wunderbar wonderful [ˈwʌndəfʊl], marvellous [ˈmɑ:vləs]
wundern, s. ~ (über) to be surprised (at) [səˈpraɪzd‿(ət)]
wünschen to want [wɒnt]; to wish for [wɪʃ]
Wurm worm [wɜ:m]
Wurst sausage [ˈsɒsɪdʒ]
Würstchen sausages [ˈsɒsɪdʒɪz]
würzen season [ˈsi:zn]
wütend furious [ˈfjʊərɪəs]

Y

Yoga yoga [ˈjəʊgə]

Z

zäh tough [tʌf]
Zahl number [ˈnʌmbə], figure [ˈfɪgə]
zahlen to pay [peɪ]
zählen to count [kaʊnt]
Zahlung payment [ˈpeɪmənt]
Zahn tooth, (pl) teeth [tu:θ, ti:θ]
Zahnbürste toothbrush [ˈtu:θbrʌʃ]
Zahnfleisch gums [gʌmz]
Zahnpasta toothpaste [ˈtu:θpeɪst]
Zahnradbahn rack-railway [ræk ˈreɪlweɪ]
Zahnschmerzen toothache [ˈtu:θeɪk]
Zahnstocher toothpick [ˈtu:θpɪk]
Zäpfchen suppository [səˈpɒzɪtərɪ]
zart tender [ˈtendə]
zärtlich tender [ˈtendə]
Zecke tick [tɪk]
Zehe toe [təʊ]
Zeichen sign [saɪn]
Zeichensprache sign language [saɪn ˈlæŋgwɪdʒ]
Zeichentrickfilm cartoon [kɑ:ˈtu:n]
zeichnen to draw [drɔ:]
Zeichnung drawing [ˈdrɔ:ɪŋ]
zeigen to show [ʃəʊ]
Zeit time [taɪm]
Zeitschrift magazine [ˌmægəˈzi:n]
Zeitung newspaper [ˈnju:sˌpeɪpə]
Zeitungshändler newsagent's [ˈnju:zˌeɪdʒənts]
Zelt tent [tent]
zelten camp [kæmp]
Zentimeter centimetre [ˈsentɪˌmi:tə]
zentral central [ˈsentrl]
Zentralheizung central heating [ˈsentrəl ˈhi:tɪŋ]
Zentrum centre [ˈsentə], *(Am)* center [ˈsentə]
Zerrung pulled ligament/muscle [ˈpʊld ˈlɪgəmənt/ˈmʌsl]
Zeuge/Zeugin witness [ˈwɪtnɪs]
ziehen to pull [pʊl]
Ziel aim [eɪm]; *(Reise~)* destination [ˌdestɪˈneɪʃn]
ziemlich fairly [ˈfeəlɪ], rather [ˈrɑ:ðə], pretty [ˈprɪtɪ]
Zigarette cigarette [ˌsɪgəˈret]
Zigarillo cigarillo [ˌsɪgəˈrɪləʊ]
Zigarre cigar [sɪˈgɑ:]
Zimmer room [ru:m]
Zimmermädchen (chamber)maid [(ˈtʃeɪmbə)meɪd]
Zimmertelefon in-room telephone [ɪn ru:m telɪfəʊn]
Zirkus circus [ˈsɜ:kəs]
Zitronen lemons [ˈlemənz]
Zoll *(Amt)* customs [ˈkʌstəmz]; *(Gebühr)* duty [ˈdju:tɪ]

Zollerklärung customs declaration [ˈkʌstəmz ˌdekləˈreɪʃn]
zollfrei duty-free [ˈdjuːtɪ ˈfriː]
zollfreier Laden duty-free shop [ˈdjuːtɪˈfriː ʃɒp]
Zollgebühren duties [ˈdjuːtɪz]
zollpflichtig liable to duty [ˈlaɪəbl tə ˈdjuːtɪ]
Zoo zoo [zuː]
zu *(Richtung)* to [tuː]; *(mit adj)* too [tuː]; ~ **sehr,** ~ **viel** too much [ˈtuː ˈmʌtʃ]; *(geschlossen)* shut [ʃʌt], closed [kləʊzd]
zubereiten to prepare [prɪˈpeə]; *(Getränke)* to mix [mɪks]; *(Speisen)* to cook [kʊk]
Zucchini zucchini *(Am)*/courgette *(GB)* [suˈkiːnɪ/kɔːʃet]
Zucker sugar [ˈʃʊgə]
zuerst (at) first [(ət) ˈfɜːst]
zufällig by chance [baɪ ˈtʃɑːns]
zufrieden satisfied [ˈsætɪsfaɪd]
Zug train [treɪn]
Zugänglichkeit accessibility [ækˌsesɪˈbɪlɪtɪ]
zuhören to listen [ˈlɪsn]
Zukunft future [ˈfjuːtʃə]
zukünftig future [ˈfjuːtʃə]
zulässig permitted [pəˈmɪtɪd], allowed [əˈlaʊd]
zuletzt finally [ˈfaɪnəlɪ]; last [lɑːst]
Zündkerze spark plug [ˈspɑːkplʌg]
Zündschlüssel ignition key [ɪgˈnɪʃn kiː]
Zündung ignition [ɪgˈnɪʃn]
Zunge tongue [tʌŋ]
zurück back [bæk]
zurückbringen to bring back [ˈbrɪŋ ˈbæk]
zurückfahren to return [rɪˈtɜːn], to drive back [ˌdraɪv ˈbæk]
zurückgeben to give back [ˌgɪv ˈbæk]
zurückkehren to come back [ˌkʌm ˈbæk]
zusagen *(Einladung)* to accept [əkˈsept]
zusammen together [təˈgeðə]
zusammenschlagen beat up [ˈbiːt‿ˈʌp]
Zusammenstoß collision [kəˈlɪʒn], crash [kræʃ]
zusätzlich *adj* additional [əˈdɪʃənl]; *adv* in addition [ɪn‿əˈdɪʃn]
zuschauen to watch [wɒtʃ]
Zuschauer/in spectator [spekˈteɪtə]; *(Fernseh~)* viewer [ˈvjuːə]
Zuschlag extra charge [ekstrə ˈtʃɑːdʒ]
zuständig responsible [rɪˈspɒnsəbl]
zweite(r, -s) second [ˈseknd]
zweitens second(ly) [ˈseknd(lɪ)]
Zwiebeln onions [ˈʌnjənz]
zwischen between [bɪˈtwiːn]; *(zwischen mehreren)* among [əˈmʌŋ]
Zwischenfall incident [ˈɪnsɪdnt]
Zwischenlandung stopover [ˈstɒpˌəʊvə]
Zwischenstecker adapter [əˈdæptə]
Zyste cyst [sɪst]